高等院校物流专业系列教材

物流运筹学

王　晶　张霖霖　主编

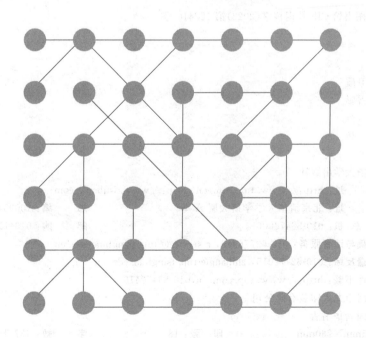

清华大学出版社
北京

内 容 简 介

本书基于北京工商大学国家级特色专业、国家级一流本科建设专业——物流管理多年的教学成果,将运筹学优化知识与物流和供应链管理问题相融合,通过场景化案例呈现来展开对优化知识的学习。全书分为基础篇、应用篇、实践篇,基础篇重在运筹学知识体系与优化理论的介绍,应用篇重在典型物流与供应链场景问题的解决,实践篇重在物流与供应链企业综合案例方案设计。书中案例及习题精选北京市及全国物流设计大赛的部分案例,同时将 LINGO 软件的使用贯穿于各章节,兼具理论性和实践性。本书适合作为高等学校物流管理与工程类、交通运输类等专业的教材,也可以作为物流理论研究者、物流咨询公司、物流企业和其他企业物流部门管理人员及物流从业人员科研和实践的参考用书。

图书在版编目(CIP)数据

物流运筹学/王晶,张霖霖主编 . —北京:清华大学出版社,2023.2
高等院校物流专业系列教材
ISBN 978-7-302-61305-3

Ⅰ.①物…　Ⅱ.①王…②张…　Ⅲ.①物流—运筹学—高等学校—教材　Ⅳ.①F252

中国版本图书馆 CIP 数据核字(2022)第 122410 号

责任编辑:左卫霞
封面设计:常雪影
责任校对:袁　芳
责任印制:宋　林

出版发行:清华大学出版社
　　　网　　址:http://www.tup.com.cn,http://www.wqbook.com
　　　地　　址:北京清华大学学研大厦 A 座　　　　　　邮　　编:100084
　　　社 总 机:010-83470000　　　　　　　　　　　邮　　购:010-62786544
　　　投稿与读者服务:010-62776969,c-service@tup.tsinghua.edu.cn
　　　质量反馈:010-62772015,zhiliang@tup.tsinghua.edu.cn
　　　课件下载:http://www.tup.com.cn,010-83470410
印 装 者:三河市龙大印装有限公司
经　　销:全国新华书店
开　　本:185mm×260mm　　　印　张:18　　　字　　数:437 千字
版　　次:2023 年 2 月第 1 版　　　　　　　　印　　次:2023 年 2 月第 1 次印刷
定　　价:66.00 元

产品编号:091583-01

从 1978 年"物流"概念正式引入我国，伴随着改革开放，40 多年来我国物流产业经历了从概念引进到推广应用、成长壮大、创新发展的历史过程，数字与智能化发展水平不断提升，对我国国民经济和社会发展起到了重要支撑与战略性作用。《中共中央关于制定国民经济和社会发展第十四个五年规划和二〇三五年远景目标的建议》（以下简称《规划建议》）正式发布，开启了我国现代化建设的新征程。《规划建议》对物流发展提出了明确的方向和任务，主要是完善综合运输大通道、综合交通枢纽和物流网络，提高农村和边境地区交通通达深度，锻造我国产业链供应链长板，打造新兴产业链，发展服务型制造业，以及加快发展现代服务业，构建现代物流体系，完善乡村物流等基础设施。

如何借助新一代信息技术整合利用各种资源、优化物流运作流程，进而赋能物流系统效率的提升是构建现代物流体系的关键。物流运筹学作为理论基础和方法论将为现代物流学科发展提供重要的理论和技术支持。

运筹学及优化理论知识与方法是物流管理与工程类专业学生必须掌握的基础方法，也是物流管理与工程类在相关专业的专业核心课程，将为物流管理与工程类专业的学生解决物流系统中的实际问题提供有力的定量分析工具。然而传统的运筹学教材大多更注重理论讲解，缺少运筹学知识在解决物流与供应链管理实际问题应用方面的介绍，缺少对物流与供应链管理领域的针对性分析，难以激发学生的学习兴趣。如何将运筹学优化知识与物流和供应链管理问题相融合，通过场景化案例问题呈现来展开对优化知识的学习非常有必要。

本书基于北京工商大学国家级特色专业、国家级一流本科建设专业——物流管理多年的教学成果，按照"两性一度"（即高阶性、创新性、挑战度）的"金课"标准重构教材知识与内容体系，围绕物流与供应链管理领域的问题展开对运筹学知识的学习，增加了运用运筹学方法解决物流与供应链管理实际问题等相关内容的介绍，注重场景化教学与计算机软件工具的应用，使物流管理专业运筹学知识的学习更有针对性，全面提升学生的实际问题解决能力与科研创新能力。书中案例以及习题精选了全国及北京市物流设计大赛的部分案例，同时将 LINGO 软件的使用贯穿于书中各章节。本书是一本兼具理论性和实践性的物流管理与工程类高等教育教材。

本书适合作为高等学校物流管理与工程类、交通运输类等专业的教材，也可以作为物流理论研究者、物流咨询公司、物流企业和其他企业物流部门管理人员及物流从业人员科研和实践的参考用书。

本书分为三大篇，由八章构成。第 1～4 章为基础篇，包括绪论、线性规划、对偶理论、整数规划;第5~7章为应用篇,包括运输问题、配送优化问题、供应链网络优化设计;第8章为实践篇,通过往届全国大学生物流设计大赛获奖案例来阐述如何应用运筹学优化理论知识解决企业的场景化物流与供应链问题。基础篇重在运筹学知识体系与优化理论的介绍;应用篇通过典型物流与供应链场景问题导入以及LINGO软件的训练,提高学生用定量方法求解物流与供应链问题的能力,为将来从事物流与供应链领域的实际工作与科学研究提供支持;实践篇通过场景化的物流与供应链企业综合案例方案设计,全面加强学生综合案例分析与应用创新能力的培养。

本书由王晶、张霖霖担任主编,负责教材内容的选择和审定。北京理工大学博士研究生张梦玲,北京工商大学硕士研究生乔珊、张文越参加了全书的编写与校对工作。

在本书的写作过程中,编者参考了大量的国内外学者的研究成果,在此谨向这些文献的作者表示衷心的感谢。由于编者水平有限,书中不足之处在所难免,恳请广大读者批评、指正。

编　者

2022 年 8 月

CONTENTS

目 录

应　用　篇

实　践　篇

基 础 篇

CHAPTER

第1章

绪　论

　　长期以来,人们对物流现象习以为常。物流的概念最早起源于美国,后引入日本,中国的"物流"一词就是从日文资料引进来的外来词,源于日文资料中对"logistics"一词的翻译。虽然中国物流行业起步较晚,但是随着国民经济的飞速发展,中国物流行业一直保持较快的增长速度,物流体系不断完善,行业运行日益成熟和规范,已经成为世界物流大国。《规划建议》的正式发布,描绘出了我国现代物流发展蓝图,现代物流进入一个新的高质量发展阶段。这个阶段要求由以降成本、降费用和价格竞争向补短板、重质量、提质增效方向转变;由仅满足最基本送达的物流服务功能向提升物流服务体验的高质量服务模式转变。推动现代物流体系建设,立足国内面向世界建设完善的物流体系,支撑中国现代化建设,让中国由物流大国进入物流强国。这也是物流从大到强的历史发展阶段大变革时代。

1.1　物流的基本含义

1.1.1　物流概念的产生和发展

　　人类社会有经济活动开始,就有了原始物流,但直至目前,尚无统一的物流定义。中华人民共和国国家标准《物流术语》(GB/T 18354—2021)对物流的定义是:根据实际需要,将运输、储存、装卸、搬运、包装、流通加工、配送、信息处理等基本功能实施有机结合,使物品从供应地向接收地进行实体流动的过程。美国物流管理学会把物流定义为是对货物、服务及相关信息从起源地到消费地的有效率、有效益的流动和储存进行规划、执行和控制,以满足顾客要求的过程。过程包括进向、去向、内部和外部的移动以及以环境保护为目的的物流回收。总的来说,物流是包括运输、搬运、储存、保管、包装、装卸、流通加工和物流信息处理等基本功能的活动,它是由供应地流向接收地以满足社会需求的活动,是一种经济活动。

物流概念的发展经历了哪几个阶段呢? 物流的概念最早起源于 20 世纪初的美国。从 20 世纪初到现在近一个世纪的时间内,物流概念的产生和发展经历了三个阶段。第一阶段,物流概念的孕育阶段(20 世纪初至 20 世纪 50 年代)。主要有两种意见(两个提法):一是美国市场营销学者阿奇·萧(Arch W. Shaw)于 1915 年提出的叫作 physical distribution 的物流概念,是从市场分销的角度提出的。按中国人的语言习惯应该译成“分销物流”。它实际上就是指把企业的产品怎么样分送到客户手中的活动。二是美国少校琼西·贝克(Chauncey B. Baker)于 1905 年提出的叫作 logistics 的物流概念,是从军事后勤的角度提出的,主要是指物资的供应保障、运输储存等。因此可以说是市场营销学和军事后勤孕育了物流学。第二阶段,分销物流学阶段(20 世纪 50 年代中期至 80 年代中期)。这一阶段的基本特征是分销物流学的概念发展占据了统治地位,并且从美国走向了全世界,得到世界各国一致公认,形成了一个比较统一的物流概念,形成和发展了物流管理学,因而也出现了物流学派、物流产业和物流领域。到 20 世纪 80 年代中期,随着物流活动进一步集成化、一体化、信息化,仅使用分销物流的概念已经不太合适,于是就进入了物流概念发展的第三个阶段。第三阶段,现代物流学阶段(20 世纪 80 年代中期到现在)。这一时期的物流概念是指在各个专业物流全面高度发展的基础上,企业供、产、销等全范围、全方位的物流问题,无论是广度、深度以及涵盖的领域、档次,都与前两个阶段有着不可比拟的差别。它是一个适应新时期所有企业(包括军队、学校、事业单位)的集成化、信息化、一体化的物流学概念。

中国物流的发展大致经历了四个阶段。第一阶段(1949—1978 年),中国物流发展的 1.0 时期。新中国成立之后,中国实行计划经济,所有的物资流动靠的是政府的计划分配,物流活动也只能根据各地区的计划,按时按量依规运作。这是中国物流最初的形态。这个时期主要的运输工具是货车、火车和货船,物流设施极度匮乏。货物的物流过程主要通过汽车、火车或者是船运输至货运站场进行简单的分拣,之后运输至仓库进行仓储,根据各地的计划需求进行运输配送。主要的仓库类型是单层仓库和敞篷,仓库内的装卸、搬运活动是通过人力和机械共同完成的,早期主要的工具是叉车、地牛等。在物流信息记录方面主要是五联单据,通过 3 级手工记账对物流中的商流进行记录,主要的计算工具是算盘,以及早期的计算机,之后电算化慢慢开始普及。存货场所,国有仓库居多,从事物流活动的企业,国有企业居多,全国物流的发展处于萌芽阶段。第二阶段(1978—2001 年),中国物流发展的 2.0 时期。2.0 时期的物流发展是从 0 到 1 的过程,很多关于物流的名词都是从这个时期引进或创造出来的,多层仓库和立体仓库在这个时期开始在国内运用,极大地提高了仓储能力。大量使用机械动力,大大加快了分拣效率和装卸效率,例如,电力叉车、堆垛机、传送带。互联网技术的飞速发展,带动了物流信息技术的蓬勃发展,仓储管理系统(WMS)、运输管理系统(TMS)、条码技术、GPS(全球定位系统)以及 RFID(射频识别)技术等物流信息技术相继运用,促进了国内物流的快速发展。物流领域不断出现新模式,促进物流多领域发展。末端配送中心的出现,专业化的第三方物流企业的诞生,国际物流的保税仓库,供应链金融领域的仓库质押,促使物流向一个多领域综合产业转变。物流思想不断优化,精益物流(JIT)深入人心。一大批民营物流企业涌入物流市场,快递物流业态开始萌芽。1978—2001 年,物流业得到了政府、社会和企业的高度重视,积极探索适合国情的发展模式。第三阶段(2001—

2012 年),中国物流发展的 3.0 时期。信息技术的不断变革,驱动着各个行业的快速发展,特别是电子商务的发展,不断壮大民营物流企业的规模。在这种背景下,电子商务物流园区、跨境电商物流园区等新型物流园区在各地政府的扶持下遍地开花。传统的物流作业和物流设施在新形势下慢慢被淘汰,直拨作业(cross cocking)、自动化作业、电子面单、自动化立体仓库、保税园区等新的物流作业形式和设施不断衍生,进一步促进了中国物流的发展。同时,大批学校开始开设物流管理专业,物流教育处于一个井喷的状态。物流工作者也开始慢慢不再一味强调成本意识,整合和集约的思想开始从国外引进国内,供应链管理、供应链金融受到了一大批学者和企业家的热捧,开始从整个产品供给方面寻求资源的整合。从此,物流业开始受到越来越多人的关注。第四阶段(2012 年至今),中国物流发展的 4.0 时期。中国物流发展的 4.0 是技术驱动时期,旧动能不足以支撑物流产业的发展,新动能逐渐替代旧动能。理念创新引领物流发展,智慧物流的提出、多式联运的熟练运用、无车承运人的合法化等创新理念逐步渗透到物流的各个环节。物流枢纽的构建,最后一公里配送的优化,无人港口(洋山、青岛、厦门)的大胆假设等设计方案不断创新。无人仓、无人车、无人机(UAV)、物流机器人、云仓等各项国际领先技术的应用,都是大数据和人工智能科技驱动的结果。强调多领域协调发展,物联网、区块链等新型技术布局整个物流链的可视化。4.0 时期的物流发展是由量向质的发展,处于技术转型阶段。

如果说“降低物流成本是企业的第三利润源”,在过去还只是停留在理论上和口头上,那么,到了今天,当生产要素成本不断升高、靠规模扩充获取的利润空间逐步缩小的时候,降低物流成本才真正成为大多数企业追求利润的重要源泉。降低物流成本的同时,也要考虑社会效益。如何在调整产业结构、转变经济发展方式、实施供给侧结构性改革、降本增效等一系列新常态下的战略举措下,考虑社会使命和社会责任,国家对物流业的转型升级和内涵式发展提出了新的要求,营造了新的空间。

《规划建议》指出:“强化流通体系支撑作用,需要建设现代物流体系,加快发展冷链物流,统筹物流枢纽设施、骨干线路、区域分拨中心和末端配送节点建设,完善国家物流枢纽、骨干冷链物流基地设施条件,健全县乡村三级物流配送体系,发展高铁快运等铁路快捷货运产品,加强国际航空货运能力建设,提升国际海运竞争力。优化国际物流通道,加快形成内外联通、安全高效的物流网络。完善现代商贸流通体系,培育一批具有全球竞争力的现代流通企业,支持便利店、农贸市场等商贸流通设施改造升级,发展无接触交易服务,加强商贸流通标准化建设和绿色发展。加快建立储备充足、反应迅速、抗冲击能力强的应急物流体系。”《规划建议》涉及现代物流的部分,为现代物流的发展搭建了基本框架,并结合国民经济发展提出了现代物流发展方向,为现代物流发展确立了战略定位,强化了核心功能。

1.1.2　现代物流发展

现代物流(modern logistics)是指将信息、运输、仓储、库存、装卸、搬运以及包装等物流活动综合起来的一种新型的集成式管理,其任务是尽可能降低物流的总成本,为顾客提供最好的服务。

随着全球经济一体化进程的加快,企业面临着更为激烈的竞争环境,资源在全球范围内的流动和配置大大加强,世界各国更加重视物流发展对于本国经济发展、民生素质和军事实力的影响,更加重视物流的现代化,从而使现代物流呈现出一系列新的发展趋势。根据国内外物流发展的新情况,现代物流的发展趋势可以归纳为反映快速化、功能集成化、服务系列化、作业规范化、目标系统化、手段现代化、组织网络化、经营市场化、信息电子化、管理智能化。

1. 反应快速化

物流服务提供者对上游、下游的物流、配送需求的反应速度越来越快,前置时间越来越短,配送间隔越来越短,物流配送速度越来越快,商品周转次数越来越多。

2. 功能集成化

现代物流着重于将物流与供应链的其他环节进行集成,包括物流渠道与商流渠道的集成、物流渠道之间的集成、物流功能的集成、物流环节与制造环节的集成等。

3. 服务系列化

现代物流强调物流服务功能的恰当定位与完善化、系列化。除传统的储存、运输、包装、流通加工等服务外,现代物流服务在外延上向上扩展至市场调查与预测、采购及订单处理,向下延伸至配送、物流咨询、物流方案的选择与规划、库存控制策略建议、货款回收与结算、教育培训等增值服务;在内涵上则提高了以上服务对决策的支持作用。

4. 作业规范化

现代物流强调功能、作业流程、作业动作的标准化与程式化,使复杂的作业变成简单的易于推广与考核的动作。物流自动化方便了物流信息的实时采集与追踪,提高了整个物流系统的管理和监控水平。

5. 目标系统化

现代物流从系统的角度统筹规划一个公司整体的各种物流活动,处理好物流活动与商流活动及公司目标之间、物流活动与物流活动之间的关系,不求单个活动的最优化,但求整体活动的最优化。

6. 手段现代化

现代物流使用先进的技术、设备与管理为销售提供服务,生产、流通、销售规模越大、范围越广,物流技术、设备及管理越现代化。计算机技术、通信技术、机电一体化技术、语音识别技术等得到普遍应用。世界上最先进的物流系统运用了 GPS(全球卫星定位系统)、卫星通信、射频识别装置(RFID)、机器人,实现了自动化、机械化、无纸化和智能化。

7. 组织网络化

随着生产和流通空间范围的扩大,为了保证对产品促销提供快速、全方位的物流支持,现代物流需要有完善、健全的物流网络体系,网络上点与点之间的物流活动保持系统性、一致性,这样可以保证整个物流网络有最优的库存总水平及库存分布,运输与配送快速、机动,既能铺开,又能收拢,形成快速灵活的供应渠道。分散的物流单体只有形成网络,才能满足现代生产与流通的需要。

8. 经营市场化

现代物流的具体经营采用市场机制,无论是企业自己组织物流,还是委托社会化物流企业承担物流任务,都以"服务—成本"的最佳配合为总目标,谁能提供最佳的"服务—成本"组合,就找谁服务。国际上既有大量自办物流相当出色的"大而全""小而全"的例子,也有大量利用第三方物流企业提供物流服务的例子,比较而言,物流的社会化、专业化已经占到主流,即使是非社会化、非专业化的物流组织,也都实行严格的经济核算。

9. 信息电子化

由于计算机信息技术的应用,现代物流过程的可见性明显增加,物流过程中库存积压、延期交货、送货不及时、库存与运输不可控等风险大大降低,从而可以加强供应商、物流商、批发商、零售商在组织物流过程中的协调和配合以及对物流过程的控制。

10. 管理智能化

随着科学技术的发展和应用,物流管理由手工作业到半自动化、自动化,直至智能化,这是一个渐进的发展过程。从这个意义上来说,智能化是自动化的继续和提升,因此可以说,自动化过程中包含更多的机械化成分,而智能化中包含更多的电子化成分,如集成电路、计算机硬件和软件等。

综上所述,现代物流包含了产品从"生"到"死"的整个物理性的流通全过程,与传统物流的区别主要表现在以下几个方面。

(1) 传统物流只提供简单的位移,现代物流则提供增值服务。

(2) 传统物流是被动服务,现代物流是主动服务。

(3) 传统物流实行人工控制,现代物流实施信息管理。

(4) 传统物流无统一服务标准,现代物流实施标准化服务。

(5) 传统物流侧重点到点或线到线服务,现代物流构建全球服务网络。

(6) 传统物流是单一环节的管理,现代物流是整体系统优化。

1.1.3 信息技术赋能物流产业变革

物流活动的各要素中包含着丰富的功能应用需求,各种信息技术的广泛应用,行业功能的不断完善使传统物流逐步走向全新的现代物流。信息化、数字化、智能化是现代物流产业发展的大趋势。以大数据、互联网、云计算、区块链、5G、物联网、人工智能为代表的新一代信息技术的兴起和壮大,充分赋能物流系统效率的提升,驱动物流业的变革与发展。

1. 信息技术创新推动物流信息化建设

目前,物流信息化建设包括两大内容:基础环境建设和物流公共信息平台建设。前者包括制定物流信息化规划和相应的法律、法规、制度、标准、规范,开展物流关键技术的研发和应用模式的探索,以及通信、网络等基础设施建设;后者是指基于计算机通信网络技术,提供物流信息、技术、设备等资源共享服务的信息平台。这两大内容的实现,离不开信息技术有力的支持。另外,物流信息可溯源性和可信性也成为近些年的关注点。区块链技术能很好地解决这个问题。区块链的迷人之处在于点对点的可靠信任,通过构建多个"中心"体系来保证信息的不可篡改与公开透明,帮助现代物流提高端到端的数据透明度,降低成本和风险,同时有效解决信息孤岛现象,打通采购、生产、物流、销售、监管环节。利用区块链技术,实现时效查询,优化作业流程,提高运作效率。

2. 信息技术创新提高物流业数字化水平

运用大数据和云平台等技术,建设物流信息平台,有效连接产地供给、物流配送、加工集散、销地需求等环节,通过数据链赋能物流体系各方主体,实现以需定产,逐步提高对生产端的控制力。提高信息化水平,建立覆盖物流全程的数字化交易体系、产品溯源体系和质量测控体系。优化物流业务流程,促进线上线下融合发展,提高仓储、配送等环节运行效率及安全水平;推广应用二维码、无线射频识别、集成传感等物联网感知与大数据技术,实现仓储设施与货物的实时跟踪、网络化管理;提高各类复杂订单的出货处理能力,提升仓储运营管理水平和效率;利用5G、云计算、大数据、人工智能、区块链等技术,加强货物流量、流向的预测预警,推进货物智能分仓与库存前置,提高上下游企业间的协同运作水平,优化货物运输路径,实现对配送场站、运输车辆和人员的精准调度。

3. 信息技术创新加强物流智慧化和共享化

"智慧+共享"物流是指将智慧化和共享化两种理念共同融入现代化物流运作系统,在降本增效等耦合机制作用下实现智慧化的物流智能技术体系和共享化的物流共享互动机制之间关联要素的相互耦合衔接,推动物流系统主要功能环节相互适应、耦合协调、相辅相成并最终达成物流运作流程高效智能化、物流资源高度共享化、物流系统功能全面转型升级的新型物流运作模式。5G技术的显著特点就是传输速率高、端口延时短和网络容量大。其在物流领域的应用场景非常丰富,包括仓储装备、物流追踪、无人配送设备、与智能连接的融合等。5G技术给物流的智慧化和共享化带来质的飞越,车、货、仓真正实现互联互通互动,物流的智能化和共享化将加速实现。

综上所述,信息技术创新对现代物流发展和迅速转型具有重大意义,能解决目前物流行业的痛点问题,推动现代物流体系的构建。

1.1.4　物流在国民经济中的地位和作用

物流业是支撑国民经济发展的基础性、战略性、先导性产业,被称为经济的血脉。物流高质量发展是经济高质量发展的重要组成部分,也是推动经济高质量发展不可或缺的重要力量。近些年,为促进物流产业发展,国家层面出台了很多项扶持政策,内容涉及物流运输方式、商贸物流、绿色物流、物流网络、服务乡村振兴、物流设施和成本控制等各个方面,推动物流行业发展进入量质齐升阶段。具体来说,物流在国民经济中的地位和作用主要包括以下几个方面。

(1) 物流是国民经济的动脉,是连接国民经济各个部分的纽带。

任何一个国家的经济,都是由众多的产业、部门和企业组成的整体,企业间既相互依赖又相互竞争,形成了极其错综复杂的关系,物流则是维系这种复杂关系的纽带。科学技术的发展和新技术革命的兴起,带来了我国国民经济发展中经济结构、产业结构、消费结构的一系列变化,物流把国民经济中众多的企业、复杂多变的产业以及成千上万种产品连接起来形成一个整体。

(2) 物流是国民经济发展中的关键环节。

当生产力发展,生产规模扩大,商品过剩时,会产生库存积压。大量的商品生产出来后不能马上进入消费领域,占用大量的流动资金,造成极大的社会资本浪费。这时如果仍然只重视生产,不重视解决流通问题,等于生产出来的产品数量越多,积压越多,浪费就越多。这时的国民经济链的转动就会慢下来,甚至会出现卡链的现象。此时如果解决流通问题,生产规模将得到极大的提高。

(3) 物流是保证商流顺畅进行、实现商品价值和使用价值的物质基础。

在商品流通中,物流是伴随着商流而产生的,但它又是商流的物质内容和物质基础。商流的目的在于变换商品的所有权(包括支配权和使用权),而物流才是商品交换过程所要解决的社会物质变换过程的具体体现。

（4）物流技术的发展是决定商品生产规模和产业结构变化的重要因素。

商品生产的发展要求生产社会化、专业化和规范化，但是，没有物流的一定发展，这些要求是难以实现的。物流技术的发展，从根本上改变了产品的生产和消费条件，为经济的发展创造了重要的前提。而且，随着现代科学技术的发展，物流对生产发展的这种制约作用就变得越来越明显。

1.2　运筹学概述与发展

1.2.1　运筹学简介

运筹学是一门具有多学科交叉特点的边缘科学，发展初期，它主要研究经济活动和军事活动中能用数量来表达的有关规划、管理方面的问题。目前，运筹学主要研究如何将生产、运营等过程中出现的管理问题加以提炼，然后利用数学方法解决，其主要目的是为管理人员在决策时提供科学依据，是实现有效管理和正确决策的重要方法之一。

运筹学的实质在于建立和使用模型。尽管模型的具体结构和形式总是与其要解决的问题相联系，但这里我们抛弃模型在外表上的差别，从最广泛的角度抽象出它们的共性。模型在某种意义上说是客观事物的简化与抽象，是研究者经过思维抽象后用文字、图表、符号、关系式以及实体模型对客观事物的描述。不加任何假设和抽象的系统称为现实系统，作为研究对象的系统来说，总是要求我们求解一定的未知量并给出相应的结论，求解过程如图 1-1 所示。图中左侧的虚线表示了人们想要达到的最直接的目标，右侧的实线表示了这一目标的具体实现路径。

图 1-1　运筹学的工作过程

1.2.2　运筹学的起源

运筹学作为一门现代科学，被普遍认为是在第二次世界大战（以下简称二战）期间从英美两国发展起来的。在当时的军事任务中，各国迫切需要把各种稀缺的资源以有效的方式分配给各种不同的军事行动以及每项行动中的具体活动。英美两国的军事管理部门都号召大批科学家运用科学手段来处理战略与战术问题，这些科学家小组正是最早的运筹小组。运筹小组成功地解决了很多重要的作战问题，例如，英国海军的"操作研究"（operations research，OR）小组在搜寻德军潜艇方面制定了有效的战术策略，对投掷深水炸弹的计划做了精心安排。美军在新兵分配方面采用了充分利用人力的最优方案。新几内亚海域上搜寻并炸沉日本舰只的一次实战运用了战略决策的数学理论，在有限的人力、物力的情况下，提高设备利用率的方案不断产生，它已成为战后运筹学重大进展的先声。运筹学在二战中的成功应用吸引人们开始将其应用于其他领域。

也有学者认为运筹学起源于科学管理运动。像科学管理的奠基人泰勒（Frederick

W. Taylor)和吉尔布雷斯夫妇(F. B. Gilbreths & L. M. G. Gilbreths)等人首创的时间和动作研究,以及亨利·甘特(Henry L. Gantt)发明的"甘特图"、丹麦数学家厄兰(A. K. Erlang)1917年对丹麦首都哥本哈根市电话系统排队问题的研究等,都应当被看作最早的"运筹学"。在中国古代,也产生了很多运筹学思想,可以通过以下3个例子加以说明。

1. 田忌赛马

田忌经常与齐国众公子赛马,设重金赌注。孙膑发现他们的马脚力差不多,马分为上、中、下三等,于是对田忌说:"您只管下大赌注,我能让您取胜。"田忌相信并答应了他,与齐王和各位公子用千金来赌注。比赛即将开始,孙膑说:"现在用您的下等马对付他们的上等马,用您的上等马对付他们的中等马,用您的中等马对付他们的下等马。"三场比赛结束后,田忌一场败而两场胜,最终赢得齐王的千金赌注。孙膑的"斗马术"是我国古代运筹思想中争取总体最优的脍炙人口的著名范例(记载于《史记·孙子吴起列传》),成为军事上一条重要的用兵规律,即要善于用局部的牺牲去换取全局的胜利,从而达到以弱制强的目的。"斗马术"的基本思想是不强求一局的得失,而争取全盘的胜利。这是一个典型的博弈问题。

2. 围魏救赵

公元前354年,魏将庞涓发兵8万,以突袭的办法将赵国的都城邯郸包围。赵国抵挡不住,求救于齐。齐王拜田忌为大将,孙膑为军师,发兵8万,前往救赵。大军既出,田忌欲直奔邯郸,速解赵国之围。孙膑提出应趁魏国国内兵力空虚之机,发兵直取魏都大梁(今河南开封),迫使魏军弃赵回救。这一战略思想将避免齐军长途奔袭的疲劳,而致魏军于奔波被动之中,立即被田忌采纳,率领齐军杀往魏国都城大梁。庞涓得知大梁告急的消息,忙率大军驰援大梁。齐军事先在魏军必经之路的桂陵(今河南长垣南)占据有利地形,以逸待劳,打败了魏军。这就是历史上有名的"围魏救赵"之战。"围魏救赵"之妙,妙在善于调动敌人,扼制敌人的要穴,则在"攻其所必救"。

3. 丁渭修皇宫

宋真宗大中祥符年间,皇宫发生过一起严重火灾,需要重建,如图1-2所示。右谏议大夫、权三司使丁渭受命负责限期重新营造皇宫。建造皇宫需要很多土,丁渭考虑到从营建工地到城外取土的地方距离太远,费工费力,于是下令将城中街道挖开取土,节省了不少工时。挖了不久,街道便成了大沟。丁渭又命人挖开官堤,引汴河水进入大沟之中,然后调来各地的竹筏、木船经这条大沟运送建造皇宫所用的各种物材,十分便利。等到皇宫营建完毕,丁渭命人将大沟中的水排尽,再将拆掉废旧皇宫以及营建新皇宫所丢弃的砖头瓦砾填入大沟中,大沟又变成了平地,重新成为街道,这样,丁渭一举三得,挖土、运送物材、处理废弃瓦砾三项工程一蹴而就,节省的工费数以亿万计。这是我国古代大规模工程施工组织方面运筹思想的典型例子。

不管是军事问题,还是工程计划和物流调度问题,应用运筹学思想去解决往往会取得意想不到的效果。当战后的工业恢复繁荣时,由于组织内与日俱增的复杂性和专门化所产生的问题,使人们认识到这些问题基本上与战争中曾面临的问题类似,只是具有不同的现实环境而已,运筹学就这样潜入工商企业和其他部门,在20世纪50年代以后得到了广泛的应用。对于系统配置、聚散、竞争的运用机理深入的研究和应用,形成了比较完备的一套理论,

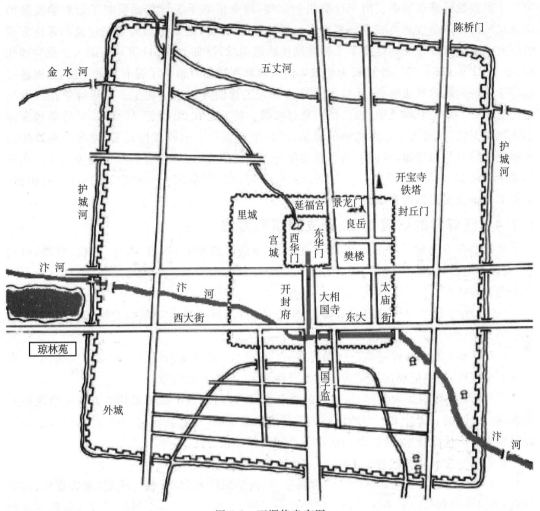

图 1-2 丁渭修皇宫图

如规划论、排队论、存贮论、决策论等,由于其理论上的成熟,电子计算机的问世,又大大促进了运筹学的发展,世界上不少国家已成立了致力于该领域及相关活动的专门学会,美国于1952 年成立了运筹学会,并出版期刊《运筹学》,世界其他国家也先后创办了运筹学会与期刊,1959 年,国际运筹学会联合会(IFORS)成立。1955 年,我国从"运筹帷幄之中,决胜千里之外"(《史记》)这句话摘取"运筹"二字,正式译作运筹学。我国于 1980 年 4 月成立中国运筹学会,1982 年加入国际运筹学会联合会(IFORS),1992 年中国运筹学会脱离数学学会成为独立的一级学会,于 1999 年 8 月组织了第 15 届 IFORS 大会。20 世纪 60 年代以来,华罗庚、许国志等老一辈数学家致力于在中国推广运筹学,为运筹学的普及和深入开展做出了不可磨灭的贡献。

1.2.3 运筹学的发展

运筹学的快速发展还要归功于两个关键因素:第一个因素是二战之后,运筹学的技术得到实质性的进展,最主要的贡献之一为:1947 年 G. B. 丹齐克给出了线性规划的单纯形解法。其后,一系列的运筹学的标准工具,如线性规划、动态规划、排队论、库存理论都得到了完善。

第二个因素是计算机革命。由于计算机的出现,原来依靠手工计算而限制了运筹学发展的运算规模得到革命性的突破。计算机的超强计算能力大大激发了运筹学在建模和算法方面的研究;同时,大量标准的运筹学工具被制作成通用软件(如 LINGO 等),或编入企业管理软件,如 MRPⅡ、ERP 等。计算机为非破坏性试验和系统仿真带来了强有力的手段,也促进了运筹学难解问题的算法研究,元启发式算法和人工智能算法应运而生。但运筹学在其发展的历史上并不总是一帆风顺,也曾经出现过波折。特别是在 20 世纪 70 年代,运筹学曾深深陷入数学泥沼,出现大量让人费解的算法,严格限制条件下的收敛性证明,使建模和算法远远脱离实际问题和应用,压抑了很多以实际为背景的研究,运筹学界内部也分为两派。我国运筹学界在 20 世纪 90 年代开始纠正这一现象,打出了"应用——运筹学的生命"的旗帜。运筹学和企业实践相结合取得了丰硕的成果。

1.2.4　运筹学的研究对象、分支和研究方法

运筹学有着非常广阔的应用领域,它已渗透到诸如服务、搜索、人口、对抗、控制、时间表、资源分配、厂址定位、能源、设计、生产、可靠性等各个方面。不难看出,运筹学具有下面几个明显的特点。

(1) 运筹学已被广泛应用于工商企业、军事部门、民政事业等组织的统筹协调问题,故其应用不受行业、部门的限制。

(2) 运筹学既对各种经营进行创造性的科学研究,又涉及组织的实际管理问题,它具有很强的实践性,最终应能向决策者提供建设性意见,并应收到实效。

(3) 它以整体最优为目标,从系统的观点出发,力图以整个系统最佳的方式来解决该系统各部门之间的利害冲突。对所研究的问题求出最优解,寻求最佳的行动方案,所以它也可以被看成一门优化技术,提供的是解决各类问题的优化方法。

运筹学的主要研究内容如下。

(1) 规划论。它是运筹学的一个重要分支,包括线性规划、非线性规划、整数规划、动态规划、多目标规划等。它是在满足给定的约束条件下,按一个或多个目标来寻找最优方案的数学方法。它的适用领域非常广泛,在工业、农业、商业、交通运输业、军事、经济规划和管理决策中都可以发挥作用。

(2) 网络优化。这是一类特殊的组合最优化问题。应用图论理论,通过网络的拓扑结构及其性质,对网络进行研究,并且以计算机算法寻求网络中的最短路、最大流等。网络最优化问题类型主要包括最小费用流问题、最大流问题、最短路问题、最小支撑树问题、货郎担问题和中国邮路问题等。

(3) 决策分析。它是研究为了达到预期目的,从多个可供选择的方案中如何选取最好或满意方案的学科。一般决策分为确定型决策、风险型决策和不确定型决策三类。

(4) 排队论。排队论或称随机服务系统理论,是通过对服务对象到来及服务时间的统计研究,得出这些数量指标(等待时间、排队长度、忙期长短等)的统计规律,然后根据这些规律来改进服务系统的结构或重新组织被服务对象,使得服务系统既能满足服务对象的需要,又能使机构的费用最经济或某些指标最优。

(5) 对策论。对策论又称博弈论,是一种研究在竞争环境下决策者行为的数学方法。在政治、经济、军事活动中,以及日常生活中都有很多竞争或斗争性质的场合与现象。在这

种形势下,竞争双方为了取得和达到自己的利益和目的,都必须考虑对方可能采取的各种行动方案,然后选择一种对自己最有利的行动方案。对策论就是研究双方是否都有最合乎理性的行动方案,以及如何确定合理的行动方案的理论和方法。

(6) 库存论。库存论又称存储论,是研究如何确定合理的存贮量及相应的订货周期、生产批量和生产周期,保证供应且使总的费用支出保持最小值的一种数学方法。

在解决实际问题的过程中,围绕着模型的建立、修正和实施,运筹学形成了自己的基本研究方法,主要分为以下几个步骤。

(1) 收集数据并提出问题。一是要弄清问题的目标;二是要明确哪些是决策的关键因素,影响这些关键因素的资源或环境条件有哪些限制,列出问题的可控变量和有关参数。收集大量的数据用于获得对问题更充分的理解和为后续模型提供所需输入。

(2) 模型建立。模型是对实际问题的抽象概括和严格的逻辑表达,可以使问题的描述高度规范化。建立模型的过程即把问题中的可控变量、参数、目标与约束条件之间的关系用规范化的语言表示出来,是运筹学研究中的关键一步。

(3) 模型求解。主要用数学方法(也可用其他方法,如计算机程序)对模型求解。根据精度要求,解可以分为精确解和近似解;根据问题要求,解可以分为最优解、次优解和满意解。

(4) 模型修正。首先检查求解步骤和程序是否有误,然后检查模型是否正确,一般采用回溯方法,输入历史数据,检查得到的解和历史实际是否相符,并根据检查结果对模型进行修正。

(5) 解的控制。依据灵敏度分析,确定模型的解保持稳定时的参数范围,一旦超过这个范围,要对模型和解进行修正。

(6) 方案实施。方案实施要明确实施的对象、实施的时间、实施的要求,并要注意实施过程中遇到的问题和阻力,以便及时对模型和解进行修正。

以上步骤应该反复进行。

1.3 运筹学在物流领域的应用

运筹学与物流学作为正式的学科都始于第二次世界大战时期,从一开始,两者就密切地联系在一起,相互渗透和交叉发展,运筹学应用的案例大都是物流作业和管理。运筹学作为物流学科体系的理论基础之一,其作用是提供实现物流系统优化的技术与工具,是系统理论在物流应用方面的具体方法。运筹学在物流领域的应用就是利用简单方法对复杂物流进行优化,寻找最优的解决方案并加以实施和应用。运筹学是现代物流管理应用的核心与灵魂。它在物流领域中的应用主要有数学规划论、存储论、网络规划论、动态规划论、对策论与决策论以及排队论等。

1. 数学规划论

数学规划论主要包括线性规划、非线性规划、整数规划、目标规划,研究内容与生产活动中有限资源的分配有关。在组织生产的经营管理活动中,具有极为重要的地位和作用。它们解决的问题都有一个共同特点,即在给定的条件下,按照某一衡量指标来寻找最优方案,求解约束条件下目标函数的极值(极大值或极小值)问题。具体来讲,线性规划可解决物资调运、配送和人员分派等问题;整数规划可以求解完成工作所需的人数、机器设备台数和物流中心、仓库的选址等。

2. 存储论

存储论又称库存论,主要是研究物资库存策略的理论,即确定物资库存量、补货频率和一次补货量。合理的库存是生产和生活顺利进行的必要保障,可以减少资金的占用,减少费用支出和不必要的周转环节,缩短物资流通周期,加速再生产的过程等。在物流领域中的各节点(如工厂、港口、配送中心、物流中心、仓库、零售店等)都或多或少地保有库存。为了实现物流活动总成本最小或利益最大化,大多数人都运用了存储理论的相关知识,以辅助决策,并且在各种情况下都能灵活套用相应的模型求解。如常见的库存控制模型分为确定型存储模型和随机型存储模型。其中确定型存储模型又可分为几种情况:不允许缺货,一次性补货;不允许缺货,连续补货;允许缺货,一次性补货;允许缺货,连续补货。随机型存储模型也可分为一次性订货的离散型随机存储模型和一次性订货的连续型随机存储模型。常见的库存补货策略也可分为以下四种基本情况:连续检查,固定订货量,固定订货点的(Q,R)策略;连续检查,固定订货点,最大库存的(R,S)策略;周期性检查的(T,S)策略;综合库存的(T,R,S)策略。针对库存物资的特性,选用相应的库存控制模型和补货策略,制定一个包含合理存储量、合理存储时间、合理存储结构和合理存储网络的存储系统。

3. 网络规划论

物流网络规划是指对企业(工厂、配送中心、营销中心、第三方物流提供商)自身及物流网络内部的传统的业务功能及策略进行系统性、战略性的调整和协调,从而提高物流网络整体的长远业绩,由此保证网络相关企业能够长期稳固地互利合作。物流网络规划就是为了更加有效地进行物流活动,充分、合理地实现物流系统的各项功能,使物流网络在一定外部和内部条件下达到最优化,而对影响物流系统内部、外部要素及其之间关系进行分析、权衡,进而确定物流网络的设施数量、容量和用地等。网络优化的总目标是网络总成本的最小化,包括库存持有成本、仓储成本和运输成本,同时满足客户对反应时间的要求。物流网络的最优化通常是在满足客户反应时间要求的前提下,使分销设施数目尽可能地减少,在库存持有成本与运输成本之间达到平衡。

4. 动态规划论

动态规划是解决一类多阶段决策问题的优化方法,提供了分析问题的一种途径和模式。所谓多阶段决策问题,是指一类活动过程,它可按时间或空间把问题分为若干个相互联系的阶段。在每一阶段都要做出决策,这个决策不仅决定了这一阶段的效益,而且决定了下一阶段的初始状态,从而决定整个过程的走向。当每一阶段的决策确定后,就得到一个决策序列,称为策略。这类问题的目的是求一个策略,使各个阶段的效益总和达到最优。如果一个问题可将其过程分为若干个相互联系的阶段问题,且它的每一阶段都要进行决策,一般都可用动态规划方法进行求解。动态规划可用来解决诸如最优路径、资源分配、生产调度、库存控制、设备更新等问题。

5. 对策论与决策论

对策论也称博弈论,对策即是在竞争环境中做出的决策;决策论即研究决策的问题,对策论可归属为决策论。它们最终都是要做出决策,决策普遍存在于人类的各种活动之中。物流中的决策就是在占有充分资料的基础上,根据物流系统的客观环境,借助于科学的数学分析、实验仿真或经验判定,在已提出的若干物流系统方案中,选择一个合理、满足方案的决断行为。如制订投资计划、生产计划、物资调运计划,选择自建仓库或租赁公共仓库、自购车辆或租赁车辆等。

6. 排队论

排队论也称随机服务理论,主要研究各种系统的排队队长、等待时间和服务等参数,解决系统服务设施和服务水平之间的平衡问题,以较低的投入求得更好的服务。排队现象在现实生活中普遍存在,物流领域中也多见,如工厂生产线上的产品等待加工,在制品、产成品排队等待出入库作业,运输场站车辆进出站的排队,客服中心顾客电话排队的服务设施数量、系统容量、顾客到达时间间隔的分布、服务时间的分布特征,可分为 M/M/1/∞、M/M/1/k、M/M/1/m、M/M/s/k、M/M/s/m 几种不同情况,不同情形套用相应的模型可以求解。

M/M/1/∞ 表示顾客到达的时间间隔是负指数分布,服务时间是负指数分布,一个服务台,排队系统和顾客源的容量都是无限的,服务系统实行先到先服务。

M/M/1/k 表示顾客到达的时间间隔是负指数分布,服务时间是负指数分布,一个服务台,排队系统的容量为 k,顾客源的容量无限,服务系统实行先到先服务。

M/M/1/m 表示顾客到达的时间间隔是负指数分布,服务时间是负指数分布,一个服务台,排队系统的容量无限,顾客源的容量为 m,服务系统实行先到先服务。

M/M/s/k 表示顾客到达的时间间隔是负指数分布,服务时间是负指数分布,s 个服务台,排队系统的容量为 k,顾客源的容量无限,服务系统实行先到先服务。

M/M/s/m 表示顾客到达的时间间隔是负指数分布,服务时间是负指数分布,s 个服务台,排队系统的容量无限,顾客源的容量为 m,服务系统实行先到先服务。

现代物流的决策问题变得更加复杂和庞大,这种复杂性也不是简单的算术能解决的,以计算机技术为手段的运筹学理论是支撑现代物流管理的有效手段。物流业的发展离不开运筹学的理论技术支持,运筹学的应用将会使物流管理更加有效。

1.4　LINGO 软件简介

目前,国内教学中比较常用的运筹优化软件有 Microsoft Excel、LINGO、CPLEX 优化器、MATLAB、WinQSB 等。

LINGO 是 Linear Interactive and General Optimizer 的缩写,即"交互式的线性和通用优化求解器",由美国 LINDO 系统公司(Lindo System Inc.)推出。它是一套用来帮助我们快速、方便和有效地构建和求解线性、非线性、整数最优化等模型的功能全面的工具。包括功能强大的建模语言,建立和编辑问题的全功能环境,读取和写入 Excel 及数据库的功能,以及一系列完全内置的求解程序。

LINGO 提供强大的语言和快速的求解引擎来阐述和求解最佳化模型。

1. 简单的模型表示

LINGO 可以将线性、非线性和整数问题用公式表示,并且容易阅读、了解和修改。它的建模语言允许使用汇总和下标变量,以一种直观的方式来表达模型。模型更容易构建和理解,因此也更容易维护。

2. 方便的数据输入和输出选择

LINGO 建立的模型可以直接从数据库或工作表获取资料。同样地,LINGO 可以将求解结果直接输出到数据库或工作表。

3. 强大的求解器

LINGO 拥有一整套用来求解线性的、非线性的和整数优化等问题的快速的、内置的求解器。甚至不需要指定或启动特定的求解器,因为 LINGO 会读取方程式并自动选择合适的求解器。

4. 交互式模型或创建 Turn-key 应用程序

能够在 LINGO 内创建和求解模型,或从自己编写的应用程序中直接调用 LINGO。对于开发交互式模型,LINGO 提供了一整套建模环境来构建、求解和分析。对于构建 Turn-key 解决方案,LINGO 提供的可调用的 DLL 和 OLE 界面能够从用户自己写的程序中被调用。LINGO 也能够从 Excel 宏或数据库应用程序中被直接调用。

本书附录对 LINGO 软件进行了详细介绍。

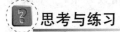 **思考与练习**

1. 物流管理中涉及哪些数学问题?

2. 现代物流的特点有哪些?

3. 如何理解信息技术赋能物流产业变革?

4. 运筹学的研究内容包括什么?

5. 运筹学在物流管理中有哪些应用?

线 性 规 划

线性规划是运筹学中研究较早、发展较快、应用广泛、方法较成熟的一个重要分支，1947 年，美国数学家 G. B. 丹齐克提出线性规划的一般数学模型和求解线性规划问题的通用方法——单纯形法，为这门学科的发展奠定了基础。

线性规划是辅助人们进行科学管理的一种数学方法。在经济管理、交通运输、工农业生产等经济活动中，提高经济效果是人们不可缺少的要求，而提高经济效果一般通过两种途径：一是技术方面的改进，例如改善生产工艺，使用新设备和新型原材料；二是生产组织与计划的改进，即合理安排人力和物力资源。线性规划所研究的是：在一定条件下，合理安排人力、物力等资源，使经济效果达到最好。

2.1 线性规划问题及数学模型

2.1.1 线性规划问题的提出

在这一节，通过具体例子介绍线性规划的数学模型。

例 2-1 生产计划问题。某企业在计划期内计划生产甲、乙两种产品。按工艺资料规定，每件产品甲需要消耗 A 材料 2kg，消耗 B 材料 1kg，每件产品乙需要消耗 A 材料 1kg，消耗 B 材料 1.5kg。已知在计划期内可供 A、B 材料分别为 40kg、30kg；每生产一件甲、乙产品，企业可获得利润分别为 300 元、400 元，如表 2-1 所示。假定市场需求无限制，请问企业决策者应如何安排生产计划，使企业在计划期内总利润收入最大？

表 2-1 产品资源消耗

资　　源	产　品		现有资源
	甲	乙	
材料 A/kg	2	1	40
材料 B/kg	1	1.5	30
利润/(元/件)	300	400	

解 假设甲、乙两种产品的产量分别是 x_1 件、x_2 件，总利润为 Z，那么 x_1、x_2 为多少时，

才能使总利润 $Z=300x_1+400x_2$ 达到最大？

根据题意，生产计划受到下列条件的限制：计划期内生产甲、乙两种产品所用 A 材料不能超过可供材料数40，即 $2x_1+x_2\leqslant40$；生产甲、乙两种产品所用 B 材料不能超过可供材料数30，即 $x_1+1.5x_2\leqslant30$；同时考虑甲、乙两种产品的产量不能为负数，即 $x_1\geqslant0,x_2\geqslant0$。于是最优方案写成数学模型为

$$\max Z = 300x_1 + 400x_2$$

$$\text{s. t.} \begin{cases} 2x_1 + x_2 \leqslant 40 \\ x_1 + 1.5x_2 \leqslant 30 \\ x_1 \geqslant 0, x_2 \geqslant 0 \end{cases}$$

其中，"max"表示最大化目标函数，是英文单词 maximize 的缩写；"s. t."表示约束条件，是英文短语 subject to 的缩写。因此，上述数学模型表达的含义为在给定的约束条件下，求解能使目标函数最大化的决策变量 (x_1,x_2) 的取值。

例 2-2 产销平衡运输问题。某公司经销甲产品。它下设 A_1、A_2 两个加工厂。每日的产量分别是：A_1 为 4t，A_2 为 6t。该公司把这些产品分别运往 B_1、B_2、B_3 这 3 个销售点。各销售点的每日销量分别是：B_1 为 3t，B_2 为 4t，B_3 为 3t。已知运价如表 2-2 所示，请问该公司如何调用产品，在满足各销售点需求量的前提下，使总运费最少？

表 2-2 产销量与单位运价

加工厂	销售点			日产量/t
	B_1	B_2	B_3	
A_1/元	2	3	1	4
A_2/元	4	2	5	6
日销量/t	3	4	3	

解 假设 $x_{ij}(i=1,2;j=1,2,3)$ 表示从 A_i 产地到 B_j 销地的运量，Z 表示运输总费用，则 $Z=2x_{11}+3x_{12}+x_{13}+4x_{21}+2x_{22}+5x_{23}$。则问题就转化求一组变量 $x_{ij}(i=1,2,3;j=1,2,3,4)$ 的值，使得运输总费用 Z 最小，且需要满足如下条件。

(1) 从 A_i 产地到 B_j 销地的运量之和等于 A_i 的产量，即

$$x_{11}+x_{12}+x_{13}=4$$
$$x_{21}+x_{22}+x_{23}=6$$

(2) B_j 销地收到从 A_i 产地运来的物资数量之和等于 B_j 的销量，即

$$x_{11}+x_{21}=3$$
$$x_{12}+x_{22}=4$$
$$x_{13}+x_{23}=3$$

(3) 在不允许倒运的条件下，运量需要满足非负，即

$$x_{ij}\geqslant0,\ i=1,2;j=1,2,3$$

综上所述，该产销平衡运输问题的模型可以完整表示为

$$\min Z = 2x_{11}+3x_{12}+x_{13}+4x_{21}+2x_{22}+5x_{23}$$

$$\text{s. t.}\begin{cases} x_{11}+x_{12}+x_{13}=4 \\ x_{21}+x_{22}+x_{23}=6 \\ x_{11}+x_{21}=3 \\ x_{12}+x_{22}=4 \\ x_{13}+x_{23}=3 \\ x_{ij} \geqslant 0 (i=1,2;j=1,2,3) \end{cases}$$

例 2-3 **均衡配套生产问题。** 某产品由 2 件甲、3 件乙零件组装而成。两种零件必须经过设备 A、B 加工,每件甲零件在 A、B 上的加工时间分别为 5min 和 9min,每件乙零件在 A、B 上的加工时间分别为 4min 和 10min。现有 2 台设备 A 和 3 台设备 B,每天可供加工时间为 8h。为了保持两种设备均衡负荷生产,要求一种设备每天的加工总时间不超过另一种设备总时间 1h。请问怎样安排设备的加工时间使每天产品的产量最大?

解　设 x_1、x_2 为每天加工甲、乙两种零件的件数,则产品的产量是

$$y = \min\left(\frac{1}{2}x_1, \frac{1}{3}x_2\right)$$

设备 A、B 每天加工工时的约束为

$$5x_1 + 4x_2 \leqslant 2 \times 8 \times 60$$
$$9x_1 + 10x_2 \leqslant 3 \times 8 \times 60$$

要求一种设备每台每天的加工时间不超过另一种设备 1h 的约束为

$$|(5x_1 + 4x_2) - (9x_1 + 10x_2)| \leqslant 60$$

约束线性化。将绝对值约束写成两个不等式

$$(5x_1 + 4x_2) - (9x_1 + 10x_2) \leqslant 60$$
$$-(5x_1 + 4x_2) + (9x_1 + 10x_2) \leqslant 60$$

目标函数线性化。产品的产量 y 等价于

$$y \leqslant \frac{1}{2}x_1, y \leqslant \frac{1}{3}x_2$$

整理得到该问题的数学模型为

$$\max Z = y$$

$$\text{s. t.}\begin{cases} y \leqslant \dfrac{1}{2}x_1 \\[2mm] y \leqslant \dfrac{1}{3}x_2 \\[2mm] 5x_1 + 4x_2 \leqslant 960 \\ 9x_1 + 10x_2 \leqslant 1\,440 \\ -4x_1 - 6x_2 \leqslant 60 \\ 4x_1 + 6x_2 \leqslant 60 \\ y, x_1, x_2 \geqslant 0 \end{cases}$$

上面所述例题,都是通过一个数学规划模型来描述决策者所面临的决策问题,这类数学规划模型具有下列 3 个要素。

(1) 决策变量(decision variables)。即规划问题中需要确定的能用数量表达的量。决

策变量的数量需根据所要解决的问题而定。通常情况下,决策变量都是非负变量。如果在模型中变量的符号不受限制,即变量可以取正数、负数或零,那么称它为自由变量。自由变量可以写入规划模型,也可以省略不写。

(2)约束条件(constraints)。它主要反映了问题的客观限制因素,如资源、时间等,通常表达为关于决策变量的等式或者不等式。

(3)目标函数(objective function)。它是关于决策变量的函数,也是决策者优化的目标,通常情况下,追求最大值或者最小值。

当一个规划模型中决策变量的取值是连续的,目标函数是决策变量的线性表达式,且约束条件为线性等式或者是线性不等式时,该类数学规划模型被称为"线性规划"(linear programming),是一类最常见的模型。

2.1.2 线性规划的一般模型

一般来说,假设线性规划数学模型中有 m 个约束,有 n 个决策变量 $x_j, j = 1, 2, \cdots, n$,目标函数的变量系数用 c_j 表示,c_j 称为价值系数。约束条件的变量系数用 a_{ij} 表示,a_{ij} 称为工艺系数。约束条件右端的常数用 b_i 表示,b_i 称为资源限量。则线性规划数学模型的一般表达式可写成:

$$\max(\min)Z = c_1 x_1 + c_2 x_2 + c_3 x_3 + \cdots + c_n x_n$$

$$\text{s. t.} \begin{cases} a_{11} x_1 + a_{12} x_2 + \cdots + a_{1n} x_n \leqslant b_1 \\ a_{21} x_1 + a_{22} x_2 + \cdots + a_{2n} x_n \leqslant b_2 \\ \vdots \\ a_{m1} x_1 + a_{m2} x_2 + \cdots + a_{mn} x_n \leqslant b_m \\ x_1, x_2, \cdots, x_n \geqslant 0 \end{cases}$$

为了书写方便,上述模型可以化简成:

$$\max(\min)Z = \sum_{j=1}^{n} c_j x_j$$

$$\text{s. t.} \begin{cases} \sum_{j=1}^{n} a_{ij} x_j \leqslant b_i, i = 1, 2, \cdots, m \\ x_j \geqslant 0, j = 1, 2, \cdots, n \end{cases}$$

也可以化简成向量形式:

$$\max(\min)Z = \boldsymbol{CX}$$

$$\text{s. t.} \begin{cases} \sum_{j=1}^{n} \boldsymbol{P}_j x_j \leqslant \boldsymbol{b} \\ x_j \geqslant 0 \end{cases}$$

其中,$\boldsymbol{C} = (c_1, c_2, \cdots, c_n), \boldsymbol{X} = \begin{bmatrix} x_1 \\ x_2 \\ \vdots \\ x_n \end{bmatrix}, \boldsymbol{P}_j = \begin{bmatrix} a_{1j} \\ a_{2j} \\ \vdots \\ a_{mj} \end{bmatrix}, \boldsymbol{b} = \begin{bmatrix} b_1 \\ b_2 \\ \vdots \\ b_m \end{bmatrix}$。

用矩阵和向量形式来表示可写为

$$\max(\min)Z = \boldsymbol{CX}$$

$$\text{s. t.} \begin{cases} \boldsymbol{AX} \leqslant \boldsymbol{b} \\ \boldsymbol{X} \geqslant 0 \end{cases}$$

$$A = \begin{bmatrix} a_{11} & a_{12} & \cdots & a_{1n} \\ a_{21} & a_{22} & \cdots & a_{2n} \\ \vdots & \vdots & \vdots & \vdots \\ a_{m1} & a_{m2} & \cdots & a_{mn} \end{bmatrix}$$

式中，A 为约束条件的系数矩阵。

在实际中一般决策变量非负，$x_j \geqslant 0$，但有时 $x_j \leqslant 0$ 或无符号限制。

2.2　线性规划图解法

图解法是直接在平面直角坐标系中用作图的方法求解线性规划的一种方法。这种方法直观简单，适用于决策变量只有两个的线性规划模型。

图解法的步骤如下。

1. 确定可行域

绘制约束等式直线，确定由约束等式直线决定的两个区域中哪个区域对应着由约束条件所定义的正确的不等式。通过画出指向正确区域的箭头来说明这个正确区域，确定可行域。

2. 画出目标函数的等值线，标出目标值改进的方向

先过原点作一条矢量指向点 (c_1, c_2)，矢量的方向就是目标函数增加的方向，称为梯度方向，再作一条与矢量垂直的直线，这条直线就是目标函数图形。

3. 确定最优解

用图示的方式朝着不断改进的目标函数值的方向，移动目标函数的等值线，直到等值线正好接触到可行域的边界。等值线正好接触到可行域边界的接触点对应着线性优化模型的最优解。

一般来说，将目标函数直线放在可行域中，求最大值时直线沿着矢量方向移动；求最小值时沿着矢量的反方向移动。

例 2-4　某工厂在计划期内要安排 Ⅰ、Ⅱ 两种产品的生产，已知生产单位产品所需的机器台时及 A、B 两种材料的消耗、限制的条件如表 2-3 所示。

问题：工厂应分别生产多少单位 Ⅰ、Ⅱ 产品才能使工厂获利最多？

表 2-3　工厂材料消耗

机器和材料	产品		限制条件
	Ⅰ	Ⅱ	
机器	1	1	300 台时
材料 A	2	1	400kg
材料 B	0	1	250kg
单位产品利润	50 元	100 元	

解　（1）写出目标函数

$$\max Z = 50x_1 + 100x_2$$

（2）创建线性规划模型。

约束条件：

$$\text{s. t.}\begin{cases} x_1 + x_2 \leqslant 300 \\ 2x_1 + x_2 \leqslant 400 \\ x_2 \leqslant 250 \\ x_1, x_2 \geqslant 0 \end{cases}$$

注意：对于只有两个决策变量的线性规划问题，可以在平面直角坐标系上作图表示线性规划问题的有关概念，并求解。

图解法步骤如下。

(1) 分别取决策变量 x_1，x_2 为坐标向量建立直角坐标系。在直角坐标系里，图 2-1、图 2-2 上任意一点的坐标代表了决策变量的一组值，例 2-4 的每个约束条件都代表一个半平面。

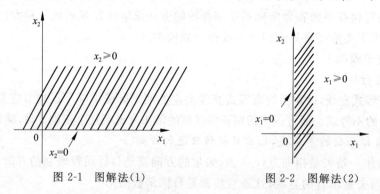

图 2-1　图解法(1)　　　　　　　图 2-2　图解法(2)

(2) 对每个不等式(约束条件)，先取其等式在坐标系中作直线，然后确定不等式所决定的半平面，即图 2-3～图 2-5 中阴影部分。

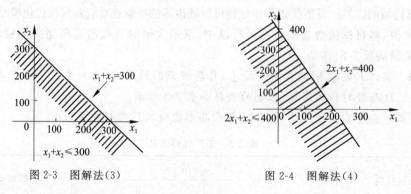

图 2-3　图解法(3)　　　　　　　图 2-4　图解法(4)

(3) 把 5 个图合并成一个图，取各约束条件的公共部分，如图 2-6 所示。

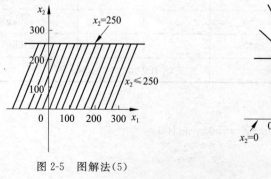
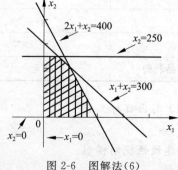

图 2-5　图解法(5)　　　　　　　图 2-6　图解法(6)

（4）目标函数 $Z=50x_1+100x_2$，当 Z 取某一固定值时得到一条直线，直线上的每一点都具有相同的目标函数值，称为"等值线"。平行移动等值线，当移动到 B 点时，Z 在可行域内实现了最大化。A、B、C、D、E 是可行域的顶点，对有限个约束条件来说，其可行域的顶点也是有限的，如图 2-7 所示。

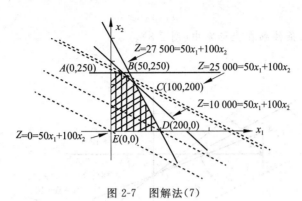

图 2-7　图解法(7)

由图可得最优解：$x_1=50$，$x_2=250$，最优目标值 $Z=27\,500$。

通过以上例题，图解法得到的线性规划数学模型的解的情况总结如下。

（1）如果线性规划有最优解，则一定有一个可行域的顶点对应一个最优解。

（2）无穷多个最优解。若将例题中的目标函数变为 $\max Z=50x_1+50x_2$，则线段 BC 上的所有点都代表了最优解。

（3）无界解。即可行域的范围延伸到无穷远，目标函数值可以无穷大或无穷小。一般来说，在这种情况下模型的建立忽略了一些必要的约束条件或者约束条件矛盾。

（4）无可行解。若在例 2-4 的数学模型中再增加一个约束条件 $4x_1+3x_2\geqslant 1\,200$，则可行域为空域，不存在满足约束条件的解，当然也就不存在最优解了。

在应用线性规划模型的图解法时，需要注意以下几点。

（1）对于只有两个决策变量的线性规划问题，可以在平面直角坐标系上作图表示线性规划问题的有关概念，并求解。

（2）图解法是用画图的方式求解线性规划的一种方法。它虽然只能用于解二维（两个变量）的问题，但其主要作用并不在于求解，而是在于能够直观地说明线性规划解的一些重要性质。

（3）线性规划的可行域是多边形，而且是"凸"型的多边形，称为凸多面体。凸多面体是凸集的一种。所谓凸集，是指集中任两点的连线仍属此集。凸集中的"极点"又称顶点或角点，是指它属于集，但不能表示成集中某两点连线的内点，如多边形的顶点。关于凸集的相关概念，本章 2.4 节有更详细的介绍。

（4）最优解在边界，而且是在某个顶点获得。因为由图解法可知，只有当目标直线平移到边界时，才能使目标 Z 达到最大限度的优化。它使得在可行域中寻优的工作由"无限"上升为"有限"，从而为线性规划的算法设计提供了重要基础。

例 2-5　用图解法求解线性规划问题。

$$\max Z=2x_1+3x_2$$

$$\text{s. t.}\begin{cases} 2x_1 + 2x_2 \leqslant 12 \\ x_1 + 2x_2 \leqslant 8 \\ 4x_1 \leqslant 16 \\ 4x_2 \leqslant 12 \\ x_1, x_2 \geqslant 0 \end{cases}$$

解   将所有约束条件画在坐标系中(图 2-8)。

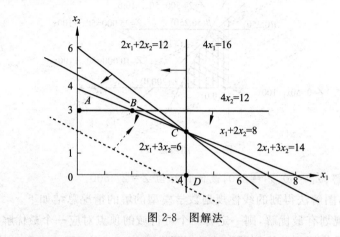

图 2-8   图解法

可以得到最优解：$x_1 = 4, x_2 = 2$，最优目标函数值为 14。

2.3   线性规划问题标准化

2.3.1   线性规划问题的标准型

前文已经介绍了线性规划的一般形式为

$$\max(\min)Z = c_1 x_1 + c_2 x_2 + c_3 x_3 + \cdots + c_n x_n$$

$$\text{s. t.}\begin{cases} a_{11}x_1 + a_{12}x_2 + \cdots + a_{1n}x_n \leqslant b_1 \\ a_{21}x_1 + a_{22}x_2 + \cdots + a_{2n}x_n \leqslant b_2 \\ \vdots \\ a_{m1}x_1 + a_{m2}x_2 + \cdots + a_{mn}x_n \leqslant b_m \\ x_1, x_2, \cdots, x_n \geqslant 0 \end{cases}$$

为了讨论问题方便,特别是在用单纯法求解线性规划问题时,需将线性规划模型化为统一的标准形式。线性规划模型的标准型有以下特点。

(1) 目标函数求最大值(或求最小值。注意:本书默认目标函数是 max)。

(2) 约束条件都为等式方程。

(3) 变量 x_j 非负。

(4) 常数 b_i 非负。

线性规划模型标准型表示如下：

$$\max(\min)Z = c_1 x_1 + c_2 x_2 + c_3 x_3 + \cdots + c_n x_n$$

$$\text{s. t.}\begin{cases} a_{11}x_1 + a_{12}x_2 + \cdots + a_{1n}x_n = b_1 \\ a_{21}x_1 + a_{22}x_2 + \cdots + a_{2n}x_n = b_2 \\ \vdots \\ a_{m1}x_1 + a_{m2}x_2 + \cdots + a_{mn}x_n = b_m \\ x_j \geqslant 0, j = 1, 2, \cdots, n \\ b_i \geqslant 0, i = 1, 2, \cdots, m \end{cases}$$

或写成下列形式：

$$\max Z = \sum_{j=1}^{n} c_j x_j$$

$$\text{s. t.}\begin{cases} \sum_{j=1}^{n} a_{ij}x_j = b_i, i = 1, 2, \cdots, m \\ x_j \geqslant 0, j = 1, 2, \cdots, n \end{cases}$$

或用矩阵形式表示：

$$\max Z = \boldsymbol{CX}$$

$$\begin{cases} \boldsymbol{AX} = \boldsymbol{b} \\ \boldsymbol{X} \geqslant 0 \end{cases}$$

其中，

$$\boldsymbol{A} = \begin{bmatrix} a_{11} & a_{12} & \cdots & a_{1n} \\ a_{21} & a_{22} & \cdots & a_{2n} \\ \vdots & \vdots & \vdots & \vdots \\ a_{m1} & a_{m2} & \cdots & a_{mn} \end{bmatrix}; \quad \boldsymbol{X} = \begin{bmatrix} x_1 \\ x_2 \\ \vdots \\ x_n \end{bmatrix}; \quad \boldsymbol{b} = \begin{bmatrix} b_1 \\ b_2 \\ \vdots \\ b_m \end{bmatrix}; \quad \boldsymbol{C} = (c_1, c_2, \cdots, c_n)$$

通常 $\boldsymbol{X}$ 记为 $\boldsymbol{X} = (x_1, x_2, \cdots, x_n)^{\mathrm{T}}$，称 $\boldsymbol{A}$ 为约束方程的系数矩阵，m 是约束方程的个数，n 是决策变量的个数，一般情况下，$m \leqslant n$，且 $r(\boldsymbol{A}) = m$。

2.3.2　非标准型线性规划问题的标准化

解决非标准型的线性规划问题时，首先要化成标准形式。

（1）变量无符号限制问题。当某一个变量 x_j 无限制时，令 $x_j = x_j' - x_j''$，其中，$x_j', x_j'' \geqslant 0$，即用两个非负变量之差来表示一个无符号限制的变量。

（2）当约束方程是"$\leqslant$"不等式，在化成标准型时，只需在一个约束不等式左端加上一个松弛变量 $x_{n+i} \geqslant 0 (i = 1, 2, \cdots, m)$ 即可。

（3）当约束方程是"$\geqslant$"不等式，在化成标准型时，在方程式左端减去剩余变量 $x_{n+i} \geqslant 0$（$i = 1, 2, \cdots, m$），使不等式变成等式。

（4）当变量小于等于零时，令 $x_j' = -x_j \geqslant 0$。

例 2-6　将下列线性规划化为标准型。

$$\min Z = -x_1 + x_2 - 3x_3$$

$$\begin{cases} 2x_1 + x_2 + x_3 \leqslant 8 \\ x_1 + x_2 + x_3 \geqslant 3 \\ -3x_1 + x_2 + 2x_3 \leqslant -5 \\ x_1 \geqslant 0, x_2 \geqslant 0, x_3 \text{ 无符号要求} \end{cases}$$

解 (1) 因为 x_3 无符号要求,即 x_3 可取正值或负值,标准型中要求变量非负,所以令

$$x_3' = \begin{cases} x_3, x_3 \geqslant 0 \\ 0, x_3 < 0 \end{cases}, \quad x_3'' = \begin{cases} 0, x_3 \geqslant 0 \\ -x_3, x_3 < 0 \end{cases}, x_3 = x_3' - x_3'', 其中\ x_3', x_3'' \geqslant 0$$

(2) 第一个约束条件是 $\leqslant$ 号,在 $\leqslant$ 号左端加入松弛变量(slack variable) x_4,$x_4 \geqslant 0$,化为等式。

(3) 第二个约束条件是 $\geqslant$ 号,在 $\geqslant$ 号左端减去剩余变量(surplus variable) x_5,$x_5 \geqslant 0$。

(4) 第三个约束条件是 $\leqslant$ 号且常数项为负数,因此在 $\leqslant$ 号左边加入松弛变量 x_6,$x_6 \geqslant 0$,同时两边乘以 -1。

(5) 目标函数是最小值,为了化为求最大值,令 $Z' = -Z$,得到 $\max Z' = -Z$,即当 Z 达到最小值时,Z' 达到最大值;反之亦然。

综合起来得到下列标准型:

$$\max Z' = x_1 - x_2 + 3x_3' - 3x_3''$$

$$\begin{cases} 2x_1 + x_2 + x_3' - x_3'' + x_4 = 8 \\ x_1 + x_2 + x_3' - x_3'' - x_5 = 3 \\ 3x_1 - x_2 - 2(x_3' - x_3'') - x_6 = 5 \\ x_1, x_2, x_3', x_3'', x_4, x_5, x_6 \geqslant 0 \end{cases}$$

当某个变量 $x_j \leqslant 0$ 时,令 $x_j' = -x_j$。当某个约束是绝对值不等式时,将绝对值不等式化为两个不等式,再化为等式,例如约束:

$$|4x_1 - x_2 + 7x_3| \leqslant 9$$

将其化为两个不等式

$$\begin{cases} 4x_1 - x_2 + 7x_3 \leqslant 9 \\ -4x_1 + x_2 - 7x_3 \leqslant 9 \end{cases}$$

再加入松弛变量化为等式。

例 2-7 将下列线性规划化为标准型。

$$\max Z = -|x_1| - |x_2|$$

$$\begin{cases} x_1 + x_2 \geqslant 5 \\ x_1 \leqslant 4 \\ x_1, x_2 \ 无约束 \end{cases}$$

解 此题关键是将目标函数中的绝对值去掉。令

$$|x_1| = x_1' + x_1'', x_1 = x_1' - x_1''$$
$$|x_2| = x_2' + x_2'', x_2 = x_2' - x_2''$$

则有

$$x_1' = \begin{cases} x_1, x_1 \geqslant 0 \\ 0, x_1 < 0 \end{cases}, \quad x_1'' = \begin{cases} 0, x_1 \geqslant 0 \\ -x_1, x_1 < 0 \end{cases}$$

$$x_2' = \begin{cases} x_2, x_2 \geqslant 0 \\ 0, x_2 < 0 \end{cases}, \quad x_2'' = \begin{cases} 0, x_2 \geqslant 0 \\ -x_2, x_2 < 0 \end{cases}$$

得到线性规划的标准形式:

$$\max Z = -(x_1' + x_1'') - (x_2' + x_2'')$$

$$\begin{cases} x_1' - x_1'' + x_2' - x_2'' - x_3 = 5 \\ x_1' - x_1'' + x_4 = 4 \\ x_1', x_1'', x_2', x_2'', x_3, x_4 \geqslant 0 \end{cases}$$

对于 $a \leqslant x \leqslant b(a \, , b$ 均大于 $0)$ 的有界变量化为标准形式有两种方法：一种方法是增加两个约束 $x \geqslant a$ 及 $x \leqslant b$；另一种方法是令 $x' = x - a$，则 $a \leqslant x \leqslant b$ 等价于 $0 \leqslant x' \leqslant b - a$，增加一个约束 $x' \leqslant b - a$ 并且将原问题所有 x 用 $x = x' + a$ 替换。

2.4　线性规划问题解的性质

设线性规划的标准型为

$$\max Z = \boldsymbol{CX}$$

$$\begin{cases} \boldsymbol{AX} = \boldsymbol{b} \\ \boldsymbol{X} \geqslant 0 \end{cases}$$

其中，$\boldsymbol{A}$ 为 $m \times n$ 矩阵，$m \leqslant n$ 并且 $r(\boldsymbol{A}) = m$，显然 $\boldsymbol{A}$ 中至少有一个 $m \times m$ 子矩阵 $\boldsymbol{B}$，使得 $r(\boldsymbol{B}) = m$。下面将在以上标准形式下进行讨论。

2.4.1　线性规划的相关概念

(1) 基(basis)。$\boldsymbol{A}$ 中 $m \times m$ 子矩阵 $\boldsymbol{B}$ 并且有 $r(\boldsymbol{B}) = m$，则称 $\boldsymbol{B}$ 是线性规划的一个基(或基矩阵 basis matrix)。当 $m = n$ 时，基矩阵唯一，当 $m \leqslant n$ 时，基矩阵就可能有多个，但数目不超过 C_n^m。

例 2-8　线性规划

$$\max Z = 4x_1 - 2x_2 - x_3 \tag{2-1}$$

$$\begin{cases} 5x_1 + x_2 - x_3 + x_4 = 3 & (2-2) \\ -10x_1 + 6x_2 + 2x_3 + x_5 = 2 & (2-3) \\ x_j \geqslant 0, j = 1, 2, \cdots, 5 & (2-4) \end{cases}$$

求所有基矩阵。

解　约束方程的系数矩阵为 2×5 矩阵。

$$\boldsymbol{A} = \begin{bmatrix} 5 & 1 & -1 & 1 & 0 \\ -10 & 6 & 2 & 0 & 1 \end{bmatrix}$$

容易看出 $r(\boldsymbol{A}) = 2$，2 阶子矩阵有 $C_5^2 = 10$ 个，其中第 1 列与第 3 列构成的 2 阶矩阵不是一个基，基矩阵只有 9 个，即

$$\boldsymbol{B}_1 = \begin{bmatrix} 5 & 1 \\ -10 & 6 \end{bmatrix}, \boldsymbol{B}_2 = \begin{bmatrix} 5 & 1 \\ -10 & 0 \end{bmatrix}, \boldsymbol{B}_3 = \begin{bmatrix} 5 & 0 \\ -10 & 1 \end{bmatrix}, \boldsymbol{B}_4 = \begin{bmatrix} 1 & -1 \\ 6 & 2 \end{bmatrix}, \boldsymbol{B}_5 = \begin{bmatrix} 1 & 1 \\ 6 & 0 \end{bmatrix},$$

$$\boldsymbol{B}_6 = \begin{bmatrix} 1 & 0 \\ 6 & 1 \end{bmatrix}, \boldsymbol{B}_7 = \begin{bmatrix} -1 & 0 \\ 2 & 1 \end{bmatrix}, \boldsymbol{B}_8 = \begin{bmatrix} -1 & 1 \\ 2 & 0 \end{bmatrix}, \boldsymbol{B}_9 = \begin{bmatrix} 1 & 0 \\ 0 & 1 \end{bmatrix}。$$

由线性代数可知，基矩阵 $\boldsymbol{B}$ 必为非奇异矩阵，即 $|\boldsymbol{B}| \neq 0$。当矩阵 $\boldsymbol{B}$ 的行列式等于 0，即 $|\boldsymbol{B}| = 0$ 时就不是基。

(2) 基向量、非基向量、基变量、非基变量。当确定某一矩阵为基矩阵时，则基矩阵对应

的列向量称为基向量(basis vector),其余列向量称为非基向量,基向量对应的变量称为基变量(basis variable),非基向量对应的变量称为非基变量。

$$B_2 = \begin{bmatrix} 5 & 1 \\ -10 & 0 \end{bmatrix}, A = \begin{bmatrix} 5 & 1 & -1 & 1 & 0 \\ -10 & 6 & 2 & 0 & 1 \end{bmatrix}$$

在上例中 B_2 的基向量是 A 中的第 1 列和第 4 列,其余列向量是非基向量,x_1、x_4 是基变量,x_2、x_3、x_5 是非基变量。基变量、非基变量是针对某一确定基而言的,不同的基对应的基变量和非基变量也不同。

(3) 可行解(feasible solution)。满足式(2-2)~式(2-4)的解 $X = (x_1, x_2, \cdots, x_n)^{\mathrm{T}}$ 称为可行解。例题中,$X = \left(0, 0, \frac{1}{2}, \frac{7}{2}, 1\right)^{\mathrm{T}}$ 与 $X = (0, 0, 0, 3, 2)^{\mathrm{T}}$ 都是例 2-8 的可行解。

(4) 最优解(optimal solution)。满足式(2-1)的可行解称为最优解,即使得目标函数达到最大值的可行解就是最优解,例如可行解 $X = \left(\frac{3}{5}, 0, 0, 0, 8\right)^{\mathrm{T}}$ 是例题的最优解。

(5) 基本解(basis solution)。对某一确定的基 B,令非基变量等于 0,利用式(2-2)、式(2-3)解出基变量,则这组解称为基 B 的基本解。

(6) 基本可行解(basis feasible solution)。若基本解是可行解,则称为基本可行解(也称为基可行解)。显然,只要基本解中的基变量的值满足非负要求,那么这个基本解就是基本可行解。

在例 2-8 中,对 B_1 来说,x_1、x_2 是基变量,x_3、x_4、x_5 是非基变量,令 $x_3 = x_4 = x_5 = 0$,则式(2-2)、式(2-3)为

$$\begin{cases} 5x_1 + x_2 = 3 \\ -10x_1 + 6x_2 = 2 \end{cases}, B_1 = \begin{bmatrix} 5 & 1 \\ -10 & 6 \end{bmatrix}$$

因 $|B_1| \neq 0$,由克莱姆法则可知有唯一解 $x_1 = \frac{2}{5}$,$x_2 = 1$,则基本解为 $X^{(1)} = \left(\frac{2}{5}, 1, 0, 0, 0\right)^{\mathrm{T}}$。

对 B_2 来说,x_1、x_4 为基变量,令非基变量 x_2、x_3、x_5 为 0,由式(2-2)、式(2-3)得到 $x_1 = -\frac{1}{5}$,$x_4 = 4$。基本解为 $X^{(2)} = \left(-\frac{1}{5}, 0, 0, 0, 4, 0\right)^{\mathrm{T}}$。由于 $X^{(1)} \geqslant 0$ 是基本解,从而它是基本可行解,在 $X^{(2)}$ 中 $x_1 \leqslant 0$,因此不是可行解,也就不是基本可行解。

反之,可行解不一定是基本可行解。例如 $X = \left(0, 0, \frac{1}{2}, \frac{7}{2}, 1\right)^{\mathrm{T}}$,不是任何基矩阵的基本解。

(7) 可行基。基本可行解对应的基称为可行基。

(8) 基本最优解。最优解是基本解,则称为基本最优解。例如,$X = \left(\frac{3}{5}, 0, 0, 0, 8\right)^{\mathrm{T}}$ 满足式(2-2)~式(2-4)是最优解,又是 B_3 的基本解,因此它是基本最优解。

(9) 可行基与最优基。可行解对应的基称为可行基;基本最优解对应的基称为最优基。如上述 B_3 就是最优基,最优基也是可行基。

当最优解唯一时,最优解也是基本最优解,当最优解不唯一时,则最优解不一定是基本

最优解。例如图 2-9 中线段 $\overline{Q_1Q_2}$ 的点为最优解时，Q_1 点及 Q_2 点是基本最优解，线段 $\overline{Q_1Q_2}$ 的内点是最优解而不是基本最优解。

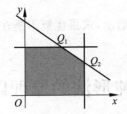

图 2-9　最优解和基本最优解

基本最优解、最优解、基本可行解、基本解、可行解的关系如图 2-10 所示。

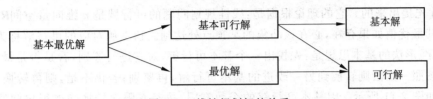

图 2-10　线性规划解的关系

（10）凸集（convex set）。设 K 是 n 维空间的一个点集，对任意两点 $X^{(1)}$、$X^{(2)} \in K$，当 $X = \alpha X^{(1)} + (1-\alpha)X^{(2)} \in K (0 \leqslant \alpha \leqslant 1)$ 时，则称 K 为凸集。

$X = \alpha X^{(1)} + (1-\alpha)X^{(2)}$ 就是以 $X^{(1)}$、$X^{(2)}$ 为端点的线段方程，点 X 的位置由 α 的值确定，当 $\alpha = 0$ 时，$X = X^{(2)}$；当 $\alpha = 1$ 时，$X = X^{(1)}$。

（11）凸组合（convex combination）。设 $X, X^{(1)}, X^{(2)}, \cdots, X^{(K)}$ 是 R^n 中的点，若存在 λ_1, $\lambda_2, \cdots, \lambda_K$，且 $\lambda_i \geqslant 0$ 及 $\sum_{i=1}^{K} \lambda_i = 1$ 使 $X = \sum_{i=1}^{K} \lambda_i X_i$ 成立，则称 X 为 $X^{(1)}, X^{(2)}, \cdots, X^{(K)}$ 的凸组合。

（12）极点（extreme point）。设 K 是凸集，$X \in K$，若 X 不能用 K 中两个不同的点 $X^{(1)}$, $X^{(2)}$ 的凸组合表示为

$$\alpha X^{(1)} + (1-\alpha)X^{(2)}, \quad 0 < \alpha < 1$$

则称 X 是 K 的一个极点或顶点。X 是凸集 K 的极点，即 X 不可能是 K 中某一线段的内点，只能是 K 中某一线段的端点。

2.4.2　线性规划的相关定理

线性规划有 3 个基本定理。

定理 2.1　若线性规划问题存在可行解，则该问题的可行域是凸集。

定理 2.2　线性规划问题的基本可行解 X 对应可行域（凸集）的顶点。

定理 2.3　若问题存在最优解，一定存在一个基本可行解是最优解（或在某个顶点取得）。

定理 2.1 描述了可行解集的特征。定理 2.2 描述了可行解集的极点与基本可行解的对应关系，极点是基本可行解；反之，基本可行解在极点上，但它们并非一一对应，可能有两个或者几个基本可行解对应于同一极点（退化基本可行解时）。

定理 2.3 描述了最优解在可行解集中的位置，若最优解唯一，则最优解只能在某一极点上达到；若具有多重最优解，则最优解是某些极点的凸组合，从而最优解是可行解集的极点

或界点,不可能是可行解集的内点。若线性规划的可行解集非空且有界,则一定有最优解;若可行解集无界,则线性规划可能有最优解,也可能没有最优解。若线性规划具有无界解,则可行域一定无界。

定理 2.2 和定理 2.3 还有一个启示,求最优解不是在无限个可行解中去寻找,而是在有限个基本可行解中去求得。

2.5　单纯形法的原理以及方法

2.5.1　单纯形法的原理

单纯形法是求解线性规划问题的通用方法。单纯形法是美国数学家 G. B. 丹齐克于 1947 年首先提出来的。它的理论根据是:线性规划问题的可行域是 n 维向量空间 $\mathbf{R}^n$ 中的多面凸集,其最优值如果存在,必在该凸集的某顶点处达到。顶点所对应的可行解称为基本可行解。单纯形法的基本思想是:先找出一个基本可行解,对它进行鉴别,看是否是最优解;若不是,则按照一定法则转换到另一改进的基本可行解,再鉴别;若仍不是,则再转换,按此重复进行,如图 2-11 所示。因基本可行解的个数有限,故经有限次转换必能得出问题的最优解。如果问题无最优解,也可用此法判别。

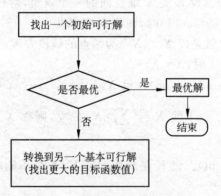

图 2-11　单纯形法的求解步骤

按照单纯形法的基本思想,考虑 2.2 节中例 2-4 所述的线性规划问题:

$$\max Z = 50x_1 + 100x_2$$

$$\text{s. t.} \begin{cases} x_1 + x_2 \leqslant 300 \\ 2x_1 + x_2 \leqslant 400 \\ x_2 \leqslant 250 \\ x_1, x_2 \geqslant 0 \end{cases}$$

首先将此线性规划化成标准型为

$$\max Z = 50x_1 + 100x_2$$

$$\text{s. t.} \begin{cases} x_1 + x_2 + x_3 = 300 \\ 2x_1 + x_2 + x_4 = 400 \\ x_2 + x_5 = 250 \\ x_1, x_2, x_3, x_4, x_5 \geqslant 0 \end{cases}$$

第 1 步：寻找一个初始基可行解。很显然，可以令 x_3、x_4 和 x_5 为基变量。非基变量移到方程式的右边，约束方程变为如下形式：

$$\begin{cases} x_3 = 300 - x_1 - x_2 \\ x_4 = 400 - 2x_1 - x_2 \\ x_5 = 250 - x_2 \end{cases} \tag{2-5}$$

如果令非基变量 $x_1 = x_2 = 0$，可以非常直观地得到初始基可行解 $\boldsymbol{X}^{(1)} = (0, 0, 300, 400, 250)$，它所对应的目标函数值为 $Z^{(1)} = 50x_1 + 100x_2 = 0$。

接下来判断 $\boldsymbol{X}^{(1)}$ 是否已经达到最优。从 $Z^{(1)}$ 关于非基变量的表达式中可以看出，如果进一步增加非基变量 x_1 或 x_2 的取值（例如，非基变量从零值增加为一个正数），那么可以进一步增加目标函数的值（因为 x_1 和 x_2 的目标函数系数均为正）。特别是每增加一单位 x_1，可以令目标函数值提高 50；每增加一单位 x_2，可以令目标函数值提高 100。于是，我们可以考虑优先增加 x_2 的取值，即把 x_2 从非基变量变为一个基变量，同时保持 x_1 为非基变量（即保持其取值为 0 不变）。

为了尽可能增加目标函数值，应该尽可能大地提高 x_2 的取值。但是，x_2 能否无限制地增加呢？显然不能，因为在增加 x_2 的过程中，要保证所有的基变量是非负的，即要满足：

$$\begin{cases} x_3 = 300 - x_2 \geqslant 0 \Rightarrow x_2 \leqslant 300 \\ x_4 = 400 - x_2 \geqslant 0 \Rightarrow x_2 \leqslant 400 \\ x_5 = 250 - x_2 \geqslant 0 \Rightarrow x_2 \leqslant 250 \end{cases}$$

将上述 3 个条件取交集，可得 x_2 的最大值为 250，如果 x_2 取值为 250，对应的 x_5 为 0，即正好令 x_5 从基变量变为非基变量。

第 2 步：换基迭代，上面已经确定将 x_2 换入，将 x_5 换出。要对约束 (2-5) 进行等价变换，将新的基变 (x_3, x_4, x_2) 量用非基变 (x_1, x_5) 量换出。可以得到：

$$\begin{cases} x_3 = 50 - x_1 + x_5 \\ x_4 = 150 - 2x_1 + x_5 \\ x_2 = 250 - x_5 \end{cases} \tag{2-6}$$

如果令非基变量 $x_1 = x_5 = 0$，可以非常直观地得到换基迭代之后的基可行解 $\boldsymbol{X}^{(2)} = (0, 250, 50, 150, 0)$；它所对应的目标函数值为 $Z^{(2)} = 25\,000 + 50x_1 - 100x_5 = 25\,000$，即相对 $Z^{(1)}$ 提高了 25 000 单位。

接下来判断 $\boldsymbol{X}^{(2)}$ 是否已经达到最优。从 $Z^{(2)}$ 关于非基变量的表达式中可以看出，x_1 的目标函数系数为正，这说明如果增加非基变量 x_1 的取值，可以进一步增加目标函数的值。于是，$\boldsymbol{X}^{(2)}$ 并非最优，需要进一步换基迭代。在将 x_1 入基的过程中（保持 x_5 为基变量），也需要保证所有基变量取非负值，即满足：

$$\begin{cases} x_3 = 50 - x_1 \geqslant 0 \Rightarrow x_1 \leqslant 50 \\ x_4 = 150 - 2x_1 \geqslant 0 \Rightarrow x_1 \leqslant 75 \\ x_2 = 250 \geqslant 0 \Rightarrow x_1 \text{ 无约束} \end{cases}$$

因此，x_1 的最大值为 50，对应的 x_3 出基。

第 3 步：继续换基迭代，上面已经确定将 x_1 换入，将 x_3 换出。对约束 (2-6) 进行等价变换，将新的基变量 (x_1, x_4, x_2) 用非基变量 (x_3, x_5) 的线性形式进行表示，可得：

$$\begin{cases} x_1 = 50 - x_3 + x_5 \\ x_4 = 50 + 2x_3 - x_5 \\ x_2 = 250 - x_5 \end{cases} \tag{2-7}$$

如果令非基变量 $x_3 = x_5 = 0$，可以直观地得到换基迭代之后的基可行解 $\boldsymbol{X}^{(3)} = (50, 250, 0, 50, 0)$，它所对应的目标函数值为 $Z^{(3)} = 27\,500 - 50x_3 - 50x_5 = 27\,500$，相对 $Z^{(2)}$ 提高了 2 500 单位。

接下来判断 $\boldsymbol{X}^{(3)}$ 是否已经达到最优。从 $Z^{(3)}$ 关于非基变量的表达式中可以看出，非基变量 x_3 和 x_5 的目标函数系数均为负，说明 27 500 已经是目标函数值所能达到的最大值了，因此，已经找到了最优解。最优解为 $\boldsymbol{X}^* = \boldsymbol{X}^{(3)} = (50, 250, 0, 50, 0)$，对应的目标函数值为 $Z^* = 27\,500$。

结合 2.2 节用图解法求解上述线性规划问题的结果（图 2-7），不难看出，上述 3 个步骤的搜索过程中，搜索得到的结果刚好对应于可行域的几个顶点。特别是，$\boldsymbol{X}^{(1)}$ 为顶点 E，$\boldsymbol{X}^{(2)}$ 为顶点 A，$\boldsymbol{X}^{(3)}$ 为顶点 B。逐步"换基迭代"的过程刚好是沿着可行域的几个顶点依次搜索的过程。

2.5.2　单纯形法步骤

研究如下线性规划标准型：

$$\max Z = \sum_{j=1}^{n} c_j x_j$$

$$\text{s.t.} \begin{cases} \sum_{j=1}^{n} a_{ij} x_j = b_i, i = 1, 2, \cdots, m \\ x_j \geqslant 0, j = 1, 2, \cdots, n \end{cases}$$

第 1 步：求初始基可行解。

在约束条件的变量的系数矩阵中总会存在一个单位矩阵：

$$(P_1, P_2, \cdots, P_m) = \begin{pmatrix} 1 & 0 & \cdots & 0 \\ 0 & 1 & \cdots & 0 \\ \vdots & \vdots & \vdots & \vdots \\ 0 & 0 & \cdots & 1 \end{pmatrix}$$

当线性规划的约束条件均为 ≤ 号时，其松弛变量的系数矩阵就构成一个单位矩阵。当约束条件为 ≥ 号或 = 号时，可以构造人工基，人为产生一个单位矩阵，这将在 2.5.3 小节讨论。

为了讨论方便，不妨假设在标准型线性规划中，系数矩阵 $\boldsymbol{A}$ 中前 m 个系数列向量恰好构成一个单位可行基，即 $\boldsymbol{A} = (\boldsymbol{B} \ \ \boldsymbol{N})$，其中 $\boldsymbol{B} = (P_1, P_2, \cdots, P_m) = \boldsymbol{I}$ 为基变量 $x_1, x_2, \cdots, x_m$ 的系数列向量构成的单位可行基，$\boldsymbol{N} = (P_{m+1}, P_{m+2}, \cdots, P_n)$ 为非基变量 $x_{m+1}, x_{m+2}, \cdots, x_n$ 的系数列向量构成的矩阵。所以约束方程 $\boldsymbol{AX} = \boldsymbol{b}$ 就可以表示为

$$\boldsymbol{AX} = (\boldsymbol{B} \ \ \boldsymbol{N}) \begin{pmatrix} X_B \\ X_N \end{pmatrix} = X_B + NX_N = \boldsymbol{b}$$

通过移项可推得 $X_B = \boldsymbol{b} - NX_N$。用分量形式表示为

$$x_i = b_i - \sum_{j=m+1}^{n} a_{ij} x_j, \ i = 1, 2, \cdots, m$$

相应地,将目标函数也用非基变量的函数式表示出来:

$$Z = \sum_{i=1}^{m} c_i x_i + \sum_{j=m+1}^{n} c_j x_j$$

$$= \sum_{i=1}^{m} c_i \left(b_i - \sum_{j=m+1}^{n} a_{ij} x_j \right) + \sum_{j=m+1}^{n} c_j x_j$$

$$= \sum_{i=1}^{m} c_i b_i + \sum_{j=m+1}^{n} \left(c_j - \sum_{i=1}^{m} a_{ij} c_i \right) x_j$$

若令所有非基变量 $X_N = 0$,即 $x_{m+1} = x_{m+2} = \cdots = x_n = 0$,可以直观地得到初始基可行解和相应的目标函数值。

$$\boldsymbol{X}^{(0)} = (x_1, x_2, \cdots, x_n)^{\mathrm{T}} = (b_1, b_2, \cdots, b_m, 0, \cdots, 0)^{\mathrm{T}}$$

$$Z^{(0)} = \sum_{i=1}^{m} c_i b_i$$

为了书写规范和便于计算,对单纯形法的计算设计了一种专门表格,称为单纯形表。迭代计算中每找出一个新的基可行解时,就重画一张单纯形表。含初始基可行解的单纯形表称初始单纯形表,含最优解的单纯形表称最终单纯形表。一般情况下,单纯形表的布局方式如表 2-4 所示。当单纯形法使用比较熟练时,也可以进一步简化单纯形表,例如,最右侧的 θ 值这一列可以不写出来。

表 2-4　单纯形表布局方式

c_j			目标函数系数	θ_i
C_B	基	b	决策变量	
基变量的目标函数系数	基变量	约束条件右边项 b	系数矩阵 $\boldsymbol{A}$	θ 值
λ_j			检验系数	

第 2 步:最优性检验。

从目标函数关于当前非基变量的函数式来判断当前基可行解是否为最优。记为

$$\lambda_j = c_j - \sum_{i=1}^{m} a_{ij} c_i, \quad j = m+1, \cdots, n$$

可知:

$$Z = \sum_{i=1}^{m} c_i b_i + \sum_{j=m+1}^{n} \lambda_j x_j$$

因此,如果在 $\lambda_{m+1}, \cdots, \lambda_n$ 中有一个系数为正,则说明将这个系数对应的非基变量适当增加一些(从 0 变为一个正数),可以进一步地改进目标函数值。当且仅当 $\lambda_{m+1}, \cdots, \lambda_n$ 均为非正时,才可以判断换基不可能进一步改进目标函数值。因此,可以直接利用 $\lambda_{m+1}, \cdots, \lambda_n$ 来判断当前基可行解是否为最优解。将 $\lambda_{m+1}, \cdots, \lambda_n$ 称为非基变量的"检验数"。当且仅当所有的非基变量的检验数为非正时,才算找到线性规划问题的最优解。

如表 2-5 所示,所有检验数 $\lambda_j \leqslant 0$,且基变量中不含有人工变量时,表中的基可行解即为最优解,计算结束。当表中存在 $\lambda_j > 0$ 时,如有 $P_j \leqslant 0$,则问题为无界解,计算结束;否则转下一步。

表 2-5　单纯形表(1)

	c_j		c_1	$\cdots$	c_m	$\cdots$	c_j	$\cdots$	c_n
C_B	基	b	x_1	$\cdots$	x_m	$\cdots$	x_j	$\cdots$	x_n
c_1	x_1	b_1	1	$\cdots$	0	$\cdots$	a_{1j}	$\cdots$	a_{1n}
c_2	x_2	b_2	0	$\cdots$	0	$\cdots$	a_{2j}	$\cdots$	a_{2n}
$\vdots$	$\vdots$	$\vdots$	$\vdots$	$\vdots$	$\vdots$	$\vdots$	$\vdots$	$\vdots$	$\vdots$
c_m	x_m	b_m	0	$\cdots$	1	$\cdots$	a_{mj}	$\cdots$	a_{mn}
	λ_j		0	$\cdots$	0	$\cdots$	$c_j - \sum\limits_{i=1}^{m} c_i a_{ij}$	$\cdots$	$c_n - \sum\limits_{i=1}^{m} c_i a_{in}$

第 3 步：从一个基可行解转换到相邻的目标函数值更大的基可行解，列出新的单纯形表。

(1) 确定换入基的变量。只要有检验数 $\lambda_j > 0$，对应的变量 x_j 就可作为进基的变量，当有一个以上检验数大于零时，一般从中找出最大一个 λ_k，其对应的变量 x_k 作为进基变量。

(2) 确定出基的变量。从 $\theta_i = \min\left\{ \dfrac{b_i}{a_{ik}} \middle| a_{ik} > 0 \right\} = \dfrac{b_r}{a_{rk}}$ 确定 x_r 是出基变量，a_{rk} 称为主元素。

(3) 用进基变量 x_k 替换出基变量 x_r，得到一个新的基 $(P_1, \cdots, P_{r-1}, P_k, P_{r+1}, \cdots, P_m)$。对应这个基可以找出一个新的基可行解，并相应地可以画出一个新的单纯形表。

① 把第 r 行乘以 $\dfrac{1}{a_{rk}}$ 之后的结果填入新表的第 r 行；对于 $i \neq r$ 行，把第 r 行乘以 $\left(\dfrac{-a_{ik}}{a_{rk}} \right)$ 之后与原表中第 i 行相加；在 x_B 列中的 r 行位置填入 x_k，其余行不变；在 C_B 列中用 c_k 代替 r 行原来的值，其余的行与原表中相同。

② 用 x_j 的价值系数 c_j 减去 C_B 列的各元素与 x_j 列各对应元素的乘积，把计算结果填入 x_j 列的最后一行，得到检验数 λ_j，计算并填入 $-Z'$ 的值 (以 0 减去 C_B 列各元素与 b 列各元素的乘积)，见表 2-6。

表 2-6　单纯形表(2)

	c_j		c_1	$\cdots$	c_r	$\cdots$	c_m	c_j	$\cdots$	c_k	$\cdots$
C_B	基	b	x_1	$\cdots$	x_r	$\cdots$	x_m	x_j	$\cdots$	x_k	$\cdots$
c_1	x_1	$b_1 - b_r \cdot \dfrac{a_{rk}}{b_{rk}}$	1		$-\dfrac{a_{1k}}{a_{rk}}$		0	$a_{1j} - a_{1k} \cdot \dfrac{a_{rj}}{b_{rk}}$		0	
$\vdots$	$\vdots$	$\vdots$	$\vdots$		$\vdots$		$\vdots$	$\vdots$		$\vdots$	
c_k	x_k	$\dfrac{b_r}{a_{rk}}$	0	$\cdots$	$\dfrac{1}{a_{rk}}$	$\cdots$	0	$\dfrac{a_{rj}}{a_{rk}}$		1	
$\vdots$	$\vdots$	$\vdots$	$\vdots$		$\vdots$		$\vdots$	$\vdots$		$\vdots$	
c_m	x_m	$b_m - b_r \cdot \dfrac{a_{mk}}{a_{rk}}$	0		$-\dfrac{a_{mk}}{a_{rk}}$		1	$a_{mj} - a_{mk} \cdot \dfrac{a_{rj}}{a_{rk}}$		0	
	λ_j		0	$\cdots$	$-\dfrac{c_k - z_k}{a_{rk}}$	$\cdots$	0	$(c_j - z_j) - \dfrac{a_{rj}}{a_{rk}}(c_k - z_k)$		0	$\cdots$

第4步：重复上述过程，就可以得到最优解或判断出无有限最优解。

例 2-9　用单纯形法求解下列线性规划问题。

$$\min Z = -x_2 + 2x_3$$

$$\text{s. t.}\begin{cases} x_1 - 2x_2 + x_3 = 2 \\ x_2 - 3x_3 + x_4 = 1 \\ x_2 - x_3 + x_5 = 2 \\ x_j \geqslant 0, j = 1, 2, \cdots, 5 \end{cases}$$

解　列出单纯形表（表 2-7）。

表 2-7　单纯形法求解表（1）

C_B	基	b	$c_j \to$ 0 x_1	1 x_2	-2 x_3	0 x_4	0 x_5
0	x_1	2	1	-2	1	0	0
0	x_4	1	0	1	-3	1	0
0	x_5	2	0	1	-1	0	1
	$\sigma_j = c_j - z_j$		0	1	-2	0	0

$\lambda_2 > 0$，则 $\boldsymbol{X} = (2,0,0,1,2)^{\mathrm{T}}$ 不是最优解，x_2 作为换入基变量。

$$\theta = \min_{1 \leqslant i \leqslant 3}\left\{\frac{b_i'}{a_{i2}'} \,\Big|\, a_{i2}' > 0\right\} = \min\left\{\frac{1}{1}, \frac{2}{1}\right\} = 1,$$ 因此选 x_4 作为换出基变量，见表 2-8。

表 2-8　单纯形法求解表（2）

C_B	基	b	$c_j \to$ 0 x_1	1 x_2	-2 x_3	0 x_4	0 x_5
0	x_1	4	1	0	-5	2	0
1	x_2	1	0	1	-3	1	0
0	x_5	1	0	0	2	-1	1
	$\lambda_j = c_j - z_j$		0	0	1	-1	0

$\lambda_3 > 0$，则 $\boldsymbol{X} = (4,1,0,0,1)^{\mathrm{T}}$ 不是最优解，x_3 作为换入基变量。

$$\theta = \min_{1 \leqslant i \leqslant 3}\left\{\frac{b_i'}{a_{i3}'} \,\Big|\, a_{i3}' > 0\right\} = \min\left\{\frac{2}{2}\right\} = 1,$$ 因此选 x_5 作为换出基变量，见表 2-9。

表 2-9　单纯形法求解表（3）

C_B	基	b	$c_j \to$ c_1 x_1	c_2 x_2	c_3 x_3	c_4 x_4	c_5 x_5
0	x_1	13/2	1	0	0	2	0
1	x_2	5/2	0	1	0	1	0
-2	x_3	1/2	0	0	1	-1	0
	$\lambda_j = c_j - z_j$		0	0	0	$-1/2$	$-1/2$

$\lambda_j \leqslant 0, j=1,2,\cdots,5$，迭代终止。得到最优解 $\boldsymbol{X}=(13/2,5/2,1/2,0,0)^{\mathrm{T}}$，最优值 $Z=-x_2+2x_3=-3/2$。

2.5.3　人工变量法

在上一小节的单纯形法中，假设系数矩阵 $\boldsymbol{A}$ 中包含一个单位子矩阵，但是在大多数线性规划问题中，原问题并不一定包含一个 m 阶单位子矩阵，那么该如何求得初始可行解呢？有两种方法可以解决这个问题：一是去尝试不同的列向量组合，找到一个满秩子矩阵作为基阵，然后计算它所对应的基解。然而这种方法得到的基解并不一定可行，特别是当线性规模较大时，通过尝试的方法来找到一个基可行解并不是一件容易的事。二是采用本小节将要介绍的"人工变量法"，可以有效地找到一组初始可行解。

1. 大 M 法

大 M 法首先将线性规划问题化为标准型。如果约束方程组中包含有一个单位矩阵 $\boldsymbol{I}$，那么已经得到了一个初始可行基。否则在约束方程组的左边加上若干个非负的人工变量，使人工变量对应的系数列向量与其他变量的系数列向量共同构成一个单位矩阵。以单位矩阵为初始基，即可求得一个初始的基本可行解。

为了求得原问题的初始基本可行解，必须尽快通过迭代过程把人工变量从基变量中替换出来成为非基变量。为此可以在目标函数中赋予人工变量一个绝对值很大的负系数 $-M$。这样只要基变量中还存在人工变量，目标函数就不可能实现极大化。

以后的计算与单纯形表解法相同，只需将 M 认定是一个很大的正数即可。假如在单纯形最优表的基变量中还包含人工变量，则说明原问题无可行解。否则最优解中剔除人工变量的剩余部分即为原问题的初始基本可行解。

例 2-10　用大 M 法求解下面的线性规划问题。

$$\max Z = -x_1 + 2x_2$$

$$\begin{cases} x_1 + x_2 \geqslant 2 \\ -x_1 + x_2 \geqslant 1 \\ x_2 \leqslant 3 \\ x_1, x_2 \geqslant 0 \end{cases}$$

解　首先转化为标准型：

$$\begin{cases} x_1 + x_2 - x_3 = 2 \\ -x_1 + x_2 - x_4 = 1 \\ x_2 + x_5 = 3 \\ x_j \geqslant 0, j = 1,2,\cdots,5 \end{cases}$$

很显然，上述标准型并不包含三阶单位矩阵，因此没法直观地给出初始基可行解。为了人为地"凑出"一个单位子矩阵，我们可以在约束条件中再次引入两个非负的"人工变量"x_6、x_7，得到：

$$\begin{cases} x_1 + x_2 - x_3 + x_6 = 2 \\ -x_1 + x_2 - x_4 + x_7 = 1 \\ x_2 + x_5 = 3 \\ x_j \geqslant 0, j = 1,2,\cdots,7 \end{cases}$$

此时，(x_5,x_6,x_7) 对应的列向量刚好构成一个单位子矩阵。然而，引入人工变量后的约束方程可行域和原问题可行域显然是不同的,除非 x_6、x_7 的值刚好为零。一个直观的做法就是,对目标函数进行适当调整,引入 $-M$(M 是一个很大的数,可以认为它是无穷大)作为 x_6、x_7 的目标函数系数,称为"惩罚系数"。如果原始问题的可行域非空,那么优化下列线性规划问题得到的最优解中一定满足 $x_6=x_7=0$。

$$\max Z = -x_1 + 2x_2 - Mx_6 - Mx_7$$

$$\begin{cases} x_1 + x_2 - x_3 + x_6 = 2 \\ -x_1 + x_2 - x_4 + x_7 = 1 \\ x_2 + x_5 = 3 \\ x_j \geqslant 0, j = 1, 2, \cdots, 7 \end{cases}$$

接下来将 M 看成一个很大的正数,按照正常的单纯形法求解上述等价变换后的线性规划问题即可,见表 2-10。

表 2-10　大 M 法求解表

C			-1	2	0	0	0	$-M$	$-M$	θ
C_B	x_B	b	x_1	x_2	x_3	x_4	x_5	x_6	x_7	
$-M$	x_6	2	1	1	-1	0	0	1	0	$2/1$
$-M$	x_7	1	-1	1^*	0	-1	0	0	1	$1/1$
0	x_5	3	0	1	0	0	1	0	0	$3/1$
Z		$-3M$	-1	$2+2M$	$-M$	$-M$	0	0	0	
$-M$	x_6	1	2^*	0	-1	1	0	1	-1	$1/2$
2	x_2	1	-1	1	0	-1	0	0	1	$-$
0	x_5	2	1	0	0	1	1	0	-1	$2/1$
Z		$2-M$	$1+2M$	0	$-M$	$2+M$	0	0	$-2-2M$	
-1	x_1	$1/2$	1	0	$-1/2$	$1/2^*$	0	$1/2$	$-1/2$	1
2	x_2	$3/2$	0	1	$-1/2$	$-1/2$	0	$1/2$	$1/2$	$-$
0	x_5	$3/2$	0	0	$1/2$	$1/2$	1	$-1/2$	$-1/2$	3
Z		$5/2$	0	0	$1/2$	$3/2$	0	$-1/2-M$	$-3/2-M$	
0	x_4	1	2	0	-1	1	0	1	-1	$-$
2	x_2	2	1	1	-1	0	0	1	0	$-$
0	x_5	1	-1	0	1^*	0	1	-1	0	1
Z		4	-3	0	2	0	0	$-2-M$	$-M$	
0	x_4	2	1	0	0	1	1	0	-1	
2	x_2	3	0	1	0	0	1	0	0	
0	x_3	1	-1	0	1	0	1	-1	0	
Z		6	-1	0	0	0	-2	$-M$	$-M$	

*:主元素。

最终得到最优解，最优值 $\boldsymbol{X}^* = (0,3,1,2,0)^{\mathrm{T}}$。

2. 两阶段法

两阶段法引入人工变量的目的和原则与大 M 法相同，所不同的是处理人工变量的方法。两阶段法的步骤如下。

(1) 求解一个辅助线性规划。目标函数取所有人工变量之和，并取极小化；约束条件为原问题中引入人工变量后包含一个单位矩阵的标准型的约束条件。

如果辅助线性规划存在一个基本可行解，使目标函数的最小值等于零，则所有人工变量都已经"离基"。表明原问题已经得到了一个初始的基本可行解，可转入第二阶段继续计算；否则说明原问题没有可行解，可停止计算。

(2) 求原问题的最优解。在第一阶段已求得原问题的一个初始基本可行解的基础上，继续用单纯形法求原问题的最优解。

例 2-11　求解下列线性规划。

$$\max Z = -x_1 + 2x_2$$

$$\begin{cases} x_1 + x_2 \geqslant 2 \\ -x_1 + x_2 \geqslant 1 \\ x_2 \leqslant 3 \\ x_1, x_2 \geqslant 0 \end{cases}$$

解　首先化为标准型

$$\max Z = -x_1 + 2x_2$$

$$\begin{cases} x_1 + x_2 - x_3 = 2 \\ -x_1 + x_2 - x_4 = 1 \\ x_2 + x_5 = 3 \\ x_j \geqslant 0, j = 1,2,\cdots,5 \end{cases}$$

添加人工变量 x_6、x_7，建立辅助线性规划如下：

$$\min W = x_6 + x_7$$

$$\begin{cases} x_1 + x_2 - x_3 + x_6 = 2 \\ -x_1 + x_2 - x_4 + x_7 = 1 \\ x_2 + x_5 = 3 \\ x_j \geqslant 0, j = 1,2,\cdots,7 \end{cases}$$

由于辅助线性规划的目标函数是极小化，因此最优解的判别准则应为 $\lambda_N = C_N - C_B N \geqslant 0$，见表 2-11。

表 2-11　两阶段法求解表(1)

C_B	x_B	b	x_1	x_2	x_3	x_4	x_5	x_6	x_7	θ
C			0	0	0	0	0	1	1	
1	x_6	2	1	1	-1	0	0	1	0	2/1
1	x_7	1	-1	1^*	0	-1	0	0	1	1/1
0	x_5	3	0	1	0	0	1	0	0	3/1

续表

	x_B	b	x_1	x_2	x_3	x_4	x_5	x_6	x_7	
	W	3	0	−2	1	1	0	0	0	
1	x_6	1	2*	0	−1	1	0	1		1/2
0	x_2	1	−1	1	0	−1	0	0		—
0	x_5	2	1	0	0	1	1	0		2/1
	W	1	−2	0	1	−1	0	0		
0	x_1	1/2	1	0	−1/2	1/2	0			
0	x_2	3/2	0	1	−1/2	−1/2	0			
0	x_5	3/2	0	0	1/2	1/2	1			
	W	0	0	0	0	0	0			

* :主元素。

原问题已得一个初始基本可行解:

$$\boldsymbol{X} = \left(\frac{1}{2},\frac{3}{2},0,0,\frac{3}{2}\right)$$

由表 2-11 可知,通过若干次旋转变换,原问题的约束方程组已变换成包含一个单位矩阵的约束方程组:

$$\begin{cases} x_1 + x_2 - x_3 = 2 \\ -x_1 + x_2 - x_4 = 1 \\ x_2 + x_5 = 3 \\ x_j \geqslant 0, j = 1,2,\cdots,5 \end{cases} \Rightarrow \begin{cases} x_1 - \dfrac{1}{2}x_3 + \dfrac{1}{2}x_4 = \dfrac{1}{2} \\ x_2 - \dfrac{1}{2}x_3 - \dfrac{1}{2}x_4 = \dfrac{3}{2} \\ \dfrac{1}{2}x_3 + \dfrac{1}{2}x_4 + x_5 = \dfrac{3}{2} \\ x_j \geqslant 0, j = 1,2,\cdots,5 \end{cases}$$

该约束方程组可作为第二阶段初始约束方程组,将目标函数还原成原问题的目标函数,可继续利用单纯形表求解,见表 2-12。

表 2-12　两阶段法求解表(2)

	C		−1	2	0	0	0	θ
C_B	x_B	b	x_1	x_2	x_3	x_4	x_5	
−1	x_1	1/2	1	0	−1/2	1/2*	0	$\dfrac{1/2}{1/2}$
2	x_2	3/2	0	1	−1/2	−1/2	0	—
0	x_5	3/2	0	0	1/2	1/2	1	$\dfrac{3/2}{1/2}$
	Z	5/2	0	0	1/2	3/2	0	
0	x_4	1	2	0	−1	1	0	
2	x_2	2	1	1	−1	0	0	
0	x_5	1	−1	0	1*	0	1	

续表

		4	−3	0	2	0	0	
Z		4	−3	0	2	0	0	
0	x_4	2	1	0	0	1	1	
2	x_2	3	0	1	0	0	1	
0	x_3	1	−1	0	1	0	1	
Z		6	−1	0	0	0	−2	

*:主元素。

可得最优解 $X^* = (0,3,1,2,0)^T$,目标函数值 $Z^* = 6$,与用大 M 法的结果完全相同。

2.6 LINGO 在线性规划中的应用

例 2-12 两个粮库 A_1、A_2 向 3 个粮站 B_1、B_2、B_3 调运大米,两个粮库现存大米分别为 4t、8t,3 个粮站至少需要大米分别为 2t、4t、5t,两个粮库到 3 个粮站的距离(km)如表 2-13 所示,求如何安排调运,使总运输费用最低。

表 2-13 距离表

粮 库	粮 站			库存
	B_1	B_2	B_3	
A_1	12	24	8	4
A_2	30	12	24	8
需求/t	2	4	5	

解 (1)问题分析。总需求量为 11t,小于总库存量 12t,所以问题可行。

(2)从线性规划的 3 个要素出发进行分析。

决策变量:问题是安排各个粮仓向粮站分别调运多少吨大米,那么,此调运量就是决策变量。

目标函数:总运输费用最低,运费是调运量和距离的乘积,所以要将调运量与相应的距离相乘,然后求和后,使总和最小。

约束条件:两个粮库的运出总量分别不超过各自的库存量;3 个粮站运进总量分别不低于各自的需求量。

(3)建立模型。设两个粮仓 A_1、A_2 分别向 3 个粮站 B_1、B_2、B_3 运送大米 x_{11}、x_{12}、x_{13}、x_{21}、x_{22}、x_{23},建立数学模型如下:

$$\min Z = 12x_{11} + 24x_{12} + 8x_{13} + 30x_{21} + 12x_{22} + 24x_{23}$$

$$\text{s.t.} \begin{cases} x_{11} + x_{12} + x_{13} \leqslant 4 \\ x_{21} + x_{22} + x_3 \leqslant 8 \\ x_{11} + x_{21} \geqslant 2 \\ x_{12} + x_{22} \geqslant 4 \\ x_{13} + x_{23} \geqslant 5 \\ x_{11}, x_{12}, x_{13}, x_{21}, x_{22}, x_{23} \geqslant 0 \end{cases}$$

(4)转化成对应的 LINGO 建模语言程序 1,求解模型,结果如下:

```
model:
title:调运大米运输问题程序1;
```

```
min = 12 * x11 + 24 * x12 + 8 * x13 + 30 * x21 + 12 * x22 + 24 * x23;
        x11 + x12 + x13<= 4;
        x21 + x22 + x23<= 8;
x11 + x21>= 2;
x12 + x22>= 4;
x13 + x23>= 5;
end
```

得到如下结果。

Global optimal solution found.

Objective value: 160.0000

Infeasibilities: 0.000000

Total solver iterations: 4

Model Title:调运大米运输问题程序 1

Variable	Value	Reduced Cost
X11	2.000000	0.000000
X12	0.000000	28.00000
X13	2.000000	0.000000
X21	0.000000	2.000000
X22	4.000000	0.000000
X23	3.000000	0.000000

Row	Slack or Surplus	Dual Price
1	160.0000	− 1.000000
2	0.000000	16.00000
3	1.000000	0.000000
4	0.000000	− 28.00000
5	0.000000	− 12.00000
6	0.000000	− 24.00000

LINGO 的计算结果表明：

"OBJECTIVE FUNCTION VALUE"表示最优目标值为 160(LINGO 中将目标函数自动看作第 1 行,从第 2 行开始才是真正的约束条件)。

"VALUE"给出最优解中各变量(VARIABLE)的值,得到最优的调运安排,如表 2-14 所示。

表 2-14 最优调运方案

粮库	粮 站		
	B_1	B_2	B_3
A_1	2	0	2
A_2	0	4	3

"REDUCED COST"的含义是（对 MIN 型问题）：基变量的 REDUCED COST 值为 0，对于非基变量，相应的 REDUCED COST 值表示当非基变量增加一个单位时（其他非基变量保持不变），目标函数增加的量。

"SLACK OR SURPLUS"给出松弛（或剩余）变量的值，表示约束是否取等式约束；第 2、4、5、6 行松弛变量均为 0，说明对于最优解而言，这几个约束均取等式约束；第 3 行松弛变量为 1，说明对于最优解而言，这个约束取不等式约束。

（5）改进 LINGO 建模语言程序 2，上面的 LINGO 解法是一种傻瓜式的直接输入法，适用于程序规模不大的问题，如果问题规模很大，用这种方式很费力。可以考虑将以上 LINGO 程序进行改进，使用矩阵生成器来编写，具体做法如下。

首先，将原始数学模型写成如下标准形式：

$$\min Z = 12x_{11} + 24x_{12} + 8x_{13} + 30x_{21} + 12x_{22} + 24x_{23}$$

$$\text{s. t.} \begin{cases} x_{11} + x_{12} + x_{13} + y_1 = 4 \\ x_{21} + x_{22} + x_3 + y_2 = 8 \\ x_{11} + x_{21} - y_3 = 2 \\ x_{12} + x_{22} - y_4 = 4 \\ x_{13} + x_{23} - y_5 = 5 \\ x_{11}, x_{12}, x_{13}, x_{21}, x_{22}, x_{23}, y_1, y_2, y_3, y_4, y_5 \geqslant 0 \end{cases}$$

其次，转换成 LINGO 语言，如下所示。

```
model:
title:调运大米的运输问题程序2;
sets:
    hang/1..5/:b;!定义矩阵的行;
    lie/1..11/:c,x;!定义矩阵的列以及变量;
    xishu(hang,lie):a;!定义约束系数矩阵;
endsets
data:
    a =
    1 1 1 0 0 0 1 0 0 0 0
    0 0 0 1 1 1 0 1 0 0 0
    1 0 0 1 0 0 0 0 -1 0 0
    0 1 0 0 1 0 0 0 0 -1 0
    0 0 1 0 0 1 0 0 0 0 -1;
    c = 12 24 8 30 12 24 0 0 0 0 0;
    b = 4 8 2 4 5;
enddata
!标准形式的目标函数的矩阵形式;
[obj]min = @sum(lie:c * x);
@for(hang(i):[yueshu]
@sum(lie(j):a(i,j) * x(j)) = b(i));
end
```

得到如下结果。

```
Global optimal solution found.
Objective value:                                              160.0000
Infeasibilities:                                              0.000000
Total solver iterations:                                      4
```

Model Title:调运大米的运输问题程序 2

Variable	Value	Reduced Cost
X(1)	2.000000	0.000000
X(2)	0.000000	28.00000
X(3)	2.000000	0.00000
X(4)	0.000000	2.000000
X(5)	4.000000	0.00000
X(6)	3.000000	0.000000
X(7)	0.000000	16.00000
X(8)	1.000000	0.000000
X(9)	0.000000	28.00000
X(10)	0.000000	12.00000
X(11)	0.000000	24.00000

在用 LINGO 程序求解线性规划时,需要注意,要习惯给程序用 title 命名,这样有利于修改和查阅,另外,以上改进后的 LINGO 程序的格式可以固定为标准形式的求解模式。

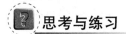 思考与练习

1. 判断题。

（1）线性规划模型中,增加约束条件一般使可行域的范围缩小,减少约束条件一般使可行域的范围扩大。

（2）如果线性规划问题存在可行域,则可行域一定包含坐标的原点。

（3）一旦一个人工变量在迭代过程中变为非基变量,则该变量及相应列的数字可以从单纯形表中删除,而不影响计算结果。

（4）线性规划问题的可行解如为最优解,则该可行解一定是基可行解。

（5）将线性规划约束条件的"≤"号及"≥"号变换成"＝"号,使问题的最优目标函数值得到改善。

2. 将下列线性规划问题变换成标准型,并列出初始单纯形表。

$$(1)\quad \min Z = -3x_1 + 4x_2 - 2x_3 + 5x_4$$
$$\begin{cases} 4x_1 - x_2 + 2x_3 - x_4 = -2 \\ x_1 + x_2 + 3x_3 - x_4 \leqslant 14 \\ -2x_1 + 3x_2 - x_3 + 2x_4 \geqslant 2 \\ x_1, x_2, x_3 \geqslant 0, x_4 \text{ 无约束} \end{cases}$$

$$(2)\quad \min Z = \sum_{i=1}^{m} \sum_{j=1}^{n} c_{ij} x_{ij}$$
$$\begin{cases} \sum_{j=1}^{n} x_{ij} \leqslant a_i, i = 1, 2, \cdots, m \\ \sum_{i=1}^{m} x_{ij} = b_j, j = 1, 2, \cdots, n \\ x_{ij} \geqslant 0, i = 1, 2, \cdots, m; j = 1, 2, \cdots, n \end{cases}$$

3. 已知线性规划问题。

$$\max Z = x_1 + 3x_2$$

$$\begin{cases} x_1 + x_3 = 5 \\ x_1 + 2x_2 + x_4 = 10 \\ x_2 + x_5 = 4 \\ x_1, x_2, \cdots, x_5 \geqslant 0 \end{cases}$$

表 2-15 中所列的解(1)~(6)均满足前三个约束条件,试指出:表中哪些解是可行解? 哪些解是基解? 哪些解是基可行解?

表 2-15　满足约束条件的解

序号	x_1	x_2	x_3	x_4	x_5
(1)	2	4	3	0	0
(2)	10	0	−5	0	4
(3)	3	0	2	7	4
(4)	1	4.5	4	0	−0.5
(5)	0	2	5	6	2
(6)	0	4	5	2	0

4. 用图解法解下列线性规划问题。

(1)
$$\max Z = x_1 + x_2$$
$$\begin{cases} 3x_1 + 5x_2 \leqslant 15 \\ 6x_1 + 2x_2 \leqslant 12 \\ x_1, x_2 \geqslant 0 \end{cases}$$

(2)
$$\max Z = 2x_1 + 2x_2$$
$$\begin{cases} x_1 - x_2 \geqslant -1 \\ -0.5x_1 + x_2 \leqslant 2 \\ x_1, x_2 \geqslant 0 \end{cases}$$

5. 用单纯形法解下列线性规划问题(有必要时可用大 M 法或两阶段法)。

(1)
$$\max Z = 6x_1 + 2x_2 + 10x_3 + 8x_4$$
$$\begin{cases} 5x_1 + 6x_2 - 4x_3 - 4x_4 \leqslant 20 \\ 3x_1 - 3x_2 + 2x_3 + 8x_4 \leqslant 25 \\ 4x_1 - 2x_2 + x_3 + 3x_4 \leqslant 10 \\ x_1, x_2, x_3, x_4 \geqslant 0 \end{cases}$$

(2)
$$\max Z = x_1 + 6x_2 + 4x_3$$
$$\begin{cases} -x_1 + 2x_2 + 2x_3 \leqslant 13 \\ 4x_1 - 4x_2 + x_3 \leqslant 20 \\ x_1 + 2x_2 + x_3 \leqslant 17 \\ x_1 \geqslant 1, x_2 \geqslant 2, x_3 \geqslant 3 \end{cases}$$

(3)
$$\max Z = 2x_1 - x_2 + x_3$$
$$\begin{cases} 3x_1 + x_2 + x_3 \leqslant 60 \\ x_1 - x_2 + 2x_3 \leqslant 10 \\ x_1 + x_2 - x_3 \leqslant 20 \\ x_1, x_2, x_3 \geqslant 0 \end{cases}$$

(4)
$$\max Z = 2x_1 + x_2 + x_3$$
$$\begin{cases} 4x_1 + 2x_2 + 2x_3 \geqslant 4 \\ 2x_1 + 4x_2 \leqslant 20 \\ 4x_1 + 8x_2 + 2x_3 \leqslant 16 \\ x_1, x_2, x_3 \geqslant 0 \end{cases}$$

6. 线性规划问题。

$$\max Z = \boldsymbol{CX}$$
$$\begin{cases} \boldsymbol{AX} = \boldsymbol{b} \\ \boldsymbol{X} \geqslant 0 \end{cases}$$

其可行域为 R,目标函数最优值为 Z^*,若分别发生下列情形之一时,其新的可行域为 R',新的目标函数最优值为 $(Z^*)'$,试分别回答(1)、(2)、(3)三种情况下 R 与 R' 及 Z^* 与 $(Z^*)'$ 之间的关系。

(1) 增添一个新的约束条件。

(2) 减少一个原有的约束条件。

(3) 目标函数变为 $\max Z = \dfrac{CX}{\lambda}$,同时约束条件变为 $\begin{cases} AX = \lambda b \, (\lambda \geqslant 1) \\ X \geqslant 0 \end{cases}$。

7. 某厂在今后 4 个月内需租用仓库堆存物资。已知各月所需的仓库面积列于表 2-16。

表 2-16　各月所需的仓库面积

月份	1	2	3	4
所需仓库面积/m²	1 500	1 000	2 000	1 200

当租借合同期限越长时,仓库租借费用享受的折扣优待越大,具体数据列于表 2-17。

表 2-17　仓库租借期限和费用

合同租借期限/月	1	2	3	4
合同期内仓库面积的租借费用/(元/m²)	28	45	60	73

租借仓库的合同每月月初都可办理,每份合同具体规定租用面积数和期限。因此该厂可根据需要在任何一个月初办理租借合同,且每次办理时可签一份,也可同时签若干份租用面积和租借期限不同的合同,总的目标是使所付的租借费用最小。试根据上述要求,建立一个线性规划的数学模型。

8. 某石油公司有两个冶炼厂。甲厂每天可生产高级、中级和低级的石油分别为 200 桶、300 桶和 200 桶,乙厂每天可生产高级、中级和低级的石油分别为 100 桶、200 桶和 100 桶。公司需要这三种油的数量分别为 14 000 桶、24 000 桶和 14 000 桶。甲厂每天的运行费是 5 000 元,乙厂是 4 000 元。请问:

(1) 公司应安排这两个厂各生产多少天最经济?

(2) 如甲厂的运行费是 2 000 元、乙厂的运行费是 5 000 元,公司应如何安排两个厂的生产。列出线性规划模型并求解。

CHAPTER

第 **3** 章

对 偶 理 论

在线性规划早期发展中最重要的发现就是对偶问题,即每一个线性规划问题(称为原始问题)都有一个与它对应的对偶线性规划问题(称为对偶问题)。对偶理论和方法是线性规划的重要内容,引入了对偶概念以后,线性规划不仅是一种优化的计算方法,而且成为一种经济分析的工具。

3.1 线性规划的对偶问题

设某工厂每天运输产品甲和乙,运输中需 4 种汽车按 A、B、C、D 顺序运输,每件产品运输所需的时数、每件产品的利润值及每种汽车的可利用时数列于表 3-1。

表 3-1 工厂汽车运输情况

产品	汽 车				产品利润/ (元/件)
	A	B	C	D	
甲	2	1	4	0	2
乙	2	2	0	4	3
汽车可利用时数/h	12	8	16	12	

设甲、乙产品各运输 x_1 及 x_2 件,可建立以下模型。

$$\max Z = 2x_1 + 3x_2$$

$$\text{s. t.} \begin{cases} 2x_1 + 2x_2 \leqslant 12 \\ x_1 + 2x_2 \leqslant 8 \\ 4x_1 \leqslant 16 \\ 4x_2 \leqslant 12 \\ x_1, x_2 \geqslant 0 \end{cases}$$

试想,若厂长决定不运输甲和乙产品,决定出租汽车用于接受对外运输,只收运输费,那么 4 种汽车如何定价才是最佳决策?

在市场竞争的时代,厂长的最佳决策显然应符合以下两条。

（1）不吃亏原则。即时数定价所赚利润不能低于运输甲、乙产品所获利润。由此原则便构成了新规划的不等式约束条件。

（2）竞争性原则。即在上述不吃亏原则下，尽量降低运输总收费，以便争取更多用户。

设 A、B、C、D 汽车的单位时间运输费分别为 y_1、y_2、y_3、y_4，则新的线性规划数学模型为

$$\min W = 12y_1 + 8y_2 + 16y_3 + 12y_4$$

$$\text{s. t.} \begin{cases} 2y_1 + y_2 + 4y_3 + 0y_4 \geqslant 2 \\ 2y_1 + 2y_2 + 0y_3 + 4y_4 \geqslant 3 \\ y_1, y_2, y_3, y_4 \geqslant 0 \end{cases}$$

这是一个线性规划数学模型，称这一线性规划问题是前面问题的对偶问题（dual problem，DP），前面的线性规划问题称为原始问题。把同种问题的两种提法所获得的数学模型用表 3-2 表示，将会发现一个现象。原问题的参数矩阵 $\boldsymbol{C}$、$\boldsymbol{A}$ 及 $\boldsymbol{b}$ 分别转置后就是对偶问题的资源限量、工艺系数及价值系数。

表 3-2　原问题和对偶问题数学模型

	$A(y_1)$	$B(y_2)$	$C(y_3)$	$D(y_4)$	
甲(x_1)	2	1	4	0	2
乙(x_2)	2	2	0	4	3
	12	8	16	12	$\min W$ $\max Z$

以上两个线性规划有着重要的经济含义。原问题考虑的是充分利用现有资源，以产品的数量和单位产品利润来决定企业的总利润，没有考虑资源的价格。但实际在构成产品的利润中，不同的资源对利润的贡献也不同，它是企业生产过程中一种隐含的潜在价值，经济学中称为"影子价格"，也就是上述对偶问题中的决策变量 y_i 的值。

以上是依据经济问题推导出对偶问题，还可以用代数方法推导出对偶问题。为此，首先介绍线性规划的对称形式。

1. 对称形式的对偶问题

对称形式又称规范形式（canonical form），它的特点是：目标函数求极大值时，所有约束条件为 ≤ 号，变量非负；目标函数求极小值时，所有约束条件为 ≥ 号，变量非负。即下列两种形式：

$$\max Z = \boldsymbol{CX}$$

$$\begin{cases} \boldsymbol{AX} \leqslant \boldsymbol{b} \\ \boldsymbol{X} \geqslant 0 \end{cases} \tag{3-1}$$

$$\min W = \boldsymbol{Y}^{\mathrm{T}} \boldsymbol{b}$$

$$\begin{cases} \boldsymbol{A}^{\mathrm{T}} \boldsymbol{Y} \geqslant \boldsymbol{C}^{\mathrm{T}} \\ \boldsymbol{Y} \geqslant 0 \end{cases} \tag{3-2}$$

需要注意的是，规范形式的线性规划的对偶问题也是规范形式。以上两种对称形式由目标函数决定，区别仅是约束的符号相反，这是线性规划模型的一种形式，与线性规划标准型是两种不同的形式，但是都可以人为转换成我们所需要的形式。

下面以式(3-1)为例,推导几个计算公式。加入松弛变量 X_S,假设可行基 $\boldsymbol{B}$ 是矩阵 $\boldsymbol{A}$ 中前 m 列,将变量和参数矩阵按基变量和非基变量对应分块,m 阶单位矩阵用 $\boldsymbol{I}$ 表示,则有

$$\max Z = C_B X_B + C_N X_N + 0 X_S$$

$$\begin{cases} B X_B + N X_N + I E X_S = b \\ X_B, X_N, X_S \geqslant 0 \end{cases}$$

用表 3-3、表 3-4 表示上述模型。

表 3-3 模型的表格表示(1)

	X_B	X_N	X_S	b
X_B	B	N	I	b
C	C_B	C_N	0	0

表 3-4 模型的表格表示(2)

	X_B	X_N	X_S	b
X_B	E	$B^{-1}N$	B^{-1}	$B^{-1}b$
λ	0	$C_N - C_B B^{-1} N$	$-C_B B^{-1}$	$-C_B B^{-1} b$

设线性规划模型是式(3-1)的规范形式。

由表 3-4 可知,当检验数 $\begin{cases} C - C_B B^{-1} A \leqslant 0 \\ -C_B C^{-1} \leqslant 0 \end{cases}$ 时得到最优解,其中,$C - C_B B^{-1} A$ 是 $X = (X_B, X_N)$ 的检验数。

令 $Y = C_B B^{-1}$,由 $C - C_B B^{-1} A \leqslant 0$ 与 $-C_B C^{-1} \leqslant 0$ 可得 $\begin{cases} YA \geqslant C \\ Y \geqslant 0 \end{cases}$,在 $Y = C_B B^{-1}$ 两边同时乘以 b,则有 $Yb = C_B B^{-1} b = Z$。

又因 $Y \geqslant 0$ 无上界,从而只存在最小值,得到另一个线性规划问题:

$$\min W = \boldsymbol{Y} b$$

$$\begin{cases} \boldsymbol{YA} \geqslant \boldsymbol{C} \\ \boldsymbol{Y} \geqslant 0 \end{cases} \tag{3-3}$$

即是原线性规划问题式(3-1)的对偶线性规划问题,反之,式(3-3)的对偶问题是式(3-1),原问题和对偶问题是互为对偶的两个线性规划问题,规范形式的线性规划的对偶仍然是规范形式。

例 3-1 写出下列规范形式的线性规划的对偶问题。

$$\min Z = 5x_1 - 2x_2 + 3x_3$$

$$\begin{cases} 4x_1 + x_2 - x_3 \geqslant 4 \\ x_1 - 7x_2 + 5x_3 \geqslant 1 \\ x_1, x_2, x_3 \geqslant 0 \end{cases}$$

解 这是一个规范形式的线性规划,设 $\boldsymbol{Y} = (y_1, y_2)$,则有:

$$\max W = \boldsymbol{Y} b = (y_1, y_2) \begin{bmatrix} 4 \\ 1 \end{bmatrix} = 4y_1 + y_2$$

$$YA = (y_1, y_2) \begin{bmatrix} 4 & 1 & -1 \\ 1 & -7 & 5 \end{bmatrix}$$

$$= (4y_1 + y_2, y_1 - 7y_2, -y_1 + 5y_2) \leqslant (5, -2, 3)$$

从而对偶问题为

$$\max Z = 4y_1 + y_2$$

$$\begin{cases} 4y_1 + y_2 \leqslant 5 \\ y_1 - 7y_2 \leqslant -2 \\ -y_1 + 5y_2 \leqslant 3 \\ y_1, y_2 \geqslant 0 \end{cases}$$

对偶变量 y_i 也可写成 x_i 的形式。

2. 非对称形式的对偶问题

若原问题的约束条件全部是等式约束(即线性规划的标准型),即

$$\min Z = \boldsymbol{CX}$$

$$\begin{cases} \boldsymbol{AX} = \boldsymbol{b} \\ \boldsymbol{X} \geqslant 0 \end{cases}$$

则其对偶问题的数学模型为

$$\max W = \boldsymbol{Yb}$$

$$\begin{cases} \boldsymbol{YA} \leqslant \boldsymbol{C} \\ \boldsymbol{Y} \text{ 是自由变量} \end{cases}$$

可把原问题写成其等价的对称形式:

$$\begin{cases} \min Z = \boldsymbol{CX} \\ \boldsymbol{AX} \geqslant \boldsymbol{b} \\ -\boldsymbol{AX} \geqslant -\boldsymbol{b} \\ \boldsymbol{X} \geqslant 0 \end{cases}$$

即

$$\min Z = \boldsymbol{CX}$$

$$\begin{bmatrix} A \\ -A \end{bmatrix} \boldsymbol{X} \geqslant \begin{bmatrix} b \\ -b \end{bmatrix}$$

$$\boldsymbol{X} \geqslant 0$$

设 $\boldsymbol{Y}_1 = (y_1, y_2, \cdots, y_m)$, $\boldsymbol{Y}_2 = (y_{m+1}, y_{m+2}, \cdots, y_{2m})$。根据对称形式的对偶模型,写出上述问题的对偶问题。

$$\max W = (\boldsymbol{Y}_1, \boldsymbol{Y}_2) \cdot \begin{bmatrix} b \\ -b \end{bmatrix}$$

$$(\boldsymbol{Y}_1, \boldsymbol{Y}_2) \cdot \begin{bmatrix} A \\ -A \end{bmatrix} \leqslant \boldsymbol{C}$$

$$\boldsymbol{Y}_1 \geqslant 0, \boldsymbol{Y}_2 \geqslant 0$$

即

$$\max W = (\boldsymbol{Y}_1 - \boldsymbol{Y}_2) \cdot \boldsymbol{b}$$

$$(\boldsymbol{Y}_1 - \boldsymbol{Y}_2) \boldsymbol{A} \leqslant \boldsymbol{C}$$

$$\boldsymbol{Y}_1 \geqslant 0, \boldsymbol{Y}_2 \geqslant 0$$

令 $\boldsymbol{Y}=\boldsymbol{Y}_1-\boldsymbol{Y}_2$，可得对偶问题为

$$\max W = \boldsymbol{Yb}$$
$$\boldsymbol{YA} \leqslant \boldsymbol{C}$$

其中，$\boldsymbol{Y}$ 是自由变量。

因此，若给出的线性规划不是对称形式，可以先化成对称形式再写对偶问题。也可以直接按照表 3-5 中的对应关系写出非对称形式的对偶问题。

例如，原问题是求最小值，按表 3-5 有下列关系。

(1) 第 i 个约束是"$\leqslant$"约束时，第 i 个对偶变量 $y_i \leqslant 0$。

(2) 第 i 个约束是"$=$"约束时，第 i 个对偶变量 y_i 无约束。

(3) 当 $x_j \leqslant 0$ 时，第 j 个对偶约束为"$\geqslant$"约束，当 x_j 无约束时，第 j 个对偶约束为"$=$"约束。

表 3-5　原问题和对偶问题的对应关系

原问题（或对偶问题）		对偶问题（或原问题）	
目标函数 max		目标函数 min	
目标函数系数（资源限量）		资源限量（目标函数系数）	
约束条件系数矩阵 $\boldsymbol{A}(\boldsymbol{A}^\mathrm{T})$		约束条件系数矩阵 $\boldsymbol{A}^\mathrm{T}(\boldsymbol{A})$	
变量	n 个变量 第 j 个变量$\geqslant 0$ 第 j 个变量$\leqslant 0$ 第 j 个变量无约束	约束	n 个约束 第 j 个约束为$\geqslant$ 第 j 个约束为$\leqslant$ 第 j 个约束为$=$
约束	m 个约束 第 i 个约束$\leqslant$ 第 i 个约束$\geqslant$ 第 i 个约束为$=$	变量	m 个变量 第 i 个变量$\geqslant 0$ 第 i 个变量$\leqslant 0$ 第 i 个变量无约束

例 3-2　写出下列线性规划问题的对偶问题。

$$\max Z = 2x_1 + 3x_2 - 5x_3 + x_4$$
$$\begin{cases} 4x_1 + x_2 - 3x_3 + 2x_4 \geqslant 5 \\ 3x_1 - 2x_2 + 7x_4 \leqslant 4 \\ -2x_1 + 3x_2 + 4x_3 + x_4 = 6 \\ x_1 \leqslant 0, x_2, x_3 \geqslant 0, x_4 \text{ 无约束} \end{cases}$$

解　根据表 3-5，对偶问题目标函数为 min。

原问题有 3 个约束条件，则对偶问题有 3 个决策变量，记为 $\boldsymbol{Y}=(y_1, y_2, y_3)$。

原问题第一个约束为 $\geqslant$，则 $y_1 \leqslant 0$；第二个约束为 $\leqslant$，则 $y_2 \geqslant 0$；第三个约束为 $=$，则 y_3 无约束。

原问题有 4 个决策变量，则对偶问题有 4 个约束条件，且其符号由 $x_1 \leqslant 0, x_2, x_3 \geqslant 0, x_4$ 无约束确定，分别为"$\leqslant, \geqslant, \geqslant, =$"。

原问题目标函数系数是对偶问题资源限量，原问题资源限量为对偶问题目标函数系数，原问题约束条件系数矩阵的转置为对偶问题约束条件系数矩阵。

综上所述，得到原问题的对偶问题如下：

$$\min W = 5y_1 + 4y_2 + 6y_3$$

$$\begin{cases} 4y_1 + 3y_2 - 2y_3 \leqslant 2 \\ y_1 - 2y_2 + 3y_3 \geqslant 3 \\ -3y_1 + 4y_3 \geqslant -5 \\ 2y_1 + 7y_2 + y_3 = 1 \\ y_1 \leqslant 0, y_2 \geqslant 0, y_3 \text{ 无约束} \end{cases}$$

例 3-3　写出下列线性规划问题的对偶问题。

$$\max Z = 2x_1 + x_2 + 3x_3 + x_4$$

$$\begin{cases} x_1 + x_2 + x_3 + x_4 \leqslant 5 \\ 2x_1 - x_2 + 3x_3 = -4 \\ x_1 - x_3 + x_4 \geqslant 1 \\ x_1, x_3 \geqslant 0, x_2, x_4 \text{ 无约束} \end{cases}$$

解　对偶问题决策变量记为 $\boldsymbol{Y} = (y_1, y_2, y_3)$。根据表 3-5,得到原问题的对偶问题如下:

$$\min W = 5y_1 - 4y_2 + y_3$$

$$\begin{cases} y_1 + 2y_2 + y_3 \geqslant 2 \\ y_1 - y_2 = 1 \\ y_1 + 3y_2 - y_3 \geqslant 3 \\ y_1 + y_3 = 1 \\ y_1 \geqslant 0, y_2 \text{ 无约束}, y_3 \leqslant 0 \end{cases}$$

3.2　对偶问题的基本性质

原问题与其对偶问题的变量与解的对应关系:在单纯形表中,原问题的松弛变量对应对偶问题的变量,对偶问题的剩余变量对应原问题的变量。

设原问题是(记为 LP):

$$\max Z = \boldsymbol{CX}$$

$$\begin{cases} \boldsymbol{AX} \leqslant b \\ \boldsymbol{X} \geqslant 0 \end{cases}$$

对偶问题是(记为 DP):

$$\min W = \boldsymbol{Yb}$$

$$\begin{cases} \boldsymbol{YA} \geqslant \boldsymbol{C} \\ \boldsymbol{Y} \geqslant 0 \end{cases}$$

这里 $\boldsymbol{A}$ 是 $m \times n$ 矩阵,$\boldsymbol{X}$ 是 $n \times 1$ 列向量,$\boldsymbol{Y}$ 是 $1 \times m$ 行向量。假设 X_s 与 Y_s 分别是 LP 与 DP 的松弛变量。

性质 1　对称性定理:对偶问题的对偶是原问题。

证明　设原问题是

$$\max Z = \boldsymbol{CX}$$

$$\boldsymbol{AX} \leqslant \boldsymbol{b}$$

$$X \geqslant 0$$

由表 3-5 可知,它的对偶问题是

$$\min W = Yb$$
$$YA \leqslant C$$
$$Y \geqslant 0$$

它与下列线性规划问题是等价的:

$$\min(-W) = -Yb$$
$$-YA \leqslant -C$$
$$Y \geqslant 0$$

再写出它的对偶问题:

$$\min W' = -CX$$
$$-AX \geqslant -b$$
$$X \geqslant 0$$

它与下列线性规划问题是等价的:

$$\max Z = CX$$
$$AX \leqslant b$$
$$X \geqslant 0$$

即是原问题。

性质 2 弱对偶原理:若 X^0 和 Y^0 分别是问题 LP 和 DP 的可行解,则必有

$$CX^0 \leqslant Y^0 b$$

即

$$\sum_{j=1}^{n} c_j x_j \leqslant \sum_{i=1}^{m} y_i b_i$$

证明   因为 X^0、Y^0 是可行解,故有 $AX^0 \leqslant b, X^0 \geqslant 0$ 及 $Y^0 A \geqslant C, Y^0 \geqslant 0$,将不等式 $Y^0 A X^0 \leqslant Y^0 b$ 两边左乘 Y^0,得 $Y^0 A X^0 \leqslant Y^0 b$。再将不等式 $Y^0 A \geqslant C$ 两边右乘 X^0,得 $CX^0 \leqslant Y^0 A X^0$,故 $CX^0 \leqslant Y^0 A X^0 \leqslant Y^0 b$。

这一性质说明了两个线性规划互为对偶时,求最大值的线性规划的任一目标值都不会大于求最小值的线性规划的任一目标值,不能理解为原问题的目标值不超过对偶问题的目标值。

由这个性质可得到下面几个推论。

推论 1   原问题任一可行解的目标函数值是其对偶问题目标函数值的下界;反之,对偶问题任一可行解的目标函数值是其原问题目标函数值的上界。

推论 2   在一对对偶问题 LP 和 DP 中,若其中一个问题可行但目标函数无界,则另一个问题无可行解;反之不成立。这也是对偶问题的无界性。

推论 3   在一对对偶问题 LP 和 DP 中,若一个可行(如 LP),而另一个不可行(如 DP),则该可行的问题目标函数值无界。

注意:上述推论 2 及推论 3 的条件不能少。一个问题无可行解时,另一个问题可能有可行解(此时具有无界解),也可能无可行解。

例如:

$$\min Z = x_1 + 2x_2$$

$$\begin{cases} -x_1 - \dfrac{1}{2}x_2 \geqslant 2 \\ x_1 + x_2 \geqslant 2 \\ x_1, x_2 \geqslant 0 \end{cases}$$

无可行解,而对偶问题有可行解。

性质 3　最优性定理:如果 X^0 是原问题的可行解,Y^0 是其对偶问题的可行解,并且 $CX^0 = BY^0$ 即 $Z = W$,则 X^0 是原问题的最优解,Y^0 是其对偶问题的最优解。

证明　若 X^0、Y^0 为最优解,B 为 LP 的最优基,有 $Y^0 = C_B B^{-1}$,并且 $CX^0 = C_B B^{-1} b = Y^0 b$。

当 $CX^0 = Y^0 b$ 时,由性质 1 可知,对任意可行解 $\overline{X}$ 及 $\overline{Y}$,则有 $C\overline{X} \leqslant Y^0 b = CX^0 \leqslant \overline{Y}b$。

即 $Y^0 b$ 是 DP 中任一可行解的目标值的下界,CX^0 是 LP 中任一可行解的目标值的上界,从而 X^0、Y^0 是最优解。

性质 4　强对偶性:若原问题及其对偶问题均具有可行解,则两者均具有最优解,且它们最优解的目标函数值相等。

证明　设 LP 有最优解 X^0,那么对于最优基 B,必有 $C - C_B B^{-1} A \leqslant 0$ 与 $-C_B B^{-1} \leqslant 0$,即有 $Y^0 A \geqslant C$ 与 $Y^0 \geqslant 0$,这里 $Y^0 = C_B B^{-1}$,从而 Y^0 是可行解,对目标函数有:

$$CX^0 = C_B X_B = C_B B^{-1} b = Y^0 b$$

由性质 3 可知 Y^0 是最优解。

此外,还可以得到一个结论,即若 LP 与 DP 都有可行解,则两者都有最优解;若一个问题无最优解,则另一个问题也无最优解。

性质 5　互补松弛性:设 X^0 和 Y^0 分别是 LP 问题和 DP 问题的可行解,则它们分别是最优解的充要条件是 $\begin{cases} Y^0 X_S = 0 \\ Y_S X^0 = 0 \end{cases}$,其中,$X_S$、$Y_S$ 为松弛变量。

证明　设 X^0 和 Y^0 是最优解,由性质 3 可知,$CX^0 = Y^0 b$,由于 X_S 和 Y_S 是松弛变量,则有:

$$AX^0 + X_S = b$$
$$Y^0 A - Y_S = C$$

将第一式左乘 Y^0,第二式右乘 X^0 得:

$$Y^0 AX^0 + Y^0 X_S = Y^0 b$$
$$Y^0 AX^0 - Y_S X^0 = CX^0$$

显然有

$$Y^0 X_S = -Y_S X^0$$

又因为 Y^0、X_S、Y_S、$X^0 \geqslant 0$,所以有 $Y^0 X_S = 0$ 和 $Y_S X^0 = 0$ 成立。

反之,当 $Y^0 X_S = 0$ 和 $Y_S X^0 = 0$ 时,有:

$$Y^0 AX^0 = Y^0 b$$
$$Y^0 AX^0 = CX^0$$

显然有 $Y^0 b = CX^0$,由性质 3 可知 Y^0 与 X^0 是 LP 与 DP 的最优解。证毕。

该性质给出了已知一个问题最优解求另一个问题最优解的方法,即已知 Y^* 求 X^* 或已

知 X^* 求 Y^*。$\begin{cases} Y^* X_S = 0 \\ Y_S X^* = 0 \end{cases}$，由于变量都非负，要使求和式等于零，则必定每一分量均为零，因而有下列关系：若 $Y^* \neq 0$，则 X_S 必为 0；若 $X^* \neq 0$，则 Y_S 必为 0。

利用上述关系，建立对偶问题（或原问题）的约束线性方程组，方程组的解即为最优解。

性质 6　LP 的检验数的相反数对应于 DP 的一组基本解，其中第 j 个决策变量 x_j 的检验数的相反数对应于 DP 中第 j 个松弛变量 y_{S_j} 的解，第 i 个松弛变量 x_{S_i} 的检验数的相反数对应于第 i 个对偶变量 y_i 的解。反之，DP 的检验数（注意：不乘负号）对应于 LP 的一组基本解。

证明略（表 3-4）。注意，应用性质 6 的前提条件是线性规划为规范形式。

$$\max Z = 3x_1 + 4x_2 + x_3$$

例 3-4　已知线性规划 $\begin{cases} x_1 + 2x_2 + x_3 \leq 10 \\ 2x_1 + 2x_2 + x_3 \leq 16 \\ x_j \geq 0, j = 1,2,3 \end{cases}$ 的最优解是 $\boldsymbol{X}^* = (6,2,0)^{\mathrm{T}}$，求其对偶问题的最优解 $\boldsymbol{Y}^*$。

解　写出原问题的对偶问题，即

$$\min W = 10y_1 + 16y_2 \qquad\qquad \min W = 10y_1 + 16y_2$$

$$\begin{cases} y_1 + 2y_2 \geq 3 \\ 2y_1 + 2y_2 \geq 4 \\ y_1 + y_2 \geq 1 \\ y_1, y_2 \geq 0 \end{cases} \quad \text{标准化可得} \quad \begin{cases} y_1 + 2y_2 - y_3 = 3 \\ 2y_1 + 2y_2 - y_4 = 4 \\ y_1 + y_2 - y_5 = 1 \\ y_1, y_2, y_3, y_4, y_5 \geq 0 \end{cases}$$

设对偶问题最优解为 $\boldsymbol{Y}^* = (y_1, y_2)$，由互补松弛性定理可知，$\boldsymbol{X}^*$ 和 $\boldsymbol{Y}^*$ 满足 $\begin{cases} Y_S X^* = 0 \\ Y^* X_S = 0 \end{cases}$，因为 $x_1 \neq 0, x_2 \neq 0$，所以对偶问题的第一、二个约束的松弛变量等于零，即 $y_3 = 0, y_4 = 0$，代入方程中

$$\begin{cases} y_1 + 2y_2 = 3 \\ 2y_1 + 2y_2 = 4 \end{cases}$$

解此线性方程组，可得 $y_1 = 1, y_2 = 1$，从而对偶问题的最优解为 $\boldsymbol{Y}^* = (1,1)$，最优值 $W = 26$。

$$\min Z = 2x_1 - x_2 + 2x_3$$

例 3-5　已知线性规划 $\begin{cases} -x_1 + x_2 + x_3 = 4 \\ -x_1 + x_2 - x_3 \leq 6 \\ x_1 \leq 0, x_2 \geq 0, x_3 \text{ 无约束} \end{cases}$ 的对偶问题的最优解为 $\boldsymbol{Y} = (0, -2)$，求原问题的最优解。

解　对偶问题是

$$\max W = 4y_1 + 6y_2$$

$$\begin{cases} -y_1 - y_2 \geq 2 \\ y_1 + y_2 \leq -1 \\ y_1 - y_2 = 2 \\ y_1 \text{ 无约}, y_2 \leq 0 \end{cases}$$

因为 $y_2 \neq 0$，所以原问题第二个松弛变量 $x_{S_2} = 0$，则 $y_1 = 0$、$y_2 = 2$，可知松弛变量 $y_{S_1} =$

$0, y_{s_2} = -1$, 故 $x_2 = 0$, 则原问题的约束条件为线性方程组:

$$\begin{cases} -x_1 + x_3 = 4 \\ -x_1 - x_3 = 6 \end{cases}$$

解方程组得: $x_1 = -5, x_3 = -1$, 所以原问题的最优解为 $\boldsymbol{X}^* = (4, 0, 0)$, 最优值 $Z = -12$。

例 3-6 证明下列线性规划无最优解。

$$\min Z = x_1 - x_2 + x_3$$

$$\begin{cases} x_1 - x_3 \geqslant 4 \\ x_1 - x_2 + 2x_3 \geqslant 3 \\ x_j \geqslant 0, j = 1, 2, 3 \end{cases}$$

证明 容易看出 $\boldsymbol{X} = (4, 0, 0)$ 是一可行解, 故问题可行。对偶问题:

$$\max W = 4y_1 + 3y_2$$

$$\begin{cases} y_1 + y_2 \leqslant 1 \\ -y_2 \leqslant -1 \\ -y_1 + 2y_2 \leqslant 1 \\ y_1 \geqslant 0, y_2 \geqslant 0 \end{cases}$$

将三个约束的两端分别相加得 $y_2 \leqslant \dfrac{1}{2}$, 而第二个约束有 $y_2 \geqslant 1$, 矛盾, 故对偶问题无可行解, 因而原问题具有无界解, 即无最优解。

例 3-7 线性规划问题。

$$\max Z = 6x_1 - 2x_2 + x_3$$

$$\begin{cases} 2x_1 - 2x_2 + x_3 \leqslant 2 \\ x_1 + 4x_3 \leqslant 4 \\ x_1, x_2, x_3 \geqslant 0 \end{cases}$$

(1) 用单纯形法求最优解。

(2) 写出每步迭代对应对偶问题的基本解。

(3) 从最优表中写出对偶问题的最优解。

(4) 用公式 $Y = C_B B^{-1}$ 求对偶问题的最优解。

解 (1) 加入松弛变量 x_4、x_5 后, 单纯形迭代如表 3-6 所示。

表 3-6 单纯形表

	X_B	x_1	x_2	x_3	x_4	x_5	b
表	x_4	[2]	−1	2	1	0	2→
(1)	x_5	1	0	4	0	1	4
λ_j		6↑	−2	1	0	0	
表	x_1	1	−1/2	1	1/2	0	1
(2)	x_5	0	[1/2]	3	−1/2	1	3→
λ_j		0	1↑	−5	−3	0	
表	x_1	1	0	4	0	1	4
(3)	x_2	0	1	6	−1	2	6
λ_j		0	0	−11	−2	−2	

最优解 $\boldsymbol{X}=(4,6,0)$，最优值 $Z=6\times4-2\times6=12$。

（2）设对偶变量为 y_1、y_2，松弛变量为 y_3、y_4、y_5，$(y_1,y_2,y_3,y_4,y_5)=(-\lambda_4,-\lambda_5,-\lambda_1,-\lambda_2,-\lambda_3)$，由性质 6 得到对偶问题的基本解 $(y_1,y_2,y_3,y_4,y_5)=(-\lambda_4,-\lambda_5,-\lambda_1,-\lambda_2,-\lambda_3)$。

即表 3-6(1) 中 $\boldsymbol{\lambda}=(6,-2,1,0,0)$，则 $\boldsymbol{Y}^{(1)}=(0,0,-6,2,-1)$。

表 3-6(2) 中 $\boldsymbol{\lambda}=(0,1,-5,-3,0)$，则 $\boldsymbol{Y}^{(2)}=(3,0,0,-1,5)$。

表 3-6(3) 中 $\boldsymbol{\lambda}=(0,0,-11,-2,-2)$，则 $\boldsymbol{Y}^{(3)}=(2,2,0,0,11)$。

（3）因为表 3-6 为最优解，故 $\boldsymbol{Y}^{(3)}=(2,2,0,0,11)$ 为对偶问题最优解。

（4）表 3-6(3) 中的最优基

$$\boldsymbol{B}=\begin{bmatrix}2 & -1 \\ 1 & 0\end{bmatrix}$$

$\boldsymbol{B}^{-1}$ 为表 3-6(3) 中 x_4、x_5 两列的系数，即

$$\boldsymbol{B}^{-1}=\begin{bmatrix}0 & 1 \\ -1 & 2\end{bmatrix}$$

$\boldsymbol{C}_B=(6,-2)$，因而

$$\begin{aligned}\boldsymbol{Y}=(y_1,y_2)&=\boldsymbol{C}_B\boldsymbol{B}^{-1}\\ &=(6,-2)\begin{bmatrix}0 & 1 \\ -1 & 2\end{bmatrix}=(2,-2)\end{aligned}$$

至此，将原问题与对偶问题解的对应关系进行小结，如表 3-7 所示（Y 表示肯定，N 表示否定）。

表 3-7　原问题与对偶问题解的对应关系

对应关系		原　问　题		
		最优解	无界解	无可行解
对偶问题	最优解	(Y,Y)		
	无界解			(Y,Y)
	无可行解		(Y,Y)	无法判断

3.3　影子价格的经济解释

所谓"影子价格"，也称"阴影价格"，是指在保持其他参数不变的前提下，某个约束的右边项（资源限量）在一个微小范围内变动 1 单位时，导致的目标函数的最优值的变动量。也就是当资源限量 b_i 增加一个单位，引起的目标函数最优值的改变量 y_i^*，称 y_i^* 为 i 资源的影子价格，即

$$Z^*=CX^*=C_BB^{-1}b=\boldsymbol{Y}^*\boldsymbol{b}=(y_1^*,\cdots,y_m^*)(b_1,\cdots,b_m)^{\mathrm{T}}=Z(b)$$

则 Z^* 对 b_i 求偏导可得：

$$\frac{\partial Z^*}{\partial b_i}=y_i^*\quad(i=1,2,\cdots,n)$$

即最优对偶解 y_i^* 就是第 i 种资源的影子价格。影子价格是经济学和管理学中一个重

要的概念,它有时也被称为边际价格或对偶价格。

影子价格的经济含义如下。

1. 影子价格是一种机会成本,对市场具有调节作用

影子价格是在资源最优利用条件下对单位资源的估价,然而,这种估价不是资源实际的市场价格。换言之,从另一个角度说,影子价格是一种机会成本。假设第 i 种资源的单位市场价格为 m_i,则当 $y_i > m_i$ 时,企业愿意购进这种资源,单位纯利为 $y_i - m_i$,则有利可图;如果 $y_i < m$,则企业有偿转让这种资源,可获单位纯利 $m_i - y_i$;否则,企业无利可图,甚至亏损。

2. 资源利用中的影子价格

由对偶理论的互补松弛性定理 $Y^* X_S = 0, Y_S X^* = 0$ 可知,生产过程中,如果某种资源 b_i 未得到充分利用(即非紧约束),该种资源的影子价格为 0,其原因是进一步增加该资源的供应量不会改变最优决策,也不会进一步改善目标函数值;若当资源的影子价格不为 0 时,表明该种资源在生产中已耗费完。因此,影子价格反映的是各项资源在系统中的稀缺程度。

3. 影子价格对单纯形表计算的解释

在最终的单纯形表中,变量 x_j 的检验系数为

$$\lambda_j = c_j - C_B B^{-1} P_j = c_j - \sum_{i=1}^{m} a_{ij} y_i^*, \quad j = m+1, \cdots, n$$

其中,c_j 为第 j 种产品的价格;$\sum_{i=1}^{m} a_{ij} y_i^*$ 为生产该种产品所消耗的各项资源的影子价格的总和,即产品的隐含成本。当产值大于隐含成本时,即 $\lambda_j > 0$,表明生产该项产品有利,可在计划中安排;否则 $\lambda_j < 0$,用这些资源生产别的产品更有利,不在生产中安排该产品。

通过以下实例,直观地给出影子价格的经济解释。

例 3-8　加工奶制品的生产计划。一奶制品加工厂用牛奶生产 A_1、A_2 两种奶制品,1 桶牛奶可以在甲车间用 12h 加工成 3kg A_1 产品,或者在乙车间用 8h 加工成 4kg A_2 产品。根据市场需求,生产的 A_1、A_2 产品全部能售出,且每千克 A_1 产品获利 24 元,每千克 A_2 产品获利 16 元。现在加工厂每天能得到 50 桶牛奶的供应,每天正式工人总劳动时间为 480h,并且甲车间的设备每天最多能加工 100kg A_1 产品,乙车间的设备加工能力可以认为没有上限限制。试为该厂制订一个生产计划,使每天获利最大,并进一步讨论以下两个附加问题。

(1) 若用 35 元可以买到 1 桶牛奶,是否应做这项投资?

(2) 若可以聘用临时工人以增加劳动时间,付给临时工人的工资最多是每小时几元?

解　假设 x_1 桶牛奶生产 A_1,x_2 桶牛奶生产 A_2,建立如下线性规划模型:

$$\max Z = 24 \times 3x_1 + 16 \times 4x_2$$

$$\text{s. t.} \begin{cases} x_1 + x_2 < 50 \\ 12x_1 + 8x_2 < 480 \\ 3x_1 < 100 \end{cases}$$

用 LINGO 软件进行模型求解,将模型输入:

```
model:
max = 72 * x1 + 64 * x2;
          x1 + x2<50;
 12 * x1 + 8 * x2<480;
```

```
    3 * x1<100;
end
```

得到如下结果。

Global optimal solution found.

Objective value:		3360.000
Infeasibilities:		0.000000
Total solver iterations:		2

Variable	Value	Reduced Cost
X1	20.00000	0.000000
X2	30.00000	0.000000

Row	Slack or Surplus	Dual Price
1	3360.000	1.000000
2	0.000000	48.00000
3	0.000000	2.000000
4	40.00000	0.000000

LINGO 的计算结果表明：

"OBJECTIVE FUNCTION VALUE"表示最优目标值为 3360。

"VALUE"给出最优解中各变量(VARIABLE)的值：$x_1=20$，$x_2=30$。

"REDUCED COST"的含义是(对 MAX 型问题)：基变量的 REDUCED COST 值为 0，对于非基变量,相应的 REDUCED COST 值表示当非基变量增加一个单位时(其他非基变量保持不变)目标函数减少的量。本例中两个变量都是基变量。

"SLACK OR SURPLUS"给出松弛(或剩余)变量的值,表示约束是否取等式约束;第 2、3 行松弛变量均为 0,说明对于最优解而言,两个约束均取等式约束;第 4 行松弛变量为 40,说明对于最优解而言,这个约束取不等式约束。

"DUAL PRICES"给出约束的影子价格(也称对偶价格)的值：第 2、3、4 行(约束)对应的影子价格分别为 48、2、0。

综上所述,分析结果如下：最优的生产计划为 20 桶牛奶生产 A_1,30 桶牛奶生产 A_2,每天获利为 3 360 元。

最优解下"资源"增加 1 单位时"效益"的增量为影子价格,本例中的 3 种资源,牛奶无剩余,其影子价格为 48 元;工时无剩余,其影子价格为 2 元;加工能力剩余 40,其影子价格为 0。也就是增加 1 桶牛奶,利润增长 48 元,增加 1 个工时,利润增长 2 元,加工能力有剩余,增加加工能力不影响利润。因此,对于问题(1),买 1 桶牛奶的价格 35 元低于牛奶的影子价格 48 元,应该做这项投资;对于问题(2),聘用临时工人付出的工资最多应为工时的影子价格 2 元。

3.4　对偶单纯形法

设原问题是(记为 LP)：

$$\max Z = \boldsymbol{CX}$$

$$\begin{cases} \boldsymbol{AX} \leqslant \boldsymbol{b} \\ \boldsymbol{X} \geqslant 0 \end{cases}$$

对偶问题是(记为 DP)：

$$\min W = \boldsymbol{Yb}$$

$$\begin{cases} \boldsymbol{YA} \geqslant \boldsymbol{C} \\ \boldsymbol{Y} \geqslant 0 \end{cases}$$

对偶单纯形法的条件是：初始表中对偶问题可行，即极大化问题时 $\lambda_j \leqslant 0$，极小化问题时 $\lambda_j \geqslant 0$。

根据对偶性质 6，可以构造求线性规划的另一种方法，即对偶单纯形法。

对偶单纯形法的计算步骤如下。

(1) 将线性规划的约束化为等式，求出一组基本解，因为对偶问题可行，即全部检验数 $\lambda_j \leqslant 0(\max)$ 或 $\lambda_j \geqslant 0(\min)$，当基本解可行时，则达到最优解；若基本解不可行，即有某个基变量的解 $b_i < 0$，则进行换基计算。

$$b_i = \min_i \{ b_i \mid b_i < 0 \}$$

(2) 确定出基变量。l 行对应的变量 x 出基。

(3) 选进基变量。求最小比值：

$$\theta_k = \min_j \left\{ \left| \frac{\lambda_j}{a_{lj}} \right| \, \middle| \, a_{lj} < 0 \right\}$$

(4) 求新的基本解，用初等变换将主元素 a_{lk} 化为 1，k 列其他元素化为 0，得到新的基本解，转到第(1)步重复运算。

例 3-9　用对偶单纯形法求解问题。

$$\min Z = 4x_1 + x_2 + 3x_3$$

$$\begin{cases} x_1 + x_2 + x_3 \geqslant 5 \\ x_1 - x_2 - 4x_3 \geqslant 3 \\ x_1, x_2, x_3 \geqslant 0 \end{cases}$$

解　先将约束不等式化为等式，再两边同乘以 -1，得到：

$$\min Z = 4x_1 + x_2 + 3x_3$$

$$\begin{cases} -x_1 - x_2 - x_3 + x_4 = -5 \\ -x_1 + x_2 + 4x_3 + x_5 = -3 \\ x_j \geqslant 0, j = 1, 2, \cdots, 5 \end{cases}$$

x_4、x_5 为基变量，用对偶单纯形法，迭代过程如表 3-8 所示。

表 3-8　对偶单纯形表

	X_B	x_1	x_2	x_3	x_4	x_5	b
表	x_4	-1	$[-1]$	-1	1	0	$-5 \rightarrow$
(1)	x_5	-1	1	4	0	1	-3
	λ_j	4	$1\uparrow$	3	0	0	

续表

X_B		x_1	x_2	x_3	x_4	x_5	b
表	x_2	1	1	1	-1	0	5
(2)	x_5	$[-2]$	0	3	1	1	$-8\rightarrow$
λ_j		3↑	0	2	1	0	
表	x_2	0	1	5/2	$-1/2$	1/2	1
(3)	x_1	1	0	$-3/2$	$-1/2$	$-1/2$	4
λ_j		0	0	13/2	5/2	3/2	

从而得到最优解 $\boldsymbol{X}=(4,1,0)^{\mathrm{T}}$，最优值 $Z^*=17$。

应当注意：

（1）用对偶单纯形法求解线性规划是一种求解方法，而不是去求对偶问题的最优解。

（2）初始表中一定要满足对偶问题可行，也就是说检验数满足最优判别准则。

（3）最小比值中 $\left|\dfrac{\lambda_j}{a_{lj}}\right|$ 的绝对值是使得比值非负，在极小化问题时 $\lambda_j\geqslant0$，分母 $a_{lj}\leqslant0$，这时必须取绝对值。在极大化问题中，$\lambda_j\leqslant0$，分母 $a_{lj}\leqslant0$，$\dfrac{\lambda_j}{a_{lj}}$ 总满足非负，这时绝对值符号不起作用，可以去掉。例如，在本例中将目标函数写成 $\max Z'=-4x_1-x_2-3x_3$，这里 $\lambda_j\leqslant0$ 在求 θ_k 时就可以不带绝对值符号。

（4）对偶单纯形法与普通单纯形法的换基顺序不一样，普通单纯形法是，先确定进基变量，后确定出基变量；对偶单纯形法是，先确定出基变量，后确定进基变量。

（5）普通单纯形法的最小比值是

$$\min_i\left\{\frac{b_j}{a_{ik}}\ \middle|\ a_{ik}>0\right\}$$

其目的是保证下一个原问题的基本解可行。

对偶单纯形法的最小比值是：

$$\min_j\left\{\left|\frac{\lambda_j}{a_{lj}}\right|\ \middle|\ a_{lj}<0\right\}$$

其目的是保证下一个对偶问题的基本解可行。

（6）对偶单纯形法在确定出基变量时，若不遵循以下规则：

$$b_1=\min\{b_i\mid b_i<0\}$$

任选一个小于 0 的 b_i 对应的基变量出基，不影响计算结果，只是迭代次数可能不一样。

例 3-10   用对偶单纯形法求解问题。

$$\min Z=-7x_1-3x_2$$

$$\begin{cases}2x_1-x_2+x_3=-2\\-x_1+2x_2+x_4=-2\\x_j\geqslant0,j=1,2,\cdots,4\end{cases}$$

解   取 x_3、x_4 为初始基变量，用对偶单纯形法迭代，如表 3-9 所示。

表 3-9 对偶单纯形表

X_B		x_1	x_2	x_3	x_4	b
表	x_3	2	[−1]	1	0	−2→
(1)	x_4	−1	2	0	1	−2
	λ_j	−7	−3↑	0	0	
表	x_2	−2	1	−1	0	2
(2)	x_4	3	0	2	1	−6
	λ_j	−13	0	−3	0	

表 3-9 的表(2)中 $x_4 = -6 < 0$ 且第 2 行的系数全部大于或等于 0,说明原问题无可行解。

例 3-10 可用性质 6 及性质 2 来说明,表(2)的第 2 行对应于对偶问题的第 2 列(相差一个负号),检验数行对应于对偶问题的常数项(相差一个负号),比值 $\dfrac{\lambda_j}{a_{lj}}$ 对应于对偶问题的比值 $\dfrac{b_i}{a_{ik}}$,比值 $\dfrac{\lambda_j}{a_{lj}}$ 失效,也说明 $\dfrac{b_i}{a_{ik}}$ 失效,即对偶问题具有无界解,由性质 2 可知,原问题无可行解。

3.5 灵敏度与参数分析

线性规划的灵敏度分析也称敏感性分析,它是研究和分析参数(c_j,b_i,a_{ij})的波动对最优解的影响程度,主要研究下面两个方面。

(1) 参数在什么范围内变化时,原最优解或最优基不变。

(2) 当参数已经变化时,最优解或最优基有何变化。

(3) 价值系数和资源限量系数附带一个参数 μ,分析 μ 的变化对最优解的影响。

线性规划的参数分析(parametric analysis)是研究和分析目标函数或约束中含有参数 μ 在不同的波动范围内最优解和最优值的变化情况,这种含有参数的线性规划也称参数线性规划。当模型的参数发生变化后,可以不必对线性规划问题重新求解,而用灵敏度分析方法直接在原线性规划取得的最优结果的基础上进行分析或求解。

1. 价值系数 c_j 的变化分析

为使最优解不变,求 c_j 的变化范围。

设线性规划

$$\max Z = \boldsymbol{CX}$$
$$\begin{cases} \boldsymbol{AX} \leqslant \boldsymbol{b} \\ \boldsymbol{X} \geqslant 0 \end{cases}$$

其中,$\boldsymbol{A}$ 为 $m \times n$ 矩阵,线性规划存在最优解,最优基的逆矩阵为

$$\boldsymbol{B}^{-1} = (\beta_1, \beta_2, \cdots, \beta_m), \quad \boldsymbol{\beta}_i = (\beta_{1i}, \beta_{2i}, \cdots, \beta_{mi})^{\mathrm{T}}$$

检验数为 $\lambda_j = c_j - c_B \boldsymbol{B}^{-1} P_j$,$j = 1, 2, \cdots, n$。

要使最优解不变,即当 c_j 变化为下式后:

$$c_j' = c_j + \Delta c_j$$

检验数仍然是小于等于 0,即

$$\lambda_j' = c_j' - C_B \boldsymbol{B}^{-1} P_j \leqslant 0$$

这时对 c_j 是非基变量和基变量的系数分两种情况讨论。

（1）c_j 是非基变量 x_j 的系数

$$\lambda'_j = c'_j - C_B \boldsymbol{B}^{-1} P_j = c_j + \Delta c_j - C_B \boldsymbol{B}^{-1} P_j$$
$$= c_j - C_B \boldsymbol{B}^{-1} P_j + \Delta c_j$$
$$= \lambda_j + \Delta c_j \leqslant 0$$

所以 $\Delta c_j \leqslant -\lambda_j$。

即 c_j 的增量 Δc_j 不超过 c_j 的检验数的相反数时，最优解不变，否则最优解就要改变。

（2）c_j 是基变量 x_i 的系数

因 $c_i \in C_B$，所以每个检验数 λ_j 中含有 c_i，当 c_i 变化为 $c_i + \Delta c$ 后，λ_j 同时变化，这时令：

$$\lambda'_j = c_j - C'_B \boldsymbol{B}^{-1} P_j$$
$$= c_j - (C_B + \Delta C_B) \boldsymbol{B}^{-1} P_j$$
$$= c_j - C_B \boldsymbol{B}^{-1} P_j - \Delta C_B \boldsymbol{B}^{-1} P_j$$
$$= \lambda_j - \Delta C_B \boldsymbol{B}^{-1} P_j$$
$$= \lambda_j - (0, \cdots, 0, \Delta c_j, 0, \cdots, 0)(\bar{a}_{1j}, \bar{a}_{2j}, \cdots, \bar{a}_{mj})^{\mathrm{T}}$$
$$= \lambda_j - \Delta c_i \bar{a}_{ij} \leqslant 0$$

当 $\bar{a}_{ij} < 0$ 时有 $\Delta c_j \leqslant \dfrac{\lambda_j}{\bar{a}_{ij}}$，当 $\bar{a}_{ij} > 0$ 时有 $\Delta c_j \geqslant \dfrac{\lambda_j}{\bar{a}_{ij}}$。

令：

$$\delta_1 = \max_j \left\{ \frac{\lambda_j}{\bar{a}_{ij}} \ \middle| \ \bar{a}_{ij} > 0 \right\}$$

$$\delta_2 = \min_j \left\{ \frac{\lambda_j}{\bar{a}_{ij}} \ \middle| \ \bar{a}_{ij} < 0 \right\}$$

要使得所有 $\lambda'_j \leqslant 0$，则有 $\delta_1 \leqslant \Delta c_i \leqslant \delta_2$。

只要求出上限 δ_2 及下限 δ_1，就可以求出 Δc 的变化区间。

例 3-11 线性规划问题。

$$\max Z = x_1 + x_2 + 3x_2$$
$$\begin{cases} x_1 + x_2 + 2x_3 \leqslant 40 \\ x_1 + 2x_2 + x_3 \leqslant 20 \\ x_2 + x_3 \leqslant 15 \\ x_1, x_2, x_3 \geqslant 0 \end{cases}$$

（1）求最优解。

（2）分别求 c_1、c_2、c_3 的变化范围，使得最优解不变。

解 （1）加入松弛变量 x_4、x_5、x_6，用单纯形法求解，最优表如表 3-10 所示。

表 3-10　单纯形表

c_j		1	1	3	0	0	0	b
C_B	X_B	x_1	x_2	x_3	x_4	x_5	x_6	
0	x_4	0	-2	0	1	-1	-1	5

续表

c_j		1	1	3	0	0	0	b
C_B	X_B	x_1	x_2	x_3	x_4	x_5	x_6	
1	x_1	1	1	0	0	1	-1	5
3	x_3	0	1	1	0	0	1	15
λ_j		0	-3	0	0	-1	-2	

最优解 $\boldsymbol{X}^* = (5,0,15)^\mathrm{T}$,最优值 $Z^* = 50$。

(2) 对于 c_1:x_1 对应行的系数只有一个负数,$\bar{a}_{26} = -1$,有两个正数 $\bar{a}_{22} = 1$ 及 $\bar{a}_{25} = 1$,则有

$$\delta_1 = \max\left\{\frac{\lambda_2}{\bar{a}_{22}}, \frac{\lambda_5}{\bar{a}_{25}}\right\}$$

$$= \max\left\{\frac{-3}{1}, \frac{-1}{1}\right\} = -1$$

$$\delta_2 = \min\left\{\frac{\lambda_6}{\bar{a}_{26}}\right\} = \left\{\frac{-2}{-1}\right\} = 1$$

$$-1 \leqslant \Delta c_1 \leqslant 2$$

c_1 的变化范围是

$$c_1 + \delta_1 \leqslant c_1 \leqslant c_1 + \delta_2, 0 \leqslant c_1' \leqslant 3 \text{ 或 } c_1 \in [0,3]$$

x_2 为非基变量,x_1、x_3 为基变量,则

$$\Delta c_2 \leqslant -\lambda_2 = 3$$

c_2 变化范围是

$$c_2 \leqslant c_2 + (-\lambda_2) = 1 + 3 = 4 \text{ 或 } c_2 \in (-\infty, 4]$$

对于 c_3:表 3-10 中 x_3 对应行 $\bar{a}_{32} = 1$,$\bar{a}_{36} = 1$,而 $\bar{a}_{35} = 0$,则有

$$\delta_1 = \max\left\{\frac{\lambda_2}{\bar{a}_{32}}, \frac{\lambda_6}{\bar{a}_{36}}\right\}$$

$$= \max\left\{\frac{-3}{1}, \frac{-2}{1}\right\} = -2$$

Δc_3 无上界,即有 $\Delta c_3 \geqslant -2$,c_3 的变化范围是

$$c_3' \geqslant 1 \text{ 或 } c_3 \in [1, +\infty)$$

对 c_3 的变化范围,也可直接从最优单纯形表中推出,将 $c_3 = 3$ 写成

$$c_3' = c_3 + \Delta c_3$$

分别计算非基变量的检验数并令其小于等于 0。

$$\lambda_2' = c_2 - C_B' \boldsymbol{B}^{-1} P_2 = 1 - (0, 1, 3 + \Delta c_3)\begin{bmatrix} -2 \\ 1 \\ 1 \end{bmatrix} = -3 - \Delta c_3 \leqslant 0$$

$$\lambda_5' = c_5 - C_B' \boldsymbol{B}^{-1} P_5 = -(0, 1, 3 + \Delta c_3)\begin{bmatrix} -1 \\ 1 \\ 0 \end{bmatrix} = -1$$

$$\lambda_6' = c_6 - C_B' \boldsymbol{B}^{-1} P_6 = -(0, 1, 3 + \Delta c_3)\begin{bmatrix} -1 \\ 1 \\ 1 \end{bmatrix} = -2 - \Delta c_3 \leqslant 0$$

$$\lambda_5' = -1 \leqslant 0$$

要使 λ_2'、λ_6' 同时小于等于 0，解不等式组

$$\begin{cases} -3 - \Delta c_3 \leqslant 0 \\ -2 - \Delta c_3 \leqslant 0 \end{cases}$$

得 $\Delta c_3 \geqslant -2$，同理，用此方法可求出 c_2 和 c_1 的变化区间。

2. 资源限量 b_i 变化分析

为了使最优基 $\boldsymbol{B}$ 不变，求 b_i 的变化范围。

设 b_r 的增量为 Δb_r，b 的增量为 $\Delta b = (0, 0, \cdots, \Delta b_r, 0, \cdots, 0)^{\mathrm{T}}$ 线性规划的最优解为 X，基变量为 $X_B = B^{-1}b$，要使最优基 $\boldsymbol{B}$ 不变，即要求 $X_B' = B^{-1}b' \geqslant 0$。

$$\begin{aligned} \boldsymbol{X}_B' = \boldsymbol{B}^{-1}b' &= \boldsymbol{B}^{-1}(b + \Delta b) \\ &= \boldsymbol{B}^{-1}b + \boldsymbol{B}^{-1}\Delta b \\ &= X_B + \boldsymbol{B}^{-1}\Delta b \end{aligned}$$

因为

$$\boldsymbol{B}^{-1}\Delta b = (\beta_1, \beta_2, \cdots, \beta_m) \begin{bmatrix} 0 \\ \vdots \\ 0 \\ \Delta b_r \\ 0 \\ \vdots \\ 0 \end{bmatrix} = \Delta b_r \begin{bmatrix} \beta_{1r} \\ \beta_{2r} \\ \vdots \\ \beta_{mr} \end{bmatrix}$$

所以

$$\boldsymbol{X}_B' = \begin{bmatrix} \bar{b}_1 \\ \bar{b}_2 \\ \vdots \\ \bar{b}_m \end{bmatrix} + \Delta b_r \begin{bmatrix} \beta_{1r} \\ \beta_{2r} \\ \vdots \\ \beta_{mr} \end{bmatrix} = \begin{bmatrix} \bar{b}_1 + \Delta b_r \beta_{1r} \\ \bar{b}_2 + \Delta b_r \beta_{2r} \\ \vdots \\ \bar{b}_m + \Delta b_r \beta_{mr} \end{bmatrix} \geqslant 0$$

$$\bar{b}_i + \Delta b_r \beta_{ir} \geqslant 0, \quad i = 1, \cdots, m$$

当 $\beta_{ir} < 0$ 时有 $\Delta b_r \leqslant \dfrac{-\bar{b}_i}{\beta_{ir}}$，当 $\beta_{ir} > 0$ 时有 $\Delta b_r \geqslant \dfrac{-\bar{b}_i}{\beta_{ir}}$。

令

$$\delta_1 = \max_i \left\{ \frac{-\bar{b}_i}{\beta_{ir}} \,\middle|\, \beta_{ir} > 0 \right\}$$

$$\delta_2 = \min_i \left\{ \frac{-\bar{b}_i}{\beta_{ir}} \,\middle|\, \beta_{ir} < 0 \right\}$$

因此要使得所有 $x_i' \geqslant 0$，Δb_r 必须满足 $\delta_1 \leqslant \Delta b_r \leqslant \delta_2$。

这个公式与求 Δc_i 的上、下限的公式类似，比值的分子都小于等于 0，分母是 $\boldsymbol{B}^{-1}$ 中第 r 列的元素，Δb_r 大于等于比值小于 0 的最大值，小于等于比值大于 0 的最小值。当某个 $\beta_{ir} = 0$ 时，Δb_r 可能无上界或无下界。

例 3-12　求例 3-11 中的 b_1、b_2、b_3 分别在什么范围内变化时，原最优基不变。

解　由表 3-10 可知，最优基 $\boldsymbol{B}$、$\boldsymbol{B}^{-1}$、$\boldsymbol{X}_B$、$-\boldsymbol{X}_B$ 分别为

$$\boldsymbol{B} = (P_4, P_1, P_3) = \begin{bmatrix} 1 & 1 & 2 \\ 0 & 1 & 1 \\ 0 & 0 & 1 \end{bmatrix}, \boldsymbol{B}^{-1} = \begin{bmatrix} \beta_{11} & \beta_{12} & \beta_{13} \\ \beta_{21} & \beta_{22} & \beta_{23} \\ \beta_{31} & \beta_{32} & \beta_{33} \end{bmatrix} = \begin{bmatrix} 1 & -1 & -1 \\ 0 & 1 & -1 \\ 0 & 0 & 1 \end{bmatrix}$$

$$\boldsymbol{X}_B = \begin{bmatrix} \overline{b}_1 \\ \overline{b}_2 \\ \overline{b}_3 \end{bmatrix} = \begin{bmatrix} 5 \\ 5 \\ 15 \end{bmatrix}, \; -\boldsymbol{X}_B = \begin{bmatrix} -5 \\ -5 \\ -15 \end{bmatrix}$$

对于 b_1：比值的分母取 $\boldsymbol{B}^{-1}$ 的第一列，这里只有 $\beta_{11} = 1$，而 $\beta_{21} = \beta_{31} = 0$，则

$$\delta_1 = \max\left\{\frac{-\overline{b}_1}{\beta_{11}}\right\} = \frac{-5}{1} = -5$$

Δb_1 无上界，即 $\Delta b_1 \geqslant -5$，因而 b_1 在 $[35, +\infty)$ 内变化时最优基不变。

对于 b_2：比值的分母取 $\boldsymbol{B}^{-1}$ 的第二列，$\beta_{12} < 0$，$\beta_{22} > 0$，则

$$\delta_1 = \max\left\{\frac{-\overline{b}_2}{\beta_{22}}\right\} = \frac{-5}{1} = -5$$

$$\delta_2 = \min\left\{\frac{-\overline{b}_1}{\beta_{12}}\right\} = \frac{-5}{-1} = 5$$

$$-5 \leqslant \Delta b_2 \leqslant 5$$

即 b_2 在 $[15, 25]$ 上变化时最优基不变。

对于 b_3：比值的分母取 $\boldsymbol{B}^{-1}$ 的第三列，有

$$\left\{\frac{-\overline{b}_1}{\beta_{13}}, \frac{-\overline{b}_2}{\beta_{23}}, \frac{-\overline{b}_3}{\beta_{33}}\right\} = \left\{\frac{-5}{-1}, \frac{-5}{-1}, \frac{-15}{1}\right\} = \{5, 5, -15\}$$

故有 $-15 \leqslant \Delta b_3 \leqslant 5$，$b_3$ 在 $[0, 20]$ 上变化时最优基不变。

若线性规划模型是一个生产计划模型，当求出 c_j 或 b_i 的最大允许变化范围时，就可随时根据市场的变化来掌握生产计划的调整。

灵敏度分析方法还可以分析工艺系数 a_{ij} 的变化对最优解的影响，对增加约束、变量或减少约束、变量等情形的分析，下面以一个例子来说明这些分析方法。

3. 综合分析

例 3-13　考虑下列线性规划问题。

$$\max Z = 2x_1 - x_2 + 4x_3$$

$$\begin{cases} -3x_1 + 2x_2 + 4x_3 \leqslant 5 \\ x_1 + x_2 + x_3 \leqslant 3 \\ x_1 - x_2 + x_3 \leqslant 4 \\ x_1, x_2, x_3 \geqslant 0 \end{cases}$$

求出最优解后，分别对下列各种变化进行灵敏度分析，求出变化后的最优解。

(1) 改变右端常数为

$$\boldsymbol{b} = \begin{bmatrix} 10 \\ 4 \\ 2 \end{bmatrix}$$

（2）改变目标函数 x_3 的系数为 $c_3 = 1$。

（3）改变目标函数中 x_2 的系数为 $c_2 = 2$。

（4）改变 x_2 的系数为

$$\begin{bmatrix} c_2' \\ a_{12}' \\ a_{22}' \\ a_{32}' \end{bmatrix} = \begin{bmatrix} 3 \\ 3 \\ -1 \\ 2 \end{bmatrix}$$

（5）改变约束（1）为 $-3x_1 - x_2 + 4x_3 \leqslant 3$。

（6）增加新约束 $-5x_1 + x_2 + 6x_3 \leqslant 5$。

（7）增加新约束 $5x_1 + x_2 - 2x_3 \leqslant 10$。

解　加入松弛变量 x_4、x_5、x_6，用单纯形法计算，最优单纯形表见表 3-11。

表 3-11　最优单纯形表

c_j		2	-1	4	0	0	0	
C_B	X_B	x_1	x_2	x_3	x_4	x_5	x_6	b
4	x_3	0	5/7	1	1/7	3/7	0	2
2	x_1	1	2/7	0	$-1/7$	4/7	0	1
0	x_6	0	-2	0	0	-1	1	1
λ_j		0	$-31/7$	0	$-2/7$	$-20/7$	0	

最优解 $\boldsymbol{X}^* = (1, 0, 2, 0, 0, 1)^{\mathrm{T}}$，最优值 $Z^* = 10$。

最优基矩阵及其逆为

$$\boldsymbol{B} = \begin{bmatrix} 4 & -3 & 0 \\ 1 & 1 & 0 \\ 1 & 1 & 1 \end{bmatrix}, \boldsymbol{B}^{-1} = \begin{bmatrix} \dfrac{1}{7} & \dfrac{3}{7} & 0 \\ -\dfrac{1}{7} & \dfrac{4}{7} & 0 \\ 0 & -1 & 1 \end{bmatrix}$$

（1）基变量的解为

$$\boldsymbol{X}_B = \boldsymbol{B}^{-1} \boldsymbol{b} = \begin{bmatrix} \dfrac{1}{7} & \dfrac{3}{7} & 0 \\ -\dfrac{1}{7} & \dfrac{4}{7} & 0 \\ 0 & -1 & 1 \end{bmatrix} \begin{bmatrix} 10 \\ 4 \\ 2 \end{bmatrix} = \begin{bmatrix} \dfrac{22}{7} \\ \dfrac{6}{7} \\ -2 \end{bmatrix}$$

基本解不可行，将求得的 $\boldsymbol{X}_B$ 代替表 3-11 中的常数项，用对偶单纯形法求解，其结果见表 3-12。

表 3-12　对偶单纯形表（1）

c_j		2	-1	4	0	0	0	
C_B	X_B	x_1	x_2	x_3	x_4	x_5	x_6	b
4	x_3	0	5/7	1	1/7	3/7	0	22/7

C_B	X_B	c_j						b
		2	-1	4	0	0	0	
		x_1	x_2	x_3	x_4	x_5	x_6	
2	x_1	1	2/7	0	$-1/7$	4/7	0	6/7
0	x_6	0	$[-2]$	0	0	-1	1	-2
λ_j		0	$-31/7$	0	$-2/7$	$-20/7$	0	
4	x_3	0	0	1	1/7	1/14	5/14	17/7
2	x_1	1	0	0	$-1/7$	3/7	1/7	4/7
-1	x_2	0	1	0	0	1/2	$-1/2$	1
λ_j		0	0	0	$-2/7$	$-9/14$	$-31/14$	

最优解 $\boldsymbol{X}=\left(\dfrac{4}{7},1,\dfrac{17}{7},0,0,0\right)^{\mathrm{T}}$，最优值 $Z=\dfrac{69}{7}$。

(2) 由表 3-11 容易得到基变量 x_3 的系数 c_3 的增量变化范围是 $\Delta c_3 \geqslant -2$，即 $c_3 \in [2,+\infty)$。

而 $c_3=1$ 在允许的变化范围之外，故表 3-11 的解不是最优解。非基变量的检验数为

$$(\lambda_2,\lambda_4,\lambda_5)=(-1,0,0)-(1,2,0)\begin{bmatrix} \dfrac{5}{7} & -\dfrac{1}{7} & \dfrac{3}{7} \\ \dfrac{2}{7} & -\dfrac{1}{7} & \dfrac{4}{7} \\ -2 & 0 & -1 \end{bmatrix}$$

$$=\left(-\dfrac{16}{7},\dfrac{1}{7},-\dfrac{11}{7}\right)$$

x_4 进基，用单纯形法计算，得到表 3-13。

表 3-13 单纯形表(1)

X_B	x_1	x_2	x_3	x_4	x_5	x_6	b
x_3	0	5/7	1	$[1/7]$	3/7	0	2
x_1	1	2/7	0	$-1/7$	4/7	0	1
x_6	0	-2	0	0	-1	1	1
λ_j	0	$-16/7$	0	1/7	$-11/7$	0	
x_4	0	5	7	1	3	0	14
x_1	1	1	1	0	1	0	3
x_6	0	-2	0	0	-1	1	1
λ_j	0	-3	-1	0	-2	0	

最优解为 $\boldsymbol{X}=(3,0,0,14,0,1)^{\mathrm{T}}$，最优值 $Z=6$。

(3) c_2 是非基变量 x_2 的系数，由表 3-11 可知，$\Delta c_2 \leqslant \dfrac{31}{7}$，$c_2$ 由 -1 变为 2 时，$\Delta c_2 = 3 <$

$\dfrac{31}{7}$，或直接求出 x_2 的检验数：

$$\lambda_2' = 2 - (4,2,0)\begin{bmatrix} \dfrac{5}{7} \\[2mm] \dfrac{2}{7} \\[2mm] -2 \end{bmatrix} = -\dfrac{10}{7} < 0$$

从而最优解不变，即 $\boldsymbol{X} = (1,0,2,0,0,1)^{\mathrm{T}}$。

（4）这时目标函数的系数和约束条件的系数都变化了，同样求出 λ_2 判别最优解是否改变。

$$\begin{bmatrix} \overline{a}_{12} \\[1mm] \overline{a}_{22} \\[1mm] \overline{a}_{32} \end{bmatrix} = \boldsymbol{B}^{-1}\boldsymbol{P}_2' = \begin{bmatrix} \dfrac{1}{7} & \dfrac{3}{7} & 0 \\[2mm] -\dfrac{1}{7} & \dfrac{4}{7} & 0 \\[2mm] 0 & -1 & 1 \end{bmatrix}\begin{bmatrix} 3 \\ -1 \\ 2 \end{bmatrix} = \begin{bmatrix} 0 \\ -1 \\ 3 \end{bmatrix}$$

$$\lambda_2' = c_2' - \boldsymbol{C}_B\boldsymbol{B}^{-1}\boldsymbol{P}_2'$$

$$= 3 - (4,2,0)\begin{bmatrix} 0 \\ -1 \\ 3 \end{bmatrix} = 5 > 0$$

x_2 进基，计算结果如表 3-14 所示。

表 3-14　单纯形表（2）

C_B	X_B	c_j 2	3	4	0	0	0	b
		x_1	x_2	x_3	x_4	x_5	x_6	
4	x_3	0	0	1	1/7	3/7	0	2
2	x_1	1	−1	0	−1/7	4/7	0	1
0	x_6	0	[3]	0	0	−1	1	1
λ_j		0	5	0	−2/7	−20/7	0	
4	x_3	0	0	1	1/7	3/7	0	2
2	x_1	1	0	0	−1/7	5/21	1/3	4/3
3	x_2	0	1	0	0	−1/3	1/3	1/3
λ_j		0	0	0	−2/7	−25/21	−5/3	

最优解为

$$\boldsymbol{X} = \left(\dfrac{4}{3}, \dfrac{1}{3}, 2, 0, 0, 0\right)^{\mathrm{T}}，最优值 Z = \dfrac{35}{3}$$

（5）第一个约束变为 $-3x_1 - x_2 + 4x_3 \leqslant 3$，实际上是改变了 a_{12} 及 b_1，这时要求 λ_2 及 X_B，判断解的情况。

$$\lambda'_2 = c_2 - \boldsymbol{C}_B \boldsymbol{B}^{-1} \boldsymbol{P}_2$$

$$= -1 - (4,2,0) \begin{bmatrix} \dfrac{1}{7} & \dfrac{3}{7} & 0 \\ -\dfrac{1}{7} & \dfrac{4}{7} & 0 \\ 0 & -1 & 1 \end{bmatrix} \begin{bmatrix} -1 \\ 1 \\ -1 \end{bmatrix} = -\dfrac{25}{7} < 0$$

$$\boldsymbol{X}'_B = \boldsymbol{B}^{-1} \boldsymbol{b}' = \begin{bmatrix} \dfrac{1}{7} & \dfrac{3}{7} & 0 \\ -\dfrac{1}{7} & \dfrac{4}{7} & 0 \\ 0 & -1 & 1 \end{bmatrix} \begin{bmatrix} 3 \\ 3 \\ 4 \end{bmatrix} = \begin{bmatrix} \dfrac{12}{7} \\ \dfrac{9}{7} \\ 1 \end{bmatrix}$$

因为 $\lambda'_2 < 0$，$\boldsymbol{X}'_B$ 可行，所以最优解为

$$\boldsymbol{X} = \left(\frac{9}{7}, 0, \frac{12}{7}, 0, 0, 1 \right)^{\mathrm{T}}, \text{最优值 } Z = \frac{66}{7}$$

应当注意，当 $\lambda'_j > 0$ 且 $\boldsymbol{X}'_B \geqslant 0$ 时，用单纯形法继续迭代；当 $\lambda'_j \leqslant 0$ 且 X'_B 不可行时，用对偶单纯形法继续迭代；当 $\lambda'_j > 0$ 且 X'_B 不可行时，需加入人工变量另找可行基。

(6) 引入松弛变量 x_7 得：

$$-5x_1 + x_2 + 6x_3 + x_7 = 5$$

x_1、x_3 是基变量，利用表 3-11 消去 x_1、x_3，得：

$$-\frac{13}{7}x_2 - \frac{11}{7}x_4 + \frac{2}{7}x_5 + x_7 = -2$$

x_7 为新的基变量，基本解 $\boldsymbol{X} = (1,0,2,0,0,1,-2)^{\mathrm{T}}$ 不可行，将上式加入表 3-11 中用对偶单纯形法迭代得到表 3-15。

表 3-15　对偶单纯形表(2)

X_B	x_1	x_2	x_3	x_4	x_5	x_6	x_7	b
x_3	0	5/7	1	1/7	3/7	0	0	2
x_1	1	2/7	0	−1/7	4/7	0	0	1
x_6	0	−2	0	0	−1	1	0	1
x_7	0	−13/7	0	[−11/7]	2/7	0	1	−2
λ_j	0	−31/7	0	−2/7	−20/7	0	0	
x_3	0	6/11	1	0	5/11	0	1/11	20/11
x_1	1	5/11	0	0	6/11	0	−1/11	13/11
x_6	0	−2	0	0	−1	1	0	1
x_4	0	13/11	0	1	−2/11	0	−7/11	14/11
λ_j	0	−45/11	0	0	−32/11	0	−2/11	

最优解为

$$\boldsymbol{X} = \left(\frac{13}{11}, 0, \frac{20}{11}, \frac{14}{11}, 0, 1, 0 \right)^{\mathrm{T}}, \text{最优值 } Z = 9\frac{7}{11}$$

（7）将原最优解代入约束的左边有 $5×1-2×2=1<10$，满足新约束，故最优解不变。

上述 c_j 及 b_i 的最大允许变化范围是假定其他参数不变的前提下，单个参数的变化范围，当几个参数同时在各自范围内变化时，最优解或最优基有可能改变。

灵敏度分析的关键在于线性规划某些参数或条件发生变化时，需要判断最优表中哪些数据发生了变化，如何求这些数据，如果不是最优解再用什么方法计算等问题，将这些问题简要综合在表 3-16 中。

表 3-16　灵敏度分析总结表

参数或条件变化	最优表可能发生变化	可行与最优	单纯形法
基变量系数 c_i	所有非基变量的检验数	可行	若非最优，用普通单纯形法
非基变量系数 c_j	只有 x_j 的检验数变化	可行	若非最优，用普通单纯形法
b_i	X_B	对偶问题可行	若不可行，用对偶单纯形法
基变量系数 a_{ij}	基、基变量、检验数等		视检验数和基本解来确定
非基变量系数 a_{ij}	非基变量系数及 x_j 的检验	可行	若非最优，用普通单纯形法

灵敏度分析在实际中的应用很广泛，继续对 3.3 节中的加工奶制品的生产计划进行讨论。

例 3-14　加工奶制品的生产计划。

题干见例 3-8，进一步讨论以下问题。

（1）若用 35 元可以买到 1 桶牛奶，是否应做这项投资？若投资，每天最多购买多少桶牛奶？

（2）由于市场需求变化，每千克 A_1 产品的获利增加到 30 元，是否应改变生产计划？

解　用 LINGO 做灵敏度分析，输出结果如下。

```
Ranges in which the basis is unchanged:

                        Objective Coefficient Ranges
                    Current          Allowable          Allowable
     Variable       Coefficient      Increase           Decrease
        X1          72.00000         24.00000           8.000000
        X2          64.00000         8.000000           16.00000

                        Righthand Side Ranges
       Row          Current          Allowable          Allowable
                    RHS              Increase           Decrease
        2           50.00000         10.00000           6.666667
        3           480.0000         53.33333           80.00000
        4           100.0000         INFINITY           40.00000
```

以上显示的是当前最优基（矩阵）保持不变的充分条件（RANGES IN WHICH THE BASIS IS UNCHANGED），包括目标函数中决策变量的系数的变化范围（OBJECTIVE COEFFICIENT RANGES）和约束的右端项的变化范围（RIGHTHAND SIDE RANGES）两部分。

前一部分的输出行：

```
x1              72.000000        24.000000        8.000000
```

表示决策变量 x_1 当前在目标函数中对应的系数为 72,允许增加 24 和减少 8。也就是说,当该系数在区间 [64,96] 上变化时(假设其他条件均不变),当前最优基矩阵保持不变。对 x_2 对应的输出行也可以类似地解释。由于此时约束没有任何改变,所以最优基矩阵保持不变意味着最优解不变(当然,由于目标函数中的系数发生变化,最优值还是会变的)。

后一部分的输出行:

2	50.000000	10.000000	6.666667

表示约束 2 当前右端项为 50,允许增加 10 和减少 6.666667。也就是说,当该系数在区间 [43.333333,60] 上变化时(假设其他条件均不变),当前最优基矩阵保持不变。对约束 3、约束 4 对应的输出行也可以类似地解释。由于此时约束已经改变,虽然最优基矩阵保持不变,最优解和最优值还是会变的。但是,由于最优基矩阵保持不变,所以前面的“DUAL PRICES”给出的约束的影子价格此时仍然是有效的。

综上所述,继续分析结果如下。

(1) 由上节分析已知需要继续投资,每天最多购买 10 桶牛奶。

(2) 由于要使最优解保持不变,x_1 系数的允许变化范围为 [64,96]。x_1 系数由 72 增加为 $30 \times 3 = 90$,它在允许范围内,所以不改变生产计划。

3.6　LINGO 在对偶理论中的应用

例 3-15　某工厂计划安排生产Ⅰ、Ⅱ两种产品,已知每种产品的单位利润,生产单位产品所需设备台时及 A、B 两种原材料的消耗,现有原材料和设备台时的定额如表 3-17 所示。

表 3-17　现有原材料和设备台时定额

设备和原材料	产　品		最大资源量
	产品Ⅰ	产品Ⅱ	
设备/台	1	2	8
原材料 A/kg	4	0	16
原材料 B/kg	0	4	12
单位产品利润	2	3	

解　(1) 问题分析。求解如下问题:①怎么样安排生产使得工厂利润最大?②产品Ⅰ的单位利润降低到 1.8 万元,要不要改变生产计划,如果降低到 1 万元呢?③产品Ⅱ的单位利润增大到 5 万元,要不要改变生产计划?④如果产品Ⅰ、Ⅱ的单位利润同时降低了 1 万元,要不要改变生产计划?

(2) 模型建立。用 x_1、x_2 分别表示计划生产产品Ⅰ、Ⅱ的数量,可建立如下模型。

$$\max f = 2x_1 + 3x_2$$
$$\text{s. t.} \begin{cases} x_1 + 2x_2 \leqslant 8 \\ 4x_1 \leqslant 16 \\ 4x_2 \leqslant 12 \\ x_1, x_2 \geqslant 0 \end{cases}$$

（3）转化成对应的 LINGO 建模语言程序,求解模型,结果如下。

```
model:
title:生产计划问题;
[obj]max = 2 * x1 + 3 * x2;
[yueshu1]x1 + 2 * x2<8;
[yueshu2]4 * x1<16;
[yueshu3]4 * x2<12;
end
```

执行程序得到如下结果。

```
Global optimal solution found.
Objective value:                                    14.00000
Infeasibilities:                                    0.000000
Total solver iterations:                                   1
```

Model Title:生产计划问题

Variable	Value	Reduced Cost
X1	4.000000	0.000000
X2	2.000000	0.000000

Row	Slack or Surplus	Dual Price
OBJ	14.00000	1.000000
YUESHU1	0.000000	1.500000
YUESHU2	0.000000	0.1250000
YUESHU3	4.000000	0.000000

通过执行结果对问题进行分析。

问题 1:安排生产产品 I 为 4 个单位,Ⅱ为 2 个单位,最大利润为 14 万元。

灵敏性分析:打开 LINGO 中的灵敏性分析开关,执行 LINGO→Options→General Solver→Dual Computations→Prices and Ranges 命令,分析结果通过执行 LINGO→Range 命令获得。

Ranges in which the basis is unchanged:

	Objective Coefficient Ranges		
	Current	Allowable	Allowable
Variable	Coefficient	Increase	Decrease
X1	2.000000	INFINITY	0.5000000
X2	3.000000	1.000000	3.000000

	Righthand Side Ranges		
Row	Current	Allowable	Allowable
	RHS	Increase	Decrease
YUESHU1	8.000000	2.000000	4.000000
YUESHU2	16.00000	16.00000	8.000000
YUESHU3	12.00000	INFINITY	4.000000

方框内的部分是对目标函数进行的灵敏性分析,第一列是变量,第二列是对应的系数,第三列是允许增加量,第四列是允许减少量,允许增加和允许减少都是在当前系数基础上改变的。在其他变量系数都不变的情况下:当 x_1 在 $(2-0.5, 2+\infty)$,即 $(1.5, \infty)$ 之间变化时,最优解不变;当 x_2 在 $(3-3, 3+1)$,即 $(0,4)$ 之间变化时,最优解不变。

　　问题 2:产品 I 的单位利润降低到 1.8 万元,在 $(1.5, \infty)$ 之间,所以不改变生产计划;而降低到 1 万元,则需要重新制订生产计划,修改程序后运行结果如下。

```
Global optimal solution found.
Objective value:                              11.00000
Infeasibilities:                              0.000000
Total solver iterations:                             1
```

Model Title:生产计划问题

Variable	Value	Reduced Cost
X1	2.000000	0.000000
X2	3.000000	0.000000

Row	Slack or Surplus	Dual Price
OBJ	11.00000	1.000000
YUESHU1	0.000000	1.000000
YUESHU2	8.000000	0.00000
YUESHU3	0.000000	0.2500000

　　问题 3:5 万元不在 $(0,4)$ 范围内,故要重新制订生产计划。修改程序之后,运行结果如下。

```
Global optimal solution found.
Objective value:                              19.00000
Infeasibilities:                              0.000000
Total solver iterations:                             1
```

Model Title:生产计划问题

Variable	Value	Reduced Cost
X1	2.000000	0.000000
X2	3.000000	0.000000

Row	Slack or Surplus	Dual Price
OBJ	19.00000	1.000000
YUESHU1	0.000000	2.000000
YUESHU2	8.000000	0.000000
YUESHU3	0.000000	0.2500000

问题 4:因为两个系数同时发生变化,所以只能更改程序的数据,重新运行。运行结果和灵敏性分析结果如下。

```
model:
title:生产计划问题;
[obj]max = 1 * x1 + 2 * x2;
[yueshu1]x1 + 2 * x2<8;
[yueshu2]4 * x1<16;
[yueshu3]4 * x2<12;
End
Global optimal solution found.
```

Objective value:	8.000000
Infeasibilities:	0.000000
Total solver iterations:	0

Model Title:生产计划问题

Variable	Value	Reduced Cost
X1	4.000000	0.000000
X2	2.000000	0.000000

Row	Slack or Surplus	Dual Price
OBJ	8.000000	1.000000
YUESHU1	0.000000	1.000000
YUESHU2	0.000000	0.000000
YUESHU3	4.000000	0.000000

下面方框内所示为保持最优基不变的约束右端项的变化范围,即原材料 A 的量在 $(8-4,8+2)$,即 $(4,10)$,原材料 B 的量在 $(16-8,16+16)$,即 $(8,32)$,设备台时在 $(12-4,12+\infty)$,即 $(8,\infty)$ 内变化时,最优基保持不变。

Ranges in which the basis is unchanged:

	Objective Coefficient Ranges		
Variable	Current Coefficient	Allowable Increase	Allowable Decrease
X1	1.000000	INFINITY	0.0
X2	2.000000	0.0	2.000000

	Righthand Side Ranges		
Row	Current RHS	Allowable Increase	Allowable Decrease
YUESHU1	8.000000	2.000000	4.000000
YUESHU2	16.00000	16.00000	8.000000
YUESHU3	12.00000	INFINITY	4.000000

思考与练习

1. 写出下列线性规划的对偶问题。

(1)
$$\max Z = \sum_{j=1}^{n} c_j x_j$$
$$\begin{cases} \sum_{j=1}^{n} a_{ij} x_j \leqslant b_i, i = 1, 2, \cdots, m \\ x_j \geqslant 0, j = 1, 2, \cdots, n \end{cases}$$

(2)
$$\min Z = 2x_1 + 3x_2 - 5x_3 + x_4$$
$$\begin{cases} x_1 + x_2 - 3x_3 + x_4 \geqslant 5 \\ 2x_1 + 2x_3 - x_4 \leqslant 4 \\ x_2 + x_3 + x_4 = 6 \\ x_1 \leqslant 0, x_2, x_3 \geqslant 0, x_4 \text{ 无约束} \end{cases}$$

2. 线性规划问题。

$$\max Z = c_1 x_1 + c_2 x_2$$
$$\begin{cases} a_{11} x_1 + a_{12} x_2 \leqslant b_1 \\ a_{21} x_1 + a_{22} x_2 \leqslant b_2 \\ x_1, x_2 \geqslant 0 \end{cases}$$

用单纯形法求解后得到最终单纯形表, 如表 3-18 所示。

表 3-18　最终单纯形表

		x_1	x_2	x_3	x_4
x_1	5/2	1	0	3	2
x_2	1	0	1	1	1
$c_j - z_j$		0	0	−2	−3

求 a_{11}、a_{12}、a_{21}、a_{22}、c_1、c_2、b_1、b_2 的值。

3. 已知线性规划问题。

$$\min Z = 2x_1 + 3x_2 + 5x_3 + 2x_4 + 3x_5$$
$$\begin{cases} x_1 + x_2 + 2x_3 + x_4 + 3x_5 \geqslant 4 \\ 2x_1 - x_2 + 3x_3 + x_4 + x_5 \geqslant 3 \\ x_i \geqslant 0, j = 1, 2, \cdots, 5 \end{cases}$$

已知其对偶问题的最优解为 $y_1^* = 4/5, y_2^* = 3/5, Z = 5$, 试用对偶理论找出原问题的最优解。

4. 已知线性规划问题。

$$\max Z = x_1 - x_2 + x_3$$
$$\begin{cases} x_1 - x_3 \geqslant 4 \\ x_1 - x_2 + 2x_3 \geqslant 3 \\ x_1, x_2, x_3 \geqslant 0 \end{cases}$$

试应用对偶理论证明上述线性规划问题无最优解。

5. 用对偶单纯形法求解下列线性规划问题。

$$\max Z = 3x_1 + x_2 + 4x_3$$

(1) s. t. $\begin{cases} 6x_1 + 3x_2 + 5x_3 \leqslant 9 \\ 3x_1 + 4x_2 + 5x_3 \leqslant 8 \\ x_1, x_2, x_3 \geqslant 0 \end{cases}$

$$\min Z = 3x_1 + 2x_2 + x_3$$

(2) $\begin{cases} x_1 + x_2 + x_3 \leqslant 6 \\ x_1 - x_3 \geqslant 4 \\ x_2 - x_3 \geqslant 3 \\ x_1, x_2, x_3 \geqslant 0 \end{cases}$

6. 考虑如下线性规划问题。

$$\max Z = 3x_1 + x_2 + 4x_3$$

s. t. $\begin{cases} 6x_1 + 3x_2 + 5x_3 \leqslant 9 \\ 3x_1 + 4x_2 + 5x_3 \leqslant 8 \\ x_1, x_2, x_3 \geqslant 0 \end{cases}$

回答并分析以下问题。

(1) 求最优解。

(2) 直接写出上述问题的对偶问题及其最优解。

(3) 若问题中 x_2 列的系数变为 $(3,2)^{\mathrm{T}}$，问最优解是否有变化。

(4) c_2 由 1 变为 2，是否影响最优解？如有影响，将新的解求出。

7. 从 M_1、M_2、M_3 三种矿石中提炼 A、B 两种金属。已知每吨矿石中金属 A、B 的含量和各种矿石的每吨价格如表 3-19 所示。

表 3-19　每吨矿石中金属 A、B 的含量和各种矿石的每吨价格

项　目	矿石中金属含量/(g/t)		
	M_1	M_2	M_3
A/t	300	200	60
B/t	200	240	320
矿石价格/(元/t)	60	48	56

如需金属 A 的量为 48kg，金属 B 的量为 56kg，请问：

(1) 需用各种矿石多少吨使总的费用最省？

(2) 如矿石 M_1、M_2 的单价不变，M_3 的单价降为 32 元/t，则最优决策有何变化？

整 数 规 划

整数规划(integer programming,IP)是一类要求问题的解中的全部或一部分变量为整数的数学规划。从约束条件的构成又可细分为线性、二次和非线性的整数规划。若在线性规划模型中,变量限制为整数,则称为整数线性规划。在现实问题中,要求某些变量的解必须是整数的问题非常普遍。例如,当变量代表的是运输的车辆、货物的数量等。为了满足整数的要求,初看起来似乎只要把已得的非整数解舍入化整就可以了。实际上化整后的解不见得是可行解和最优解,所以应该有特殊的方法来求解整数规划。在整数规划中,如果所有变量都限制为整数,则称为纯整数规划;如果仅一部分变量限制为整数,则称为混合整数规划。整数规划的一种特殊情形是0-1规划,它的变数仅限于0或1。不同于线性规划问题,整数和0-1规划问题至今尚未找到一般的多项式解法。

4.1 整数规划实例

例 4-1 公司 A_1 和 A_2 运输某种物资。由于运输能力不足,故需要再建一家公司。相应的公司有 A_3 和 A_4 两个。这种物资的需求地有 B_1、B_2、B_3、B_4 4 个。各公司年运输能力、各地年需求量、各公司至各需求地的单位物资运费 c_{ij} 见表 4-1。

表 4-1 运价表

产 地	需 求 地				年运输能力
	B_1	B_2	B_3	B_4	
A_1	2	9	3	4	400
A_2	8	3	5	7	600
A_3	7	6	1	2	200
A_4	4	5	2	5	200
年需求量	350	400	300	150	

公司 A_3 或 A_4 开工后,每年的运输费用估计分别为 1 200 万元或 1 500 万元。现要决定

应该建设公司 A_3 还是 A_4，才能使今后每年的总费用最少。

解 这是一个物资运输问题，特点是事先不能确定应该建 A_3 还是 A_4 中的哪一个，因而不知道新厂投产后的实际生产物资。为此，引入 $0-1$ 变量：

$$y_i = \begin{cases} 1 & \text{若建工厂} \\ 0 & \text{若不建工厂} \end{cases}, i=1,2$$

再设 x_{ij} 为由 A_i 运往 B_j 的物资数量，单位为 kt；Z 表示总费用，单位为万元。

则该规划问题的数学模型可以表示为

$$\min Z = \sum_{i=1}^{4}\sum_{j=1}^{4} c_{ij}x_{ij} + [1\,200y_1 + 1\,500y_2]$$

$$\text{s. t.} \begin{cases} x_{11}+x_{21}+x_{31}+x_{41}=350 \\ x_{12}+x_{22}+x_{32}+x_{42}=400 \\ x_{13}+x_{23}+x_{33}+x_{43}=300 \\ x_{14}+x_{24}+x_{34}+x_{44}=150 \\ x_{11}+x_{12}+x_{13}+x_{14}=400 \\ x_{21}+x_{22}+x_{23}+x_{24}=600 \\ x_{31}+x_{32}+x_{33}+x_{34}=200y_1 \\ x_{41}+x_{42}+x_{43}+x_{44}=200y_2 \\ x_{ij} \geqslant 0, i,j=1,2,3,4 \\ y_i=0,1, i=1,2 \end{cases}$$

注意：此例为混合整数规划。

例 4-2 人事部门欲安排 4 人到 4 个不同岗位工作，每个岗位一个人。经考核 4 人在不同岗位的成绩（百分制）如表 4-2 所示，请问如何安排他们的工作使总成绩最好？

表 4-2　成绩表

申请人	岗　位			
	A	B	C	D
甲	85	92	73	90
乙	95	87	78	95
丙	82	83	79	90
丁	86	90	80	88

解 设 $x_{ij} = \begin{cases} 1 & \text{分配第 } i \text{ 人做 } j \text{ 工作时} \\ 0 & \text{不分配第 } i \text{ 人做 } j \text{ 工作时} \end{cases}$

建立如下数学模型：

$$\max Z = 85x_{11}+92x_{12}+73x_{13}+90x_{14}+95x_{21}+87x_{22}$$
$$+78x_{23}+95x_{24}+82x_{31}+83x_{32}+79x_{33}+90x_{34}$$
$$+86x_{41}+90x_{42}+80x_{43}+88x_{44}$$

因为要求每人一个岗位，所以

$$
\begin{cases}
x_{11}+x_{12}+x_{13}+x_{14}=1 \\
x_{21}+x_{22}+x_{23}+x_{24}=1 \\
x_{31}+x_{32}+x_{33}+x_{34}=1 \\
x_{41}+x_{42}+x_{43}+x_{44}=1
\end{cases},
\begin{cases}
x_{11}+x_{21}+x_{31}+x_{41}=1 \\
x_{12}+x_{22}+x_{32}+x_{42}=1 \\
x_{13}+x_{23}+x_{33}+x_{43}=1 \\
x_{14}+x_{24}+x_{34}+x_{44}=1
\end{cases}
$$

$$
x_{ij}=0 \text{ 或 } 1, i,j=1,2,3,4
$$

注意：此例为纯整数规划。

例 4-3　某厂拟采用集装箱托运甲、乙两种货物，每箱的体积、重量、可获利润以及托运（车运）所受限制见表 4-3，如采用船运，其体积托运限制则为 45，问两种货物托运多少箱，可使获得利润为最大？

表 4-3　货物和集装箱情况表

货　物	体积/(m³/箱)	重量/(t/箱)	利润/(百元/箱)
甲	4	2	4
乙	5	1	3
托运限制	20	6	

解　设 x_1,x_2 分别表示甲、乙两种货物的托运箱数，则其整数规划数学模型为

$$
\max Z = 4 x_1 + 3 x_2
$$

$$
\text{s. t.}
\begin{cases}
4 x_1 + 5 x_2 \leqslant 20 + yM \\
4 x_1 + 5 x_2 \leqslant 45 + (1-y)M \\
2 x_1 + x_2 \leqslant 6 \\
x_1, x_2 \geqslant 0 \\
x_1, x_2 \text{ 取整数}
\end{cases}
$$

其中，$y=1$ 时，采用船运。$y=0$ 时，采用车运。

一般情况下，m 个约束条件中选择 q 个约束条件，则可变成

$$
a_{i1} x_1 + a_{i2} x_2 + \cdots + a_{in} x_n \leqslant b_i + y_i M, i=1,2,\cdots,m
$$

$$
y_1 + y_2 + \cdots + y_m = m - q
$$

其中，y_i 为 0，1 变量，且只有一个取 0。

注意：此例为 0-1 规划。

整数线性规划数学模型的一般形式：

$$
\max Z(\text{或 } \min Z) = \sum_{j=1}^{n} c_j x_j
$$

$$
\begin{cases}
\displaystyle\sum_{j=1}^{n} a_{ij} x_j = b_i, i=1,2,\cdots,m \\
x_j \geqslant 0, j=1,2,\cdots,n, \text{且部分或全部为整数}
\end{cases}
$$

4.2　整数规划的解法

虽然整数规划只是某些或全部变量取整数而已，似乎只要从线性规划得到的最优解中找出有整数要求的变量，再经过转化处理就得到了整数规划的解。而实际上，这样得来的解

不一定是可行解,即使是可行解,也不一定是最优解。此外,这种做法的不可取之处还在于当线性规划中有整数要求的变量很多时,计算量会很大,故不可行。目前常用的两种方法为分支定界法和割平面法。

4.2.1　分支定界法

分支定界法可用于解纯整数或混合的整数规划问题。由于这方法灵活且便于用计算机求解,所以现在它已是解整数规划的重要方法。目前已成功地应用于求解生产进度问题、旅行推销员问题、工厂选址问题、背包问题及分配问题等。

用分支定界法解题的步骤如下。

第1步:放宽或取消原问题的某些约束条件,如求整数解的条件。如果这时求出的最优解是原问题的可行解,那么这个解就是原问题的最优解,计算结束。否则这个解的目标函数值是原问题的最优解的上界。

第2步:将放宽了某些约束条件的替代问题分成若干子问题,要求各子问题的解集合的并集包含原问题的所有可行解,然后对每个子问题求最优解。这些子问题的最优解中的最优者若是原问题的可行解,则它就是原问题的最优解,计算结束。否则它的目标函数值就是原问题的一个新的上界。另外,各子问题的最优解中,若有原问题的可行解,选这些可行解的最大目标函数值,它就是原问题的最优解的一个下界。

第3步:对最优解的目标函数值已小于这个下界的问题,其可行解中必无原问题的最优解,可以放弃。对最优解的目标函数值大于这个下界的子问题,都先保留下来,进入第4步。

第4步:在保留的所有子问题中,选出最优解的目标函数值中最大的一个,重复第1步和第2步。如果已经找到该子问题的最优可行解,那么其目标函数值与前面保留的其他问题在内的所有子问题的可行解中目标函数值最大者,将它作为新的下界,重复第3步,直到求出最优解。

例 4-4　用分支定界法求解整数规划问题。

$$\max Z = 40x_1 + 90x_2$$
$$\begin{cases} 9x_1 + 7x_2 \leqslant 56 \\ 7x_1 + 20x_2 \geqslant 70 \\ x_1, x_2 \geqslant 0 \text{ 且为整数} \end{cases}$$

解　(1) 先不考虑整数限制,即解相应的线性规划 B,得最优解为

$$x_1 = 4.81, x_2 = 1.82, Z = 356$$

可见它不符合整数条件。这时 Z 是问题 A 的最优目标函数值 Z^* 的上界,记作 $\overline{Z}$,即 $0 \leqslant Z^* \leqslant 356$。

(2) 因为 X_1、X_2 当前均为非整数,故不满足整数要求,任选一个进行分支。设选 X_1 进行分支,于是对原问题增加两个约束条件:

$$x_1 \leqslant [4.81] = 4,$$
$$x_1 \geqslant [4.81] + 1 = 5$$

于是可将原问题分解为两个子问题 B_1 和 B_2(即两支),给每支增加一个约束条件并不影响问题 A 的可行域,不考虑整数条件解问题 B_1 和 B_2,称为第一次迭代。得到最优解,见表 4-4。

表 4-4 分支定界法求得的最优解

问题 B_1	问题 B_2
$Z_1 = 349$	$Z_2 = 341$
$X_1 = 4.00$	$X_1 = 5.00$
$X_2 = 2.10$	$X_2 = 1.57$

显然没有得到全部变量是整数的解,于是再定界:$0 \leqslant Z^* \leqslant 349$。

(3) 继续对问题 B_1 和 B_2 进一步分解,因 $Z_1 > Z_2$,故先分解 B_1 为两支,增加条件 $X_2 \leqslant 2$,称为 B_3;增加条件 $X_2 \geqslant 3$,称为 B_4。再舍去 $X_2 > 2$ 与 $X_3 < 3$ 之间的可行域,再进行第二次迭代。解题过程如图 4-1 所示。

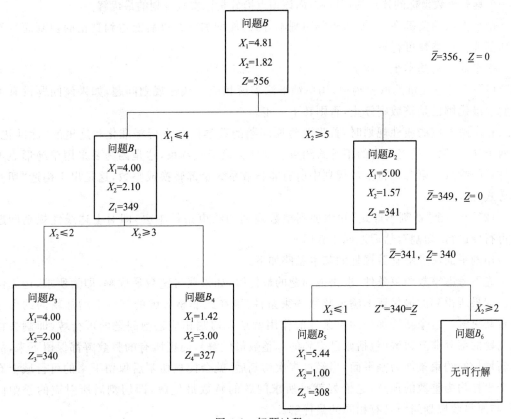

图 4-1 解题过程

由图 4-1 可知,B_3 的解都是整数,它的目标函数值 $Z_3 = 340$,可取为 $\underline{Z}$,而它大于 Z_4 ($Z_4 = 327$)。所以,再分解 B_4 已无必要。而问题 B_2 的 $Z_2 = 341$,所以 Z^* 可能在 340 和 341 之间有整数解。于是对 B_2 分解,得问题 B_5,即非整数解且 $Z_5 = 308 < Z_3$,问题 B_6 为无可行解。于是有:

$$Z^* = Z_3 = Z = 340$$

问题 B_3 的解 $X_1 = 4.00$,$X_2 = 2.00$ 为最优整数解。

4.2.2 割平面法

割平面法是 1958 年由美国学者高莫利(R. E. GoMory)提出的求解全整数规划的一种

比较简单的方法。其基本思想和分支定界法大致相同,即先不考虑变量的取整约束,用单纯形法求解相应的线性规划。如果所得的最优解为整数解,那么它也是原整数规划问题的最优解;如果最优解不是整数解,那么分支定界法是任取一个分数值的变量 $X_k = b_k$ 将原整数规划分成两支,其实质是用两个垂直于坐标轴的平行平面 $X_k = [b_k]$ 和 $X_k = [b_k] + 1$ 将原可行域 R 分成两个可行域 R_1 和 R_2,并将两个平行平面之间的不含有整数解的那一部分可行域去掉,以缩小可行域。而割平面法是用一张平面(不一定垂直于某个坐标轴),将含有最优解的点但不含任何整数可行解的那一部分可行域切割掉,这需要在原整数规划的基础上增加适当的线性不等式约束(称为切割不等式;当切割不等式取等号时,称作割平面)。然后继续解这个新的整数规划,再在这个新的整数规划的基础上增加适当的线性不等式约束,直至求得最优整数解为止。也就是说,通过构造一系列平面来切割掉不含有任何整数可行解的部分,最终获得一个具有整数坐标的顶点的可行域,而该顶点恰好是原整数规划的最优解。

割平面法的关键在于,如何构造切割不等式,使增加该约束后能达到真正的切割而且没有切割掉任何整数可行解。

割平面法的基本步骤如下。

(1) 不考虑变量的取整约束,用单纯形法求解相应的线性规划问题,如果该问题没有可行解或最优解已是整数则停止,否则转下一步。

在求解相应的线性规划时,首先要将原问题的数学模型进行标准化。这里的"标准化"有两个含义:第一是将所有的不等式约束全部转化成等式约束,这是因为要采用单纯形表进行计算的缘故。第二是将整数规划中所有非整数系数全部转换成整数,这是出于构造"切割不等式"的需要。

(2) 求一个"切割不等式"并添加到整数规划的约束条件中去,即对上述线性规划问题的可行域进行"切割",然后返回步骤(1)。

用割平面法求解整数规划的基本思路如下。

先不考虑整数约束条件,求松弛问题的最优解,如果获得整数最优解,即为所求,运算停止。如果所得到的最优解不满足整数约束条件,则在此非整数解的基础上增加新的约束条件重新求解。这个新增加的约束条件的作用就是去切割相应松弛问题的可行域,即割去松弛问题的部分非整数解(包括原已得到的非整数最优解),而把所有的整数解都保留下来,故称新增加的约束条件为割平面,当经过多次切割后,就会使被切割后保留下来的可行域上有一个坐标均为整数的顶点,它恰好就是所求问题的整数最优解,即切割后所对应的松弛问题,与原整数规划问题具有相同的最优解。

例 4-5　求解整数规划问题:

$$\max Z = 3\,x_1 + 2\,x_2$$

$$\begin{cases} 2\,x_1 + 3\,x_2 \leqslant 14 \\ 4\,x_1 + 2\,x_2 \leqslant 18 \\ x_1, x_2 \geqslant 0,\text{且为整数} \end{cases}$$

解　首先,将原问题的数学模型标准化,这里标准化有两层含义:①将不等式转化为等式约束;②将整数规划中所有非整数系数全部转化为整数,以便构造切割平面,从而有:

$$\max Z = 3x_1 + 2x_2$$

$$\begin{cases} 2x_1 + 3x_2 + x_3 = 14 \\ 2x_1 + x_2 + x_4 = 9 \\ x_1, x_2 \geqslant 0, \text{且为整数} \end{cases}$$

利用单纯形法求解,得到最优单纯形表,见表 4-5。

表 4-5　最优单纯形表

C_B	X_B	b	3	2	0	0
			x_1	x_2	x_3	x_4
2	x_2	5/2	0	1	1/2	$-1/2$
3	x_1	13/4	1	0	$-1/4$	3/4
λ_j		59/4	0	0	1/4	5/4

最优解为:$x_1 = \dfrac{13}{4}, x_2 = \dfrac{5}{2}, Z = \dfrac{59}{4}$。

画出割平面法图解,见图 4-2。

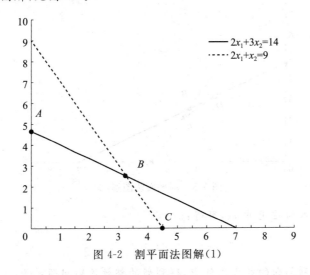

图 4-2　割平面法图解(1)

根据表 4-5,写出非整数规划的约束方程:

$$x_2 + \frac{1}{2}x_3 - \frac{1}{2}x_4 = \frac{5}{2} \tag{4-1}$$

将该方程中所有变量的系数及右端常数项均改写成"整数与非负真分数之和"的形式:

$$(1+0)x_2 + \left(0 + \frac{1}{2}\right)x_3 + \left(-1 + \frac{1}{2}\right)x_4 = 2 + \frac{1}{2}$$

把整数及带有整数系数的变量移到方程左边,分数及带有分数系数的变量移到方程右边,可得:

$$x_2 - x_4 - 2 = \frac{1}{2} - \left(\frac{1}{2}x_3 + \frac{1}{2}x_4\right) \tag{4-2}$$

由于原数学模型已经"标准化",因此,在整数最优解中,x_2 和 x_4 也必须取整数值,所以式(4-2)左端必为整数或零,因而其右端也必须是整数。又因为 $x_3, x_4 \geqslant 0$,所以必有:

$$\frac{1}{2} - \left(\frac{1}{2}x_3 + \frac{1}{2}x_4\right) < 1$$

由于式(4-2)右端必为整数,于是有:

$$\frac{1}{2} - \left(\frac{1}{2}x_3 + \frac{1}{2}x_4\right) \leqslant 0 \qquad (4-3)$$

或

$$x_3 + x_4 \geqslant 1 \qquad (4-4)$$

这就是考虑整数约束的一个割平面约束方程,它是用非基变量表示的,如果用基变量来表示割平面约束方程,则有:

$$2x_1 + 2x_2 \leqslant 11 \qquad (4-5)$$

从图 4-3 中可以看出,式(4-5)所表示的割平面约束仅割去线性规划可行域中不包含整数可行解的部分区域,使点 $E(3.5, 2)$ 成为可行域的一个极点。

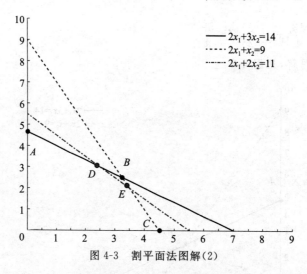

图 4-3　割平面法图解(2)

在式(4-3)中加入松弛变量 x_5,可得:

$$-\frac{1}{2}x_3 - \frac{1}{2}x_4 + x_5 = -\frac{1}{2} \qquad (4-6)$$

将式(4-6)增添到问题的约束条件中,得到新的整数规划问题:

$$\max Z = 3x_1 + 2x_2$$

$$\begin{cases} 2x_1 + 3x_2 + x_3 = 14 \\ 2x_1 + x_2 + x_4 = 9 \\ -\dfrac{1}{2}x_3 - \dfrac{1}{2}x_4 + x_5 = -\dfrac{1}{2} \end{cases}$$

$$x_i \geqslant 0, 且为整数, i = 1, 2, \cdots, 5$$

该问题的求解可以在表 4-5 中加入式(4-6),然后运用对偶单纯形法求出最优解。具体计算过程见表 4-6。

由此得最优解为 $x_1 = \dfrac{7}{2}, x_2 = 2, Z = \dfrac{58}{4}$。

表 4-6　对偶单纯形表(1)

C_B	X_B	b	3 x_1	2 x_2	0 x_3	0 x_4	0 x_5
2	x_2	5/2	0	1	1/2	$-1/2$	0
3	x_1	13/4	1	0	$-1/4$	3/4	0
0	x_5	$-1/2$	0	0	$[-1/2]$	$-1/2$	1
	λ_j	59/4	0	0	1/4	5/4	0
2	x_2	2	0	1	0	-1	1
3	x_1	7/2	1	0	0	1	$-1/2$
0	x_3	1	0	0	1	1	-2
	λ_j	58/4	0	0	0	1	1/2

该最优解仍不满足整数约束条件,因而需要进行第二次切割。为此,从表 4-6 可知非整数解 x_1 的约束方程为

$$x_1 + x_4 - \frac{1}{2}x_5 = \frac{7}{2}$$

按整数、分数归并原则写成:

$$x_1 + x_4 - x_5 - 3 = \frac{1}{2} - \frac{1}{2}x_5 \leqslant 0 \tag{4-7}$$

这就是一个新的割平面方程,用基变量来表示,可得:

$$x_1 + x_2 \leqslant 5 \tag{4-8}$$

在式(4-7)中加入松弛变量 x_6,可得:

$$-\frac{1}{2}x_5 + x_6 = -\frac{1}{2} \tag{4-9}$$

将式(4-9)增添到前一个问题的约束条件中去,又得到一个新的整数规划问题,对它求解可以在表 4-6 中加入式(4-9),然后运用对偶单纯形法求出最优解。具体计算过程见表 4-7。

表 4-7　对偶单纯形表(2)

C_B	X_B	b	3 x_1	2 x_2	0 x_3	0 x_4	0 x_5	0 x_6
2	x_2	2	0	1	0	-1	1	0
3	x_1	7/2	1	0	0	1	$-1/2$	0
0	x_5	1	0	0	1	1	-2	0
0	x_6	$-1/2$	0	0	0	0	$[-1/2]$	1
	λ_j	58/4	0	0	0	1	1/2	0
2	x_2	1	0	1	0	-1	0	2
3	x_1	4	1	0	0	1	0	-1
0	x_3	3	0	0	1	1	0	-4
0	x_5	1	0	0	0	0	1	-2
	λ_j	14	0	0	0	1	0	1

由此得最优解为 $x_1 = 4, x_2 = 1, Z = 14$。该最优解符合整数条件,因此也是原整数规划

问题的最优解。

从图 4-3 中可以看出，由式(4-8)表示的割平面约束，不仅割去线性规划可行域中剩下的不含整数解域，而且使最优整数解 $x_1=4$，$x_2=1$（即图 4-4 中的 G 点）成为新的线性规划可行域的一个极点。

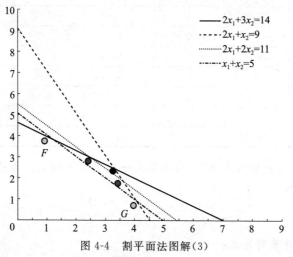

图 4-4　割平面法图解(3)

例 4-6　利用割平面法求解整数规划问题。

$$\text{IP:}\begin{cases}\max Z = x_1 + x_2 \\ \text{s. t.}\begin{cases}-x_1 + x_2 \leqslant 1 \\ 3x_1 + x_2 \leqslant 4 \\ x_1, x_2 \geqslant 0, \text{整数}\end{cases}\end{cases}$$

解　IP 的松弛线性规划问题为

$$\text{LP:}\begin{cases}\max Z = x_1 + x_2 \\ \text{s. t.}\begin{cases}-x_1 + x_2 \leqslant 1 \\ 3x_1 + x_2 \leqslant 4 \\ x_1, x_2 \geqslant 0\end{cases}\end{cases}$$

其标准型为

$$\max Z = x_1 + x_2$$
$$\text{s. t.}\begin{cases}-x_1 + x_2 + x_3 = 1 \\ 3x_1 + x_2 + x_4 = 4 \\ x_j \geqslant 0, j = 1, 2, 3, 4\end{cases}$$

取初始可行基 $\boldsymbol{B}=(P_3, P_4)=I_2$，利用单纯形法解之：

X_B	x_1	x_2	x_3	x_4	$\bar{b}$
x_3	-1	①	1	0	1
x_4	3	1	0	1	4
Z	-1	-1	0	0	0

X_B	x_1	x_2	x_3	x_4	$\bar{b}$
x_2	-1	1	1	0	1
x_4	④	0	-1	1	3
Z	-2	0	1	0	1

X_B	x_1	x_2	x_3	x_4	$\bar{b}$
x_2	0	1	$\frac{3}{4}$	$\frac{1}{4}$	$\frac{7}{4}$
x_1	1	0	$-\frac{1}{4}$	$\frac{1}{4}$	$\frac{3}{4}$
Z	0	0	$\frac{1}{2}$	$\frac{1}{2}$	$\frac{5}{2}$

所以，LP 的最优基为 $\boldsymbol{B}=(P_1, P_2)$。

由于 $f_{k0} = \max\left\{\dfrac{3}{4}, \dfrac{3}{4}\right\} = \dfrac{3}{4} = f_{10}$，作割平面 $f_{10} - (f_{13}\,x_3 + f_{14}\,x_4) \leqslant 0$，即 $\dfrac{3}{4} - \left(\dfrac{3}{4}x_3 + \dfrac{1}{4}x_4\right) \leqslant 0$，

引入松弛变量 x_5，可得 $-\dfrac{3}{4}x_3 - \dfrac{1}{4}x_4 + x_5 = -\dfrac{3}{4}$。

将割平面并入 LP，取正则基 $\boldsymbol{B} = (P_1, P_2, P_5)$，利用对偶单纯形法继续求解：

X_B	x_1	x_2	x_3	x_4	x_5	$\bar{b}$
x_2	0	1	$\dfrac{3}{4}$	$\dfrac{1}{4}$	0	$\dfrac{7}{4}$
x_1	1	0	$-\dfrac{1}{4}$	$\dfrac{1}{4}$	0	$\dfrac{3}{4}$
x_5	0	0	$\left(-\dfrac{3}{4}\right)$	$-\dfrac{1}{4}$	1	$-\dfrac{3}{4}$
Z	0	0	$\dfrac{1}{2}$	$\dfrac{1}{2}$	0	$\dfrac{5}{2}$

X_B	x_1	x_2	x_3	x_4	x_5	$\bar{b}$
x_2	0	1	0	0	1	1
x_1	1	0	0	$\dfrac{1}{3}$	$-\dfrac{1}{3}$	1
x_3	0	0	1	$\dfrac{1}{3}$	$-\dfrac{4}{3}$	1
Z	0	0	0	$\dfrac{1}{3}$	$\dfrac{2}{3}$	2

所以，LP 的最优解为 $(1,1,1,0,0)^{\mathrm{T}}$，最优值为 2。故 IP 的最优解为 $(1,1)^{\mathrm{T}}$，最优值为 2。

注意：割平面法图解见图 4-5。

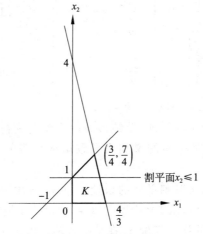

图 4-5　割平面法图解

割平面：

$$-\dfrac{3}{4}x_3 - \dfrac{1}{4}x_4 \leqslant -\dfrac{3}{4} \Leftrightarrow 3x_3 + x_4 \geqslant 3$$
$$\Leftrightarrow 3 \times (1 + x_1 - x_2) + (4 - 3x_1 - x_2) \geqslant 3$$
$$\Leftrightarrow x_2 \leqslant 1$$

显然，割平面 $x_2 \leqslant 1$ 割去 LP 的最优解 $\left(\dfrac{3}{4}, \dfrac{7}{4}\right)^{\mathrm{T}}$，但未割去 IP 的任一可行解。

例 4-7　利用割平面法求解整数规划问题。

$$\mathrm{IP}: \begin{cases} \max Z = x_1 + x_2 \\ \mathrm{s.\,t.} \begin{cases} 3x_1 + 2x_2 \leqslant 10 \\ 2x_2 \leqslant 5 \\ x_1, x_2 \geqslant 0, \text{整数} \end{cases} \end{cases}$$

解　列出单纯形表：

X_B	x_1	x_2	x_3	x_4	$\bar{b}$
x_3	③	2	1	0	10
x_4	0	2	0	1	5
Z	-1	-1	0	0	0

$\longrightarrow$

X_B	x_1	x_2	x_3	x_4	$\bar{b}$
x_1	1	$\frac{2}{3}$	$\frac{1}{3}$	0	$\frac{10}{3}$
x_4	0	②	0	1	5
Z	0	$-\frac{1}{3}$	$\frac{1}{3}$	0	$\frac{10}{3}$

$\longrightarrow$

X_B	x_1	x_2	x_3	x_4	$\bar{b}$
x_1	1	0	$\frac{1}{3}$	$-\frac{1}{3}$	$\frac{5}{3}$
x_2	0	1	0	$\frac{1}{2}$	$\frac{5}{2}$
Z	0	0	$\frac{1}{3}$	$\frac{1}{6}$	$\frac{25}{6}$

最优基为 $\boldsymbol{B} = (P_1, P_2)$。

由于 $f_{k0} = \max\left\{\frac{2}{3}, \frac{1}{2}\right\} = \frac{2}{3} = f_{10}$，作割平面 $\frac{2}{3} - \left(\frac{1}{3}x_3 + \frac{2}{3}x_4\right) \leqslant 0$。

引入松弛变量 x_5，可得 $-\frac{1}{3}x_3 - \frac{2}{3}x_4 + x_5 = -\frac{2}{3}$。

列出加入割平面的对偶单纯形表：

X_B	x_1	x_2	x_3	x_4	x_5	$\bar{b}$
x_1	1	0	$\frac{1}{3}$	$-\frac{1}{3}$	0	$\frac{5}{3}$
x_2	0	1	0	$\frac{1}{2}$	0	$\frac{5}{2}$
x_5	0	0	$-\frac{1}{3}$	$\left(-\frac{2}{3}\right)$	1	$-\frac{2}{3}$
Z	0	0	$\frac{1}{3}$	$\frac{1}{6}$	0	$\frac{25}{6}$

$\longrightarrow$

X_B	x_1	x_2	x_3	x_4	x_5	$\bar{b}$
x_1	1	0	$\frac{1}{2}$	0	$-\frac{1}{2}$	2
x_2	0	1	$-\frac{1}{4}$	0	$\frac{3}{4}$	2
x_4	0	0	$\frac{1}{2}$	1	$-\frac{3}{2}$	1
Z	0	0	$\frac{1}{4}$	0	$\frac{1}{4}$	4

所以，IP 的最优解为 $(2, 2)^{\mathrm{T}}$，最优值为 4。

不难想象，随着割平面的不断增加，单纯形表的规模会变得越来越大，基变量的个数也会变得越来越多。为避免因割平面的增加而导致单纯形表的规模无限增大，可采取以下措施。

若某次转轴后，先前附加于某割平面的松弛变量 x_s 再次变为基变量，则可从单纯形表中删去 x_s 所在的行、列；相应地，从 LP 中删去以 x_s 为松弛变量的割平面。

当某一已变为非基变量的松弛变量 x_s 在某次转轴后再次变为基变量时，单纯形表中 x_s 所在的行即对应以 x_s 为松弛变量的原割平面。

例 4-8　利用割平面法求解整数规划问题。

$$\text{IP:} \begin{cases} \max Z = 4x_1 + 3x_2 \\ \text{s. t.} \begin{cases} 4x_1 + x_2 \leqslant 10 \\ 2x_1 + 3x_2 \leqslant 8 \\ x_1, x_2 \geqslant 0, \text{整数} \end{cases} \end{cases}$$

解　IP 的松弛线性规划问题为

$$\text{LP:} \begin{cases} \max Z = 4x_1 + 3x_2 \\ \text{s. t.} \begin{cases} 4x_1 + x_2 \leqslant 10 \\ 2x_1 + 3x_2 \leqslant 8 \\ x_1, x_2 \geqslant 0 \end{cases} \end{cases}$$

其标准型为

$$\max Z = 4x_1 + 3x_2$$

$$\text{s. t.} \begin{cases} 4x_1 + x_2 + x_3 = 10 \\ 2x_1 + 3x_2 + x_4 = 8 \\ x_j \geqslant 0, j = 1,2,3,4 \end{cases}$$

取初始可行基 $\boldsymbol{B} = (P_3, P_4) = \boldsymbol{I}_2$，利用单纯形法解之：

X_B	x_1	x_2	x_3	x_4	$\bar{b}$
x_3	④	1	1	0	10
x_4	2	3	0	1	8
Z	-4	-3	0	0	0

X_B	x_1	x_2	x_3	x_4	$\bar{b}$
x_1	1	$\frac{1}{4}$	$\frac{1}{4}$	0	$\frac{5}{2}$
x_4	0	$\frac{5}{2}$	$-\frac{1}{2}$	1	3
Z	0	-2	1	0	10

X_B	x_1	x_2	x_3	x_4	$\bar{b}$
x_1	1	0	$\frac{3}{10}$	$-\frac{1}{10}$	$\frac{11}{5}$
x_2	0	1	$-\frac{1}{5}$	$\frac{2}{5}$	$\frac{6}{5}$
Z	0	0	$\frac{3}{5}$	$\frac{4}{5}$	$\frac{62}{5}$

LP 的最优基为 $\boldsymbol{B} = (P_1, P_2)$。

由于 $f_{k0} = \max\left\{\frac{1}{5}, \frac{1}{5}\right\} = \frac{1}{5} = f_{20}$，作割平面 $\frac{1}{5} - \left(\frac{4}{5}x_3 + \frac{2}{5}x_4\right) \leqslant 0$。

引入松弛变量 x_5，可得 $-\frac{4}{5}x_3 - \frac{2}{5}x_4 + x_5 = -\frac{1}{5}$。

将割平面并入 LP，取正则基 $\boldsymbol{B} = (P_1, P_2, P_5)$，利用对偶单纯形法继续求解：

X_B	x_1	x_2	x_3	x_4	x_5	$\bar{b}$
x_1	1	0	$\frac{3}{10}$	$-\frac{1}{10}$	0	$\frac{11}{5}$
x_2	0	1	$-\frac{1}{5}$	$\frac{2}{5}$	0	$\frac{6}{5}$
x_5	0	0	$-\frac{4}{5}$	$-\frac{2}{5}$	1	$-\frac{1}{5}$
Z	0	0	$\frac{3}{5}$	$\frac{4}{5}$	0	$\frac{62}{5}$

X_B	x_1	x_2	x_3	x_4	x_5	$\bar{b}$
x_1	1	0	0	$-\frac{1}{4}$	$\frac{3}{8}$	$\frac{17}{8}$
x_2	0	1	0	$\frac{1}{2}$	$-\frac{1}{4}$	$\frac{5}{4}$
x_3	0	0	1	$\frac{1}{2}$	$-\frac{5}{4}$	$\frac{1}{4}$
Z	0	0	0	$\frac{1}{2}$	$\frac{3}{4}$	$\frac{49}{4}$

LP 的最优基为 $\boldsymbol{B} = (P_1, P_2, P_3)$。

由于 $f_{k0} = \max\left\{\frac{1}{8}, \frac{1}{4}, \frac{1}{4}\right\} = \frac{1}{4} = f_{20}$，作割平面 $\frac{1}{4} - \left(\frac{1}{2}x_4 + \frac{3}{4}x_5\right) \leqslant 0$。

引入松弛变量 x_6，可得 $-\frac{1}{2}x_4 - \frac{3}{4}x_5 + x_6 = -\frac{1}{4}$。

将割平面并入 LP，取正则基 $\boldsymbol{B} = (P_1, P_2, P_3, P_6)$，利用加入割平面的对偶单纯形法继续求解：

X_B	x_1	x_2	x_3	x_4	x_5	x_6	$\bar{b}$
x_1	1	0	0	$-\frac{1}{4}$	$\frac{3}{8}$	0	$\frac{17}{8}$
x_2	0	1	0	$\frac{1}{2}$	$-\frac{1}{4}$	0	$\frac{5}{4}$
x_3	0	0	1	$\frac{1}{2}$	$-\frac{5}{4}$	0	$\frac{1}{4}$
x_6	0	0	0	$-\frac{1}{2}$	$-\frac{3}{4}$	1	$-\frac{1}{4}$
Z	0	0	0	$\frac{1}{2}$	$\frac{3}{4}$	0	$\frac{49}{4}$

X_B	x_1	x_2	x_3	x_4	x_5	x_6	$\bar{b}$
x_1	1	0	0	$-\frac{1}{2}$	0	$\frac{1}{2}$	2
x_2	0	1	0	$\frac{2}{3}$	0	$-\frac{1}{3}$	$\frac{4}{3}$
x_3	0	0	1	$\frac{4}{3}$	0	$-\frac{5}{3}$	$\frac{3}{2}$
x_5	0	0	0	$\frac{2}{3}$	1	$-\frac{4}{3}$	$\frac{1}{3}$
Z	0	0	0	0	0	1	12

因为 x_5 再次出现,所以,删去 x_5 所在的行、列得到新的加入割平面的对偶单纯形表:

X_B	x_1	x_2	x_3	x_4	x_6	$\bar{b}$
x_1	1	0	0	$-\frac{1}{2}$	$\frac{1}{2}$	2
x_2	0	1	0	$\frac{2}{3}$	$-\frac{1}{3}$	$\frac{4}{3}$
x_3	0	0	1	$\frac{4}{3}$	$-\frac{5}{3}$	$\frac{2}{3}$
Z	0	0	0	0	1	12

所以,LP 的最优基为 $\boldsymbol{B}=(P_1,P_2,P_3)$。

由于 $f_{k0}=\max\left\{0,\frac{1}{3},\frac{2}{3}\right\}=\frac{2}{3}=f_{30}$,作割平面 $\frac{2}{3}-\left(\frac{1}{3}x_4+\frac{1}{3}x_6\right)\leqslant 0$。

引入松弛变量 x_7,可得 $-\frac{1}{3}x_4-\frac{1}{3}x_6+x_7=-\frac{2}{3}$。

将割平面并入 LP,取正则基 $\boldsymbol{B}=(P_1,P_2,P_3,P_7)$,利用加入割平面的对偶单纯形法继续求解:

X_B	x_1	x_2	x_3	x_4	x_6	x_7	$\bar{b}$
x_1	1	0	0	$-\frac{1}{2}$	$\frac{1}{2}$	0	2
x_2	0	1	0	$\frac{2}{3}$	$-\frac{1}{3}$	0	$\frac{4}{3}$
x_3	0	0	1	$\frac{4}{3}$	$-\frac{5}{3}$	0	$\frac{2}{3}$
x_7	0	0	0	$\left(-\frac{1}{3}\right)$	$-\frac{1}{3}$	1	$-\frac{2}{3}$
Z	0	0	0	0	1	0	12

X_B	x_1	x_2	x_3	x_4	x_6	x_7	$\bar{b}$
x_1	1	0	0	0	1	$-\frac{3}{2}$	3
x_2	0	1	0	0	-1	2	0
→x_3	0	0	1	0	$\left(-3\right)$	4	-2
x_4	0	0	0	1	1	-3	2
Z	0	0	0	0	1	0	12

X_B	x_1	x_2	x_3	x_4	x_6	x_7	$\bar{b}$
x_1	1	0	$\frac{1}{3}$	0	0	$-\frac{1}{6}$	$\frac{7}{3}$
x_2	0	1	$-\frac{1}{3}$	0	0	$\frac{2}{3}$	$\frac{2}{3}$
x_6	0	0	$\frac{1}{3}$	0	0	$\frac{4}{3}$	$\frac{2}{3}$
x_4	0	0	$\frac{1}{3}$	1	0	$-\frac{5}{3}$	$\frac{4}{3}$
Z	0	0	$\frac{1}{3}$	0	0	$\frac{4}{3}$	$\frac{34}{3}$

因为 x_6 再次出现,所以,删去 x_6 所在的行、列得到新的加入割平面的对偶单纯形表:

X_B	x_1	x_2	x_3	x_4	x_7	$\bar{b}$
x_1	1	0	$\frac{1}{3}$	0	$-\frac{1}{6}$	$\frac{7}{3}$
x_2	0	1	$-\frac{1}{3}$	0	$\frac{2}{3}$	$\frac{2}{3}$
x_4	0	0	$\frac{1}{3}$	1	$-\frac{5}{3}$	$\frac{4}{3}$
Z	0	0	$\frac{1}{3}$	0	$\frac{4}{3}$	$\frac{34}{3}$

所以,LP 的最优基为 $\boldsymbol{B}=(P_1,P_2,P_4)$。

由于 $f_{k0}=\max\left\{\dfrac{1}{3},\dfrac{2}{3},\dfrac{1}{3}\right\}=\dfrac{2}{3}=f_{20}$,作割平面 $\dfrac{2}{3}-\left(\dfrac{2}{3}x_3+\dfrac{2}{3}x_7\right)\leqslant 0$。

引入松弛变量 x_8,可得 $-\dfrac{2}{3}x_3-\dfrac{2}{3}x_7+x_8=-\dfrac{2}{3}$。

将割平面并入 LP,取正则基 $\boldsymbol{B}=(P_1,P_2,P_4,P_8)$,利用加入割平面的对偶单纯形法继续求解:

X_B	x_1	x_2	x_3	x_4	x_7	x_8	$\bar{b}$
x_1	1	0	$\frac{1}{3}$	0	$-\frac{1}{6}$	0	$\frac{7}{3}$
x_2	0	1	$-\frac{1}{3}$	0	$\frac{2}{3}$	0	$\frac{2}{3}$
x_4	0	0	$\frac{1}{3}$	1	$-\frac{5}{3}$	0	$\frac{4}{3}$
x_8	0	0	$-\frac{2}{3}$	0	$-\frac{2}{3}$	1	$-\frac{2}{3}$
Z	0	0	$\frac{1}{3}$	0	$\frac{4}{3}$	0	$\frac{34}{3}$

$\longrightarrow$

X_B	x_1	x_2	x_3	x_4	x_7	x_8	$\bar{b}$
x_1	1	0	0	0	$\frac{1}{2}$	$\frac{1}{2}$	2
x_2	0	1	0	0	1	$\frac{1}{2}$	1
x_4	0	0	0	1	-2	$\frac{1}{2}$	1
x_3	0	0	1	0	1	$-\frac{3}{2}$	1
Z	0	0	0	0	1	$\frac{1}{2}$	11

所以,LP 的最优解为 $(2,1,1,1,0,0)^{\mathrm{T}}$,最优值为 11。故 IP 的最优解为 $(2,1)^{\mathrm{T}}$,最优值为 11。

4.3　0-1 整数规划

1. 求解 0-1 整数规划的隐枚举法

隐枚举法的步骤如下。

(1) 找出任意一可行解,目标函数值为 Z_0。

(2) 原问题求最大值时,则增加一个约束

$$c_1x_1+c_2x_2+\cdots+c_nx_n\geqslant Z_0 \tag{4-10}$$

当求最小值时,上式改为小于等于约束。

(3) 列出所有可能解,对每个可能解先检验式(4-10),若满足,再检验其他约束;若不满足式(4-10),则认为不可行;若所有约束都满足,则认为此解是可行解,求出目标值。

(4) 目标函数值最大(最小)的解就是最优解。

例 4-9　用隐枚举法求解下列 0-1 整数规划问题。

$$\max Z=6x_1+2x_2+3x_3+5x_4$$

$$\begin{cases}4x_1+2x_2+x_3+3x_4\leqslant 10\\3x_1-5x_2+x_3+6x_4\geqslant 4\\2x_1+x_2+x_3-x_4\leqslant 3\\x_1+2x_2+4x_3+5x_4\leqslant 10\\x_j=0\text{ 或 }1,j=1,2,3,4\end{cases}$$

解　(1) 不难看出,当所有变量等于 0 或 1 的任意组合时,第一个约束满足,说明第一个约束没有约束力,是多余的,从约束条件中去掉。还能通过观察得到 $\boldsymbol{X}_0=(1,0,0,1)^{\mathrm{T}}$ 是一

个可行解，目标值 $Z_0=11$ 是 0-1 整数规划问题的下界，构造一个约束 $6x_1+2x_2+3x_3+5x_4\geqslant 11$，原 0-1 整数规划问题变为

$$\max Z = 6x_1 + 2x_2 + 3x_3 + 5x_4$$

$$\begin{cases} 6x_1 + 2x_2 + 3x_3 + 5x_4 \geqslant 11 & \text{(4-11)} \\ 3x_1 - 5x_2 + x_3 + 6x_4 \geqslant 4 & \text{(4-12)} \\ 2x_1 + x_2 + x_3 - x_4 \leqslant 3 & \text{(4-13)} \\ x_1 + 2x_2 + 4x_3 + 5x_4 \leqslant 10 & \text{(4-14)} \\ x_j = 0 \text{ 或 } 1, j = 1,2,3,4 \end{cases}$$

（2）列出变量取值 0 和 1 的组合，共 16 个（2^4），分别代入约束条件判断是否可行。首先判断式（4-11）是否满足，如果满足，接下来判断其他约束，否则认为不可行，计算过程如表 4-8 所示。

表 4-8 计算过程表

j	X_j	式(4-11)	式(4-12)	式(4-13)	式(4-14)	Z_j	j	X_j	式(4-11)	式(4-12)	式(4-13)	式(4-14)	Z_j
1	(0,0,0,0)	×					9	(1,0,0,0)	×				
2	(0,0,0,1)	×					10	(1,0,0,1)	√	√	√	√	11
3	(0,0,1,0)	×					11	(1,0,1,0)	×				
4	(0,0,1,1)	×					12	(1,0,1,1)	√	√	√	√	14
5	(0,1,0,0)	×					13	(1,1,0,0)	×				
6	(0,1,0,1)	×					14	(1,1,0,1)	√	√	√	√	13
7	(0,1,1,0)	×					15	(1,1,1,0)	√	×			
8	(0,1,1,1)	×					16	(1,1,1,1)	√	√	√	×	

（3）由表 4-8 可知，0-1 整数规划问题的最优解为 $\boldsymbol{X}=(1,0,1,1)$，最优值 $Z=14$。

选择不同的初始可行解，计算量会不一样。一般来说，当目标函数求最大值时，首先考虑目标函数系数最大的变量等于 1，如例 4-9 所示。当目标函数求最小值时，先考虑目标函数系数最大的变量等于 0。

在表 4-8 的计算过程中，当目标值等于 14 时，将其下界 11 改为 14，可以减少计算量。

2. 分支-隐枚举法求解 0-1 整数规划问题

将分支定界法与隐枚举法结合起来用，得到分支-隐枚举法。计算步骤如下。

（1）将 0-1 整数规划问题的目标函数的系数化为非负，例如：

$$\max Z = 2x_1 - 3x_2, \text{令 } x_2 = 1 - x_2', \max Z = 2x_1 + 3x_2' - 3$$

当变量做了代换后，约束条件中的变量也相应地做代换。

（2）变量重新排序。变量依据目标函数系数值按升序排序：

$$\max Z = 2x_1 - 3x_2 + x_3 + 4x_4, \text{令 } x_2 = 1 - x_2', \max Z = x_3 + 2x_1 + 3x_2' + 4x_4 - 3$$

（3）求主支。当目标函数是 max 形式时，令所有变量等于 1，得到目标值的上界；当目标函数是 min 形式时，令所有变量等于 0，得到目标值的下界。如果主支的解满足所有约束条件，则得到最优解，否则转下一步。

（4）分支与定界。从第一个变量开始依次取"1"或"0"，求极大值时，其后面的变量等于"1"，求极小值时，其后面的变量等于"0"，用分支定界法搜索可行解和最优解。

分支-隐枚举法是从非可行解中进行分支搜索可行解，第(1)步到第(3)步用了隐枚举法的思路，第(4)步用了分支定界法的思路。

停止分支和需要继续分支遵循以下原则。

（1）当某一子问题是可行解时，停止分支并保留。

（2）当不是可行解但目标值劣于现有保留分支的目标值时，停止分支并剪支。

（3）当后续分支变量无论取"1"或"0"都不能得到可行解时，停止分支并剪支。

（4）当某一子问题不可行但目标值优于现有保留分支的所有目标值时，要继续分支。

例 4-10　用分支-隐枚举法求解下列 0-1 整数规划问题。

$$\max Z = 6x_1 + 2x_2 + 3x_3 + 5x_4$$

$$\begin{cases} 3x_1 - 5x_2 + x_3 + 6x_4 \geqslant 4 & (4\text{-}15) \\ 2x_1 + x_2 + x_3 - x_4 \leqslant 3 & (4\text{-}16) \\ x_1 + 2x_2 + 4x_3 + 5x_4 \leqslant 10 & (4\text{-}17) \\ x_j = 0 \text{ 或 } 1, j = 1,2,3,4 \end{cases}$$

解　(1) 目标函数系数全部非负，直接对变量重新排序

$$\max Z = 2x_2 + 3x_3 + 5x_4 + 6x_1$$

$$\begin{cases} -5x_2 + x_3 + 6x_4 + 3x_1 \geqslant 4 \\ x_2 + x_3 - x_4 + 2x_1 \leqslant 3 \\ 2x_2 + 4x_3 + 5x_4 + x_1 \leqslant 10 \\ x_j = 0 \text{ 或 } 1, j = 1,2,3,4 \end{cases}$$

（2）求主支：令 $\boldsymbol{X} = (1,1,1,1)$ 得到主支 1，检查约束条件可知式(4-17)不满足，则进行分支。

（3）令 $x_2 = 0$，同时令 $x_3 = 0$ 及 $x_3 = 1$，得到分支 2 和分支 3，X_2 和 X_3 是可行解，分支停止并保留，如表 4-9 及图 4-6 所示。

表 4-9　分支过程

分支	(x_2, x_3, x_4, x_1)	式(4-15)	式(4-16)	式(4-17)	Z_j	可行性
1	(1,1,1,1)	√	√	×	16	不可行
2	(0,0,1,1)	√	√	√	11	可行
3	(0,1,1,1)	√	√	√	14	可行
4	(1,0,1,1)	√	√	√	13	可行
5	(1,1,0,1)	×			11	不可行
6	(1,1,1,0)	×			10	不可行

令 $x_2 = 1$ 同时令 $x_3 = 0$，得到分支 4，X_4 是可行解，分支停止并保留。令 $x_2 = 1$、$x_3 = 1$，x_4 取"0"和"1"，得到分支 5 和 6，分支 5 不可行并且 $Z_5 = 11$ 小于 Z_3 和 Z_4，分支停止并剪支。注意到分支 6，$x_4 = 1$ 时只有 $x_1 = 0$（$x_1 = 1$ 就是主支），X_6 不可行并且 $Z_6 = 10$ 小于 Z_3 和 Z_4，分支停止并剪支，分支过程结束。整个计算过程可用图 4-6 和表 4-9 表示。

搜索到 3 个可行解,3 个目标值中 Z_3 最大,因此 X_3 是最优解,转换到原问题的最优解为 $\boldsymbol{X}=(1,0,1,1)$,最优值 $Z=14$,计算结束。

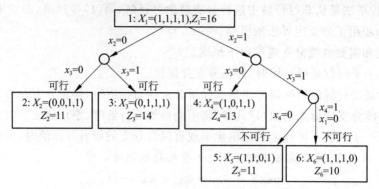

图 4-6 0-1 整数规划计算过程

例 4-11 用分支-隐枚举法求解下列 0-1 整数规划问题。

$$\min Z = x_1 - 3x_2 + 6x_3 + 2x_4 - 4x_5$$

$$\begin{cases} 6x_1 + 2x_2 - x_3 + 7x_4 + x_5 \leqslant 12 & (4\text{-}18) \\ x_1 + 4x_2 + 5x_3 - x_4 + 3x_5 \geqslant 10 & (4\text{-}19) \\ x_j = 0 \text{ 或 } 1, j = 1,2,3,4,5 \end{cases}$$

解 (1) 令 $x_2 = 1 - x_2'$ 及 $x_5 = 1 - x_5'$,代入模型后整理得

$$\min Z = x_1 + 3x_2' + 6x_3 + 2x_4 + 4x_5' - 7$$

$$\begin{cases} 6x_1 - 2x_2' - x_3 + 7x_4 - x_5' \leqslant 9 & (4\text{-}20) \\ x_1 - 4x_2' + 5x_3 - x_4 - 3x_5' \geqslant 3 & (4\text{-}21) \\ x_j = 0 \text{ 或 } 1, j = 1,2,3,4,5 \end{cases}$$

(2) 目标函数系数按升序将对应的变量重新排列得到模型

$$\min Z = x_1 + 2x_4 + 3x_2' + 4x_5' + 6x_3 - 7$$

$$\begin{cases} 6x_1 + 7x_4 - 2x_2' - x_5' - x_3 \leqslant 9 \\ x_1 - x_4 - 4x_2' - 3x_5' + 5x_3 \geqslant 3 \\ x_j = 0 \text{ 或 } 1, j = 1,2,3,4,5 \end{cases}$$

(3) 求主支。由于目标函数求最小值,令所有变量等于 0,得到主支的解 $\boldsymbol{X}_1 = (0,0,0,0,0)$,$Z_1 = -7$,检验约束条件可知 $\boldsymbol{X}_1$ 不可行,进行分支。

(4) 取 $x_1 = 1$ 和 $x_1 = 0$,分别令其他变量等于"1"和"0"分支,判断可行性,计算过程见表 4-10 及图 4-7。

表 4-10 分支过程

分支 j	上一分支	$X_j = (x_1, x_4, x_2', x_5', x)$	式(4-20)	式(4-21)	Z_j	可行性
1	主支	$(0,0,0,0,0)$	√	×	-7	不可行
2	1	$(0,1,0,0,0)$	√	×	-5	不可行
3	1	$(0,0,1,0,0)$	√	×	-4	不可行
4	1	$(0,0,0,1,0)$	×	×	-3	不可行

续表

分支 j	上一分支	$X_j=(x_1,x_4,x_2',x_5',x_3)$	式(4-20)	式(4-21)	Z_j	可行性
5	1	(0,0,0,0,1)	√	√	−1	可行
6	1	(1,0,0,0,0)	√	×	−6	不可行
7	6	(1,1,0,0,0)	×	×	−4	不可行
8	6	(1,0,1,0,0)	√	×	−3	不可行
9	6	(1,0,0,1,0)	√	×	−2	不可行
10	6	(1,0,0,0,1)	√	√	0	可行

由表 4-10 可知，分支 5 和分支 10 两个问题可行，分支 5 优于分支 10，其他不可行，子问题尽管目标值优于分支 5，由约束(4-18)可知，继续分支不可能得到其他可行解，因此停止分支，计算结束。分支 5 的解 $X_5=(0,0,0,0,1)$，原 0-1 整数规划的最优解为 $X=(0,1,1,0,1)$，最优值 $Z=-1$。

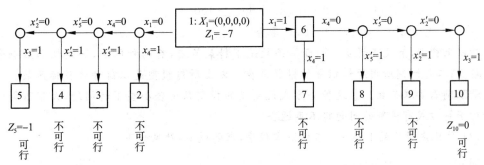

图 4-7　分支过程

在分支-隐枚举法的计算过程中，由于变量已经按目标函数系数从小到大重新排序，因此选择子问题分支的原则是按排序后的变量顺序分支，但变量较多时，搜索可行解的过程可能非常漫长。针对转换后的目标函数特征，极大值问题的解中"1"越多越优，极小值问题的解中"0"越多越优，因此，在选择变量分支时，尽可能采用避"0"或"1"的方法，请观察表 4-9 及表 4-10。

4.4　LINGO 在整数规划中的应用

例 4-12　某工厂需要做 100 套钢架，用长为 2.9m、2.1m、1.5m 的钢管各一根，已知原料钢管长为 7.4m，问如何下料最节省？

解　(1) 问题分析。题目中所谓的下料，指的是按照需要的长度对原料钢管进行切割。对于下料问题，首先要确定采用哪些切割模式，也就是按照要求的长度在原料钢管上切割的一种组合。例如，可以将 7.4m 的原料钢管切割成 2 根长 2.9m 的钢管和 1 根长 1.5m 的钢管，余料为 0.1m，或者将长 7.4m 的原料钢管切割成 4 根长 1.5m 的钢管，余料为 1.4m。很显然，切割模式是很多的。其次，要明确哪些切割模式是合理的。合理的切割模式是剩余料头的长度不能超过最短需求长度(1.5m)。经过简单的计算可知，该问题的合理切割模式一共有 8 种，见表 4-11。

表 4-11 合理切割模式

模式	2.9m 钢管根数	2.1m 钢管根数	1.5m 钢管根数	余料/m
1	2	0	1	0.1
2	1	2	0	0.3
3	1	1	1	0.9
4	1	0	3	0
5	0	3	0	1.1
6	0	2	2	0.2
7	0	1	3	0.8
8	0	0	4	1.4

(2) 模型建立。设 x_i 为按第 i 种方式下料的根数，$i=1,2,\cdots,8$，建立以下模型。

$$\min Z = 0.1x_1 + 0.3x_2 + 0.9x_3 + 0x_4 + 1.1x_5 + 0.2x_6 + 0.8x_7 + 1.4x_8$$

$$\text{s. t.} \begin{cases} 2x_1 + x_2 + x_3 + x_4 \geqslant 100 \\ 2x_2 + x_3 + 3x_5 + 2x_6 + x_7 \geqslant 100 \\ x_1 + x_3 + 3x_4 + 2x_6 + 3x_7 + 4x_8 \geqslant 100 \\ x_i \geqslant 0, i = 1,2,\cdots,8, x_i \text{ 取整} \end{cases}$$

对以上模型，有几点说明：①目标函数是下料最节省，有两种取法，一是切割后剩余的余料最少；二是切割所用原料钢管的根数最少。以上所建模型是以前者为目标函数。②决策变量限制需要取整数。③这种全方式设变量的模型只适合小型下料问题，大型下料问题或者对下料方式有限制的问题将不再适合。

(3) 转化成对应的 LINGO 建模语言程序，求解模型，结果如下。

```
model:
title:下料问题程序;
sets:
    hang/1..3/:B;
    lie/1..8/:C,X;
    xishu(hang,lie):A;
endsets
data:
    A = 2 1 1 1 0 0 0 0
        0 2 1 0 3 2 1 0
        1 0 1 3 0 2 3 4;
    C = 0.1 0.3 0.9 0 1.1 0.2 0.8 1.4;
    B = 100,100,100;
enddata
[obj]min = @sum(lie:c * x);
@for(hang(i):[yueshu]
@sum(lie(j):A(i,j) * x(j))>B(i));
@for(lie:@gin(x));
end
```

执行后得到以下结果，第 4 种模式切割 100 根原料钢管，第 6 种模式切割 50 根原料钢管，总共需要切割 150 根原料钢管，剩余余料为 10m。

```
Global optimal solution found.
Objective value:                        10.00000
Objective bound:                        10.00000
Infeasibilities:                        0.000000
Extended solver steps:                  0
Total solver iterations:                0

Model Title:下料问题程序
            Variable          Value       Reduced Cost
               X(1)        0.000000        0.1000000
               X(2)        0.000000        0.3000000
               X(3)        0.000000        0.9000000
               X(4)        100.0000        0.000000
               X(5)        0.000000        1.100000
               X(6)        50.00000        0.2000000
               X(7)        0.000000        0.8000000
               X(8)        0.000000        1.400000
```

如果将目标函数确定为切割所用原料钢管的根数最少，则模型修改如下：

$$\min Z = x_1 + x_2 + x_3 + x_4 + x_5 + x_6 + x_7 + x_8$$

$$\text{s. t.} \begin{cases} 2x_1 + x_2 + x_3 + x_4 \geqslant 100 \\ 2x_2 + x_3 + 3x_5 + 2x_6 + x_7 \geqslant 100 \\ x_1 + x_3 + 3x_4 + 2x_6 + 3x_7 + 4x_8 \geqslant 100 \\ x_i \geqslant 0, i = 1, 2, \cdots, 8, x_i \text{ 取整} \end{cases}$$

LINGO 程序如下：

```
model:
title:下料问题程序;
sets:
    hang/1..3/:B;
    lie/1..8/:C,X;
    xishu(hang,lie):A;
endsets
data:
    A = 2 1 1 1 0 0 0 0
        0 2 1 0 3 2 1 0
        1 0 1 3 0 2 3 4;
    C = 0.1 0.3 0.9 0 1.1 0.2 0.8 1.4;
    B = 100,100,100;
enddata
[obj]min = @sum(lie:x);
```

```
@for(hang(i):[yueshu]
@sum(lie(j):A(i,j) * x(j))>B(i));
@for(lie:@gin(x));
end
```

执行后得到以下结果:第 1 种模式切割 40 根原料钢管,第 2 种模式切割 20 根原料钢管,第 6 种模式切割 30 根原料钢管,总共需要切割 90 根原料钢管。经计算,剩余原料为 16m。

Global optimal solution found.
Objective value: 90.00000
Objective bound: 90.00000
Infeasibilities: 0.000000
Extended solver steps: 0
Total solver iterations: 4
Model Title:下料问题程序

Variable	Value	Reduced Cost
X(1)	40.00000	1.000000
X(2)	20.00000	1.000000
X(3)	0.000000	1.000000
X(4)	0.000000	1.000000
X(5)	0.000000	1.000000
X(6)	30.00000	1.000000
X(7)	0.000000	1.000000
X(8)	0.000000	1.000000

显然,在切割后剩余的余料最少的目标下,最优解将使用余料尽可能小的切割模式(模式 4 和模式 6),这会导致切割原料钢管的总根数较多(150 根);在切割所用原料钢管的根数最少的目标下,虽然余料增加了 6m,但所用原料钢管根数减少了 60 根。在余料没什么用途的情况下,通常以所用原料钢管的根数最少为目标。

思考与练习

1. 求解下列整数规划问题。

$$\max Z = 20x_1 + 10x_2 + 10x_3$$

$$\text{s. t.} \begin{cases} 2x_1 + 20x_2 + 4x_3 \leqslant 15 \\ 6x_1 + 20x_2 + 4x_3 = 20 \\ x_1, x_2, x_3 \geqslant 0, \text{整数} \end{cases}$$

说明能否用先求解相应的线性规划问题然后凑整的方法来求得该整数规划的一个可行解。

2. 用分支定界法求解下列整数规划问题。

(1)
$$\max Z = x_1 + x_2$$
$$\text{s. t.} \begin{cases} x_1 + \dfrac{9}{14}x_2 \leqslant \dfrac{51}{14} \\ -2x_1 + x_2 \leqslant \dfrac{1}{3} \\ x_1, x_2 \geqslant 0, \text{整数} \end{cases}$$

(2)
$$\max Z = 2x_1 + 3x_2$$
$$\text{s. t.} \begin{cases} 5x_1 + 7x_2 \leqslant 35 \\ 4x_1 + 9x_2 \leqslant 36 \\ x_1, x_2 \geqslant 0, \text{整数} \end{cases}$$

3. 利用割平面法求解整数规划。

(1)
$$\max Z = 3x_1 + 4x_2$$
$$\text{s. t.} \begin{cases} 2x_1 + 5x_2 \leqslant 15 \\ 2x_1 - 2x_2 \leqslant 5 \\ x_1, x_2 \geqslant 0, 整数 \end{cases}$$

(2)
$$\max Z = 7x_1 + 9x_2$$
$$\text{s. t.} \begin{cases} -x_1 + 3x_2 \leqslant 6 \\ 7x_1 + x_2 \leqslant 35 \\ x_1, x_2 \geqslant 0, 整数 \end{cases}$$

4. 用隐枚举法求解下列 0-1 规划问题。

$$\max Z = 3x_1 + 2x_2 - 5x_3 - 2x_4 + 3x_5$$

$$\text{s. t.} \begin{cases} x_1 + x_2 + x_3 + 2x_4 + x_5 \leqslant 4 \\ 7x_1 + 3x_3 - 4x_4 + 3x_5 \leqslant 8 \\ 11x_1 - 6x_2 + 3x_4 - 3x_5 \geqslant 3 \\ x_j = 0 \text{ 或 } 1(j = 1, 2, \cdots, 5) \end{cases}$$

5. 某科学实验卫星拟从下列仪器装置中选若干件装上，有关数据资料见表 4-12。

表 4-12　仪器装置数据资料

仪器装置代号	体积	重量	实验中的价值
A_1	V_1	W_1	C_1
A_2	V_2	W_2	C_2
A_3	V_3	W_3	C_3
A_4	V_4	W_4	C_4
A_5	V_5	W_5	C_5
A_6	V_6	W_6	C_6

要求：①装入卫星的仪器装置总体积不超过 V，总质量不超过 W；②A_1 与 A_3 中最多安装一件；③A_2 与 A_4 中至少安装一件；④A_5 同 A_6 或者都安上，或者都不安。总的目的是装上去的仪器装置使该科学卫星发挥最大的实验价值。试建立这个问题的数学模型。

6. 某大学计算机实验室聘用 4 名大学生(代号为 1、2、3、4)和 2 名研究生(代号 5、6)值班答疑。已知每人从周一至周五最多可安排的值班时间及每人每小时值班报酬如表 4-13 所示。

该实验室开放时间为上午 8 点至晚上 10 点，开放时间内必须有且仅有一名学生值班。又规定每名大学生每周值班不少于 8h，研究生每周值班不少于 7h。要求：

(1) 建立使该实验室总支付报酬最小的数学模型。

(2) 在上述基础上补充两点要求：一是每名学生每周值班不超过 2 次；二是每天安排值班的学生不超过 3 人。据此重新建立数学模型。

表 4-13　值班时间和报酬

学生代号	报酬	每天最多可安排的值班时间/h				
		周一	周二	周三	周四	周五
1	10.0	6	0	6	0	7
2	10.0	0	6	0	6	0
3	9.9	4	8	3	0	5
4	9.8	5	5	6	0	4
5	10.8	3	0	4	8	0
6	11.3	0	6	0	6	3

应 用 篇

第 **5** 章

运 输 问 题

货物从生产商到销售商的分配问题通常称为运输问题(transportation problem,TP),这个概念由 Hitchcock 在 1941 年提出,它是一类典型的线性规划问题,在现实世界中具有极其广泛的应用。TP 之所以著名,是因为其模型概括了许多典型的实际问题,如最短路程问题、多个起止点的路径规划问题和带中转的运输问题等。传统的 TP 只考虑货物从几个供应点(源点)到几个销售点(终点)运输费用最小的问题,若同时考虑多个目标,如运输费用、交货时间、交货数量等,就是多目标运输问题。运输问题理论与算法的研究一直是国内外,尤其是国外专家学者和实际应用部门关注的课题。

在国民经济的各个领域中都存在运输问题,大至国家如何安排全国物资的调运工作,小至一个工厂如何把生产的产品运到各个销售点,都离不开运输的调度安排。当遇到运输问题时,要用合理的调度使运输费用降到最低,那么如何利用现有的交通条件,以最低的运费安排计划,就是一个线性规划问题。

5.1 最短路程运输问题

5.1.1 图和运输网络图的概念

最短路程运输路线规划问题即经典的最短路程问题,在学习最短路程运输问题之前,先了解图和运输网络图的基本概念。

1. 图的基本概念

在实际的生产和生活中,人们为了反映事物之间的关系,常常在纸上用点和线画出各种示意图。

例如，公路或铁路交通图、管网图、通信联络图等各节点及联系的边。如果用点表示研究的对象，用边表示这些对象之间的联系，则图 G 可以定义为点和边的集合。

$$G = G(V, E)$$

其中，V 为点的集合；E 为边的集合。

如图 5-1 所示，如果给图中的点（图中 $v_1 \sim v_5$）和边（图中 $e_1 \sim e_8$）赋予具体的含义和权数，如距离、费用、容量等，这样的图就称为网络图。

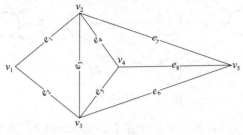

图 5-1　网络图

2. 运输网络图的基本概念

运输网络是指在一定空间范围（国家或地区）内，由一种或多种运输方式的运输线路和运输枢纽等固定设施，按照一定的原则和要求所构成的运输网络。运输线路是运输网的基干，运输枢纽（包括港、站）是线路与线路的结合部，是各种运输线路联结成网的节点。

运输节点：如图 5-2 所示的小圆圈，起点一般为供货商，终点为物流中心，其余节点代表经过的城市。

运输线路：如图 5-2 中各节点间的连线，一般由运输时间（运输距离、运输成本）表示运输线路的远近。时间越短（距离越短、运输成本越小）表示车辆行驶该条运输线路可行。

运输网络：如图 5-2 所示，由起点、终点、交叉点、运输线路构成的网络图。

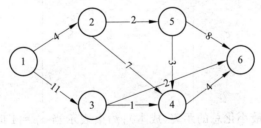

图 5-2　运输网络图(1)

5.1.2　最短路程运输问题描述和模型建立

最短路程运输问题是运输优化问题中最基本的一个问题。在实际情况中，各类货物在全国有若干生产基地，最短路程运输问题就是根据已有的运输路线网（包括起点、终点、中间节点、运输线路），研究如何制定运输方案，将某生产地的货物运往某消费地，使总的路程最短。

问题条件假设如下。

（1）运输网络图的起点（生产地）、终点（消费地）和其他节点（各个城市）的位置已知，即运输网络图的每个节点的具体地理位置是确定的。

（2）运输线路之间的距离（成本）已知。

最短路程问题的描述如下：假设有 n 个节点和 m 条弧的连通图 $G(V_n,E_m)$，并且图中的每条弧 (i,j) 都有一个长度 c_{ij}（或者费用 c_{ij}），用数学语言表达为存在连通图 $G(V_n,E_m)$，且长度矩阵 $C=\{c_{ij}\mid 1\leqslant i\leqslant n,1\leqslant j\leqslant n\mid\}$，则最短路程问题为在连通图 G 中找到一条从节点 1（通常也记为点 s）到节点 n（通常也记为点 t）距离最短（或费用最低）的路程，如图 5-3 所示。

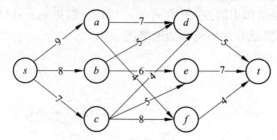

图 5-3　运输网络图（2）

决策变量 x_{ij} 表示弧 (i,j) 是否位于 s—t 路上。当 $x_{ij}=1$ 时，表示弧 (i,j) 位于 s—t 路上；当 $x_{ij}=0$ 时，表示弧 (i,j) 不在 s—t 路上。建立的数学模型如下。

目标函数：

$$\text{s. t.}\begin{cases}\displaystyle\sum_{j:(i,j)\in A}x_{ij}-\sum_{j:(j,i)\in A}x_{ji}=\begin{cases}1,i=s\\-1,i=t\\0,i\neq s,t\end{cases}\\ x_{ij}\geqslant 0\end{cases}$$

$$\min L(A^*)=\sum_{(V_i,V_j)\in A}x_{ij}c_{ij} \tag{5-1}$$

其中，

$$c_{ij}=\begin{bmatrix}9 & 8 & 7 & & & & & \\ & & & 7 & & 4 & & \\ & & & 5 & 6 & & & \\ & & & 4 & 5 & 8 & & \\ & & & & & & 5 & \\ & & & & & & 7 & \\ & & & & & & & 4\end{bmatrix}$$

模型目标函数表示最小化总的距离（成本）；约束表示当 $x_{ij}=1$ 时，弧 (i,j) 位于 s—t 路上；当 $x_{ij}=0$ 时，弧 (i,j) 不在 s—t 路上。

5.1.3　基于 LINGO 的最短路程运输问题应用举例

例 5-1　如图 5-4 所示，给定一个线路网络，两点之间连线上的数字表示两点间的距离，求一条从 A 到 G 的物流运输路线，使总距离最短。

解　设 A 为顶点城市 1，B_1 为 2，B_2 为 3，C_1 为 4，C_2 为 5，C_3 为 6，C_4 为 7，D_1 为 8，D_2 为 9，D_3 为 10，E_1 为 11，E_2 为 12，E_3 为 13，F_1 为 14，F_2 为 15，G 为 16，如图 5-5 所示。

由最短路的模型建立可知：

$$\min L(A^*)=\sum_{(V_i,V_j)\in A}x_{ij}c_{ij}$$

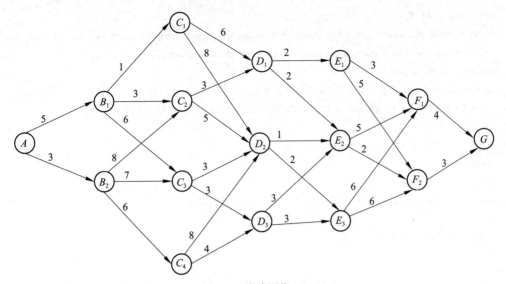

图 5-4　线路网络(1)

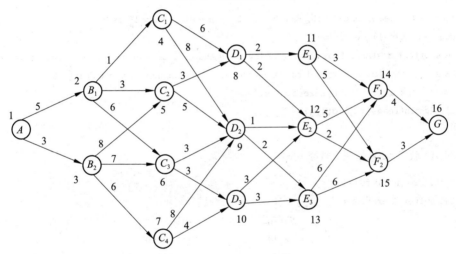

图 5-5　线路网络(2)

$$\text{s. t.}\begin{cases}\displaystyle\sum_{j:(i,j)\in A}x_{ij}-\sum_{j:(j,i)\in A}x_{ji}=\begin{cases}1,i=s\\-1,i=t\\0,i\neq s,t\end{cases}\\x_{ij}\geqslant 0\end{cases}$$

其中,在本例中,i 和 j 都为路网中的节点,即 $i=\{1,2,\cdots,16\}$,$j=\{1,2,\cdots,16\}$,
根据上述建立的数学模型,使用 LINGO 软件,编制程序如下:

```
model:
sets:
!we have a network of 16 cities. we want to find the length of the shortest route from city 1 to
    city 16;
!here is our primitive set of sixteen cities, where f(i) represents the shortest path distance
    from city i to the last city;
```

```
cities/1..16/:f;
!the derived set roads lists the roads that exist between the cities(note:not all city pairs are
  directly linked by a road, and roads are assumed to be one way. );
roads(cities,cities)/
1,2 1,3 2,4 2,5 2,6 3,5 3,6 3,7 4,8 4,9 5,8 5,9 6,9 6,10 7,9 7,10 8,
11 8,12 9,12 9,13 10,12 10,13 11,14 11,15 12,14 12,15 13,14 13,15 14,
16 15,16 /:d;
!d(i,j)is the distance from city i to j;
endsets
data:
!here are the distance that correspond to the above links;
d =
5 3 1 3 6 8 7 6 6 8 3 5 3 3 8 4
2 2 1 2 3 3 3 5 5 2 6 6
4 3;
enddata
!if you are already in city 16, then the cost to travel to city 16 is 0;
f(@size(cities)) = 0;
!the shortest distance from city 1 to city 16 is the minimum over all cities j reachable from i of
  the sum of the distance from i to j plus the minimat distance from j to city 16;
@for(cities(i)|i#lt#@size(cities):
f(i) = @min(roads(i,j):d(i,j) + f(j)));
end
```

LINGO 软件求解结果(部分)如下。

```
Feasible solution found.
Total solver iterations:                    0
                    Variable      Value
                      F(1)        18. 00000
                      F(2)        13. 00000
                      F(3)        16. 00000
                      F(4)        13. 00000
                      F(5)        10. 00000
                      F(6)        9. 000000
                      F(7)        12. 00000
                      F(8)        7. 000000
                      F(9)        6. 000000
                      F(10)       8. 000000
                      F(11)       7. 00000
                      F(12)       5. 000000
                      F(13)       9. 000000
                      F(14)       4. 000000
                      F(15)       3. 000000
                      F(16)       0. 000000
```

结果表明：点 1 到最后一个点（点 16）的最短路的长度（距离）为 18，也就是 A 点到 G 点铺设的线路 $A-B_1-C_2-D_1-E_2-F_2-G$ 距离最短为 18。

5.2　多个起止点的运输问题

5.2.1　多个起止点的运输问题描述和模型建立

多个起止点的运输问题的一般提法是：某种物资有若干个产地和销售地，若已知各个产地的产量、各个销售地的销量以及各产地到各销售地的单位运价（或运输距离），应如何组织调运，才能使总运费（或总的运输量）最省？多个起止点的运输问题依据总产量和总销量的大小，可以分为产销平衡的运输问题和产销不平衡的运输问题，本小节主要介绍产销平衡的运输问题。问题假设如下。

（1）所有产地、销售地的具体地理位置是确定的。

（2）产地到销售地之间的运输距离是确定的。

（3）每个产地能够提供的供应量是确定的。

（4）每个销售地具体的需求量是确定的。

将此问题更具体化，假定有 m 个产地，n 个销售地，设：

a_i——第 i 产地的供应量，$i=1,2,\cdots,m$。

b_j——第 j 销售地的需求量，$j=1,2,\cdots,n$。

c_{ij}——从产地 i 到销售地 j 的单位运费，$i=1,2,\cdots,m,j=1,2,\cdots,n$。

x_{ij}——从产地 i 到销售地 j 的调运数量。

则该问题为求解最佳调运方案，即求解所有 x_{ij} 的值，使总的运输费用 $\sum\limits_{i=1}^{m}\sum\limits_{j=1}^{n}c_{ij}x_{ij}$ 达到最低。其中，决策变量为 x_{ij}。

该产销平衡的运输问题的数学模型形式为

$$\min Z=\sum_{i=1}^{m}\sum_{j=1}^{n}c_{ij}x_{ij} \tag{5-2}$$

$$\text{s. t.}\begin{cases} \sum\limits_{i=1}^{m}X_{ij}=b_j,j=1,2,\cdots,n \\ \sum\limits_{j=1}^{n}X_{ij}=a_i,i=1,2,\cdots,m \\ \sum\limits_{i=1}^{m}a_i=\sum\limits_{j=1}^{n}b_j \\ x_{ij}\geqslant 0,\text{对所有的 } i,j \end{cases} \tag{5-3}$$

模型中目标函数式（5-2）表示总的运输费用最小。式（5-3）为约束条件，分别表示从任意一个产地发送至多个销售地的发送量之和等于该产地的产量，多个产地发送至任意一个销售地的发送量之和等于该销售地的销量，总产量与总销量相等。

5.2.2　表上作业法

1. 基本概念及表上作业法求解思路

表上作业法是指用列表的方法求解线性规划问题中运输模型的计算方法，是线性规划问题的一种求解方法。当某些线性规划问题难以进行直观求解时，可以将各元素列成相关表，作为初始方案，然后通过检验数验证这个方案，不断采用闭合回路法、位势法等方法进行调整，直至得到满意的结果。

求解运输问题的初始基可行解的基本步骤如下。

（1）在产销平衡表中选一个单元 x_{ij}，令 $x_{ij}=\min\{a_i,b_j\}$，即 A_i 尽量满足 B_j 的需求，使一个约束方程得到满足，将 x_{ij} 的值填入表中相应位置。

（2）从 a_i 和 b_j 中分别减去 x_{ij} 的值，即 A_i 在尽可能满足 B_j 的需求后，调整 A_i 供给量和 B_j 需求量。

（3）若 $a_i=0$，则划去对应行（A_i 产品全部供应完毕），若 $b_j=0$，则划去对应列（B_j 需求全部满足），注意每次只能划去一行或是一列（即去掉一个约束）。

（4）若产销平衡表中所有的行或列均被划去，则结束。否则，在剩下的产销平衡表中选下一个变量，转第（2）步继续进行。

最终产生的一组变量将满足下面的条件。

（1）所有的变量 x_{ij} 非负，且变量总数为 $m+n-1$。

（2）所有的约束均得到满足。

（3）所有的变量 x_{ij} 均不构成闭回路。

下面分 3 个步骤详细介绍表上作业法求解平衡运输问题。

（1）确定初始基可行解。常见的确定初始基可行解的方法有西北角法、最小元素法和元素差额法。

① 西北角法。西北角法也称左上角法，即每次选取的数都是左上角第一个元素。也就是说，优先安排运价表上编号最小的产地和销售地之间的运输业务。

例 5-2 用西北角法求表 5-1 运输问题的初始基可行解。

表 5-1　运价表

城市 煤矿　调运量	B_1	B_2	B_3	供应量/t
A_1	90	70	85	200
A_2	80	65	75	230
需求量/t	100	150	180	

用西北角法求得的初始基可行解如表 5-2 所示。

表 5-2　初始基可行解

城市 煤矿　调运量	B_1	B_2	B_3	供应量/t
A_1	100	100		200
A_2		50	180	230
需求量/t	100	150	180	

② 最小元素法。最小元素法是找出运价表中最小的元素，在运量表内对应的格填入允许取得的最大数，若某行（列）的产量（销量）已满足，则把运价表中该运价所在行（列）划去；

再找出未划去的运价中的最小数值,按此办法进行下去,直至得到一个基本可行解的方法。

最小元素法的基本思想是:运价最小的优先调运,即从单位运价表最小的运价开始确定供需关系,然后确定次小运价供需关系。

第一步,列出被调运物资的运价表和供需平衡表(简称平衡表),如表 5-3 和表 5-4 所示。

表 5-3　运价表

价格　需　供	B_1	B_2	B_3	B_4
A_1	3	11	3	10
A_2	1	9	2	8
A_3	7	4	10	5

表 5-4　供需平衡表

供	需				供量/t
	B_1	B_2	B_3	B_4	
A_1					7
A_2					4
A_3					9
需量/t	3	6	5	6	20

第二步,在运价表中找出最小的数值(若几个同为最小,则任取其中一个),A_2B_1 最小,数值为 1,这表示先将 A_2 产品供应给 B_1 是最便宜的,故应给所对应的变量 X_{21} 以尽可能大的数值。显然 $X_{21}=\min\{4,3\}=3$。在表 5-4 中的 A_2B_1 处填上"3"。B_1 列被满足,已不需要 A_1 和 A_3 再向它供货,故运价表 5-4 中的第一列数字已不起作用,因此将原运价表 5-3 中的第一列划去,并标注①(表 5-5)。

表 5-5　最小元素法求初始基可行解(1)

运价　需地　产地	B_1	B_2	B_3	B_4
A_1	3	11	3	10
A_2	1	9	2	8 ②
A_3	7	4	10	5
	①			

第三步,在运价表中未划去的元素中找出最小运价 $A_2B_3=2$,让 A_2 尽量供应满足 B_3 的需要,由于 A_2 中的 4 已经供应了 3t 给 B_1,最多只能供应 1t 给 B_3。于是在平衡表的 A_2B_3 格中填上"1";相应地由于 A_2 所生产的产品已全部供应完毕,因此,在运价表中与 A_2 同行的运价也不再起作用,所以也将它们划去,并标注②。

仿照上面的做法,一直做下去,就可以得到表 5-6。

表 5-6 最小元素法求初始基可行解(2)

产地＼运价＼需地	B_1	B_2	B_3	B_4
A_1	3	11	3	10
A_2	1	9	2	8 ②
A_3	7	4	10	5 ⑤
	①	④	③	

此时,在运价表中只有 A_1B_4 对应的运价 10 没有划掉,而 B_4 尚有 3t 需求,为了满足供需平衡,所以最后在平衡表上对应 A_1B_4 处应填入"3",这样就得到表 5-7。

表 5-7 最小元素法求初始基可行解(3)

供	需				供量/t
	B_1	B_2	B_3	B_4	
A_1			4	3	7
A_2	3		1		4
A_3		6		3	9
需量/t	3	6	5	6	20

③ 元素差额法。下面有两种运输方案,矩阵 C 表示运价,矩阵右侧一列数值表示产地的产量,矩阵下面一行的数值表示销售地的销量,右上角"×"表示运价对应的销售地已经满足需求,该运价下无须调运货物。

$$C=\begin{bmatrix} 8^{10} & 5^{\times} \\ 2^5 & 1^{15} \end{bmatrix} \begin{matrix} 10 \\ 20 \end{matrix} \qquad C=\begin{bmatrix} 8^{\times} & 5^{10} \\ 2^{15} & 1^5 \end{bmatrix} \begin{matrix} 10 \\ 20 \end{matrix}$$
$$\quad\ \ 15\ \ \ 15 \qquad\qquad\qquad\quad\ 15\ \ \ 15$$

前一种按最小元素法求得总运费是

$$Z_1 = 10 \times 8 + 5 \times 2 + 15 \times 1 = 105$$

后一种方案考虑到 C_{11} 与 C_{21} 之间的差额是 $8-2=6$,先调运 x_{21},再调运 x_{22},最后是 x_{12},这时总运费为

$$Z_2 = 10 \times 5 + 15 \times 2 + 5 \times 1 = 85 < Z_1$$

基于以上思路,元素差额法求初始基可行解的步骤如下。

第一步,求出每行次小运价与最小运价之差,记为 u_i,$i=1,2,\cdots,m$;同时求出每列次小运价与最小运价之差,记为 v_j,$j=1,2,\cdots,n$。

第二步,找出所有行、列差额的最大值,即 $L=\max\{u_i,v_j\}$,差额 L 对应行或列的最小运价优先调运。

第三步,这时必有一列或一行调运完毕,在剩下的运价中再求最大差额,进行第二次调运,依次进行下去,直到最后全部调运完毕,得到一个初始调运方案。

用元素差额法求得的基可行解更接近最优解,所以也称近似方案。

例 5-3　用元素差额法求表 5-8 运输问题的初始基可行解。

表 5-8　运价表

产地	销 售 地				产量
	B_1	B_2	B_3	B_4	
A_1	9	3	8	4	70
A_2	7	6	5	1	50
A_3	2	10	9	2	20
销量	10	60	40	30	140

解　求行差额 $u_i(i=1,2,3)$ 及列差额 $v_j(j=1,2,3,4)$，计算公式为

$$u_i = i\ 行次小运价 - i\ 行最小运价$$

$$v_j = j\ 列次小运价 - j\ 列最小运价$$

列出用元素差额求初始基可行解表格，如表 5-9～表 5-12 所示。

表 5-9　元素差额法求初始基可行解(1)

A_i	B_j				a_i	u_i
	B_1	B_2	B_3	B_4		
A_1	✕　9	3	8	4	70	1
A_2	✕　7	6	5	1	50	4
A_3	2	10	9	2	20	【7】
	10					
b_j	10	60	40	30	140	
v_j	5	3	3	1		

注：✕表示运价对应的销售地已经满足需求，该运价下无须调运货物。【】表示选定行差额最大值。

表 5-10　元素差额法求初始基可行解(2)

A_i	B_j				a_i	u_i
	B_1	B_2	B_3	B_4		
A_1	✕　9	3	8	4	70	1
A_2	✕　7	6	5	1	50	4
A_3	2	✕　10	✕　9	2	20	【7】
	10			10		
b_j	10	60	40	30	140	
v_j	—	3	3	1		

表 5-11　元素差额法求初始基可行解(3)

A_i	B_j				a_i	u_i
	B_1	B_2	B_3	B_4		
A_1	9 ✕	3	8	4 ✕	70	1
A_2	7 ✕	6	5	1 20	50	【4】
A_3	2 10	10 ✕	9 ✕	2 10	20	—
b_j	10	60	40	30	140	
v_j	—	3	3	3		

表 5-12　元素差额法求初始基可行解(4)

A_i	B_j				a_i	u_i
	B_1	B_2	B_3	B_4		
A_1	9 ✕	3 60	8 10	4 ✕	70	【5】
A_2	7 ✕	6 ✕	5 30	1 20	50	1
A_3	2 10	10 ✕	9 ✕	2 10	20	—
b_j	10	60	40	30	140	
v_j	—	3	3	—		

基可行解为

$$X = \begin{bmatrix} & 60 & 10 & \\ & & 30 & 20 \\ 10 & & & 10 \end{bmatrix}$$

总运费 $Z = 3 \times 60 + 8 \times 10 + 5 \times 30 + 1 \times 20 + 2 \times 10 + 2 \times 10 = 470$

对于编制初始方案,需要说明以下两点:①应用最小元素法编制初始调运方案,这里的"最小"是指局部而言,从整体方面考虑,这里的运费不一定是最小的。②可以作为初始方案的调运方案,其填有数字的方格数应是供应点个数加需求点个数之和再减 1,即 $m+n-1$。

注意:应用西北角法、最小元素法和元素差额法时,每次填完数,都只划去 1 行或 1 列,只有最后 1 个元素例外(同时划去 1 行和 1 列)。当填上 1 个数后且行、列同时被满足(也就是出现退化现象)时,也只划去任意 1 行(列)。需要填入"0"的位置不能任意确定,而要根据规则确定。

(2)最优方案的判别。所求得的基可行解均应经过最优性检验,以判定该解是否为最优解(也就是最终选择的方案)。表上作业法的最优性检验是对检验数 $c_{ij} - C_B B^{-1} P_{ij}$,$i = 1, 2, \cdots, m; j = 1, 2, \cdots, n$ 进行判别。运输问题的目标函数要求实现最小化,因此,当所有

的 $c_{ij}-C_BB^{-1}P_{ij}\geqslant0$ 时，所得的解为最优解，否则还要进行解的改进。下面介绍两种常用的最优性判别方法。

① 闭回路法。一般称基变量在产销平衡表中所对应的格为数字格，非基变量值均为 0，对应格为空格。

闭回路法是通过在调运方案的计算表上，从每一空格出发，以水平或垂直的直线向前划，每碰到数字格就转 $90°$ 后，继续前进，直到回到起点为止。以图 5-6 为例，x_{11}、x_{12}、x_{22}、x_{23} 为基变量，x_{21} 和 x_{13} 为非基变量。从空格 x_{21}（非基变量）出发，经数字格 x_{11}、x_{12}、x_{22} 回到起点，形成回路。

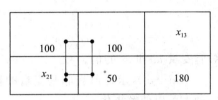

图 5-6　闭回路

考察这个初始方案，$x_{21}=0$ 表示 A_2 煤矿的煤没有运往 B_1 城市，现若想改变初始方案，把 A_2 的煤运送 1 单位给 B_1，那么，为了保持平衡，就必须使 x_{11} 减少 1 单位、x_{12} 增加 1 单位以及 x_{22} 减少 1 单位。上述调整是为了使总的运输数量达到平衡，但是会造成总的运输费用的改变。

$$总运输费用改变量＝80\times1+90\times(-1)+70\times1+65\times(-1)=-5$$

也就是说，当改变运输方案，使 A_2 运 1 单位的煤到 B_1 时，会使总的运输费用减少 5 元。此总运输费用改变量－5 即为检验数。

同法可求得另一非基变量 x_{13} 的检验数为 15，增加 x_{13} 的值，总运输费用改变量增加 15 元。

因此可通过增加非基变量 x_{21} 的值寻求更优方案。实际上，x_{21} 就是在单纯形表里进行迭代时的入基变量。闭回路法的原理就是通过寻找闭回路计算非基变量的检验数，再对检验数进行判断是否找到最优解。而从每一空格出发一定存在唯一的闭回路。

② 位势法。当产销点过多时，采用闭回路法就很繁琐，这时一般采用位势法。位势法是由解运输问题的对偶问题而来的。平衡运输问题的对偶问题为

$$\max G=\sum_{i=1}^{m}a_iu_i+\sum_{j=1}^{n}b_jv_j$$
$$\text{s. t.}\begin{cases}u_i+v_j\leqslant c_{ij}\\i=1,2,\cdots,m;j=1,2,\cdots,n\end{cases}$$

这里对偶模型里的变量 $u_i(i=1,2,\cdots,m)$ 与 m 个供应约束相对应，变量 $v_j(j=1,2,\cdots,n)$ 与 n 个需求约束相对应。u_i 和 v_j 称为变量 x_{ij} 的位势。由于原问题是等式约束，因此对偶变量 u_i 和 v_j 的符号无限制。

根据对偶理论，有 $C_BB^{-1}=(u_1,u_2,\cdots,u_m,v_1,v_2,\cdots,v_n)$，而决策变量 x_{ij} 的系数向量为 $P_{ij}=e_i+e_{m+j}$，所以，$C_BB^{-1}P_{ij}=u_i+v_j$，从而 $c_{ij}-C_BB^{-1}P_{ij}=c_{ij}-(u_i+v_j)$。这是一种通过位势求检验数的方法。

单纯形法所有基变量的检验数为 0，所以对于基变量 x_{ij} 有 $c_{ij}-(u_i+v_j)=0$，即 $u_i+v_j=c_{ij}$。

平衡型运输问题基变量的个数有 $m+n-1$ 个,因此像 $u_i+v_j=c_{ij}$ 这样的方程有 $m+n-1$ 个。这组方程中包含 $m+n$ 个未知的对偶变量 u_i 和 v_j,所以其中必存在一个自由未知量,假定为 u_1,并取 $u_1=0$(这样做并不影响结果),可以计算出所有其他的对偶变量的值。再根据对偶变量的值计算非基变量的检验数,并进行判断。

综上所述,位势法的判定步骤如下。

a. 根据初始基可行解列出关于对偶变量的方程组(共有 $m+n-1$ 个方程)。

$$u_{i_1}+v_{j_1}=c_{i_1 j_1}$$
$$u_{i_2}+v_{j_2}=c_{i_2 j_2}$$
$$\vdots$$
$$u_{i_{m+n-1}}+v_{j_{m+n-1}}=c_{i_{m+n-1}j_{m+n-1}}$$

b. 令 $u_1=0$,求得所有对偶变量 u_i 和 v_j 的值。

c. 将 u_i 和 v_j 的值代入 $c_{ij}-(u_i+v_j)$,求得所有非基变量的检验数,若存在非基变量的检验数为负,则该非基变量的增大可以使解更优。

下面以西北角法求得初始基可行解 $x_{11}=100,x_{12}=100,x_{22}=50,x_{23}=180,x_{13}=x_{21}=0$ 为例进行介绍。

根据基变量 $x_{11},x_{12},x_{22},x_{23}$ 给出对偶变量方程组为

$$u_1+v_1=90$$
$$u_1+v_2=70$$
$$u_2+v_2=65$$
$$u_2+v_3=75$$

令 $u_1=0,u_2=-5$,求得 $v_1=90,v_2=70,v_3=80$。代入 $c_{ij}-(u_i+v_j)$,求得非基变量 x_{13} 和 x_{21} 的检验数分别为 $c_{13}-(u_1+v_3)=15$ 和 $c_{21}-(u_2+v_1)=-5$,表示非基变量 x_{21} 的增加能使方案更优,在进行解的改进时,应选取它作为入基变量。可以看到,此法求得的结果与闭回路法求解结果一致。

(3) 解的改进。前面一小节介绍了如何判断所求的基可行解是否为最优解,当经过判断所求解为非最优解时,尚需对解进行改进,这就涉及入基和出基的问题,下面对此进行介绍。

运输问题最常用的解的改进方法为闭回路调整法。其基本思想是,选取检验数为负的所有非基变量中的最小者作为入基变量,以对应空格为出发点画出闭回路,在经过的数字格中选择(-1)的最小者对应的基变量为出基变量,然后对数据进行调整。依然在前面几小节中计算的数据上进行说明。根据西北角法计算的初始基可行解为 $x_{11}=100,x_{12}=100,x_{22}=50,x_{23}=180,x_{13}=x_{21}=0$,求得非基变量 x_{13} 和 x_{21} 的检验数分别为 15 和 -5,此时只有 x_{21} 的检验数不满足非负,取其为入基变量,以对应的空格引出闭回路,见表 5-13。

选取闭回路上有(-1)的数字格中最小者,$\theta=\min\{100,180\}=100$(其原理与单纯形法中由 θ 确定出基变量相同),然后在闭回路上按照 $+$、$-$ 号分别加上和减去 θ 值,即 $x_{13}+100$,$x_{12}-100,x_{22}+100,x_{23}-100$,得到表 5-14。

表 5-13 产销平衡表(1)

调运量　　城市 煤矿	B_1	B_2	B_3	供应量/t
A_1	100	100(−1)	(+1)	200
A_2		50(+1)	180(−1)	230
需求量/t	100	150	180	

表 5-14 产销平衡表(2)

调运量　　城市 煤矿	B_1	B_2	B_3	供应量/t
A_1	100		100	200
A_2		150	80	230
需求量/t	100	150	180	

得到新一轮基可行解为 $x_{11}=100, x_{13}=100, x_{22}=150, x_{23}=80, x_{12}=x_{21}=0$。

采用闭回路法或位势法计算该基可行解的非基变量 x_{12} 和 x_{21} 的检验数分别为 −15 和 10，从而确定 x_{12} 为换入变量。

重复上述步骤，直至求得最终数据，见表 5-15。

表 5-15 产销平衡表(3)

调运量　　城市 煤矿	B_1	B_2	B_3	供应量/t
A_1	50	150		200
A_2	50		180	230
需求量/t	100	150	180	

在计算过程中需要注意的是，可能会出现非基变量(空格)的检验数为 0 的情况，这时，该产销平衡的运输问题存在无穷多最优解。在已求得一个最优解的表格中，以这样的空格出发做闭回路重新进行调整，可以得到另一个最优解。

2. 表上作业法计算中的几个问题

(1) 某个基可行解有几个非基变量的检验数为负。

若运输问题的某个基可行解有几个非基变量的检验数均为负，在继续进行迭代时，取它们中的任一变量都可使目标函数值得到改善，但通常取其中最小者对应的变量为换入变量。

(2) 无穷多个最优解。

当迭代到运输问题的最优解时，如果有某非基变量的检验数为 0，则说明该运输问题有无穷多最优解。(如上例，为得到另一个最优解，只需让检验数为 0 的非基变量进基。)

（3）退化问题。

当某部分产地的产量和与另一部分销售地的销量相等时,在迭代过程中有可能在某个格填入一个运量时需同时划去运输表的一行和一列,这时就出现了退化解。

在运输问题中,退化解是时常发生的,为了使表上作业法的迭代工作进行下去,退化解应在同时划去的一行或一列中的某个空格中填入数字 0,表示这个格中的变量是取值为 0 的基变量,使迭代过程中基可行解的分量恰好为 $m+n-1$ 个。

在用闭回路法调整当前基可行解时,调整量 θ 的取值应为 $\theta=\min\{x_{ij}/(i,j)\}$, θ 为闭回路上所有偶数号格点。这时可能出现两个（或以上）偶数号格点的 x_{ij} 都相等且为极小值的情况,只能取其中一个作为离基格,其余的仍作为基格,而在做运输量调整时,运输量与 θ 相等的偶数号格点的 x_{ij} 都将调整为 0,因此得到的也是一个退化的基可行解。

例 5-4 某公司 3 个产地 A_i 输出某种货物,其量为 $a_i(i=1,2,3)$,4 个销售地 B_j,收到某种货物,其量为 $b_j(j=1,2,3,4)$,从 A_i 到 B_j 单位货物运价为 c_{ij}（表 5-16）,问题是如何在尽量满足销售地的需求时总运价最小。

表 5-16 运价表

运价 销售地 产地	B_1	B_2	B_3	B_4	需求量/t
A_1	6	7	5	3	14
A_2	8	4	2	7	27
A_3	5	9	10	6	19
供应量/t	22	13	12	13	60

解 这是产销平衡运输问题,总产量=总销量。

x_{ij} 为产地 i 到销售地 j 的调运数量（表 5-17）。

表 5-17 运价和变量表

单位利润 销售地 产地	B_1	B_2	B_3	B_4	运量/t
A_1	$6/x_{11}$	$7/x_{12}$	$5/x_{13}$	$3/x_{14}$	14
A_2	$8/x_{21}$	$4/x_{22}$	$2/x_{23}$	$7/x_{24}$	27
A_3	$5/x_{31}$	$9/x_{32}$	$10/x_{33}$	$6/x_{34}$	19
销量/t	22	13	12	13	60

目标函数及供应地与需求地约束:

$$\min Z = 6x_{11}+7x_{12}+5x_{13}+3x_{14}+8x_{21}+4x_{22}+2x_{23}+7x_{24}+5x_{31}+9x_{32}+10x_{33}+6x_{34}$$

$$\text{s. t.} \quad
\begin{cases}
x_{11}+x_{12}+x_{13}+x_{14} = 14 \\
x_{21}+x_{22}+x_{23}+x_{24} = 27 \\
x_{31}+x_{32}+x_{33}+x_{34} = 19 \\
x_{11}+x_{21}+x_{31} = 22 \\
x_{12}+x_{22}+x_{32} = 13 \\
x_{13}+x_{23}+x_{33} = 12 \\
x_{14}+x_{24}+x_{34} = 13 \\
x_{11},x_{12},x_{13},x_{14},x_{21},x_{22},x_{23},x_{24},x_{31},x_{32},x_{33},x_{34} \geqslant 0
\end{cases}$$

运输问题约束条件系数矩阵特点:系数矩阵元素松散,只有 1 和 0;系数矩阵每列仅有两个 1,其余均为 0。

该问题数学模型为

$$\max Z = \sum_{i=1}^{m}\sum_{j=1}^{n} c_{ij}x_{ij}$$

$$\text{s. t.} \quad
\begin{cases}
\sum_{j=1}^{n} x_{ij} = a_i, i=1,2,\cdots,m;\text{调出量} = \text{产量} \\
\sum_{i=1}^{m} x_{ij} = b_j, j=1,2,\cdots,n;\text{调入量} = \text{销量} \\
x_{ij} \geqslant 0, i=1,2,\cdots,m; j=1,2,\cdots,n
\end{cases}$$

（1）确定初始调运方案,根据已知条件,写出运输表（表 5-18）。

表 5-18　运输表

	B_1	B_2	B_3	B_4	销
A_1	6	7	5	3	14
A_2	8	4	2	7	27
A_3	5	9	10	6	19
产	22	13	12	13	

① 西北角法（表 5-19）。

表 5-19　初始基可行解（1）

	B_1	B_2	B_3	B_4	销
A_1	6 14	7 ☆	5 ☆	3 ☆	14
A_2	8 8	4 13	2 6	7 ☆	27
A_3	5 ☆	9 ☆	10 6	6 13	19
产	22	13	12	13	

目标函数 $Z=6\times14+8\times8+4\times13+2\times6+10\times6+6\times13=350$

② 最小元素法(表 5-20)。

表 5-20　初始基可行解(2)

	B_1		B_2		B_3		B_4		销
A_1	6	1	7	☆	5	☆	3	13	14
A_2	8	2	4	13	2	12	7	☆	27
A_3	5	19	9	☆	10	☆	6	☆	19
产	22		13		12		13		

目标函数 $Z=6\times1+8\times2+5\times19+4\times13+2\times12+3\times13=232$

③ 沃格尔法(表 5-21、表 5-22)。

表 5-21　初始基可行解(3)

	B_1		B_2		B_3		B_4		销	行罚数
A_1	6		7	☆	5		3		14	2
A_2	8		4	13	2		7		27	2
A_3	5		9	☆	10		6		19	1
产	22		13		12		13			
列罚数	1		3		3		3			

表 5-22　初始基可行解(4)

	B_1		B_2		B_3		B_4		销	行罚数
A_1	6	1	7	☆	5	☆	3	13	14	3
A_2	8	2	4	13	2	12	7	☆	27	1
A_3	5	19	9	☆	10	☆	6	☆	19	1
产	22		13		12		13			
列罚数	1		3		3		3			

目标函数 $Z=6\times1+8\times2+5\times19+4\times13+2\times12+3\times13=232$

(2) 最优解检验。

① 闭回路法(表 5-23~表 5-28)。

表 5-23 运输方案表(1)

	B_1	B_2	B_3	B_4	销
A_1	6 14 ------	7 ☆	5 ☆	3 ☆	14
A_2	8 8 ------	4 13	2 6	7 ☆	27
A_3	5 ☆	9 ☆	10 6	6 13	19
产	22	13	12	13	

运量：x_{12} 每增加一个单位，x_{22} 就减少一个单位，从而 x_{21} 增加一个单位，最后 x_{11} 减少一个单位。

检验数 $\sigma = 7 - 4 + 8 - 6 = 5 > 0$，说明运量 x_{12} 不能增加，为最优。

表 5-24 运输方案表(2)

	B_1	B_2	B_3	B_4	销
A_1	6 14 ------	7 ⑤ ☆	5 ☆	3 ☆	14
A_2	8 8 ------	4 13	2 6	7 ☆	27
A_3	5 ☆	9 ☆	10 6	6 13	19
产	22	13	12	13	

运量：x_{13} 每增加一个单位，x_{23} 就减少一个单位，从而 x_{21} 增加一个单位，最后 x_{11} 减少一个单位。

检验数 $\sigma = 5 - 2 + 8 - 6 = 5 > 0$，说明运量 x_{13} 不能增加，为最优。

表 5-25 运输方案表(3)

	B_1	B_2	B_3	B_4	销
A_1	6 14 ------	7 ⑤ ☆	5 ⑤ ☆	3 ☆	14
A_2	8 8 ------	4 13	2 6	7 ☆	27
A_3	5 ☆	9 ☆	10 6	6 13	19
产	22	13	12	13	

检验数 $\sigma=3-6+10-2+8-6=7>0$，说明运量 x_{14} 不能增加，为最优。

表 5-26　运输方案表(4)

	B_1	B_2	B_3	B_4	销
A_1	6　　14	7　⑤　☆	5　⑤　☆	3　⑦　☆	14
A_2	8　　8	4　　13	2　　6	7　　☆	27
A_3	5　　☆	9　　☆	10　　6	6　　13	19
产	22	13	12	13	

检验数 $\sigma=7-6+10-2=9>0$，说明运量 x_{24} 不能增加，为最优。

表 5-27　运输方案表(5)

	B_1	B_2	B_3	B_4	销
A_1	6　　14	7　⑤　☆	5　⑤　☆	3　⑦　☆	14
A_2	8　　8	4　　13　6	2　　6	7　⑨　☆	27
A_3	5　　☆	9　　☆	10　　6	6　　13	19
产	22	13	12	13	

检验数 $\sigma=9-4+2-10=-3<0$，说明运量 x_{32} 可以增加，所以非最优。

表 5-28　运输方案表(6)

	B_1	B_2	B_3	B_4	销
A_1	6　　14	7　⑤　☆	5　⑤　☆	3　⑦　☆	14
A_2	8　　8	4　　13　6	2　　6	7　⑨　☆	27
A_3	5　　☆	9　⊖　☆	10　　6	6　　13	19
产	22	13	12	13	

检验数 $\sigma=5-8+2-10=-11<0$，说明运量 x_{31} 可以增加，所以非最优。

由于存在检验数小于零，说明此运输方案非最优，需改进。

② 位势法（表 5-29～表 5-31）。

表 5-29　运输方案表(7)

	B_1		B_2		B_3		B_4		销	u_i
A_1	6	14	7	☆	5	☆	3	☆	14	
A_2	8	8	4	13	2	6	7	☆	27	
A_3	5	☆	9	☆	10	6	6	13	19	
产	22		13		12		13			
v_j										

$\sigma_{ij}=c_{ij}-u_i-v_j$，数字格的检验数 σ 为 0，令 $u_1=0$。

表 5-30　运输方案表(8)

	B_1		B_2		B_3		B_4		销	u_i
A_1	6	14	7	☆	5	☆	3	☆	14	0
A_2	8	8	4	13	2	6	7	☆	27	2
A_3	5	☆	9	☆	10	6	6	13	19	10
产	22		13		12		13			
v_j	6		2		0		−4			

表 5-31　运输方案表(9)

	B_1		B_2		B_3		B_4		销	u_i
A_1	6	14	7	⑤ ☆	5	⑤ ☆	3	⑦ ☆	14	0
A_2	8	8	4	13	2	6	7	⑨ ☆	27	2
A_3	5	⑪ ☆	9	⑬ ☆	10	6	6	13	19	10
产	22		13		12		13			
v_j	6		2		0		−4			

由于存在检验数小于零，说明此运输方案非最优，需改进。

（3）解的改进。

若☆格的检验数存在负数，说明当前调运方案不是最优解，需要进行改进。

若☆格的检验数存在一个以上的检验数为负，一般应选取其中检验数最小的所在空格进行调整。

调整方法：闭回路法。

① 以☆格为出发点，做一闭回路，见表 5-32。

表 5-32　运输方案表(10)

	B_1	B_2	B_3	B_4	销
A_1	6　　14	7　⑤　☆	5　⑤　☆	3　⑦　☆	14
A_2	8　　8	4　　13	2　　6	7　⑨　☆	27
A_3	5　⊖11　☆	9　⊖3　☆	10　　6	6　　13	19
产	22	13	12	13	

② 以☆格不在的对角线上最小运量作为调整量，☆格的运量增加调整量，其余各顶点的运量对应改变，见表 5-33。

表 5-33　运输方案表(11)

	B_1	B_2	B_3	B_4	销
A_1	6　　14	7　　☆	5　　☆	3　　☆	14
A_2	8　　2	4　　13	2　　12	7　　☆	27
A_3	5　　6	9　　☆	10　　0	6　　13	19
产	22	13	12	13	

③ 继续计算调整后所有空格的检验数，若均非负，则已经得到最优解，否则返回步骤①，见表 5-34。

表 5-34　运输方案表(12)

	B_1	B_2	B_3	B_4	销	u_i
A_1	6　　14	7　⑤　☆	5　⑤　☆	3　⊖4　☆	14	0
A_2	8　　2	4　　13	2　　12	7　⊖2	27	2
A_3	5　　6	9　⑧　☆	10　⑪　☆	6　　13	19	−1
产	22	13	12	13		
v_j	6	2	0	7		

由于存在小于零的检验数，故此方案也非最优方案，还需进一步调整。再次进入步骤①检验，见表 5-35。

表 5-35　运输方案表(13)

	B_1		B_2		B_3		B_4		销
A_1	6		7		5		3		14
		1		☆		☆		13	
A_2	8		4		2		7		27
		2		13		12		☆	
A_3	5		9		10		6		19
		19		☆		☆		0	
产	22		13		12		13		

又得到新的调整方案,重新检验,见表 5-36 和表 5-37。

表 5-36　运输方案表(14)

	B_1		B_2		B_3		B_4		销	u_i
A_1	6		7		5		3		14	0
		1		☆		☆		13		
A_2	8		4		2		7		27	2
		2		13		12		☆		
A_3	5		9		10		6		19	-1
		19		☆		☆		☆		
产	22		13		12		13		
v_j	6		2		0		3		

表 5-37　运输方案表(15)

	B_1		B_2		B_3		B_4		销	u_i
A_1	6		7		5		3		14	0
		1	⑤	☆	⑤	☆		13		
A_2	8		4		2		7		27	2
		2		13		12	②	☆		
A_3	5		9		10		6		19	-1
		19	⑧	☆	⑪	☆	④	☆		
产	22		13		12		13		
v_j	6		2		0		3		

由于此时所有的检验数都大于 0,则此时目标函数值最小。
$$\min Z = 6 \times 1 + 8 \times 2 + 5 \times 19 + 4 \times 13 + 2 \times 12 + 3 \times 13 = 232$$

5.2.3　基于 LINGO 的多个起止点的运输问题应用举例

例 5-5　某物流公司从 6 个产地 $A_1, A_2, \cdots, A_6$ 将产品运往 8 个销售地 $B_1, B_2, \cdots, B_8$,各产地的产量、各销售地的销量以及各产地运往各销售地的运价如表 5-38 所示,应如何调运使总运费最小?

表 5-38 运价表

单位运价 / 产地 \ 销售地	B_1	B_2	B_3	B_4	B_5	B_6	B_7	B_8	产量
A_1	6	2	6	7	4	2	5	9	60
A_2	4	9	5	3	8	5	8	2	55
A_3	5	2	1	9	7	4	3	3	51
A_4	7	6	7	3	9	2	7	1	43
A_5	2	3	9	5	7	2	6	5	41
A_6	5	5	2	2	8	1	4	3	52
销量	35	37	22	32	41	32	43	38	

解 根据问题建立运输问题数学模型

$$\min Z = \sum_{i=1}^{6} \sum_{j=1}^{8} c_{ij} x_{ij}$$

$$\text{s.t.} \begin{cases} \sum_{i=1}^{6} x_{ij} = b_j, j = 1, 2, \cdots, 8 \\ \sum_{j=1}^{8} x_{ij} = a_i, i = 1, 2, \cdots, 6 \\ \sum_{i=1}^{6} a_i = \sum_{j=1}^{8} b_j \\ x_{ij} \geqslant 0, \text{对所有的 } i, j \end{cases}$$

其中:

$$\text{运价 } c_{ij} = \begin{bmatrix} 6 & 2 & 6 & 7 & 4 & 2 & 5 & 9 \\ 4 & 9 & 5 & 3 & 8 & 5 & 8 & 2 \\ 5 & 2 & 1 & 9 & 7 & 4 & 3 & 3 \\ 7 & 6 & 7 & 3 & 9 & 2 & 7 & 1 \\ 2 & 3 & 9 & 5 & 7 & 2 & 6 & 5 \\ 5 & 5 & 2 & 2 & 8 & 1 & 4 & 3 \end{bmatrix}$$

$$\text{供应 } a_i = \begin{bmatrix} 60 & 55 & 51 & 43 & 41 & 52 \end{bmatrix}$$

$$\text{需求 } b_i = \begin{bmatrix} 35 & 37 & 22 & 32 & 41 & 32 & 43 & 38 \end{bmatrix}$$

根据数学模型,使用 LINGO 软件,编制程序如下:

```
model:
!6 发点 8 收点运输问题;
sets:
    warehouses/wh1..wh6/:capacity;
    vendors/v1..v8/:demand;
    links(warehouses,vendors):cost,volume;
```

```
endsets
```

!目标函数;

```
  min = @sum(links:cost * volume);
```

!需求约束;

```
  @for(vendors(J):
    @sum(warehouses(I):volume(I,J)) = demand(J));
```

!产量约束;

```
  @for(warehouses(I):
    @sum(vendors(J):volume(I,J))<= capacity(I));
```

!这里是数据;

```
data:
  capacity = 60 55 51 43 41 52;
  demand = 35 37 22 32 41 32 43 38;
  cost = 6 2 6 7 4 2 5 9
         4 9 5 3 8 5 8 2
         5 2 1 9 7 4 3 3
         7 6 7 3 9 2 7 1
         2 3 9 5 7 2 6 5
         5 5 2 2 8 1 4 3;
enddata
end
```

LINGO 软件求解结果(部分)如下。

Global optimal solution found.

Objective value:	664.0000
Infeasibilities:	0.000000
Total solver iterations:	15

Variable	Value	Reduced Cost
VOLUME(WH1,V1)	0.000000	5.000000
VOLUME(WH1,V2)	19.00000	0.000000
VOLUME(WH1,V3)	0.000000	5.000000
VOLUME(WH1,V4)	0.000000	7.000000
VOLUME(WH1,V5)	41.00000	0.000000
VOLUME(WH1,V6)	0.000000	2.000000
VOLUME(WH1,V7)	0.000000	2.000000
VOLUME(WH1,V8)	0.000000	10.00000
VOLUME(WH2,V1)	1.000000	0.000000
VOLUME(WH2,V2)	0.000000	4.000000
VOLUME(WH2,V3)	0.000000	1.000000
VOLUME(WH2,V4)	32.00000	0.000000
VOLUME(WH2,V5)	0.000000	1.000000

VOLUME(WH2,V6)	0.000000	2.000000
VOLUME(WH2,V7)	0.000000	2.000000
VOLUME(WH2,V8)	0.000000	0.000000
VOLUME(WH3,V1)	0.000000	4.000000
VOLUME(WH3,V2)	11.00000	0.000000
VOLUME(WH3,V3)	0.000000	0.000000
VOLUME(WH3,V4)	0.000000	9.000000
VOLUME(WH3,V5)	0.000000	3.000000
VOLUME(WH3,V6)	0.000000	4.000000
VOLUME(WH3,V7)	40.00000	0.000000
VOLUME(WH3,V8)	0.000000	4.000000
VOLUME(WH4,V1)	0.000000	4.000000
VOLUME(WH4,V2)	0.000000	2.000000
VOLUME(WH4,V3)	0.000000	4.000000
VOLUME(WH4,V4)	0.000000	1.000000
VOLUME(WH4,V5)	0.000000	3.000000
VOLUME(WH4,V6)	5.000000	0.000000
VOLUME(WH4,V7)	0.000000	2.000000
VOLUME(WH4,V8)	38.00000	0.000000
VOLUME(WH5,V1)	34.00000	0.000000
VOLUME(WH5,V2)	7.000000	0.000000
VOLUME(WH5,V3)	0.000000	7.000000
VOLUME(WH5,V4)	0.000000	4.000000
VOLUME(WH5,V5)	0.000000	2.000000
VOLUME(WH5,V6)	0.000000	1.000000
VOLUME(WH5,V7)	0.000000	2.000000
VOLUME(WH5,V8)	0.000000	5.000000
VOLUME(WH6,V1)	0.000000	3.000000
VOLUME(WH6,V2)	0.000000	2.000000
VOLUME(WH6,V3)	22.00000	0.000000
VOLUME(WH6,V4)	0.000000	1.000000
VOLUME(WH6,V5)	0.000000	3.000000
VOLUME(WH6,V6)	27.00000	0.000000
VOLUME(WH6,V7)	3.000000	0.000000
VOLUME(WH6,V8)	0.000000	3.000000

结果表明,6个发点8个收点的最小费用运输问题的最优目标值为664。Value 给出最优解中各变量的值:发点1对收点2的运输量为19,对收点5为41;发点2对收点1的运输量为1,对收点4为32;发点3对收点2的运输量为11,对收点7为40;发点4对收点6的运输量为5,对收点8为38;发点5对收点1的运输量为34,对收点2为7;发点6对收点3的运输量为22,对收点6为27,对收点7为3。

5.3 中转运输问题

5.3.1 中转运输问题描述和模型建立

将产地 A_i 的物资运送到销售地 B_j，在运送的过程中不一定是直接到达销售地，而是通过其他产地、销售地及中间转运地 T_k 最后到达销售地，此类问题称为中转问题。如图 5-7 所示网络图，$A_1,A_2,\cdots,A_m$ 是产地（称为网络的发点），$T_1,T_2,\cdots,T_k$ 是中转地（称为网络的中间点），$B_1,B_2,\cdots,B_n$ 是销售地（称为网络的收点），物资只能沿两点间线的方向流动，线上的数值为两点间的单位运输成本。决策方案是如何将产地的物资运送到销售地使总成本最小。

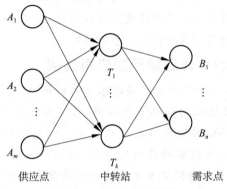

图 5-7　中转问题网络图

图 5-7 中，A_i 表示产地，a_i 表示相应产地的生产量，其中 $i=1,2,\cdots,m$；B_j 表示销售地，b_j 表示相应销售地的需求量，其中 $j=1,2,\cdots,n$；T_k 表示中转站，其中 $k=1,2,\cdots,r$，且不考虑中转站的转运能力。产品可以由产地直接运到销售地，也可以经由中转站然后再运到销售地。问题假设如下。

（1）运输网络图的所有产地、中转站和销售地的具体地理位置是确定的。

（2）不同产地到不同中转站、不同中转站到销售地以及不同产地到销售地之间的运输线路的距离是已知的。

（3）每个产地能够提供的供应量是确定的。

（4）每个销售地的具体需求量是确定的。

模型参数和决策变量如下。

模型参数：

c_{ij} 表示产地 A_i 到销售地 B_j 的运输费用；

c_{ik}^1 表示产地 A_i 到中转站 T_k 的运输费用；

c_{kj}^2 表示中转站 T_k 到销售地 B_j 的运输费用。

决策变量：

x_{ij} 表示从 a_i 到 b_j 的发送量；

x_{ik}^1 表示从产地 A_i 到中转站 T_k 的发送量；

x_{kj}^2 表示从中转站 T_k 到销售地 B_j 的发送量。

$$\min Z = \sum_{i=1}^{m}\sum_{j=1}^{n}c_{ij}x_{ij} + \sum_{i=1}^{m}\sum_{k=1}^{r}c_{ik}^{1}x_{ik}^{1} + \sum_{k=1}^{r}\sum_{j=1}^{n}c_{kj}^{2}x_{kj}^{2} \quad (5\text{-}4)$$

$$\text{s. t.}\begin{cases} \sum_{j=1}^{n}x_{ij} + \sum_{k=1}^{r}x_{ik}^{1} = a_i, i=1,2,\cdots,m & (5\text{-}5) \\[2mm] \sum_{i=1}^{m}x_{ik}^{1} = \sum_{j=1}^{n}x_{kj}^{2}, k=1,2,\cdots,r & (5\text{-}6) \\[2mm] \sum_{i=1}^{m}x_{ij} + \sum_{k=1}^{r}x_{kj}^{2} = b_j, j=1,2,\cdots,n & (5\text{-}7) \\[2mm] x_{ij}\geqslant 0, x_{ik}^{1}\geqslant 0, x_{kj}^{2}\geqslant 0, i=1,2,\cdots,m; k=1,2,\cdots,r; j=1,2,\cdots,n \end{cases}$$

上述模型中式(5-4)为目标函数,表示总的运输费用最小;约束(5-5)表示从任意一个产地发送至多个销售地和中转站的发送量之和等于该产地的产量;约束(5-6)表示流量守恒,即流入任意中转站的数量等于流出该中转站的数量;约束(5-7)表示多个产地和中转站发送至任意一个销售地的发送量之和等于该销售地的销量。

5.3.2　基于 LINGO 的中转运输问题应用实例

例 5-6　某物流公司从 3 个产地将产品运往 4 个销售地,考虑到中转站的地理位置的优势性,公司在产地和销售地之间设立了中转站,既可当收点,也可当发点。如图 5-8 所示网络图,A_1、A_2、A_3 是产地(称为网络的发点),A_4、A_5 是中转站(称为网络的中间点),A_6、A_7、A_8、A_9 是销售地(称为网络的收点),物资只能沿两点间线的方向流动,线上的数值为两点间的单位运输成本。请问决策方案应如何将产地的物资运送到销售地使总成本最小?

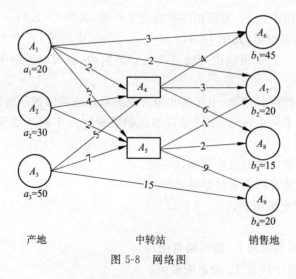

图 5-8　网络图

解　根据问题建立中转运输问题数学模型。

$$\min Z = \sum_{i=1}^{3}\sum_{j=1}^{4}c_{ij}x_{ij} + \sum_{i=1}^{3}\sum_{k=1}^{2}c_{ik}^{1}x_{ik}^{1} + \sum_{k=1}^{2}\sum_{j=1}^{4}c_{kj}^{2}x_{kj}^{2}$$

$$\text{s. t.} \begin{cases} \sum_{j=1}^{n} x_{ij} + \sum_{k=1}^{r} x_{ik}^1 = a_i, i = 1,2,3 \\ \sum_{i=1}^{m} x_{ik}^1 = \sum_{j=1}^{n} x_{kj}^2, k = 1,2 \\ \sum_{i=1}^{m} x_{ij} + \sum_{k=1}^{r} x_{kj}^2 = b_j, j = 1,2,3,4 \\ x_{ij} \geqslant 0, x_{ik}^1 \geqslant 0, x_{kj}^2 \geqslant 0, i = 1,2,3; k = 1,2; j = 1,2,3,4 \end{cases}$$

其中：

产地到销售地的单位运价 $c_{ij} = \begin{bmatrix} 3 & 2 & 0 & 0 \\ 0 & 0 & 0 & 0 \\ 0 & 0 & 0 & 15 \end{bmatrix}$

产地到中转站的单位运价 $c_{ik} = \begin{bmatrix} 4 & 3 & 6 & 0 \\ 0 & 1 & 2 & 9 \end{bmatrix}$

中转站到销售地的单位运价 $c_{kj} = \begin{bmatrix} 2 & 5 \\ 4 & 2 \\ 5 & 7 \end{bmatrix}$

供应 $a_i = \begin{bmatrix} 20 & 30 & 50 \end{bmatrix}$

需求 $b_j = \begin{bmatrix} 45 & 20 & 15 & 20 \end{bmatrix}$

根据上述建立的数学模型，使用 LINGO 软件，编制程序如下：

```
model:
sets:
  point/a1..a9/: capacity;
  links (point, point): cost, volume;
endsets
!目标函数;
  min = @sum (links: cost * volume);
!需求约束;
@for (point (i) :
@sum(point(j): volume(j,i)) - @sum(point(j): volume(i,j)) = capacity(i));
!这里是数据;
data:
  capacity = - 20 - 30 - 50 0 0 45 20 15 20;
  cost = 1000 1000 1000 2 5 3 2 1000 1000
         1000 1000 1000 4 2 1000 1000 1000 1000
         1000 1000 1000 5 7 1000 1000 1000 15
         1000 1000 1000 1000 1000 4 3 6 1000
         1000 1000 1000 1000 1000 1000 1 2 9
         1000 1000 1000 1000 1000 1000 1000 1000 1000
         1000 1000 1000 1000 1000 1000 1000 1000 1000
         1000 1000 1000 1000 1000 1000 1000 1000 1000
```

```
            1000 1000 1000 1000 1000 1000 1000 1000 1000;
    enddata
    end
```

LINGO 软件求解结果(部分)如下。

```
Global optimal solution found.
Objective value:                            730.0000
Infeasibilities:                            0.000000
Total solver iterations:                    9
```

Variable	Value	Reduced Cost
VOLUME(A1, A1)	0.000000	1000.000
VOLUME(A1, A2)	0.000000	1001.000
VOLUME(A1, A3)	0.000000	1006.000
VOLUME(A1, A4)	0.000000	3.000000
VOLUME(A1, A5)	0.000000	4.000000
VOLUME(A1, A6)	20.00000	0.000000
VOLUME(A1, A7)	0.000000	0.000000
VOLUME(A1, A8)	0.000000	997.0000
VOLUME(A1, A9)	0.000000	991.0000
VOLUME(A2, A1)	0.000000	999.0000
VOLUME(A2, A2)	0.000000	1000.000
VOLUME(A2, A3)	0.000000	1005.000
VOLUME(A2, A4)	0.000000	4.000000
VOLUME(A2, A5)	30.00000	0.000000
VOLUME(A2, A6)	0.000000	996.0000
VOLUME(A2, A7)	0.000000	997.0000
VOLUME(A2, A8)	0.000000	996.0000
VOLUME(A2, A9)	0.000000	990.0000
VOLUME(A3, A1)	0.000000	994.0000
VOLUME(A3, A2)	0.000000	995.0000
VOLUME(A3, A3)	0.000000	1000.000
VOLUME(A3, A4)	30.00000	0.000000
VOLUME(A3, A5)	0.000000	0.000000
VOLUME(A3, A6)	0.000000	991.0000
VOLUME(A3, A7)	0.000000	992.0000
VOLUME(A3, A8)	0.000000	991.0000
VOLUME(A3, A9)	20.00000	0.000000
VOLUME(A4, A1)	0.000000	999.0000
VOLUME(A4, A2)	0.000000	1000.000
VOLUME(A4, A3)	0.000000	1005.000
VOLUME(A4, A4)	0.000000	1000.000
VOLUME(A4, A5)	0.000000	998.0000

VOLUME(A4, A6)	25.00000	0.000000
VOLUME(A4, A7)	5.000000	0.000000
VOLUME(A4, A8)	0.000000	2.000000
VOLUME(A4, A9)	0.000000	990.0000
VOLUME(A5, A1)	0.000000	1001.000
VOLUME(A5, A2)	0.000000	1002.000
VOLUME(A5, A3)	0.000000	1007.000
VOLUME(A5, A4)	0.000000	1002.000
VOLUME(A5, A5)	0.000000	1000.000
VOLUME(A5, A6)	0.000000	998.0000
VOLUME(A5, A7)	15.00000	0.000000
VOLUME(A5, A8)	15.00000	0.000000
VOLUME(A5, A9)	0.000000	1.000000
VOLUME(A6, A1)	0.000000	1003.000
VOLUME(A6, A2)	0.000000	1004.000
VOLUME(A6, A3)	0.000000	1009.000
VOLUME(A6, A4)	0.000000	1004.000
VOLUME(A6, A5)	0.000000	1002.000
VOLUME(A6, A6)	0.000000	1000.000
VOLUME(A6, A7)	0.000000	1001.000
VOLUME(A6, A8)	0.000000	1000.000
VOLUME(A6, A9)	0.000000	994.0000
VOLUME(A7, A1)	0.000000	1002.000
VOLUME(A7, A2)	0.000000	1003.000
VOLUME(A7, A3)	0.000000	1008.000
VOLUME(A7, A4)	0.000000	1003.000
VOLUME(A7, A5)	0.000000	1001.000
VOLUME(A7, A6)	0.000000	999.0000
VOLUME(A7, A7)	0.000000	1000.000
VOLUME(A7, A8)	0.000000	999.0000
VOLUME(A7, A9)	0.000000	993.0000
VOLUME(A8, A1)	0.000000	1003.000
VOLUME(A8, A2)	0.000000	1004.000
VOLUME(A8, A3)	0.000000	1009.000
VOLUME(A8, A4)	0.000000	1004.000
VOLUME(A8, A5)	0.000000	1002.000
VOLUME(A8, A6)	0.000000	1000.000
VOLUME(A8, A7)	0.000000	1001.000
VOLUME(A8, A8)	0.000000	1000.000
VOLUME(A8, A9)	0.000000	994.0000
VOLUME(A9, A1)	0.000000	1009.000
VOLUME(A9, A2)	0.000000	1010.000

VOLUME(A9, A3)	0.000000	1015.000
VOLUME(A9, A4)	0.000000	1010.000
VOLUME(A9, A5)	0.000000	1008.000
VOLUME(A9, A6)	0.000000	1006.000
VOLUME(A9, A7)	0.000000	1007.000
VOLUME(A9, A8)	0.000000	1006.000
VOLUME(A9, A9)	0.000000	1000.000

要将产地的物资运送到销售地使总成本最小的决策方案如下。

产地 A_1 向销售地 A_6 直接运送量为 20，产地 A_2 向中转站 A_5 运送量为 30，产地 A_3 向中转站 A_4 运送量为 30，产地 A_3 向销售地 A_9 运送量为 20，中转站 A_4 向销售地 A_6 运送量为 25，中转站 A_4 向销售地 A_7 运送量为 5，中转站 A_5 向销售地 A_7 运送量为 15，中转站 A_5 向销售地 A_8 运送量为 15。

思考与练习

1. 求图 5-9 中从 v_1 到各点的最短路径。

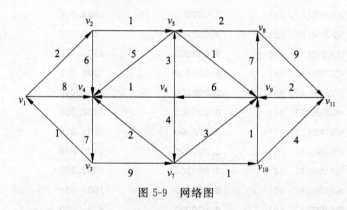

图 5-9　网络图

2. 甲、乙、丙三个城市每年分别需要煤炭 320t、250t、350t，由 A、B 两处煤矿负责供应。已知 A 煤矿煤炭年供应量为 400 万吨，B 煤矿煤炭年供应量为 450 万吨。由煤矿至各城市的单位运价（万元/万吨）见表 5-39。

表 5-39　运价表

煤矿	城　市		
	甲	乙	丙
A	15	18	22
B	21	25	16

由于需大于供，经研究平衡决定，甲城市供应量可减少 0～30 万吨，乙城市需求量应全部满足，丙城市供应量不少于 270 万吨。试求既将供应量全部分配完又使总运费为最低的调运方案。

3. 请画出表 5-40 中的空格(1,1)和(1,4)的闭回路径。

表 5-40　表上作业法的过程中的可行解表

	100	50	
120			70
		80	90

4. 已知产销平衡运输问题如表 5-41 所示。试检验表中的基可行解是否是最优解。如不是,用闭回路法对表中的解进行调整,求出最优解及最小总运费。提示:需简要写出求解过程,并将有关数据填入表中。一个基可行解用一张表表示。

表 5-41　产销平衡表

产地	销售地				产量
	B_1	B_2	B_3	B_4	
A_1	4	5　10	3	2　50	60
A_2	3　40	2　35	5	7	75
A_3	8	7	2　70	4　20	90
需求量	40	45	70	70	

5. 某运输公司接受了一项货运业务,收发点位置表见表 5-42。求车辆的最优调度方案。

表 5-42　收发点位置表

货名	发货点	收货点	运量	距离
水泥	B_1	A_2	80	3
石灰	B_2	A_1	50	5
砖	B_3	A_3	80	5

CHAPTER
第 6 章

配送优化问题

配送是指将被订购的货物使用汽车或其他运输工具从供应点送至顾客手中的活动。物流配送车辆调度优化问题自 1959 年被提出后,很快引起运筹学、应用数学、组合数学、图论与网络分析、物流科学、计算机应用等学科的专家与运输计划制订者的极大重视,同时也逐渐成为运筹学与组合优化领域的热点研究问题。由于它应用的广泛性和经济上的重大价值,一直受到国内外学者的广泛关注。

物流配送车辆调度问题的一般性定义是:把一系列的装货点和(或)卸货点有机地组织起来,形成行车线路,使待调度车辆能够高效、节能且有序地通过这些点。当然,这种组织方式应该是在满足一定的约束条件下(如用户对货物的需求量、一次性发货量、应交货时间、单个车场的车辆容量限制、路程约束、时间限制等),最终达到缩短里程、减少支出费用、缩短运输时间、使用车辆数尽量少等优化目标。

物流配送车辆调度问题一般研究的是在配送中心及用户位置均已知、资源及运输能力充分、各用户需求量已知的前提下,如何合理、高效、低成本地解决分配与运送的问题。即如何按照一定的要求将货物从配送中心发送到若干个用户点。配送方案应该包括两个相关的环节:①将哪些用户分配到一条回路上,即有哪些用户的货物应该安排在同一辆车上;②每条配送路线用户的连接顺序。物流配送车辆调度的最优解实际是一个效率最高的运输方案,它应明确规定派出的车辆型号、车辆数以及每辆车的具体行车路线。实施这一配送方案,既可以满足用户的需求,又可以使总的运输行程最短。

最基本、被研究最多的车辆调度问题是旅行商问题(traveling salesman problem,TSP)。在这个问题中,一个旅行商从一座城市出发经过所要去的城市至少一次后返回原出发地。TSP 的目标是最小化旅行商总旅行距离(或总旅行时间)。

车辆路径问题(vehicle routing problem,VRP)问题是一种一般化的旅行商问题。VRP中包含多条车辆路径,每条路径就是一个 TSP(车辆从车场出发,访问一组顾客后返回车场)。每个顾客都必须被访问一次且仅一次,每条路径的顾客总需求不能超过车辆的运载能力。当考虑车辆的容量约束的 VRP 问题时,即为考虑容量约束的车辆路径问题(capacitated vehicle routing problem,CVRP);当在考虑车辆容量的基础上,进一步考虑时间窗约束时的 VRP 问题,即为考虑时间窗的车辆路径问题(vehicle routing problem with time windows,VRPTW)。

6.1　货郎担问题

6.1.1　货郎担问题描述和模型建立

货郎担问题一般指旅行商问题,是一个单一的车辆路径问题。物流配送优化问题中的 TSP 问题可描述为:对一系列给定的客户点确定旅行路线,使某辆车从配送中心出发,有序地为它们进行服务,并在满足一定的约束条件下(客户需求量等),使总运输成本达到最小(行驶总距离最短等)。货郎担路线如图 6-1 所示。

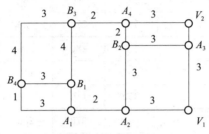

图 6-1　货郎担路线图

模型的假设一般如下。

(1) 配送中心和所有客户的具体地理位置是确定的。

(2) 配送中心到不同客户以及客户到客户之间的运输线路的距离已知。

(3) 配送中心只有一辆车出发且必须满足所有客户的需求。

(4) 不考虑车辆的容载。

(5) 确定从配送中心出发的车辆访问客户的顺序。

设 $G=(V,E)$ 为赋权图,$V=\{1,2,\cdots,n\}$ 为顶点集,E 为边集,各顶点间距离为 C_{ij}。已知 $C_{ij}>0,C_{ij}=+\infty,i,j\in V$ 并设:

$$x_{ij}=\begin{cases}1,\text{边}(i,j)\text{在最优路线上}\\0,\text{其他}\end{cases}$$

则问题的数学模型可写成如下的线性规划形式:

$$\min Z=\sum_{i\neq j}c_{ij}x_{ij}$$

$$\text{s.t.}\begin{cases}\sum_{j\neq 1}x_{ij}=1,i\in V\\\sum_{i\neq j}x_{ij}=1,j\in V\\\sum_{i,j\in S}x_{ij}\leqslant|K|-1,K\subset V\\x_{ij}\in\{0,1\},i,j\in V\end{cases}$$

这里,K 为 V 的所有非空子集,$|K|$ 为集合 K 中所含 G 的顶点个数。前两个约束意味着对每个顶点而言,仅有一条边进和一条边出,后一约束则保证了没有任何子回路解的产生。

6.1.2　基于 LINGO 的货郎担问题应用举例

例 6-1　一位旅行商要拜访 n 个城市,他必须选择所要走的路径,路径的限制是每个城市只能拜访一次,而且最后要回到原来出发的城市。路径的选择要求是路径路程为所有路径之中的最小值。城市之间的距离如表 6-1 所示。

表 6-1　城市之间的距离

城市	1	2	3	4	5	6	7	8	9
1	0	200	660	170	127	225	490	420	330
2	200	0	820	300	90	60	310	225	151
3	660	820	0	530	770	120	1 110	1 050	960
4	170	300	530	0	280	350	600	550	450
5	127	90	770	280	0	110	370	310	210
6	225	60	120	350	110	0	280	250	120
7	490	310	1 110	600	370	280	0	290	190
8	420	225	1 050	550	310	250	290	0	160
9	330	151	960	450	210	120	190	160	0

解　由此建立的数学模型为

$$\min Z = \sum_{i \neq j} c_{ij} x_{ij}$$

$$\text{s. t.} \begin{cases} \sum\limits_{j \neq 1} x_{ij} = 1, i \in V \\ \sum\limits_{i \neq j} x_{ij} = 1, j \in V \\ \sum\limits_{i,j \in S} x_{ij} \leqslant |K| - 1, K \subset V \\ x_{ij} \in \{0,1\}, i,j \in V \end{cases}$$

其中节点 V 取 9,则:

$$\text{距离 } c_{ij} = \begin{bmatrix} 0 & 200 & 660 & 170 & 127 & 225 & 490 & 420 & 330 \\ 200 & 0 & 820 & 300 & 90 & 60 & 310 & 225 & 151 \\ 660 & 820 & 0 & 530 & 770 & 120 & 1110 & 1050 & 960 \\ 170 & 300 & 530 & 0 & 280 & 350 & 600 & 550 & 450 \\ 127 & 90 & 770 & 280 & 0 & 110 & 370 & 310 & 210 \\ 225 & 60 & 120 & 350 & 110 & 0 & 280 & 250 & 120 \\ 490 & 310 & 1110 & 600 & 370 & 280 & 0 & 290 & 190 \\ 420 & 225 & 1050 & 550 & 310 & 250 & 290 & 0 & 160 \\ 330 & 151 & 960 & 450 & 210 & 120 & 190 & 160 & 0 \end{bmatrix}$$

根据上述建立的数学模型,使用 LINGO 软件,编制程序如下:

```
model:
sets:
cities/1..9/:level;
link(cities, cities): distance, x;    !距离矩阵;
endsets
data:
distance = 0 200 660 170 127 225 490 420 330
           200 0 820 300 90 60 310 225 151
           660 820 0 530 770 120 1110 1050 960
           170 300 530 0 280 350 600 550 450
           127 90 770 280 0 110 370 310 210
           225 60 120 350 110 0 280 250 120
           490 310 1110 600 370 280 0 290 190
           420 225 1050 550 310 250 290 0 160
           330 151 960 450 210 120 190 160 0;
enddata
n = @size(cities);

!目标函数;
min = @sum(link:distance * x);

@for(cities(k):
    !进入城市 k;
    @sum(cities(i) | i #ne# k: x(i,k)) = 1;

    !离开城市 k;
    @sum(cities(j) | j #ne# k: x(k,j)) = 1;
    );

    !保证不出现子圈;
    @for(cities(i) | i #gt# 1:
    @for(cities(j) | j #gt# 1 #and# i#ne#j:
        level(i) - level(j) + n * x(i,j)<= n-1);
    );

    !限制 u 的范围以加速模型的求解,保证所加限制并不排除 tsp 问题的最优解;
    @for(cities(i) | i #gt# 1: level(i)<= n-2);
    !定义 x 为 0\1 变量;
    @for(link:@bin(x));
end
```

LINGO 软件求解结果如下。

Global optimal solution found.

```
Objective value:                        1862.000
Objective bound:                        1862.000
Infeasibilities:                        0.000000
Extended solver steps:                         4
Total solver iterations:                     478
```

Variable	Value	Reduced Cost
N	9.000000	0.000000
LEVEL(1)	0.000000	0.000000
LEVEL(2)	1.000000	0.000000
LEVEL(3)	6.000000	0.000000
LEVEL(4)	7.000000	0.000000
LEVEL(5)	0.000000	0.000000
LEVEL(6)	5.000000	0.000000
LEVEL(7)	3.000000	0.000000
LEVEL(8)	2.000000	0.000000
LEVEL(9)	4.000000	0.000000
X(1,1)	0.000000	0.000000
X(1,2)	0.000000	200.0000
X(1,3)	0.000000	660.0000
X(1,4)	0.000000	170.0000
X(1,5)	1.000000	127.0000
X(1,6)	0.000000	225.0000
X(1,7)	0.000000	490.0000
X(1,8)	0.000000	420.0000
X(1,9)	0.000000	330.0000
X(2,1)	0.000000	200.0000
X(2,2)	0.000000	0.000000
X(2,3)	0.000000	820.0000
X(2,4)	0.000000	300.0000
X(2,5)	0.000000	90.00000
X(2,6)	0.000000	60.00000
X(2,7)	0.000000	310.0000
X(2,8)	1.000000	225.0000
X(2,9)	0.000000	151.0000
X(3,1)	0.000000	660.0000
X(3,2)	0.000000	820.0000
X(3,3)	0.000000	0.000000
X(3,4)	1.000000	530.0000
X(3,5)	0.000000	770.0000
X(3,6)	0.000000	120.0000
X(3,7)	0.000000	1110.000

X(3,8)	0.000000	1050.000
X(3,9)	0.000000	960.0000
X(4,1)	1.000000	170.0000
X(4,2)	0.000000	300.0000
X(4,3)	0.000000	530.0000
X(4,4)	0.000000	0.000000
X(4,5)	0.000000	280.0000
X(4,6)	0.000000	350.0000
X(4,7)	0.000000	600.0000
X(4,8)	0.000000	550.0000
X(4,9)	0.000000	450.0000
X(5,1)	0.000000	127.0000
X(5,2)	1.000000	90.00000
X(5,3)	0.000000	770.0000
X(5,4)	0.000000	280.0000
X(5,5)	0.000000	0.000000
X(5,6)	0.000000	110.0000
X(5,7)	0.000000	370.0000
X(5,8)	0.000000	310.0000
X(5,9)	0.000000	210.0000
X(6,1)	0.000000	225.0000
X(6,2)	0.000000	60.00000
X(6,3)	1.000000	120.0000
X(6,4)	0.000000	350.0000
X(6,5)	0.000000	110.0000
X(6,6)	0.000000	0.000000
X(6,7)	0.000000	280.0000
X(6,8)	0.000000	250.0000
X(6,9)	0.000000	120.0000
X(7,1)	0.000000	490.0000
X(7,2)	0.000000	310.0000
X(7,3)	0.000000	1110.000
X(7,4)	0.000000	600.0000
X(7,5)	0.000000	370.0000
X(7,6)	0.000000	280.0000
X(7,7)	0.000000	0.000000
X(7,8)	0.000000	290.0000
X(7,9)	1.000000	190.0000
X(8,1)	0.000000	420.0000
X(8,2)	0.000000	225.0000
X(8,3)	0.000000	1050.000
X(8,4)	0.000000	550.0000
X(8,5)	0.000000	310.0000

X(8,6)	0.000000	250.0000
X(8,7)	1.000000	290.0000
X(8,8)	0.000000	0.000000
X(8,9)	0.000000	160.0000
X(9,1)	0.000000	330.0000
X(9,2)	0.000000	151.0000
X(9,3)	0.000000	960.0000
X(9,4)	0.000000	450.0000
X(9,5)	0.000000	210.0000
X(9,6)	1.000000	120.0000
X(9,7)	0.000000	190.0000
X(9,8)	0.000000	160.0000
X(9,9)	0.000000	0.000000

旅行商按照限制每个城市只能拜访一次,而且最后要回到原来出发的城市,路径为 6—3—4—1—5—2—8—7—9—6 时,所求得的路径路程为所有路径之中的最小值 1 862。

6.2　带容量约束的车辆路径问题

典型的车辆路径问题定义如下:运输车辆从一个或多个设施到多个地理上分散的客户点,优化设计一套货物流动的运输路线,同时需满足一系列的约束条件,其前提条件是客户点位置和道路情况已知,由此确定一套车辆运输路线,以满足目标函数的要求。

6.2.1　车辆路径问题的构成要素及分类

1. 车辆调度问题的构成要素

物流配送车辆调度问题主要包括货物、车辆、配送中心、客户、运输网络、约束条件和目标函数等要素。

(1) 货物。货物是我国交通运输领域中的一个特有、专用的概念,交通运输领域将其经营的对象分为两大类:一类是人;另一类是物,"物"这一类的运输目标统称为货物。我们这里所说的货物是指物流配送的对象,每批货物都包括品名、包装、重量、体积、要求送到(或取走)的时间和地点、能否分批配送等属性。

(2) 车辆。车辆是"车"与车的单位"辆"的总称。所谓车,是指陆地上用轮子转动的交通工具;所谓辆,来源于古代对车的计量方法。本节所说的车辆是指运载货物的工具,车辆的主要属性包括类型、工作时间、配送前的停放位置、载质量以及配送任务完成后的停放位置等。

(3) 配送中心。配送中心是指接受供应者所提供的多品种、小批量的货物,通过存储、保管、分拣、配货以及流通加工、信息处理等作业后,将按需要者订货要求配齐的货物送交顾客的组织机构和物流设施。本节所说的配送中心是指从事配送业务的物流场所或组织,如可以进行货物集中、分拣、配货、送货等的仓库、车站、港口等固定场所。在物流配送系统中,配送中心可以只有一个,也可以同时具有多个。

　　配送中心专业性较强,和客户有固定的配送关系,一般实行计划配送,需配送的商品有一定的库存量,一般情况下,很少超越自己的经营范围。配送中心的设施及工艺流程是根据配送需要专门设计的,所以配送能力很强,配送距离较远,配送的品种较多,配送数量比较大。使用配送中心配送覆盖面宽、规模大,因此,必须有配套的大规模实施配送的设施。本节的研究背景就是基于配送中心的物流配送中车辆调度问题的研究。

　　(4) 客户。客户是指物流配送的服务对象,可以是各种零售店,也可以是分仓库,还可以是别的仓库的外调。也就是说,客户是有配送任务的对象的统称。客户的属性包括需求数量、需求时间、需求次数以及目前需求的满足动态等。

　　(5) 运输网络。本章的运输网络采用了离散数学中对网的介绍,配送中心、客户、停车场等构成网络的顶点,它们之间的交互运输构成了无向边,具体的运输任务被称为由有向弧组成的运输的网络。边、弧的属性包括方向、权值和交通流量限制等。

　　在运输网络中,边或弧具有一定的权值,该值可以表示距离、时间或费用。边或弧的权值变化具有以下几种情况:固定不变,不随着时间和车辆的不同而变化;随时间段或者车辆不同而变化;既随时间的不同而变化,又随车辆的不同而变化。

　　对运输网络中的定点、边或弧的交通流量要求分为以下几种情况:① 无流量限制;② 边、弧限制,即每条边、弧上同时行驶的车辆数有限;③ 顶点限制,即每个顶点上同时装、卸货的车辆数有限;④ 边、弧、顶点都有限制。

　　(6) 约束条件。物流配送车辆调度问题应满足以下约束条件:能够满足所有客户对货物品种、规格、数量的要求;能够在客户要求或者承受的时间内将货物送到;运输车辆每天的运行时间、运行里程都要有一定的限制,不能超过预定的时间或者里程;在物流配送过程中实际装载的货物不能超过车辆的最大载重要求,也就是不能超载;当然,客户的需求也必须在物流中心现有的运力范围内,也就是目前有这个能力去完成待完成的任务。

　　(7) 目标函数。目标函数是指所关心的目标(某一变量)与相关的因素(某些变量)的函数关系,简单来说,就是求解后得出的函数。在求解前函数是未知的,按照思路将已知条件利用起来,求解未知量的函数关系式,即为目标函数。本章研究的物流配送车辆调度问题,可以只选用一个目标,也可以同时选用多个目标。使用概率比较多的目标函数主要有以下几个。

　　① 配送的距离最短,也就是在配送过程中车辆所走的路程最短。在实际的物流配送中,配送里程直接关系到配送车辆的耗油量、磨损程度以及驾驶员疲劳程度等因素。因此,在众多的目标函数中选择配送里程最短的目标,在某种程度上可以直接减少运输成本。

　　② 配送车辆的载质量与公里数最少。这种方式的目标是将配送距离与车辆的载质量进行有机结合,综合考虑载质量与配送距离之间的关系,以达到最优化的配置,这是比较常用的目标之一。

　　③ 综合费用最低。完成最多的任务,花最少的成本,这是物流配送中的一个根本原则。降低各项开支的综合费用是实现物流配送业务中取得良好经济效益的根本要求。在物流配送中,与配送相关的费用包括车辆维护费用、车辆耗油费用、车队管理费用、装卸工所需费用、各部门人员工资费用等。

　　④ 准时完成任务。无论是分仓库还是分销点,各用户都对需求的交货时间有着严格的要求。配送任务完成的准时性,很大程度决定了配送公司在客户心中的地位,决定了公司的

信誉度。各种成本虽然是必须考虑的因素,也是最实际的因素,但是,为提高配送服务质量,按时完成用户的需求,有时需要将准时性最高作为配送路线的目标。

⑤ 使用的车辆数最少。该目标考虑的是使用尽量少的车辆完成指定的配送任务。前面的目标叙述了各项指标的要求,虽然车辆跑得距离最短,也是按时到达的,但是车辆并没有满载,这无疑也是对资源的一种浪费,也不能使整体配送效益达到最优,所以必须要求车辆的满载率最高,以充分利用车辆的装载能力。

⑥ 劳动消耗最低,充分考虑人的因素。也就是使用最少的驾驶员,这和前面使用最少的车辆是一致的,只有车辆少了,驾驶员才会少,只有车辆都装满了,才会使用最少的车辆。只有选择的距离最短了,驾驶员才能工作最短的时间,这些都是重要的目标值。

2. 车辆调度问题的分类

车辆调度问题被提出后,国内外各学科的学者从不同的角度对它进行了各种研究,并各自按不同的标准对其进行了分类。综合起来可分为以下几种。

(1) 按车场数目分类可分为单车场车辆调度问题和多车场车辆调度问题。单车场车辆调度问题是指配送系统中仅有一个配送中心,多车场车辆调度问题是指配送系统中存在多个配送中心。

(2) 按配送任务特征分类可分为纯送货问题、纯取货问题和取送混合问题。纯送货问题是指仅考虑从物流中心向客户送货,而不考虑从客户向配送中心送货;纯取货问题是指单纯考虑从各客户手中取得货物送到配送中心而不考虑配送中心给客户供货问题;取送混合问题是上面两者的结合,既要考虑将客户需求的货物从物流中心送到各个客户手中,同时还要考虑将客户提供的货物从客户手中送到物流中心。

(3) 按车辆载货状况分类可分为满载问题、非满载问题以及满载和非满载混合问题。满载问题是指货运量不小于车辆容量,完成一项任务需要不少于一辆车;非满载问题是指货运量小于车辆容量,多项货物合用一辆车,在实际的车辆配送过程中经常会出现这种处于非满载的状态;满载和非满载混合问题是上述两者的结合,既存在一部分客户需求和供应的货物数量大于或等于车辆的载重量,同时又存在另一部分客户需求量或供应的货物数量小于车辆的载重量,上述情况就造成一部分配送车辆满载运行,而另一部分车辆运行在非满载的状态。

(4) 按客户对货物处理时间的要求分类可分为无时间约束问题和有时间约束问题。无时间约束问题是指客户对货物的取走和送到的时间没有严格的要求;有时间约束问题是指客户要求将其需求的货物在一定的时间范围内送到,并且将供应的货物在一定的时间范围内取走。有时间约束问题又分为硬时间窗问题和软时间窗问题,硬时间窗问题是指对任务的完成有硬性的时间限制,或者说时间要求。软时间窗问题是指有一定的时间约束,但是相对比较宽松,尽量在用户规定的时间范围内将货物送到或者取走,但是,如果超越了规定的时间限制,可能要有一定的处罚机制。

(5) 按车辆类型分类可分为单车型问题和多车型问题。单车型问题是指所有配送车辆类型和容量相同,这种情况方便统一管理和装卸。多车型问题是指在执行任务过程中的配送车辆类型和容量不完全相同,这种情况处理起来比较复杂。

(6) 按车辆对车场所属关系分类可分为开放式车辆调度问题和封闭式车辆调度问题。开放式车辆调度问题是指车辆完成配送任务后可以不返回其原来出发的车场;封闭式车辆调度问题是指车辆完成配送任务后必须返回其原来出发的车场。本节针对开放式车辆调度问题进行研究。

（7）按优化目标数分类可分为单目标问题和多目标问题。单目标问题是指仅考虑一个配送目标；多目标问题是指同时考虑多个配送目标。

6.2.2　带容量约束的车辆路径问题描述和模型建立

物流配送路径优化问题可以描述如下。

从配送中心（或称物流据点）用多辆汽车向多个需求点（或称顾客）送货，每个需求点的位置和需求量一定，每辆汽车的载重量一定，要求合理安排汽车路线，使总运距最短，并满足以下条件：①每条配送路径各需求点的需求量之和不得超过汽车载重量；②每条配送路径的长度不超过汽车一次配送的最大行驶距离；③每个需求点的需求必须满足，且只能由一辆汽车送货。本节建立了车辆路径问题的数学模型，并通过考虑上述物流配送路径优化问题的约束条件和优化目标，建立了物流配送路径优化问题的数学模型。

从一个配送中心出发，向多个客户点送货，然后在同一天内返回该配送中心，要安排一个满意的运行路线。已知条件：配送中心拥有的车辆台数 m、每辆车的载重量（吨位）$W_k(k=1,2,\cdots,K)$、需求点（P_i）n、每个点的需货量 $R_i(i=1,2,\cdots,n)$、配送中心到各需求点的费用及各需求点之间的费用 $C_{ij}(i=1,2,\cdots,n-1;j=1,2,\cdots,n;i<j,i=0$ 表示配送中心）。

模型中符号定义如下。

R_i：所有收货点的货物量需求；

W_k：车辆的载重量限制。

决策变量：

$$X_{ijk}=\begin{cases}1,\text{第 } k \text{ 辆车从点 } i \text{ 到点 } j\\0,\text{否则}\end{cases},i\neq j;i,j=0,1,\cdots,n$$

$$Y_{ki}=\begin{cases}1,\text{需求点 } i \text{ 由车辆 } k \text{ 送货}\\0,\text{否则}\end{cases},i=1,2,\cdots,n;\ k=1,2,\cdots,K$$

数学模型为

$$\min Z=\sum_{i=0}^{n}\sum_{j=1}^{n}\sum_{k=1}^{K}C_{ij}x_{ijk}$$

$$\text{s. t.}\begin{cases}\displaystyle\sum_{i=1}^{n}R_iY_{ki}\leqslant W_k,k=1,2,\cdots,K & (6\text{-}1)\\[2mm]\displaystyle\sum_{k=1}^{K}Y_{ki}=1,i=1,2,\cdots,n & (6\text{-}2)\\[2mm]\displaystyle\sum_{i=0}^{n}X_{ijk}=Y_{ki},j=0,1,\cdots,n;k=1,2,\cdots,K & (6\text{-}3)\\[2mm]\displaystyle\sum_{j=0}^{n}X_{ijk}=Y_{ki},i=0,1,\cdots,n;k=1,2,\cdots,K & (6\text{-}4)\\[2mm]Y_{kj}=1\text{ 或 }0,j=0,1,\cdots,n;k=1,2,\cdots,K & (6\text{-}5)\\[2mm]X_{ijk}=1\text{ 或 }0,i,j=0,1,\cdots,n;k=1,2,\cdots,K & (6\text{-}6)\end{cases}$$

上述模型中,目标函数表示总的运输成本最小;约束(6-1)表示每辆车所运送的货物量不超过其载重量;约束(6-2)表示每个需求点由且仅由一辆车送货;约束(6-3)表示若客户点 j 由车辆 k 送货,则车辆 k 必由某点 i 到达点 j;约束(6-4)表示若客户点 i 由车辆 k 送货,则车辆 k 送完该点的货后必到达另一点 j;约束(6-5)和约束(6-6)表示决策变量为 0 和 1 变量。

6.2.3 基于 LINGO 的带容量约束的车辆路径问题应用举例

例 6-2 一配送中心需要服务 8 个城市,每个城市物资需求 0、6、3、7、7、18、4、5;其中车载容量为 18,如图 6-2 所示,求成本最小情况下的车辆最佳行驶路线。

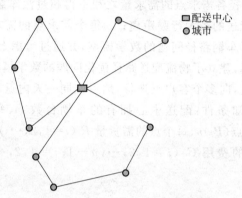

图 6-2 配送中心和城市线路图

城市之间的距离如表 6-2 所示。

表 6-2 城市之间的距离

地 区	芝加哥	丹佛	夫勒斯诺	休斯敦	堪萨斯	洛杉矶	奥克兰	阿纳海姆
芝加哥	0	996	2 162	1 067	499	2 054	2 134	2 050
丹佛	0	0	1 167	1 019	596	1 059	1 227	1 055
弗雷斯诺	0	1 167	0	1 747	1 723	214	168	250
休斯敦	0	1 019	1 747	0	710	1 538	1 904	1 528
堪萨斯	0	596	1 723	710	0	1 589	1 827	1 579
洛杉矶	0	1 059	214	1 538	1 589	0	371	36
奥克兰	0	1 227	168	1 904	1 827	371	0	407
阿纳海姆	0	1 055	250	1 528	1 579	36	407	0

解 建立模型如下:

$$\min Z = \sum_{i=0}^{n} \sum_{j=1}^{n} \sum_{k=1}^{K} C_{ij} x_{ijk}$$

$$
\text{s. t.} \begin{cases}
\sum_{i=1}^{n} R_i Y_{ki} \leqslant W_k, k=1,2,\cdots,K \\
\sum_{k=1}^{K} Y_{ki} = 1, i=1,2,\cdots,n \\
\sum_{i=0}^{n} X_{ijk} = Y_{ki}, j=0,1,\cdots,n; k=1,2,\cdots,K \\
\sum_{j=0}^{n} X_{ijk} = Y_{ki}, i=0,1,\cdots,n; k=1,2,\cdots,K \\
Y_{kj} = 1 \text{ 或 } 0, j=0,1,\cdots,n; k=1,2,\cdots,K \\
X_{ijk} = 1 \text{ 或 } 0, i,j=0,1,\cdots,n; k=1,2,\cdots,K
\end{cases}
$$

其中,$K=1$,$n=9$,$W_k=0,6,3,7,7,18,4,5$。使用 LINGO 软件,编制程序如下:

```
sets:
! q(i) is the amount required at city i,城市 i 的需求量,
   u(i) is the accumulated   delivers at city i,城市 i 的累积交付量;
city/1..8/:q,u;
! dist(i,j) is the distance from city i to city j
x(i,j) is 0-1 variable:it is 1 if some vehicle travels from city i to j,0 if none;
cxc(city,city):dist,x;
endsets data:
! city 1 represent the common depo;
q = 0 6 3 7 7 18 4 5;
! distance from city i to city j is same from city j to city i distance from city i to the depot is 0,
since the vehicle has to return to the depot;
dist = ! to city;! chi den frsn hous kc la oakl anah from;
0 996 2162 1067 499 2054 2134 2050! chicago;
0 0 1167 1019 596 1059 1227 1055! denver;
0 1167 0 1747 1723 214 168 250! fresno;
0 1019 1747 0 710 1538 1904 1528! houston;
0 596 1723 710 0 1589 1827 1579! kansas;
0 1059 214 1538 1589 0 371 36! l. a. ;
0 1227 168 1904 1827 371 0 407! oakland;
0 1055 250 1528 1579 36 407 0;! anaheim;!
vcap is the capacity of a vehicle;
vcap = 18;
enddata
! minimize total travel distance;
min = @sum(cxc:dist * x);
! for each city, except depot.... ;
```

```
@for(city(k)| k #gt# 1:
! a vehicle does not traval inside itself,...;
x(k,k) = 0;
! a vehicle must enter it,...;
@sum(city(i)| i #ne# k #and#( i #eq# 1 #or# q(i)+q(k)#le# vcap):x(i,k)) = 1;
! a vehicle must leave it after service;
@sum(city(j)| j #ne# k #and#( j #eq# 1 #or# q(j)+q(k)#le# vcap):x(k,j)) = 1;
! u(k)is at least amount needed at k but can't exceed capacity;
@bnd(q(k),u(k),vcap);
! if k follows i,then can bound u(k)-u(i);
@for(city(i)| i #ne# k #and# i #ne# 1:u(k)>= u(i)+q(k)-vcap+ vcap *( x(k,i)+x(i,
k))-(q(k)+q(i)) * x(k,i););
! if k is 1st stop,then u(k) = q(k);
u(k)<= vcap-( vcap- q(k)) * x(1,k);
! if k is not 1st stop...;
u(k)>= q(k)+@sum(city(i)| i #gt# 1:q(i) * x(i,k)););
! make the x's binary;
@for(cxc:@bin(x));
! minimum no. vehicles required,fractional and rounded;
vehclf = @sum(city(i)| i #gt# 1:q(i))/ vcap;
vehclr = vehclf + 1.999 - @wrap(vehclf - .001,1);
! must send enough vehicles out of depot;
@sum(city(j)| j #gt# 1:x(1,j))>= vehclr;
end
```

LINGO 软件求解结果如下。

```
Global optimal solution found.
Objective value:                    5732.000
Objective bound:                    5732.000
Infeasibilities:                    0.2697842E-13
Extended solver steps:              6
Total solver iterations:            271
```

Variable	Value	Reduced Cost
VCAP	18.00000	0.000000
VEHCLF	2.777778	0.000000
VEHCLR	3.000000	0.000000
Q(1)	0.000000	0.000000
Q(2)	6.000000	0.000000
Q(3)	3.000000	0.000000

Q(4)	7.000000	0.000000
Q(5)	7.000000	0.000000
Q(6)	18.00000	0.000000
Q(7)	4.000000	0.000000
Q(8)	5.000000	0.000000
U(1)	0.000000	0.000000
U(2)	6.000000	0.000000
U(3)	14.00000	0.000000
U(4)	14.00000	0.000000
U(5)	7.000000	0.000000
U(6)	18.00000	0.000000
U(7)	18.00000	0.000000
U(8)	11.00000	0.00000
X(1,1)	0.000000	0.000000
X(1,2)	1.000000	996.0000
X(1,3)	0.000000	2162.000
X(1,4)	0.000000	1067.000
X(1,5)	1.000000	499.0000
X(1,6)	1.000000	0.000000
X(1,7)	0.000000	2134.000
X(1,8)	0.000000	2050.000
X(2,1)	0.000000	0.000000
X(2,2)	0.000000	0.000000
X(2,3)	0.000000	1167.000
X(2,4)	0.000000	1019.000
X(2,5)	0.000000	596.0000
X(2,6)	0.000000	1059.000
X(2,7)	0.000000	1227.000
X(2,8)	1.000000	1055.000
X(3,1)	0.000000	0.000000
X(3,2)	0.000000	1167.000
X(3,3)	0.000000	0.000000
X(3,4)	0.000000	1747.000
X(3,5)	0.000000	1723.000
X(3,6)	0.000000	214.0000
X(3,7)	1.000000	168.0000
X(3,8)	0.000000	250.0000
X(4,1)	1.000000	0.000000
X(4,2)	0.000000	1019.000
X(4,3)	0.000000	1747.000
X(4,4)	0.000000	0.000000

X(4,5)	0. 000000	710. 0000
X(4,6)	0. 000000	1538. 000
X(4,7)	0. 000000	1904. 000
X(4,8)	0. 000000	1528. 000
X(5,1)	0. 000000	0. 000000
X(5,2)	0. 000000	596. 0000
X(5,3)	0. 000000	1723. 000
X(5,4)	1. 000000	710. 0000
X(5,5)	0. 000000	0. 000000
X(5,6)	0. 000000	1589. 000
X(5,7)	0. 000000	1827. 000
X(5,8)	0. 000000	1579. 000
X(6,1)	1. 000000	0. 000000
X(6,2)	0. 000000	1059. 000
X(6,3)	0. 000000	214. 0000
X(6,4)	0. 000000	1538. 000
X(6,5)	0. 000000	1589. 000
X(6,6)	0. 000000	0. 000000
X(6,7)	0. 000000	371. 0000
X(6,8)	0. 000000	36. 00000
X(7,1)	1. 000000	0. 000000
X(7,2)	0. 000000	1227. 000
X(7,3)	0. 000000	168. 0000
X(7,4)	0. 000000	1904. 000
X(7,5)	0. 000000	1827. 000
X(7,6)	0. 000000	371. 0000
X(7,7)	0. 000000	0. 000000
X(7,8)	0. 000000	407. 0000
X(8,1)	0. 000000	0. 000000
X(8,2)	0. 000000	1055. 000
X(8,3)	1. 000000	250. 0000
X(8,4)	0. 000000	1528. 000
X(8,5)	0. 000000	1579. 000
X(8,6)	0. 000000	36. 00000
X(8,7)	0. 000000	407. 0000
X(8,8)	0. 000000	0. 000000

思考与练习

1. 有一部货车,每天沿着公路给 4 个零售店卸下 6 箱货物,如果各零售店出售该货物所得利润如表 6-3 所示,试求在各零售店卸下几箱货物,能使获得总利润最大? 其值是多少?

表 6-3　各零售店出售该货物所得利润

箱数	零售店			
	1	2	3	4
	利　润			
0	0	0	0	0
1	4	2	3	4
2	6	4	5	5
3	7	6	7	6
4	7	8	8	6
5	7	9	8	6
6	7	10	8	6

2. 设有 6 个单位的某种肥料,准备供给 4 块粮田,每块粮田施肥数量与增产粮食的关系如表 6-4 所示。试求对每块粮田施多少肥料,可使总的增产粮食最多?

表 6-4　每块粮田施肥数量与增产粮食的关系

施肥	粮　田			
	1	2	3	4
0	0	0	0	0
1	20	25	18	28
2	42	45	39	47
3	60	57	61	65
4	75	65	78	74
5	85	70	90	80
6	90	73	95	85

3. 某公司打算向 3 个营业区增设 6 个销售店,每个营业区至少增设 1 个。从各区赚取的利润(单位为万元)与增设的销售店个数有关,其数据如表 6-5 所示。试求各区增设几个销售店,才能使总利润最大? 其值是多少?

表 6-5　销售店增加数与各区利润的关系

销售店增加数	A 区利润	B 区利润	C 区利润
0	100	200	150
1	200	210	160
2	280	220	170
3	330	225	180
4	340	230	200

4. 某工厂生产 3 种产品,各产品质量与利润关系如表 6-6 所示。现将此 3 种产品运往市场出售,运输能力总质量不超过 6t。问如何安排运输可使总利润最大?

表 6-6　各产品质量与利润关系

种类	1	2	3
质量/t	2	3	4
利润	80	130	180

5. 求解 6 个城市旅行推销员问题。距离矩阵如表 6-7 所示。设推销员从 1 城出发,经过每个城市一次且仅一次,最后回到 1 城。问怎样设计路线,可使总的行程最短?

表 6-7　距离矩阵

j	i					
	1	2	3	4	5	6
	距 离					
1	0	10	20	30	40	50
2	12	0	18	30	25	21
3	23	9	0	5	10	15
4	34	32	4	0	8	16
5	45	27	11	10	0	18
6	56	22	16	20	12	0

供应链网络优化设计

供应链的网络设计决策对整个供应链的绩效有着长期的影响,任何一点网络的变动都会使成本增加。一个好的供应链网络设计决策能够让整个供应链在保持较低成本的同时具有很好的响应性。随着我国供应链管理的发展,京东的"亚洲一号"全国仓库布局实现了"双211 计划",菜鸟网络的分级物流枢纽已经为全国 1 000 多个区县提供当日、次日达,在2019 年新冠肺炎疫情中,高效的供应链网络设计使医药物资得到及时分发,受疫情影响的民众需求得到迅速响应。

下面介绍如何设计供应链网络。

7.1 供应链网络基本结构

7.1.1 供应链网络的构成

供应链网络是物流过程中相互联系的组织与设施所构成的集合,主要包括供应商、制造商、仓库配送中心、批发/零售商和顾客等节点,如图 7-1 所示。供应链网络由供应物流网络、生产物流网络、销售物流网络和逆向物流网络组成。供应物流网络主要是为保证原材料、零部件、燃料、辅助材料等物流活动有效运作而解决如何选择合适的供应商,实现快速供应方式及有效库存管理等问题;生产物流网络主要是为保证生产过程中物料流动及存储等

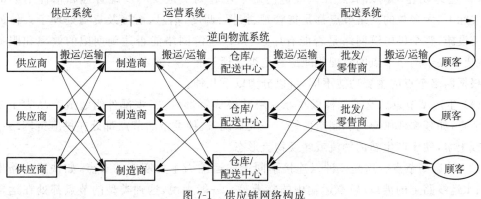

图 7-1 供应链网络构成

物流活动有效运作而解决物料流动路径和流量配置及存储问题;销售物流网络主要是为保证企业的产品能够送达目标顾客而解决如何选择合适的经销商和分销网络模式,实现以最经济的送货方式和运输路线将顾客所需产品交付给顾客等问题;逆向物流网络的作用主要是保证对供应、生产、销售活动中的废料、废品、多余产品和维修产品以环保的、经济的方式进行运输、装卸和处理等物流活动。

7.1.2 供应链网络要素

供应链网络作为一个有具体应用背景的网络,也是由节点和边线构成的。由图 7-1 可见,供应链网络节点是由供应商、制造商、仓库/配送中心、批发/零售商、顾客以及运输过程中所经过的车站、港口、机场等组成,供应链网络边线是由运输线路和运输车辆所形成的运输过程所组成。一个供应链网络通常具有多个网络源点(一般由供应商组成)和多个网络终点(一般由市场或顾客群组成)。每个供应链网络都是由不同网络节点以及节点之间的运输线路所组成的。

1. 供应链网络节点功能与类型

供应链网络节点是包装、装卸搬运、流通加工、仓储、分拣、配货和物流信息等物流功能的载体,即这些物流功能只能在网络节点处实现。通过对网络节点的增加或减少、合理布局以及节点处物流功能的选择可以实现对整个供应链网络的物流成本和物流服务水平的优化。网络节点在供应链网络中的作用主要体现在以下几个方面。

(1) 衔接功能。网络节点将各个物流运输线路联结成一个系统,使各运输线路通过节点变得相互影响、互为贯通,进而使物流网络成为一个整体。网络节点的衔接功能是通过装卸搬运、流通加工、仓储、分拣、配货等物流功能实现的,通过装卸搬运衔接不同的运输方式;通过流通加工、分拣和配货实现干线物流与支线物流的衔接;通过储存衔接不同时间发生的供应物流和需求物流。

(2) 信息集散功能。网络节点是整个供应链网络中物流相关信息传递、收集、处理、发送的集中地。这种信息集散功能可以使多个不同的物流加工、存储、运等要素组成一个有机系统,实现物流从供应商到制造商再到顾客的快速有效运行。在一个供应链网络中,每个节点都是供应链管理的一个重要信息源,这些信息源与整个供应链网络的信息中心相结合就组成了指挥、调度和管理整个供应链的信息网络。

(3) 管理功能。网络节点在供应链网络中还起到了重要的设施管理和指挥中心的作用。实际上,大多数的网络节点都是集管理、指挥、调度、信息、衔接及货物处理于一体的综合物流设施,整个供应链网络是否能有序运行,供应链网络能否达到期望的效率和服务水平,主要取决于网络节点的管理职能配置是否合理与能否有效实施。

根据网络节点的主要功能不同,可以分为以下几种。

(1) 生产型节点。这是一种以将原材料转换成零部件,将零部件组装成产品为主要职能的节点,如零部件供应商和制造商等。一般来说,这种类型的节点都处在供应链网络中的源点或上游,便于产生新的物流或转换物流形态。

(2) 转运型节点。这是一种以连接不同形式运输为主要职能的节点,如铁路线路上的车站、水运线路上的港口、航空运输中的空港等。一般来说,这种类型的节点都处在运输线上,以运输形式的转换为主,货物的停留时间一般较短。

（3）储存型节点。这是一种以存放货物为主要职能的节点，如储备仓库、营业仓库等都属于这一类型的节点，货物在这类节点中的停留时间较长。降低库存量、减少库存成本是这类节点的主要目标。

（4）流通型节点。这类节点以组织商品在网络中的流动为主要职能，是实现供应链管理的重要组成部分，如现代化的物流中心、配送中心、转运中心等都属于这种类型的节点。在这些节点中，经营的目标是使商品实现在网络中的快速流动，实现总运营成本的最优，同时，它还能够承担分拆、包装、延迟制造等任务以实现供应链优化的功能。

（5）综合型节点。同时具备两种或两种以上功能的网络节点称为综合型节点。这种节点能够满足现代物流大量化、复杂化、个性化、精益化的要求，并作为供应链网络的中枢型节点存在。

2. 供应链网络边线特点与功能

构成网络边线的运输具有以下特点。

（1）方向性。运输必须从某一网络节点出发到另一节点。

（2）多样性。从某一网络节点出发到另一节点的运输可以有不同的运输方式。

（3）连通性。从某一网络节点出发到另一节点的运输线路通常需要经过多个节点。

（4）有限性。运输必须以某一网络节点为起点，以另一节点为终点，并符合规定的运输方式要求，运输线路的运行空间是有限的。

（5）选择性。能够连接两个节点的运输方式及运输线路有多种，按运输方式的不同有铁路线、公路线、水路线、航空线和管道线之分，但网络中的线路必须按经济性的原则，选择能达到运输时间、运输成本和利润平衡的线路。

（6）层次性。在供应链网络中，运输路线按照其连接的节点和连接的功能不同，有主线和干线之分，因此，供应链网络是由不同的运输方式、运输时间和运输目的组成的有层次的复杂网络。

作为网络边线的职能，运输具有产品转移和产品存放两个功能。

（1）产品转移。运输的主要功能就是通过产品的移动产生的时间效应和空间效应创造价值。无论物品是处于原材料、零部件、装配件、在制品形式，还是处于制成品形式，也无论产品是处于制造过程中不同阶段之间的转移，还是处在供应链上各企业之间的移动，运输都是必不可少的。运输的主要目的就是要以最少的消耗时间、财务成本和环境资源成本，在将产品从原产地转移到规定地点的同时，满足顾客对运输方式等的相关要求。

（2）产品存放。对产品进行临时存放是运输的一个特殊功能。如果转移中的产品需要储存但在短时间内又将被重新转移，那么该产品的装卸费用有可能会高于存放在运输工具中所产生的运输成本。因此，在仓库有限的时候，利用运输车辆存放产品是一种降低总成本的有效方法。

7.1.3　供应链网络设计过程

供应链网络设计所要解决的问题主要包括供应商的选择，生产设施、配送中心或仓库以及零售商的选择，相关设施的布局以及每个设施的产能和市场需求的分配等。供应链网络设计对于供应链的运营绩效有着重要影响。首先，设施合理布局和产能合理分配有利于供应链在保持低成本运营的同时具有对市场需求变化的快速响应性；其次，生产和仓储设施的供应源和市场需求的分配会影响供应链满足顾客需求所发生的库存和运输成本。供应链网络设计目标就是降低整个供应链网络的运营成本或者提高物流服务水平。物流服务水平通常可通过物流设施的服务半径来体现。

在供应链网络设计中供应商的选择主要取决于供应链上核心企业的业务自制与外包决策,零售商的选择主要取决于顾客的分布与顾客购买行为,而生产和仓储等设施的布局主要取决于设施的输入成本和输出成本以及对网络服务水平的影响。因此,对供应链网络进行设计应该在选定供应商和零售商的前提下,首先根据支持设施布局的关键环境因素、与顾客相关的需求条件和企业竞争战略对工厂或仓库等设施布局进行分析,并利用网络优化模型确定网络中生产和仓储设施的数量、布局区域及每个设施服务的市场;其次,通过对生产和仓储设施选址进行分析,为设施潜在布局地区选择一组理想的潜在地点,以便支持其理想的生产方式;最后,根据为生产和仓储设施所选择的理想潜在地点,为每个设施选择一个准确位置及合适的产能分配。供应链网络设计过程如图 7-2 所示。

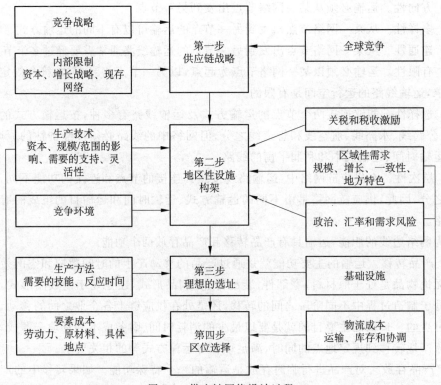

图 7-2　供应链网络设计过程

7.2　供应链设施布局决策

7.2.1　供应链设施类型

生产和仓储设施作为供应链网络优化决策的对象,如何对它们进行布局选址取决于在供应链网络中这些设施的用途。

按照生产设施的用途,卡斯拉·费杜斯于 1997 年将生产设施分为海外设施、源头设施、服务设施、贡献设施、前哨设施和领导设施等。

按照新建生产设施的实现方案,将新建生产设施一般分为授权或特权设施、扩展现有设施、当地销售和配送设施、当地组装完成设施及完全当地化生产设施等。

按照仓储设施的用途,将存储流入物料和零部件的仓库称为面向供应的仓库,将用于支持顾客服务的仓库称为面向需求的仓库。面向供应的仓库通常都位于它们支持的工厂附近,面向需求的仓库通常都分布在它们服务的整个市场区域内。

7.2.2　设施布局动因与影响因素

设施布局选址决策将影响企业的长期绩效,它决定了供应链网络配置,并对供应链运营设置了约束条件。例如,企业投入数百万元新建某个设施,如果设施布局选址错误,这家企业不能简单地关闭设施并将其转移到更好的地方。而在错误的地方生产,企业运营成本增加,但是将设施转移到一个新的地点,其运营成本可能会更高。合理的设施布局选址并不一定是企业运营成功的保障,但不当的设施布局选址必然会导致失败。

1. 设施布局变化的动因

当全球经济形势或市场环境等发生一些重大的变化时,企业根据发展战略可能需要做出生产设施布局选址决策。例如,现在中国家用轿车市场已成为全球最大的市场,因此,中国吉利汽车在整体收购沃尔沃汽车之后就需要在中国设置制造厂商。促使设施布局变化的原因主要有以下几个方面。

(1) 企业当前使用的房地产租约即将到期。

(2) 企业根据发展战略需要扩展到新的地区。

(3) 企业的顾客需求或供应商所在地发生变化。

(4) 企业生产运营方式发生变化,如实施准时制生产方式。

(5) 供应链网络的重组,如降低供应链的层数。

(6) 生产设施的升级,如引入了新的生产技术。

(7) 运输方式的变化,如由铁路运输转为公路运输。

(8) 运输网络的变化,如某一高速铁路或高速公路的开通。

(9) 所有权的合并、获得或变化造成设施的重复。

2. 设施布局的发展趋势

设施布局出现了一些新的发展趋势,这些趋势主要有以下几个方面。

(1) 市区之外的商场、超市和零售店的数量增加及电子商务的增长,意味着在传统的繁华商业街区选址的仓储或销售设施相对减少。

(2) 较短的供应链发展趋势意味着供应链网络中间节点消失,物流活动将集中于较少的设施。

(3) 准时采购等业务的增长使得许多供应商与制造商的距离更近,电子商务寻求更大的规模经济带来生产和仓储更加集中化,物流服务贴近人口增长的城市。

(4) 第三方物流服务供应商的引入可以承担将企业的产品运送至顾客或将企业购买的零部件或原材料运输到生产设施处的全部或部分职责,这会简化企业的供应链网络。

(5) 仓储设施的功能增强,对流入的原材料、零部件进行的分类、排序和库存,将会消除多个地点的物料重复处理和库存,进而简化供应链网络。

（6）包含一系列相关行业和其他支持竞争的重要实体的商业集群（business clusters）概念已成为设施空间布局决策的新思路。

3. 设施布局的影响因素

设施布局选址决策的最终目的是提高整个供应链的竞争力，因此，对设施布局选址的决策应主要考虑影响企业供应链竞争力的相关因素，这些因素主要包括鼓励生产的关键环境、与本地顾客分布和顾客购买行为相关的需求条件、政府支持的行业、同业竞争者的竞争程度以及企业的战略与结构等因素，具体包括以下因素。

（1）产品市场的准入性。对地区贸易协议和世界贸易组织的理解是规避贸易壁垒、有效进入某一地区市场的前提。靠近市场选址主要考虑运输可能性、运输成本和设施所在地的市场规模等物流因素以及靠近市场所带来的低成本、快速响应市场和有效顾客服务等竞争优势。例如，许多公司扩张到中国，不仅是为了利用中国的低成本优势，还在于其需要进入中国市场。但是，从供应链运营成本来看，优先将生产设施靠近市场会导致整个供应链网络过于复杂，降低产品的成本竞争优势。

（2）供应商的接近性。生产设施靠近原材料和零部件供应商选址主要考虑原材料和零部件的可得性和运输成本，这就是火力发电站靠近煤矿、纸浆厂靠近森林的原因。某些行业的经营不得不靠近原材料，因为这些原材料易腐烂，如鼓励果蔬加工厂靠近农场、冷冻海鲜公司靠近渔港。

（3）竞争者的区位性。设施布局选址是靠近或者远离竞争对手，需要考虑竞争者集聚会产生正向外部性还是负向外部性。当一个地点聚集了相似的企业并形成了专业优势时，这个地区就会变得更有吸引力；当竞争者提供相似的产品并争夺固定市场中更大的市场份额时会使区位的吸引力下降。例如，可以看到银行聚集在商业街或者俱乐部开设在同一条街上，但很难发现两个医院紧邻。

（4）交通运输的可行性。进行设施布局决策时，需要根据产品类型和设施所服务的顾客不同，对选址地区的高速公路入口、铁路枢纽、内陆航运与海运港口、航空运输的便利性以及所在地区的运输能力范围进行评价。例如，计算机、半导体、电子设备等高价值、低重量产品的生产设施选址一般会确定在一个国际性地区，并利用该地区的交通运输便利性将所生产的全部产品向全球市场配送。

（5）运营成本的经济性。设施布局选址必须考虑由库存成本、运输成本和设施成本构成的整个供应链网络的运营成本。供应链网络中设施数量应该至少等于使整个网络运营成本最低的设施数量。如果为提高响应性增加的设施数量超过使运营成本最低的设施数量，那么，只要响应性提高所带来的边际收益超过设施增加所产生的边际成本即为可行。库存成本和设施成本会随着网络中设施数量的增加而增加，运输成本会随着网络中设施数量增加而减少。但设施数量增加到一定程度也会导致设施的内向运输的规模经济效应丧失，从而使运输成本增加。网络中每个设施的成本受到不同地区的劳动力可获性、劳动力技能和劳动力工资水平的影响。不同地区的土地费用和房屋租金以及水、电、燃气等公用设施成本对单个设施成本也有重要影响。

（6）文化环境。企业通过设施布局扩展到拥有相同语言、相似文化背景的地方，要比扩展到一个完全陌生的地方容易得多。例如，2021年，中韩两国间贸易总额超过3 600亿美元，中国已经连续18年成为韩国的第一大对外贸易伙伴，韩国是中国的第五大贸易伙伴，中韩双边贸易关系对本国经济至关重要。这一方面是由于中国经济快速发展,另一方面则是由于两国文化同属于东亚文化圈。

(7)政府态度。一个国家或地区的经济稳定性、税收政策和经营态度都会对设施选址产生重要影响。很多政府采取各种优惠政策鼓励和刺激企业进入某个地区,但是也有一些政府并不欢迎外商投资,尽量控制在本国经济中的外国势力。有些地区鼓励某种特殊类型产业的发展,但限制进入其他产业,如核工业、化学工业和容易造成污染的产业。

(8)社会观念。设施布局选址还要考虑一个国家或地区对劳动者个人权益的重视程度、劳动者联合意愿、劳动者道德规范等相关情况。例如,有些国家比其他国家更重视社会福利,工会组织势力较强,对个人利益的重视程度高于企业利益;有些地方不可能实现高劳动生产率模式,并且存在较高的缺勤率和频繁的员工更替。

(9)生活质量。有吸引力的生活质量意味着很容易招募和保留员工、供应商和顾客,对于吸引和维系专家和技术人员尤为重要。因此,对于贡献设施、前哨设施或领导设施的布局选址,需要着重考虑选址地区人们的生活质量。一个地区的较高生活质量取决于许多因素,主要包括适宜的气候、绿色的环境、良好的卫生保健设施、卓越的教育条件、较低的生活成本、便利的公共交通和娱乐设施等。

(10)竞争战略。企业的竞争战略对设施布局选址有着重要影响,关注成本领先的企业倾向于在设施成本较低的地区选址,即使这样选址会导致设施远离所服务的市场;关注响应性的企业倾向于将设施靠近所服务的市场,即使选址在一个高成本的地区,只要能够快速响应变化的市场即可。在设施布局选址时,首先,根据企业的竞争战略、重要原材料(零部件)供应源、产品市场分布以及不同地区市场需求的差异性对设施规模和数量的影响情况,确定潜在设施布局选址的个数和可能选址地区。例如,不同地区市场需求的差异性较低,即具有同质性需求有利于设置规模较大的设施,因此,潜在设施数量较少;反之,有利于设置规模较小或本土化的设施。然后,确定每个可能选址地区的重要影响因素并对其进行评分和加权综合,以此来确定每个潜在设施的备选地区。

影响因素的具体评价指标如表 7-1 所示。影响因素的权重通常根据新建设施的用途和企业的竞争战略对不同因素的关注程度以及不同因素之间的关系来确定。例如,新建设施作为贡献设施、前哨设施或领导设施,生活质量的权重就应更高一些;新建设施作为海外设施,社会观念的权重就应更高一些;新建设施作为源头设施,运营成本的经济性权重就会更高一些;新建设施作为服务设施,政府态度的权重就会更高一些;企业竞争战略关注成本领先,运营成本经济性和供应商接近性的权重就会更高一些;企业关注市场响应性,产品市场准入性和交通运输可行性的权重就会更高一些;靠近产品市场往往就会远离原材料供应商,也就意味着产品市场准入性的权重要高于供应商接近性的权重。

表 7-1 影响因素的具体评价指标

影 响 因 素	评价指标	最 佳 实 践
产品市场的准入性	市场进入壁垒	比较分析不同备选地区的相关法律法规对市场准入的限制程度并赋分
	市场规模	比较分析不同备选地区的市场需求规模并赋分
	内向运输成本	设施靠近市场使内向运输成本增加,通过估计和比较备选地区的内向运输成本并赋分

续表

影响因素	评价指标	最佳实践
供应商的接近性	原材料的可得性	比较分析不同备选地区的原材料可得性并赋分
	外向运输成本	设施靠近供应商使得外向运输成本增加,通过估算和比较备选地区的外向运输成本并赋分
竞争者的区位性	企业聚集的外部性	比较分析不同备选地区的竞争者聚集所产生的吸引力大小并赋分
交通运输的可行性	交通运输的便利性	比较分析不同备选地区的交通运输设施的便利性并赋分
	地区运输的能力范围	估计和比较不同设施备选地区的运输能力范围并赋分
运营成本的经济性	库存成本	估计和比较设施在不同备选地区选址所产生的库存成本并赋分
	运输成本	估计和比较不同设施备选地区的运输能力范围并赋分
	设施成本	估计和比较设施在不同备选地区选址所产生的设施成本并赋分
政府态度	税收政策	比较分析不同备选地区的税收政策优惠程度并赋分
	经营态度	比较分析不同备选地区对外商投资准入行业及投资规模和比例的有关政策并赋分
文化环境	语言文化相容性	比较不同备选地区的语言是否相同,是否属于相同文化圈并赋分
社会观念	劳动者权益	比较分析不同备选地区有关保护劳动者权益的法律法规并赋分
	工会组织势力	比较不同备选地区对个人利益的重视程度及工会组织势力强弱并赋分
生活质量	自然环境适宜程度	比较不同备选地区的自然环境适宜程度,是否通过 ISO 14000 认证并赋分
	公共设施便利程度	比较不同备选地区的卫生保健、教育、公共交通和娱乐等设施的便利程度并赋分
	生活成本	比较分析不同备选地区的生活成本高低并赋分

7.3 供应链网络优化方法

供应链网络规划中使用的方法通常有以下 5 种。

1. 综合分析评价法

综合分析评价法是指运用多个指标对多个参评单位进行评价的方法,简称综合评价方法。在实际的过程中所涉及的问题很多时候都是多因素综合影响的一类问题。对于这样的问题,如果仅依靠定性或定量的方法,关注某一因素而忽视其他关联因素对这个问题的影响,往往不能对供应链网络规划设计带来有用、真实的评价,反而会带给决策者错误的导向。因此,在实际供应链设计问题的分析过程中,规划评价既要找出影响物流网络的各种要素,还要考虑要素之间的相互影响。因为仅靠单一的定性分析或定量分析无法做出准确的评价,因此需要用综合评价的方法解决这一难题。目前国内外常用的综合评价方法主要有层次分析法(analytic hierarchy process,AHP)。

2. 优化模型

优化模型依赖精确的数学过程评价各种可选方案,包括线性规划、非线性规划、整数规划、枚举模型和排序模型等。优化模型可以保证得到针对该问题的数学最优解,但根据这些模型处理的都是静态参数,如年需求量、平均需求量等,没有考虑在这些时间段上的变化。

3. 计算机仿真模型

计算机仿真模型考虑了具体设计和网络性能方面的动态情况,其优点在于能方便地处理随机性的变量要素,将成本、运输方式与运输批量、库存容量与周转率等要素以合理的数量关系加以描述,并通过编制计算机程序进行物流网络的模拟运行。当设计的物流网络不需要翔实和优化的解决方案或者不是特别关键时,计算机仿真模型是最合理的选择。

4. 启发式模型

启发式模型集成了仿真模型和优化模型的优点,用以寻找复杂的物流网络设计问题的可行解决方案。这种方法用来解决一些较为复杂的物流网络问题,往往需要做出大量的决策,以满足优化模型的要求。通常启发式模型并不保证结果是最优的,但能够得到合理的网络配置解决方案,且该模型具有很好的可操作性。

5. 专家系统和决策支持系统

物流网络的设计者会积累大量解决这些相关问题的工作经验,能够解决一些更复杂的问题。通过掌握相关的技术和知识来弥补当前规划过程所使用的科学方法的不足。一个决策支持系统集成了数据、信息和技术,并辅以计算机程序,最终得到能够支持管理者做出决策的网络解决方案。

本节主要介绍综合分析评价法和优化模型法。

7.3.1　综合分析评价法

综合分析评价法主要介绍层次分析法,它是美国运筹学家 T. L. Saaty 于 20 世纪 70 年代中期提出的一种系统分析方法,其基本原理是把复杂系统分解成具有递阶结构的目标、准则、方案等层次,在此基础上对系统进行定性和定量分析评价。它把人的决策思维过程层次化、数量化、模型化,并用数学手段为分析、决策提供定量的依据,是一种对非定量事件进行定量分析的有效方法。在目标因素结构复杂且缺少必要数据的情况下,需要将决策者的定性判断定量化时,该方法非常实用。该方法适用于具有定性的或者定性与定量兼有的决策分析,在管理评价、经济发展比较、资源规划分析、物流网络规划、人员素质测评及安全经济分析等方面应用广泛。

在供应链网络规划评价中采用层次分析法的基本步骤如下。

(1)构造供应链网络的递阶层次结构模型。在对供应链网络进行评价时,首先需要明确供应链网络评价的目标和准则。在此基础上,将待评价供应链网络中比较复杂的问题分解成若干要素,将要素按照不同的属性自上而下分解成若干层次,构造成有序的递阶层次结构模型。层次结构通常分为目标层(顶层)、准则层(中间层)和措施层(方案层)。

(2) 构造判断矩阵。在层次结构中,对于从属于(或影响)上一层的每个因素的同一层各因素进行两两比较,比较其对于准则的重要程度,并通过引入合适的标度将其定量化,构成矩阵形式,即判断矩阵。判断矩阵中各元素的数值一般采用 1～9 位标度法确定,主要是通过专家评估或由历史(经验)数据得出,见表 7-2。

表 7-2 标度表

标　度	重要性等级
1	表示两个元素相比,具有同等重要性
3	表示两个元素相比,前者比后者稍重要
5	表示两个元素相比,前者比后者明显重要
7	表示两个元素相比,前者比后者强烈重要
9	表示两个元素相比,前者比后者极端重要
2,4,6,8	表示上述判断值的中间值
倒数	若元素 i 与元素 j 的重要性之比为 a_{ij},则元素 j 与元素 i 的重要性之比为 $a_{ji}=1/a_{ij}$

(3) 判断一致性。为避免其他因素对判断矩阵的干扰,保证专家在判断指标的重要性时,各判断之间协调一致,不出现相互矛盾,就需要判断矩阵满足大体上的一致性,为此需要进行一致性检验。只有通过检验,才能说明判断矩阵在逻辑上没有问题。

(4) 对层次进行单排序。对于填写完毕的判断矩阵,需要根据判断矩阵计算出对于上层某元素、本层与其有联系的各元素的相对重要性。由前面分析可知,判断矩阵的特征向量即为要素的相对重要性向量。单排序是指每一个判断矩阵各因素针对其准则的相对权值。计算权值有和积法、方根法、幂法等多种近似方法。

(5) 对层次进行总排序与检验。总排序是指每一个判断矩阵各因素针对目标层(最上层)的相对权重值。这一权重值的计算采用自上而下的方法,逐层合成。

通过上述步骤就可以从准则层总排序的结果得到不同要素的权重值,以及从方案层总排序得到不同方案的权重值。通过对权重值的分析,综合权重值排序最高的就是最合适的方案。详细内容可参考相关书籍。

例 7-1　某企业有 A、B、C 3 种仓储中心选址方案可供选择,选择的标准和依据有成本、交通、供应商、环境和位置等因素。试用层次分析法确定应该选择哪种方案。

解　(1) 建立如图 7-3 所示的层次结构模型。

(2) 构造成对比较矩阵(判断矩阵)。

要比较某一层 n 个因素 $x_1,x_2,\cdots,x_n$ 对上一层因素 Z 的影响,可从 $x_1,x_2,\cdots,x_n$ 中任取 x_i 与 x_j,比较它们对于 Z 的贡献(或重要性)大小。按照表 7-2 所示的标度表给 x_i/x_j 赋值,得到判断矩阵:

$$A=(x_{ij}),\ x_{ij}>0,\ x_{ji}=1/x_{ij}$$

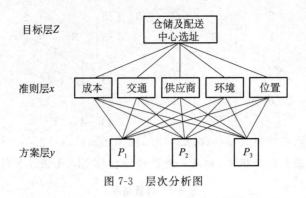

图 7-3　层次分析图

专家用上述方法得到了仓储及配送中心选址中成本、交通、供应商、环境、位置 5 个因素对于目标 Z 的比较矩阵：

$$
A = \begin{matrix} & x_1 & x_2 & x_3 & x_4 & x_5 \\ \begin{bmatrix} 1 & 2 & 7 & 5 & 5 \\ 1/2 & 1 & 4 & 3 & 3 \\ 1/7 & 1/4 & 1 & 1/2 & 1/3 \\ 1/5 & 1/3 & 2 & 1 & 1 \\ 1/5 & 1/3 & 3 & 1 & 1 \end{bmatrix} & \begin{matrix} x_1 \ 成本 \\ x_2 \ 交通 \\ x_3 \ 供应商 \\ x_4 \ 环境 \\ x_5 \ 位置 \end{matrix} \end{matrix}
$$

（3）计算权向量并做一致性检验。

一般来说，如果一个正互反矩阵 A 满足 $a_{ij} \cdot a_{jk} = a_{ik}$，$i, j, k = 1, 2, \cdots, n$，则称 A 为一致性矩阵，简称一致阵。一致阵的性质有两个：一是 A 的秩为 1，A 的唯一非零特征根为 n；二是 A 的任一列向量都是对应于特征根 n 的特征向量。若 A 为一致阵，则对应于特征根 n 的归一化的特征向量（分量之和为 1）即表示各因素对上一层因素 Z 的权向量，各分量即为各因素对于 Z 的权重。

a. 将 A 的每一列向量归一化，可得 $\widetilde{w}_{ij} = a_{ij} \Big/ \sum\limits_{i=1}^{n} a_{ij}$。

b. 对 $\widetilde{w}_{ij}$ 按行求和，可得 $\widetilde{w}_i = \sum\limits_{j=1}^{n} \widetilde{w}_{ij}$。

c. 将 $\widetilde{w}_i$ 归一化，可得 $w_i = \widetilde{w}_i \Big/ \sum\limits_{i=1}^{n} \widetilde{w}_i$，$\boldsymbol{w} = (w_1, w_2, \cdots, w_n)^{\mathrm{T}}$，即为近似特征根（权向量）。

d. 计算 $\lambda = \dfrac{1}{n} \sum\limits_{i=1}^{n} \dfrac{(Aw)_i}{w_i}$，作为最大特征根的近似值。

e. 一致性指标 $\mathrm{CI} = \dfrac{\lambda - n}{n - 1}$，当 $\mathrm{CI} = 0$ 时，A 是完全一致的；当 CI 接近 0 时，A 有满意的一致性；CI 越大，A 的不一致程度越严重。

经过以上步骤可求得第 2 层（准则层）对于第 1 层（目标层）的权向量，记为

$$\boldsymbol{w}^{(2)} = (w_1^{(2)}, w_2^{(2)}, \cdots, w_5^{(2)}), \text{ 即 } \boldsymbol{w} = (0.263, 0.475, 0.055, 0.099, 0.110)^{\mathrm{T}}$$

采用同样的方法构造第 3 层（方案层）对于第 2 层的每一个准则的成对比较矩阵，不妨设为

$$\boldsymbol{B}_1 = \begin{bmatrix} 1 & 2 & 5 \\ 1/2 & 1 & 2 \\ 1/5 & 1/2 & 1 \end{bmatrix} \quad \boldsymbol{B}_2 = \begin{bmatrix} 1 & 1/3 & 1/8 \\ 3 & 1 & 1/3 \\ 8 & 3 & 1 \end{bmatrix} \quad \boldsymbol{B}_3 = \begin{bmatrix} 1 & 1 & 3 \\ 1 & 1 & 3 \\ 1/3 & 1/3 & 1 \end{bmatrix}$$

$$\boldsymbol{B}_4 = \begin{bmatrix} 1 & 3 & 4 \\ 1/3 & 1 & 1 \\ 1/4 & 1 & 1 \end{bmatrix} \quad \boldsymbol{B}_5 = \begin{bmatrix} 1 & 1 & 1/4 \\ 1 & 1 & 1/4 \\ 4 & 4 & 1 \end{bmatrix}$$

根据前面的计算，采用假设 $\boldsymbol{w}=(0.588,0.322,0.090)^{\mathrm{T}}$，$\lambda=3.010$ 的方法计算各 B_k 所对应的权向量 $w_k^{(3)}$，最大特征根 λ_k，以及一致性检验指标 CI_k，如表 7-3 所示。

表 7-3　计算结果

k	1	2	3	4	5
	0.595	0.082	0.429	0.633	0.166
$w_k^{(3)}$	0.227	0.236	0.429	0.193	0.166
	0.129	0.682	0.142	0.175	0.668
λ_k	3.005	3.002	3	3.009	3
CI_k	0.003	0.001	0	0.005	0

由于 $n=3$ 时，$\mathrm{RI}=0.58$，因此由 $\mathrm{CR}=\mathrm{CI}/\mathrm{RI}$ 可知 $\boldsymbol{A}$ 和各 B_k 均通过一致性检验。

带权向量的层次分析如图 7-4 所示。

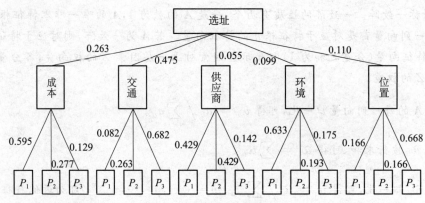

图 7-4　带权向量的层次分析

方案 P_1 在目标中的组合权重应为相应项的两两乘积之和，即 $0.595\times0.263+0.082\times0.475+0.429\times0.055+0.633\times0.099+0.166\times0.110=0.300$，同理可得方案 P_2、P_3 在目标中的组合权重分别为 0.259 和 0.456。因此，应以 P_1 作为第一选择地点。

7.3.2　优化模型法

供应链网络中的设施是指供应链网络系统中的一些关键节点，如工厂、仓库、销售网点等。物流设施的选址在物流网络规划中起到决定性的作用，其选址决策包括确定各类设施的数量、设施的地理位置、设施的规模等。本小节主要讨论在工厂和零售店的位置确定的情况下，如何选择仓库/物流配送中心的位置，目的在于设计或重构供应链网络，在满足服务水平要求的条件下,使系统总成本(包括生产和采购成本、库存保管成本、设施运营成本和运输成本等)最小。

1. 单设施选址模型

单设施选址是指为单个物流设施选址,最常用的方法是重心法,用重心法进行设施选址需要满足以下前提条件。

(1) 市场需求量集中于市场中某一集聚地。

(2) 运输成本与运输距离成线性正相关关系。

(3) 运输路线按平面上两点之间的几何距离进行计算。

(4) 忽略在不同地点选址可能产生的因设施成本、劳动力成本、库存成本不同所引起的运营成本变化。

考虑某一设施从 I 个供应商处获得物流并运送到 n 个目标市场的设施选址问题,如图 7-5 所示。

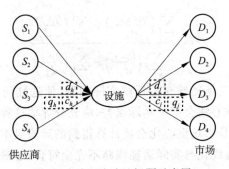

图 7-5 重心法选址问题示意图

设选址问题参数如下。

(x_h, y_h) 和 (x_j, y_j) 分别为供应商 h 和市场 j 的地理坐标;

q_h 和 q_j 分别为供应商 h 和市场 j 到该设施的运输数量,由相应的设施布局优化模型的最优解确定;

c_h 和 c_j 分别为供应商 h 和市场 j 到该设施的单位产品每公里运输成本。

设选址问题的决策变量为该设施的地理坐标 (x, y),则该设施距离供应商 h 和市场 j 的距离分别为

$$d_h = \sqrt{(x - x_h)^2 + (y - y_h)^2} = 111 \times \sqrt{(\mathrm{lon} - \mathrm{lon}_h)^2 + (\mathrm{lat} - \mathrm{lat}_h)^2}$$

$$d_j = \sqrt{(x - x_j)^2 + (y - y_j)^2} = 111 \times \sqrt{(\mathrm{lon} - \mathrm{lon}_j)^2 + (\mathrm{lat} - \mathrm{lat}_j)^2}$$

式中,$(\mathrm{lon}, \mathrm{lat})$ 为该设施的经度与纬度;$(\mathrm{lon}_h, \mathrm{lat}_h)$ 为供应商 h 的经度与纬度;$(\mathrm{lon}_j, \mathrm{lat}_j)$ 为市场 j 的经度与纬度;数值 111 为 1 纬度的公里数。

于是,设施选址问题的优化目标就是使该设施到达所有供应商和市场的运输费用最低,即

$$\min \mathrm{TC} = \sum_{h=1}^{l} d_h c_h q_h + \sum_{j=1}^{m} d_j c_j q_j$$

这是一个无约束的优化问题,应该按照函数极值原理求解。将 d_h 和 d_j 代入上述目标函数式,并对 x、y 求偏导数,可得到设施的最优坐标值。

$$x^* = \frac{\sum\limits_{h=1}^{l}\left(\dfrac{q_h c_h x_h}{d_h}\right) + \sum\limits_{j=1}^{m}\left(\dfrac{q_j c_j x_j}{d_j}\right)}{\sum\limits_{h=1}^{l}\left(\dfrac{q_h c_h}{d_h}\right) + \sum\limits_{j=1}^{m}\left(\dfrac{q_j c_j}{d_j}\right)} \tag{7-1}$$

$$y^* = \frac{\sum\limits_{h=1}^{l}\left(\dfrac{q_h c_h y_h}{d_h}\right) + \sum\limits_{j=1}^{m}\left(\dfrac{q_j c_j y_j}{d_j}\right)}{\sum\limits_{h=1}^{l}\left(\dfrac{q_h c_h}{d_h}\right) + \sum\limits_{j=1}^{m}\left(\dfrac{q_j c_j}{d_j}\right)} \tag{7-2}$$

由于最优解中 d_h 和 d_j 仍然是 x、y 的函数,因此,需要用迭代法求解设施的最优坐标值。

$$x^0 = \frac{\sum\limits_{h=1}^{l}\left(\dfrac{q_h c_h x_h}{d_h}\right) + \sum\limits_{j=1}^{m}\left(\dfrac{q_j c_j x_j}{d_j}\right)}{\sum\limits_{h=1}^{l}\left(\dfrac{q_h c_h}{d_h}\right) + \sum\limits_{j=1}^{m}\left(\dfrac{q_j c_j}{d_j}\right)}$$

$$y^0 = \frac{\sum\limits_{h=1}^{l}\left(\dfrac{q_h c_h y_h}{d_h}\right) + \sum\limits_{j=1}^{m}\left(\dfrac{q_j c_j y_j}{d_j}\right)}{\sum\limits_{h=1}^{l}\left(\dfrac{q_h c_h}{d_h}\right) + \sum\limits_{j=1}^{m}\left(\dfrac{q_j c_j}{d_j}\right)}$$

应用重心法进行设施选址能够充分反映实际问题,使选址问题的最优解对选址决策具有参考意义。但是,应用重心法会产生实际误差,应充分评估这种误差对选址决策带来的影响。实际误差的主要表现是市场重心化会使计算得到的运输成本是到需求集聚地而不是到消费点的成本;运输线路直线化与实际运输线路不完全符合;运输成本及运输距离线性化与多数实际运输价格是由不随运输距离变化的固定部分和随运输距离变化的可变部分组成的事实不相符合;实际选址时必须考虑不同选址地点所产生的相关设施成本的变化。

在设施选址实践中,有时物流管理人员会事先拟定几个设施备选地址供决策者选择。这时,若能够确认每个备选地址的设施固定成本和变动成本,则可以采用盈亏平衡分析的方法选择设施地址。

例 7-2 某企业的两个工厂 C_1、C_2 分别生产 A、B 两种产品,供应 3 个市场区域(M_1、M_2、M_3)。工厂和市场的空间分布如图 7-6 所示,货物生产、运输总量及运输费率如表 7-4 所示。现需设置一个中转仓库,A、B 两种产品通过该仓库间接向 3 个市场供货,求仓库的最优选址。

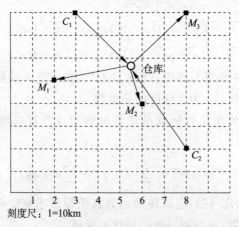

图 7-6　工厂 C_1、C_2 和市场 M_1、M_2、M_3 及建议的仓库位置

表 7-4 市场和供应地的坐标、货物运输总量和运输费率

序号	节点(i)	产品(P)	运输总量(Q_i)	运输费率(R_i)	坐标(X)	坐标(Y_i)
1	C_1	A	3 000	0.06	3	8
2	C_2	B	4 000	0.06	8	2
3	M_1	$A\&B$	2 500	0.1	2	5
4	M_2	$A\&B$	2 000	0.1	6	4
5	M_3	$A\&B$	2 500	0.1	8	8

根据式(7-1)和式(7-2)求得

$$x^* = 5.762$$
$$y^* = 4.642$$

最小运输成本为 37 041.8。

2. 多设施选址模型

对大多数企业而言,经常需要同时决定两个或多个设施的选址,或者在两个或多个设施中进行选择,虽然问题更加复杂,却更加接近实际情况。以仓库选址为例,需要解决的问题有:需设置的仓库的数量、容量及位置;每个仓库服务的顾客群;各仓库的产品供给源;每种产品的库存配置与运输方式等。

(1) P-中值模型。P-中值模型是指在给定数量和位置的需求点集合和候选仓库位置的集合下,分别为 P 个仓库找到合适的位置并指派每个需求点到一个特定的仓库,使仓库和需求点之间的配置达到最优化的目标。其中优化的目标可以是运输总费用的最低,也可以是运输的总时间最少等。图 7-7 说明了 P-中值选址模型的原理。

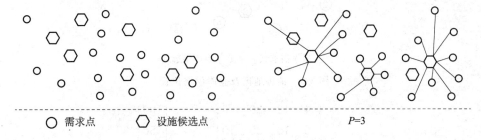

○ 需求点　　⬡ 设施候选点　　　　$P=3$

图 7-7 P-中值选址模型示意图

设生产设施布局问题参数如下。

P 为设立仓库的总数量;

N 为需求点的数量;

M 为备选仓库的选址数量;

d_i 为需求点 i 的需求量;

c_{ij} 为从需求点 i 运送到仓库供给点 j 的单位运输成本。

在上述结构参数中,市场需求量可通过市场调查和市场中长期预测获得相应的数据;单位运输成本可从相关物流服务商的运输费率表中获得参考数据,并根据运输商品种类、重

量、运输距离、服务水平和其他选择性要求进行调整确定。

P-中值选址模型变量如下。

x_j 为仓库选址地点变量，在地点 i 时等于 1，否则为 0；

y_{ij} 为客户 i 由仓库 j 提供服务。

P-中值选址模型优化的目标是总的运输成本最低，即

$$\min \sum_{i \in N} \sum_{j \in M} d_i c_{ij} y_{ij}$$

P-中值选址优化模型的约束条件主要包括以下几个方面。

① 仓库分配约束条件。每个需求点只有一个仓库提供服务：

$$\sum_{j \in M} y_{ij} = 1, i \in N$$

② 仓库建立数量约束条件。假设建立仓库的总数量为 P 个，即

$$\sum_{j \in M} x_j = P$$

③ 市场需求约束条件。没有设置仓库的候选点不分配需求，即

$$y_{ij} \leqslant x_j, i \in N, j \in M$$

例 7-3　一家饮料生产商经过一段时间的广告宣传，在 8 个地区打开了市场，由于该区域距总部较远，公司拟在该区域新建两个仓库，用最低的运输成本满足该区域的需求。经过一段时间的考察之后得到 4 个候选点，如图 7-8 所示，从候选地址到各个地区的运输成本 c_{ij}、各个地区的需求量 d_i 都已经确定，试选择其中的两个候选点作为仓库地址，使总运输成本最小（$P=2$）。

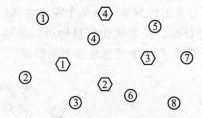

○ 需求点　⬡ 仓库候选点

图 7-8　销售地区及仓库候选位置

$$c_{ij} = \begin{bmatrix} 4 & 12 & 20 & 6 \\ 2 & 10 & 25 & 10 \\ 3 & 4 & 16 & 14 \\ 6 & 5 & 9 & 2 \\ 18 & 12 & 7 & 3 \\ 14 & 2 & 4 & 9 \\ 20 & 30 & 2 & 11 \\ 24 & 12 & 6 & 12 \end{bmatrix}, \quad d_i = \begin{bmatrix} 100 \\ 50 \\ 120 \\ 80 \\ 200 \\ 70 \\ 60 \\ 100 \end{bmatrix}$$

解　$k=4$，令第 i 个地区为指派给 C_j 中最小的候选点。

第一次指派结果为：$\boldsymbol{A} = (a_1, a_2, \cdots, a_8) = (1,1,1,4,4,2,3,3)$，运输总费用 TC =

$\sum\limits_{i=1}^{8} c_{ij} d_i = 2\,480$。

分别对删去候选点 1、2、3、4 进行分析,并对各自的增量进行计算。

若删去候选点 1,则 $(a_1, a_2, \cdots, a_8) = (4,2,2,4,4,2,3,3)$,TC$=3\,200$,增量为 $3\,200 - 2\,480 = 720$。

若删去候选点 2,则 $(a_1, a_2, \cdots, a_8) = (1,1,1,4,4,3,3,3)$,TC$=2\,620$,增量为 140。

若删去候选点 3,则 $(a_1, a_2, \cdots, a_8) = (1,1,1,4,4,2,4,2)$,TC$=3\,620$,增量为 1 140。

若删去候选点 4,则 $(a_1, a_2, \cdots, a_8) = (1,1,1,2,3,2,3,3)$,TC$=3\,520$,增量为 1 040。

因此,移走第 2 个候选点所产生的增量是最小的,所以第一个被移走的候选位置是候选点 2。

此时 $k=3$,$(a_1, a_2, \cdots, a_8) = (1,1,1,4,4,3,3,3)$,TC$=2\,620$,再次分别对删去候选点 1、3、4 进行分析,计算如下。

若删去候选点 1,则 $(a_1, a_2, \cdots, a_8) = (4,4,4,4,4,3,3,3)$,TC$=4\,540$,增量为 $4\,540 - 2\,620 = 1\,920$。

若删去候选点 3,则 $(a_1, a_2, \cdots, a_8) = (1,1,1,4,4,4,4,4)$,TC$=5\,110$,增量为 2 490。

若删去候选点 4,则 $(a_1, a_2, \cdots, a_8) = (1,1,1,1,3,3,3,3)$,TC$=3\,740$,增量为 1 120。

因此,移走第 2 个候选点所产生的增量是最小的,所以第 2 个被移走的候选位置是候选点 4。

此时,$k=2=P$,计算结束,结果为在候选位置 1、3 建立新的仓库,运输总成本为 3 740,如图 7-9 所示。

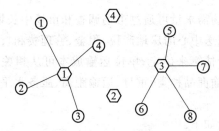

图 7-9 仓库选址及地区指派结果

(2) 0-1 整数规划模型。

混合整数规划是解决供应链网络设计问题常用的数学方法。在该问题中,来源于工厂的物流必须经过配送中心才能到达经销商,这样,新增配送中心所带来的运输费用与配送中心固定成本之和必须低于新增配送中心前为经销商服务的运输成本。假设一个从工厂经若干配送中心到经销商的供应链网络如图 7-10 所示。

设配送中心布局问题参数如下。

m 为备选的物流配送中心个数;

m_0 为实际的物流配送中心个数;

n 为经销商的个数;

Q_j 为经销商 j 的产品需求量;

C_i 为产品从工厂向各个配送中心 i 进行运输时的运输费率;

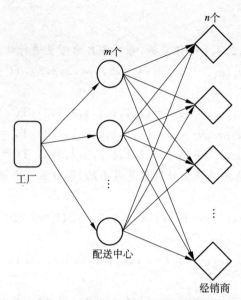

图 7-10　配送中心布局问题示意图

C_{ij} 为产品从所选配送中心 i 向经销商 j 进行配送的运输费率;

d_{ij} 为配送中心 i 与经销商 j 之间的实际距离;

q_0 为物流配送中心配送量的上限;

f_i 为工厂到配送中心 i 之间的距离;

C 为总配送费用。

在上述结构参数中,市场需求量可通过市场调查和市场中长期预测获得相应的数据;配送中心固定成本可通过对配送中心的房地产税、租金、管理费和折旧费等不随配送中心经营活动水平而变化的成本进行估算来确定;单位运输成本可从相关物流服务商的运输费率表中获得参考数据,并根据运输商品种类、重量、运输距离、服务水平和其他选择性要求进行调整确定。

配送中心布局优化变量如下。

0-1 变量 Z_i 为备选配送中心是否被选择,$Z_i = 0$ 表示第 i 个备选物流配送中心未被选中,$Z_i = 1$ 表示第 i 个备选物流配送中心被选中。

0-1 变量 P_{ij} 为配送中心 i 是否向经销商 j 进行配送,$P_{ij} = 0$ 表示配送中心 i 不向经销商 j 进行配送,$P_{ij} = 1$ 表示配送中心 i 向经销商 j 进行配送。

配送中心布局优化的目标是配送中心的布局以及工厂的产能和经销商需求的分配数量使整个供应链网络的运营成本最低,即

$$\min C = \sum_{i=1}^{m} Z_i f_i C_k \sum_{j=1}^{n} P_{ij} Q_j + \sum_{i=1}^{m} Z_i \sum_{j=1}^{n} C_{ij} P_{ij} Q_j d_{ij}$$

目标函数中共有两项。

第一项为产品从工厂到各配送中心的运输费用的总和。

第二项为产品从各个配送中心向经销商运输费用的总和。

配送中心布局优化模型的约束条件主要包括以下几个方面。

① 从 m 个配送中心选择 m_0 个作为实际配送中心，$\sum\limits_{i=1}^{m} Z_i = m_0$。

② 配送中心和经销商之间共有 n 对供求关系，$\sum\limits_{i=1}^{m}\sum\limits_{j=1}^{n} P_{ij} = n$。

③ 每个经销商只由一个配送中心进行供货，$\sum\limits_{i=1}^{m} P_{ij} = 1$，其中 $j = 1, 2, \cdots, n$。

④ 限定经销商的对应配送关系产生的前提是该备选配送中心已经被选中，$\sum\limits_{i=1}^{m} Z_i \sum\limits_{j=1}^{n} P_{ij} = n$。

⑤ 备选配送中心 i 只存在两种情况，当备选配送中心 i 被选中时取 1，当备选配送中心 i 未被选中时取 0，$Z_i = 0$ 或 $Z_i = 1$。

⑥ 由工厂到配送中心配送量之和等于各配送中心到经销商配送量之和 $\sum\limits_{i=1}^{m} Z_i \sum\limits_{j=1}^{n} P_{ij} Q_j = \sum\limits_{j=1}^{n} Q_j$。

⑦ 每个配送中心总配送量不超过允许的上限 q_0，$\sum\limits_{j=1}^{n} P_{ij} Q_j \leqslant q_0$，其中 $i = 1, 2, \cdots, m$。

⑧ 配送中心一定有其对应的配送客户，不存在物流配送中心被选中而没有客户的情况，$Z_i - \sum\limits_{j=1}^{n} P_{ij} \leqslant 0$，其中 $i = 1, 2, \cdots, m$。

⑨ 当配送中心 i 向经销商 j 进行产品配送时取值为 1，不向经销商 j 进行配送时取值为 0，$P_{ij} = 0$ 或 $P_{ij} = 1$。

7.4　基于 LINGO 的供应链网络优化应用举例

例 7-4　有一个工厂生产的商品需要通过配送中心向各地的 9 个经销商供货，商品的物流为工厂→配送中心→经销商，现要从 13 个备选物流配送中心中选出最优的数量作为物流配送中心，保证总的配送费用最低。其中工厂到各配送中心之间的实际距离、各配送中心到经销商的实际距离以及各经销商的产品需求量如表 7-5～表 7-7 所示，并且假设运输费率为常数 1。为了保证每个配送中心配送产品数量的均衡，设定每个配送中心的配送产品量最大为 1 500。

表 7-5　工厂到各配送中心的实际距离

工厂	配送中心												
	D_1	D_2	D_3	D_4	D_5	D_6	D_7	D_8	D_9	D_{10}	D_{11}	D_{12}	D_{13}
M	196	1 305	1 887	1 280	1 805	1 211	1 178	856	1 365	274	16.3	1 281	1 409

表 7-6　配送中心到经销商的实际距离

配送中心	经销商								
	R_1	R_2	R_3	R_4	R_5	R_6	R_7	R_8	R_9
D_1	692	688	1 599	1 638	1 239	1 383	560	373	928
D_2	967	714	1 638	1 705	1 685	598	475	986	1 408
D_3	958	852	631	469	1 058	1 426	952	486	123
D_4	482	962	1 746	1 852	973	452	856	821	842
D_5	954	842	1 052	953	486	591	753	682	428
D_6	1 635	961	1 426	821	485	964	726	486	294
D_7	159	439	729	548	641	652	952	725	1 097
D_8	426	524	861	561	523	756	752	941	862
D_9	552	753	452	474	742	951	754	1 068	1 425
D_{10}	1 392	741	963	852	951	654	357	855	742
D_{11}	1 092	1 496	1 602	1 476	536	452	456	841	845
D_{12}	984	894	1 088	529	984	845	851	653	651
D_{13}	841	258	451	894	236	783	245	358	985

表 7-7　经销商的产品需求量

需求	经销商								
	R_1	R_2	R_3	R_4	R_5	R_6	R_7	R_8	R_9
Q	1.601 0	2.392 0	3.350 0	0.667 0	1.035 0	5.067 0	9.047 0	159.658 0	2.158 0

解　由此建立的数学模型如下。

$$\min C = \sum_{i=1}^{13} Z_i f_i C_k \sum_{j=1}^{9} P_{ij} Q_j + \sum_{i=1}^{13} Z_i \sum_{j=1}^{9} C_{ij} P_{ij} Q_j d_{ij}$$

$$\text{s. t.} \begin{cases} \sum_{i=1}^{m} Z_i = m_0 \\ \sum_{i=1}^{13} \sum_{j=1}^{9} P_{ij} = 9 \\ \sum_{i=1}^{13} P_{ij} = 1, j = 1, 2, \cdots, 9 \\ \sum_{i=1}^{13} Z_i \sum_{j=1}^{9} P_{ij} = 9, Z_i = 0 \text{ 或 } Z_i = 1 \\ \sum_{i=1}^{13} Z_i \sum_{j=1}^{9} P_{ij} Q_j = \sum_{j=1}^{9} Q_j \\ \sum_{j=1}^{9} P_{ij} Q_j \leqslant q_0, i = 1, 2, \cdots, 13 \\ Z_i - \sum_{j=1}^{9} P_{ij} \leqslant 0, i = 1, 2, \cdots, 13; P_{ij} = 0 \text{ 或 } P_{ij} = 1 \end{cases}$$

其中，$m_0=10$，$q_0 \leqslant 1\,500$，$C_k=1$，$C_{ij}=1$

$f=\begin{bmatrix} 196 & 1\,305 & 1\,887 & 1\,280 & 1\,805 & 1\,211 & 1\,178 & 856 & 1\,365 & 274 & 16.3 & 1\,281 & 1\,409 \end{bmatrix}$

$Q=\begin{bmatrix} 1.601\,0 & 2.392\,0 & 3.350\,0 & 0.667\,0 & 1.035\,0 & 5.067\,0 & 9.047\,0 & 159.658\,0 & 2.158\,0 \end{bmatrix}$

$$d_{ij}=\begin{bmatrix} 692 & 688 & 1\,599 & 1\,638 & 1\,239 & 1\,383 & 560 & 373 & 928 \\ 967 & 714 & 1\,638 & 1\,705 & 1\,685 & 598 & 475 & 986 & 1\,408 \\ 958 & 852 & 631 & 469 & 1\,058 & 1\,426 & 952 & 486 & 123 \\ 482 & 962 & 1\,746 & 1\,852 & 973 & 452 & 856 & 821 & 842 \\ 954 & 842 & 1\,052 & 953 & 486 & 591 & 753 & 682 & 428 \\ 1\,635 & 961 & 1\,426 & 821 & 485 & 964 & 726 & 486 & 294 \\ 159 & 439 & 729 & 548 & 641 & 652 & 952 & 725 & 1\,097 \\ 426 & 524 & 861 & 561 & 523 & 756 & 752 & 941 & 862 \\ 552 & 753 & 452 & 474 & 742 & 951 & 754 & 1\,068 & 1\,425 \\ 1\,392 & 741 & 963 & 852 & 951 & 654 & 357 & 855 & 742 \\ 1\,092 & 1\,496 & 1\,602 & 1\,476 & 536 & 452 & 456 & 841 & 845 \\ 984 & 894 & 1\,088 & 529 & 984 & 845 & 851 & 653 & 651 \\ 841 & 258 & 451 & 894 & 236 & 783 & 245 & 358 & 985 \end{bmatrix}$$

根据上述建立的数学模型，使用 LINGO 软件编制程序如下：

```
model:
sets:
!f:工厂到配送中心距离,z:每个配送中心是否被选;
city/1..13/:f,z;
!Q:每个经销商需求量;
company/1..9/:Q;
!D:配送中心到经销商距离,P:配送关系;
link(city,company):D,P;
endsets
data:
f = 196 1305 1887 1280 1805 1211 1178 856 1365 274 16.3 1281 1409;
Q = 1.6010 2.3920 3.3500 0.6670 1.0350 5.0670 9.0470 159.6580 2.1580;
D = 692 688 1599 1638 1239 1383 560 373 928 967 714 1638 1705 1685 598 475 986 1408 958 852 631
    469 1058 1426 952 486 123 482 962 1746 1852 973 452 856 821 842 954 842 1052 953 486 591 753
    682 428 1635 961 1426 821 485 964 726 486 294 159 439 729 548 641 652 952 725 1097 426 524
    861 561 523 756 752 941 862 552 753 452 474 742 951 754 1068 1425 1392 741 963 852 951 654
    357 855 742 1092 1496 1602 1476 536 452 456 841 845 984 894 1088 529 984 845 851 653 651 841
    258 451 894 236 783 245 358 985;
enddata
!对每个约束条件的定义;
min = @sum(link(i,j):f(i) * p(i,j) * Q(j)) + @sum(link(i,j):p(i,j) * Q(j) * D(i,j));
!@sum(city:Z) = 10;
@for(company(j):@sum(city(i):P(i,j)) = 1);
@for(city(i):@sum(company(j):P(i,j) * Q(j))<= 1500);
```

```
@for(city(i):z(i) - @sum(company(j):P(i,j))<=0);
@for(city:@bin(z));
@for(link:@bin(P));
@for(link(i,j):p(i,j)<=z(i));
End
```

LINGO 软件求解结果（部分）如下。

```
Global optimal solution found.
  Objective value:                   108352.7
  Objective bound:                   108352.7
  Infeasibilities:                   0.000000
  Extended solver steps:                    0
  Total solver iterations:                 15
```

Variable	Value	Reduced Cost
P(1,1)	1.000000	1421.688
P(1,2)	1.000000	2114.528
P(1,3)	0.000000	6013.250
P(1,4)	0.000000	1223.278
P(1,5)	0.000000	1485.225
P(1,6)	0.000000	8000.793
P(1,7)	0.000000	6839.532
P(1,8)	1.000000	90845.40
P(1,9)	0.000000	2425.592
P(2,1)	0.000000	3637.472
P(2,2)	0.000000	4829.448
P(2,3)	0.000000	9859.050
P(2,4)	0.000000	2007.670
P(2,5)	0.000000	3094.650
P(2,6)	0.000000	9642.501
P(2,7)	0.000000	16103.66
P(2,8)	0.000000	365776.5
P(2,9)	0.000000	5854.654
P(3,1)	0.000000	4554.845
P(3,2)	0.000000	6551.688
P(3,3)	0.000000	8435.300
P(3,4)	0.000000	1571.452
P(3,5)	0.000000	3048.075
P(3,6)	0.000000	16786.97
P(3,7)	0.000000	25684.43
P(3,8)	0.000000	378868.4
P(3,9)	0.000000	4337.580
P(4,1)	0.000000	2820.962

P(4,2)	0.000000	5362.864
P(4,3)	0.000000	10137.10
P(4,4)	0.000000	2089.044
P(4,5)	0.000000	2331.855
P(4,6)	0.000000	8776.044
P(4,7)	0.000000	19324.39
P(4,8)	0.000000	335441.5
P(4,9)	0.000000	4579.276
P(5,1)	0.000000	4417.159
P(5,2)	0.000000	6331.624
P(5,3)	0.000000	9570.950
P(5,4)	0.000000	1839.586
P(5,5)	0.000000	2371.185
P(5,6)	0.000000	12140.53
P(5,7)	0.000000	23142.23
P(5,8)	0.000000	397069.4
P(5,9)	0.000000	4818.814
P(6,1)	0.000000	4556.446
P(6,2)	0.000000	5195.424
P(6,3)	0.000000	8833.950
P(6,4)	0.000000	1355.344
P(6,5)	0.000000	1755.360
P(6,6)	0.000000	11020.73
P(6,7)	0.000000	17524.04
P(6,8)	0.000000	270939.6
P(6,9)	0.000000	3247.790
P(7,1)	0.000000	2140.537
P(7,2)	0.000000	3867.864
P(7,3)	0.000000	6388.450
P(7,4)	0.000000	1151.242
P(7,5)	0.000000	1882.665
P(7,6)	0.000000	9272.610
P(7,7)	0.000000	19270.11
P(7,8)	0.000000	303829.2
P(7,9)	0.000000	4909.450
P(8,1)	0.000000	2052.482
P(8,2)	0.000000	3300.960
P(8,3)	0.000000	5751.950
P(8,4)	0.000000	945.1390
P(8,5)	0.000000	1427.265
P(8,6)	0.000000	8168.004
P(8,7)	0.000000	14547.58
P(8,8)	0.000000	286905.4

P(8,9)	0.000000	3707.444
P(9,1)	0.000000	3069.117
P(9,2)	0.000000	5066.256
P(9,3)	0.000000	6086.950
P(9,4)	0.000000	1226.613
P(9,5)	0.000000	2180.745
P(9,6)	0.000000	11735.17
P(9,7)	0.000000	19170.59
P(9,8)	0.000000	388447.9
P(9,9)	0.000000	6020.820
P(10,1)	0.000000	2667.266
P(10,2)	0.000000	2427.880
P(10,3)	1.000000	4143.950
P(10,4)	1.000000	751.0420
P(10,5)	0.000000	1267.875
P(10,6)	0.000000	4702.176
P(10,7)	0.000000	5708.657
P(10,8)	0.000000	180253.9
P(10,9)	0.000000	2192.528
P(11,1)	0.000000	1774.388
P(11,2)	0.000000	3617.422
P(11,3)	0.000000	5421.305
P(11,4)	0.000000	995.3641
P(11,5)	1.000000	571.6305
P(11,6)	1.000000	2372.876
P(11,7)	1.000000	4272.898
P(11,8)	0.000000	136874.8
P(11,9)	1.000000	1858.685
P(12,1)	0.000000	3626.265
P(12,2)	0.000000	5202.600
P(12,3)	0.000000	7936.150
P(12,4)	0.000000	1207.270
P(12,5)	0.000000	2344.275
P(12,6)	0.000000	10772.44
P(12,7)	0.000000	19288.20
P(12,8)	0.000000	308778.6
P(12,9)	0.000000	4169.256
P(13,1)	0.000000	3602.250
P(13,2)	0.000000	3987.464
P(13,3)	0.000000	6231.000
P(13,4)	0.000000	1536.101

P(13,5)	0.000000	1702.575
P(13,6)	0.000000	11106.86
P(13,7)	0.000000	14963.74
P(13,8)	0.000000	282115.7
P(13,9)	0.000000	5166.252

从 13 个备选物流配送中心中选出最优的数量作为物流配送中心,保证总的配送费用最低的决策如下。

备选配送中心 1 负责对经销商 1、2、8 配送其所需产品量;备选配送中心 10 负责对经销商 3、4 配送其所需产品量;备选配送中心 11 负责对经销商 5、6、7、9 配送其所需产品量,此时总的配送费用最低为 108 352.7。

思考与练习

1. 供应链设计要考虑哪些环境要素?为什么?

2. 在对设施选址中要考虑哪些问题?

3. 某公司在 6 个城市 c_1,…,c_6 中有分公司,从 c_i 到 c_j 的直接航程票价记在下面矩阵中的 (i,j) 位置上(∞ 表示无直接航路)。请帮助该公司设计一张任意两城市之间的票价最便宜的路线表。

$$\begin{bmatrix} 0 & 50 & \infty & 40 & 25 & 10 \\ 50 & 0 & 15 & 20 & \infty & 25 \\ \infty & 15 & 0 & 10 & 20 & \infty \\ 40 & 20 & 10 & 0 & 10 & 25 \\ 25 & \infty & 20 & 10 & 0 & 55 \\ 10 & 25 & \infty & 25 & 55 & 0 \end{bmatrix}$$

4. 某公司拟在某城市建设一座化工厂,该厂每年要从 A、B、C、D 4 个原材料供应地运来不同的原料,各地与城市中心的距离和年运量如表 7-8 所示。假定各种材料运输费率相同,试确定该厂的合理位置。

表 7-8　各地与城市中心的距离与年运量

原材料供应地	A		B		C		D	
供应地坐标/km	X_1	Y_1	X_2	Y_2	X_3	Y_3	X_4	Y_4
	40	50	70	70	15	18	68	32
年运输量/t	1 800		1 400		1 500		700	

5. DryIce 公司是一家空调设备制造商,它的市场需求量增长迅速。该公司预计下一年全国范围的需求量如下:南部地区为 180 000 个单位;中西部为 120 000 个单位;东部 110 000 个单位;西部为 100 000 个单位。DryIce 公司的管理者正在设计生产制造网络,并已选择了 4 个潜在地点:纽约、亚特兰大、芝加哥和圣迭戈。工厂的产能可以有两种方案,即

200 000 个单位或 400 000 个单位。4 个选址的年固定成本以及生产和运送一台空调设备到各个市场的成本见表 7-9。

DryIce 公司应该在哪里建工厂？产能应该有多大？

表 7-9　4 个地址的年固定成本以及生产和运送一台空调设备到各个市场的成本

成本和地区	潜在地点			
	纽约	亚特兰大	芝加哥	圣迭戈
200 000 产能工厂的年固定成本/百万元	6			
400 000 产能工厂的年固定成本/百万元	10			
东部	211	232	238	290
南部	232	212	230	280
中西部	240	230	215	270
西部	300	280	270	225

实 践 篇

CHAPTER

第8章

综合案例分析
——安吉物流规划

本章内容是在前面 7 章学习内容的基础上,以"安吉杯"第四届全国大学生物流设计大赛获奖队伍的方案为例,阐述如何运用运筹学优化知识解决企业物流和供应链管理问题,是物流运筹学在物流与供应链企业真实场景中综合应用的呈现。

8.1 "安吉杯"第四届全国大学生物流设计大赛方案

8.1.1 安吉物流简介

安吉汽车物流有限公司(以下简称"安吉物流"或"安吉公司")成立于 2000 年 8 月,是上汽集团旗下的全资子公司。安吉物流是全球业务规模最大的汽车物流服务供应商,共有员工 17 000 人,拥有船务、铁路、公路等 10 家专业化的轿车运输公司以及 50 家仓库配送中心,仓库总面积超过 440 万平方米,年运输和吞吐量超过 570 万辆商品车,并且全部实现联网运营。公司以"服务产品技术化"的理念,从事汽车整车物流、零部件物流、口岸物流以及相关物流策划、物流技术咨询、规划、管理培训等服务,提供一体化、技术化、网络化、透明化、可靠的独特解决方案的物流供应链服务。

安吉物流作为一家为汽车及零部件制造企业提供服务的第三方物流公司,下属业务包括整车物流、零部件物流、口岸物流三大业务板块(图 8-1),客户包括上海大众汽车有限公司、上海通用汽车有限公司、上汽通用五菱汽车股份有限公司、一汽丰田汽车有限公司、广汽

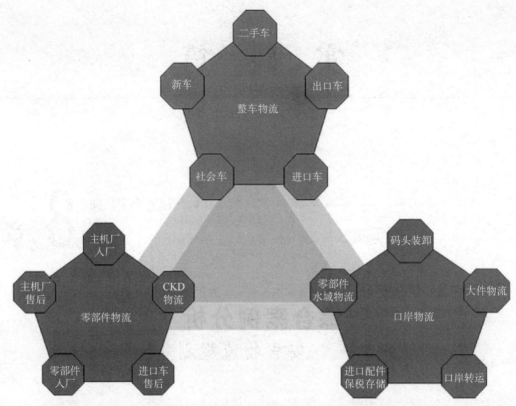

图 8-1　安吉物流业务

丰田汽车有限公司、深圳比亚迪股份有限公司等几乎国内所有主机厂。2011 年汽车物流量达 574 万辆,营业收入达 132 亿元,取得了业务量、收入、市场占有率均排名国内同行第一的骄人业绩,在国际同行中也名列前茅。目前,安吉物流是中国物流与采购联合会汽车物流分会轮席理事长单位,5A 级物流企业,"安吉"品牌荣获上海市服务类现代物流名牌称号。公司历年来多次获得上海大众汽车有限公司、上海通用汽车有限公司、上汽通用五菱汽车股份有限公司、一汽丰田汽车有限公司、广汽丰田汽车有限公司等客户授予的最佳供应商等奖项。

　　安吉物流的历史沿革可追溯至 1988 年 6 月,是当时上海汽车工业供销公司下属的长征储运经营部。经过 20 多年的发展,公司成功实现了从企业内部物流到第三方物流的发展转型。

　　安吉物流在发展历程中创造了中国汽车物流行业的若干个"第一"。在第一个十年里,安吉物流借助了当时桑塔纳轿车销售的先发优势,逐步搭建起一张成形的全国物流网络,如第一家建立乘用车仓储中心的物流企业,第一家引进"零公里"概念的轿运车物流企业,第一家与铁路合资的物流企业,第一家具备公、铁、水三位一体运输能力的物流企业。在第二个十年里,安吉物流通过内引外联,与 TNT 快递公司、上海国际港务(集团)股份有限公司、日本邮船、华轮威尔森等国内外物流巨头进行了全方位合作,第一个建立专业汽车滚装码头物流企业,第一家覆盖汽车物流全业务领域的物流企业,第一批 5A 级物流企业,第一家获得高新技术企业称号的物流企业等。

2009 年 1 月,上海汽车集团股份有限公司对属下汽车物流企业进行重组,将安吉汽车物流有限公司升格为二层次企业。安吉物流以此为契机,大力拓展集疏运体系建设,实现公、铁、水多种运力均衡可持续发展,打造全新的绿色物流模式,建立铁路干线运输网络,拓展水路物流运输规模。将整车物流、零部件物流、口岸物流三大物流板块资源整合。整合行业内资源,通过资源网络化,节约物流成本,实现社会资源最大化。

在汽车物流行业规范与标准体系制定上,安吉物流参与制定了多个行业标准,体现了行业领军企业的社会责任。公司最早参与汽车物流行业标准制定,是制定该行业标准最多的企业之一,主执笔完成 4 项行业标准:《乘用车运输服务规范》(WB/T 1021—2004);《乘用车水路运输服务规范》(WB/T 1033—2006);《乘用车仓储服务规范》(WB/T 1034—2006);《乘用车物流质损判定及处理规范》(WB/T 1035—2006)。作为主执笔单位,完成《汽车物流术语》的编写,另有两份行业标准正在制定过程中,即《汽车整车物流过程质量监控要求》和《汽车物流信息系统功能及基本要求》。

安吉物流十分重视技术发明创造与成果转化,“十二五”期间,公司将保持平均每年递增500 万元技术经费的投入,以确保公司在信息化、网络建设以及物流管理技术方面始终处于行业领先地位。安吉物流获得的创新成果与荣誉也是硕果累累。

- 荣获 2010 年度上海市质量金奖(服务业)(《解放日报》于 2011 年 8 月 31 日对此进行了相关报道)。
- 自主研发并注册登记的软件著作权达 14 项。
- 《整车物流企业的基地化管理》荣获国家级创新成果二等奖和上海市创新成果一等奖。
- 《车辆滚装专用码头滚装/滚卸工艺规范》荣获上海市标准化优秀科技成果二等奖。
- 《现代汽车物流企业标准体系与价值评估、模型研究》获得中国物流与采购联合会颁发的科技进步一等奖。
- 《物流信息可视化管理平台》荣获中国机械行业企业管理现代化创新成果一等奖以及上海市企业管理现代化创新成果二等奖。
- 《轿运车计算机三维演示及二维配载系统》荣获中国物流与采购联合会颁发的科技进步三等奖。
- 与车辆装备厂家共同研制的轿运车小八轮技术,车辆型号已列入工信部汽车公告,并获得了国家实用新型专利。

安吉物流将发展绿色低碳物流作为发展战略的重要目标,为此不惜降低企业的利润,加大对水运和铁路运输方式的投入,努力提高铁路水路运输的比例。同时,研究开发、引进先进的物流技术,在节能减排、运输车辆轻量化、智能化调度等方面进行投入和应用,将打造绿色低碳物流企业作为公司的重要社会责任加以落实。

8.1.2 三大业务板块

安吉物流总体业务范围与过程如图 8-2 所示。

1. 整车物流板块

整车物流板块以安吉物流整车物流事业部为依托,下属子公司拥有自有公路运力 3 000 余辆,加盟公路运力 12 000 余辆,自有铁路车皮 348 节,自有滚装轮 13 艘(其中海轮 10 艘、江轮 3 艘),在全国管控总面积约 440 万平方米的仓储资源,建立了“十大运作基地”,形成了全

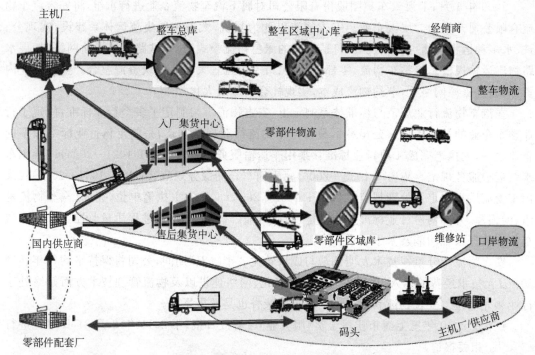

图 8-2   安吉物流总体业务范围与过程

国性的整车物流网络。

在整车物流运作模式上,公司创出了一套适合于中国汽车物流发展的运营管理模式——VLSP 整车物流服务供应商管理模式(业界称为 3.5PL 模式,见图 8-3),既有 4PL 轻资产、资源集成管控的功能,又有核心物流资源自行投资运营的 3PL 特色,将系统管理和实际运作有机结合,从而保障了公司的持续、快速、良性发展,为公司业务平稳发展和壮大打下了坚实的基础。在汽车物流服务关键技术领域,通过集成创新与应用形成了安吉物流的独特竞争力和成套创新技术体系,在汽车物流乃至一般物流行业具有引领和示范意义。

2. 零部件物流板块

零部件物流板块以安吉物流下属上海安吉汽车零部件物流有限公司(以下简称“安吉零部件”)为主体。安吉零部件是国内汽车物流业首家经原国家交通部、原外经贸部正式批准、注册资本最大的汽车物流中外合资企业。公司注册资本为 3 000 万美元,中外双方各占50%股份。公司主要从事与汽车零部件相关的物流和与汽车相关的国内货运代理服务、整车仓储、物流技术咨询、规划、管理、培训等服务以及国际货运代理、汽车零部件批发、进出口及相关配套服务,是一家专业化运作,能为客户提供一体化、技术化、网络化、可靠的、独特解决方案的第三方物流供应商。

安吉零部件目前拥有整车物流仓库 24 个,总面积超过 440 万平方米;入场零部件物流仓库 10 个,面积总计 52 万平方米,以及 420 辆运输车辆;售后零部件物流仓库 14 个,面积总计 15 万平方米。拥有移动装卸设备近 400 辆。

安吉零部件在全国各地分布着 6 家合资公司和 18 家分公司,核心业务是入场物流、售后物流、网络运输、整车仓储、进出口物流。目前服务的客户主要有上海大众汽车有限公司、

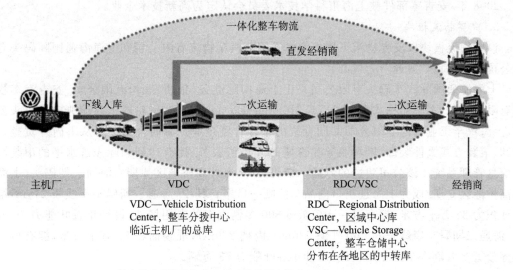

VDC—Vehicle Distribution Center，整车分拨中心 临近主机厂的总库

RDC—Regional Distribution Center，区域中心库
VSC—Vehicle Storage Center，整车仓储中心 分布在各地区的中转库

(a) 整车物流服务总包商(VLSP)物流服务模式(International Agency Services)

(b) VLSP服务体系(FV Logistics Management Structure)

图 8-3　VLSP 整车物流服务供应商管理模式

上海通用汽车有限公司、上海汽车集团股份有限公司、上汽通用五菱汽车股份有限公司、上汽大通、上汽依维柯红岩商用车有限公司、上汽汇众、一汽丰田汽车有限公司、华晨宝马汽车有限公司、长城汽车股份有限公司、郑州宇通集团有限公司、TRW 汽车集团、法雷奥集团、菲亚特汽车公司、华域汽车等。

2008 年,安吉零部件被上海市科学技术委员会认定为高新技术企业。

3. 口岸物流板块

口岸物流板块以安吉物流下属上海海通国际汽车物流有限公司和上海海通国际码头有限公司(以下简称"海通")为核心。

上海海通国际汽车码头有限公司是由上海国际港务(集团)股份有限公司、安吉汽车物流有限公司、日本邮船株式会社、NYK Holding(Europe)B. V.、华轮威尔森瑞典中区码头公司、上海汽车工业香港有限公司共同合资的中外合资企业。海通公司主要从事内外贸整车装卸、滚装方式大件装卸、堆场服务和管理 PDI 增值服务,拥有达到国际先进水平的滚装码头信息管理系统。该公司建造的海通一期码头(上海外高桥港区 4 期)、海通二期码头(上海外高桥港区 6 期)成为上海进出口商品车的唯一口岸。其中,海通一期码头岸线长 219m,堆场面积为 26 万平方米,拥有可一次停放 6 800 多辆汽车的专用场地,设计年吞吐能力 20 万辆;海通二期码头岸线长 800m(外侧 530m+内档 270m),堆场面积 63 万平方米,拥有可一次停放近 2 万辆汽车的专用场地,设计年吞吐能力 73 万辆。

上海海通国际汽车物流有限公司是由安吉汽车物流有限公司、上海国际港务(集团)股份有限公司共同组建的合资企业。该企业具有"无船承运人"和"一级国际货代"资质,拥有一支专业化的物流方案策划和运作团队,能集成海关、码头、公路及铁路等方面的强大资源,具有完整的内外贸口岸服务功能,提供国际航运、进出口报关、国内水运、陆运及铁路运输、零部件拆装箱、仓储、外贸转关等服务。该公司重点打造沿海南北航线,已设立哈尔滨、沈阳、营口、大连、天津、烟台、柳州和深圳 8 个服务网点,业务范围已延伸至韩国、美国和印度,在上海外高桥拥有占地 11 万平方米的零部件物流园区和占地 19 万平方米的整车物流园区。其中,零部件物流园区建筑面积 5.6 万平方米,拥有 4 个单体仓库,年集拼能力达到 50 万TEU;整车物流园区建筑面积 23.9 万平方米,包括两个立体库和两个汽车服务中心,室外堆场 9 万平方米,年增值服务能力达到 50 万辆,可一次停放车辆近万辆,年周转量 12 万辆。另有 4 个外借库,一次可停放 6 100 辆整车。

口岸物流板块目前服务的客户主要有上海大众汽车有限公司、上海通用汽车有限公司、上汽通用五菱汽车股份有限公司、安徽奇瑞、浙江吉利汽车有限公司、安徽江淮汽车集团股份有限公司、海南马自达销售有限公司等国内客户和宝马、梅赛德斯·奔驰、保时捷、法拉利、宾利、丰田汽车公司、斯巴鲁公司、双龙汽车等国外客户。

针对"安吉杯"第四届全国大学生物流设计大赛,安吉物流提出了 16 个具体案例。

- 案例 1　汽车物流企业发展中的挑战。
- 案例 2　甩挂夫如何?
- 案例 3　整车物流资源计划(FVRP)系统。
- 案例 4　资源调度平台的求索之路!
- 案例 5　汽车物流财务监管模式的探讨。
- 案例 6　汽车物流运输方式及线路的优化。
- 案例 7　如何形成一套卓而有效的调度模式?
- 案例 8　道位利用率的优化设计。
- 案例 9　整车运输过程监控模式的探索。
- 案例 10　零部件售后物流配送同步策略。

- 案例 11　零部件和整车物流的共享与协调。
- 案例 12　基于循环取货(milk-run)方式的零部件配送。
- 案例 13　零部件料箱、料架的信息化管理与控制。
- 案例 14　汽车滚装市场与战略。
- 案例 15　港口汽车零部件中心可行性。
- 案例 16　汽车物流多式联运方案设计。

与本章相关性比较大的案例有案例 3、案例 6 和案例 12,以本章内容为基础,并结合经济、管理、工程、技术等不同领域的科学方法和技术手段,对以上 3 个案例中涉及的物流和供应链管理问题进行优化分析。

8.2　安吉物流零部件入场模式优化

本节内容主要解决汽车零部件的合理取货问题。

安吉公司现在主要服务各大汽车厂商的零部件的取货。安吉目前主要采取循环取货模式,但随着客户的增加,供应商的数量也直线上升,循环取货模式遇到了许多问题。我们针对问题设计了解决方案:通过对汽车零部件进行分类,解决了零部件供应商众多、难以管理控制的问题;基于分类,对每种零部件供应商设计了不同的入场模式,并针对每种模式进行了线路优化;通过引入移动互联 GPS 等技术,实现了零部件取货车辆的实时监控,从而保证了零部件准时运抵主机厂,实现了时效性。

综上所述,通过实施一系列的措施,可以做到了节约能源、降低排放,保证运输的时效性,降低运输成本,实现企业绿色物流的宗旨,从而达到"绿"动未来的目标。

本节的详细分析结构如 8-4 所示。

安吉现状　主要采用循环取货模式,但仍面临很多问题

遇到问题
- 供应商数量多,运输管理难度大
- 零部件运输成本高,占比大
- 汽车空载率高,大量返程运力被浪费
- 突发情况难以解决,取货时效性难以保障

解决方法
- 供应商合理分类,增加供应商的可控性
- 根据零部件供应商的分类对入场模式的线路进行优化
- 取货车辆实时监控,保障运输时效性

预期目标
- 降低运输成本
- 增加运输车的装载率
- 增加零部件取货的时效性
- 降低环境污染,实现"绿"动未来

图 8-4　本节的详细分析结构

8.2.1 安吉物流零部件入场模式现状

汽车零部件物流是各个环节必须衔接得十分流畅的高技术物流行业,是国际物流业公认的最复杂、最具专业性的物流领域,特别是零部件的入场物流更能体现出极高的专业性和复杂性。近年来,循环取货的配送模式(milk-run)在安吉零部件入场物流业务方面得到了广泛的应用和发展,给汽车制造业供应链管理带来重大流程革命及变动。安吉公司现在主要采用基于循环取货的零部件的入场模式,如图8-5所示。

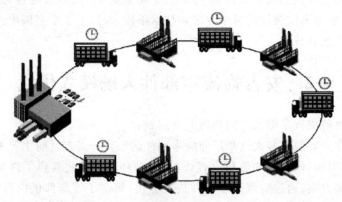

图 8-5 循环取货的入场物流模式

循环取货方式是一个优化的物流系统网络,其特色是多频次、小批量、定时性。首先,其能弥补传统运输的缺陷,优化运输网络,提高零部件送货频次,降低运输成本及其他潜在的成本,并为整个供应链提供一个更有效的控制库存;其次,还能降低零部件库存,降低周转箱数量,有利于可周转料箱的管理,平衡物料接收,提高装货、卸货效率,减少直接物料搬运的需求,取消中间储存及堆垛;此外,加速了供应商质量问题的解决,对于运输商的质量与配送方面的绩效具有很强的控制性,并减少包括供应商处的库存费用;最后,柔性的取料路线设计可以对市场需求做出迅速反应。

8.2.2 安吉物流零部件入场模式存在的问题

1. 供应商数量多,运输管理难度大

在循环取货模式应用之初,由于业务量较小,供应商也比较少,而且分布比较集中,因此,循环取货的模式取得了比较好的效果。然而,随着汽车生产厂家的生产量急剧增长,公司的业务量也在急剧地攀升。据资料显示,安吉公司现在的某一个客户的主机厂有近15 000种零部件,其国产零部件近万种,分布在江、浙、沪等10余个省市的170多家国产零部件供应商中,零部件供应商的数量多,零部件的种类多,在该种情况下到底采取怎样的零部件入场模式是安吉公司亟待解决的问题。

2. 零部件运输成本高,占比大

安吉物流通过引进循环取货的零部件入场模式,使主机厂既能够尽量满足生产波动的需求,同时又能将运营成本控制在一定范围内。但是目前在应用的过程中发现物流运作的成本仍然偏高,在总的物流费用成本中运输的成本达到44%,如图8-6所示。

造成运输成本费用高的一个重要的原因是循环取货模式下运输车辆的路径设计不成熟。随着汽车市场的发展,零部件供应商的范围仍然在扩大。当供应商的规模不断扩大后,

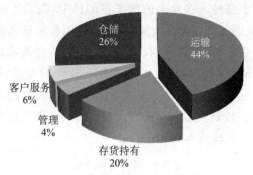

图 8-6　物流费用构成

运输车辆的路径设计就变成了一个棘手的问题。优良的运输路径可以有效地减少运输成本，并能够保证零部件运输的时效性，所以我们急需解决的问题就是循环取货的路径设计问题。

3. 汽车空载率高，大量返程运力被浪费

运输车辆的装载率最高作为衡量运输成本的重要标志。只有进行充分的配载，才能使循环取货模式具备成本控制的优势。在实施循环取货的运作模式之初，车辆装载率达到 85％ 是比较理想的状态，当然装载率肯定是越高越好。然而在车辆的实际运营中，我们发现装载率远远没有达到这样的标准，其原因是多方面的。其中最重要的原因在于汽车的零部件众多，一家供应商提供的零部件产品也是多种类的。另外，在实际操作中还存在这样的问题：主机厂的生产订单每天的需求是不同的，对零部件的需求总是在一定的范围内产生波动，因此如何对运输车辆进行动态调度对于节约运输成本就显得比较重要了。

除了在取货过程中的空载率，远程运输的返程空载率也是一个棘手的问题。目前由于设计的不完善，大量运输车在返程过程中空载率很高，如何解决这部分运力浪费的问题，就显得十分重要了。

4. 突发情况难以解决，取货时效性难以保障

在零部件物流配送过程中，一些异常运行流程通常会出现。例如，当出现因各种原因造成生产商的紧急加单、减单和并单等超过当天零部件正常需求量的 25％ 时，或当天气、道路等出现异常情况时，就会影响零部件的安全、准时送达。

另外，随着客户的要求越来越多，现在的客户为了保证 JIT 生产，需要了解零部件在途运输过程中的情况。例如，需要实时监控零部件的运输位置、运输状态和预计运达时间等信息。

8.2.3　解决思路与方法

针对安吉公司在零部件入场模式中出现的众多问题，我们制定了一系列的解决方案。

1. 供应商合理分类，增加供应商的可控性

零部件供应商的数量增加是安吉公司扩大市场的必然结果，想要从根本上解决该问题，就要对零部件以及零部件的供应商进行合理的分类。

主要采用 ABC 分类法对零部件及供应商进行分类。

在众多汽车零部件中存在着主要的零部件，以及相对次要的零部件，有需求量很大的零

部件,也有需求量不多的零部件。在众多的汽车零部件中,我们采取 ABC 分类法根据价值和运输距离将对零部件及供应商分为三大类:A 类是使用价值最高的,完全按照主机厂的需求供应零部件,零部件被直接送到工厂,而没有经过中转;B 类商品价值相对适当,与主机厂的距离也适中,B 类的零部件对于运输方式没有什么特殊的要求;C 类零部件价值相对较低,距离主机厂的位置可近可远,可以根据实际的情况在主机厂内部建立 C 类零部件的仓库,以防止较远的 C 类零部件运抵不及时的情况。C 类的零部件被短暂存储,补充生产线需要,这种做法有效地降低了运输成本,见表 8-1。

表 8-1　零部件的分类

名　称	零部件价值	离主机厂距离	取货频率
A 类零部件	高	近	高
B 类零部件	中	适当	适中
C 类零部件	低	远	低

这里采用 ABC 分类法,并不意味着就将汽车零部件分为三类,只是采用 ABC 分类法的思想,根据汽车零部件的重要程度进行划分。

在英国三大研究机构与近 20 家汽车工业企业联合研究提出的 OTD(order to delivery)时间为 3 天的 3DayCar 系统中也提出了零部件分类的建议:根据每年的使用价值将汽车零部件分为 A、B、C、D、E 五种,根据分类决定零部件的运送频率。其中,A 类零部件根据生产线的要求实时排序并以小时为单位运送,包括汽车的大多数主要零部件(如发动机、传动装置、车门、座椅、制动系统等),这些零部件的价值占汽车零部件总价值的 66%,理想的做法是每天以小时为单位,按照生产线的生产需求的次序,从供应商的货物中心将该类零部件直接送到生产线边。而 B 类的送货频率为每天一次,C 类为每周两次,D 类为每周一次,E 类为每两周一次,这些零部件都需要在中转仓库短暂存储。

针对安吉物流公司的零部件运输服务,只考虑零部件的价值是远远不够的,还要考虑运输的距离、零部件的尺寸等其他因素。原则上,在决定一种零部件的送货频率时,需要达到的目标是使存储、运输、订货、搬运、开票等活动的总成本最小化,因此,必须综合考虑并调整。

当某种零部件的尺寸较大,限于运输工具的容量而必须加大运送频率时,这种零部件的分类就应该被适当提高。当零部件供应商的距离很远时,应该考虑降低其运送频率以降低运输成本与总成本,其分类可以适当降低。

而对于进口国外的零部件,其运送频率主要由运输成本决定,同时也应该适当考虑与此频率对应的提前期中使用需求的变化带来的库存成本,绝不能因为考虑到大批量低频率运输成本较低而忽视由于订货提前期拉长带来的库存成本风险。

针对生产各类零部件的供应商,再结合零部件供应商的地理位置、交通条件等因素,我们将零部件的供应商也用 ABC 分类法进行分类,以便更好地解决运输成本过高的问题。

总之,汽车零部件的运输需要考虑的因素有很多,通过 ABC 分类法,根据其重要程度将零部件进行分类,有利于之后入场模式的选择(表 8-2),起到了一个基础性的作用。有利于降低运输距离,实现绿色运输,节约成本,保护环境。

表 8-2   各类零部件供应商的入场模式

供应商分类	零部件分类	零部件价值	离主机厂距离	取货频率	入 场 模 式
A 类	大量 A 类 少量 B 类	高	近	高	直接配送
B 类	大量 B 类 少量 A 类	中	适当	适中	循环取货
C 类	大量 C 类 少量 B 类	低	远	低	循环取货＋多式联运

2. 根据零部件供应商的分类对入场模式的线路进行优化

根据调查研究,我们了解到汽车零部件主要分为两大部分:一部分是海外生产的,需要入境的零部件;另一部分是国内生产的零部件。国内的零部件又根据汽车零部件的 ABC 分类法和供应商的地理位置分为以下 3 种情况。

(1) 在主机厂周围的 A 类零部件供应商。这种零部件供应商根据汽车主机厂的位置,毗邻主机厂建立零部件供应厂,有利于降低运输成本,保证准时运输。采取的运输方式主要是直接配送。采用这种入场模式的零部件主要是 A 类零部件。

(2) 距主机厂距离较近的 B 类零部件供应商。这里将主机厂半径 100km 的零部件供应商定义为距主机厂较近的零部件供应商,采取循环取货的入场模式。采用这种入场模式的零部件主要是 B 类零部件。

(3) 距主机厂非常远的 B、C 类供应商。这里将城际(半径大于 100km)的距离定义为距主机厂非常远的供应商,这类供应商与主机厂非常远,我们采取将循环取货与多式联运相结合的入场模式。这种零部件的入场间隔时间一般较长,运输距离较远,采用这种入场模式的零部件主要是大部分 C 类零部件和部分 B 类零部件。

综合以上内容,建议安吉公司采取 4 种方式结合的零部件入场模式。

(1) 较近距离的零部件供应商(100km 半径范围内)采用循环取货的模式。

(2) 远距离的供应商,如长春、北京等地的供应商要运输到上海,则需要先在当地的众多零部件供应商采取循环取货模式,将零部件运输到中间仓储中心,再由仓储中心直接运达主机厂。

(3) 在主机厂附近建设一些零部件厂,如排气管工厂、离合器厂等,形成工业园区方便运输。

(4) 对于海外的那些零部件供应商,海外的零部件先运到港口零部件并货中心,再由港口并货中心直运主机厂。

汽车零部件的分类及入场模式如图 8-7 所示。

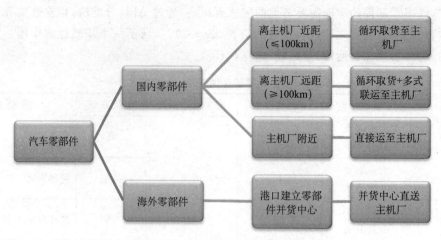

图 8-7　汽车零部件的分类及入场模式

1) 距主机厂距离较近的零部件的入场模式

根据零部件供应商的分类,对于大部分 B 类、距离主机厂较近的零部件供应商(半径 100km 范围内),采取循环取货的入场模式。

(1) 循环取货模式线路优化问题的描述。

循环取货模式线路优化问题,也就是汽车线路优化问题,就是让求出,在一个主机厂周围分散着若干个零部件的供应商,运输车通过怎样的线路进行运输既能满足将所有的零部件的供应商都覆盖到同时又能保证运输总成本最低,将该问题具体描述如下。

假设某地区有一个主机厂,安吉公司拥有载重量为 q 的车辆(车辆装载利用率为 α)为该主机厂运送零部件。其最大的行驶距离设为 L,在这个配送区域内有 n 个零部件供应商标号为($i=1,2,3,\cdots,n$),需实现货物的运输任务,其任务点 i 的货运量为 g_i。其中,$g_i(i=1,2,3,\cdots,n)<q$(非满载),每个供应商的服务时间一定,且每个供应商允许进行资源调度的时间范围为 $[ET_i,LT_i]$(时间窗),倘若配送车辆到达 i 供应商的时间早于 ET_i,则车辆需要在 i 处等待,若车辆到达时间晚于 LT_i,则任务延迟。若延迟,则根据供应商的实际需要进行惩罚(惩罚系数设为 M),最终车辆返回主车场。在物流资源配送的过程中考虑到运输成本为 C(根据实际需要,也可表示距离和时间等),最后求得主机厂全部需求的零部件运达的同时求最小配送成本。

(2) 实际问题模型分析。

① 实际问题的约束。

对于上述问题描述,这里先做如下假设。

a. 主机厂的位置已知且唯一(单目标主机厂)。

b. 不考虑运输零部件的车辆类型差别,即不同车辆类型的速度 v,在各个任务点(零部件供应商)的服务时间 T_i 无差别(单车型)。

c. 每个任务点,每辆车服务时的总载货容量不能超过该车容量(非满载)。

d. 在每个任务点的车辆取货必须满足已知的服务时间范围(这种约束条件即为案例所规定的带时间窗的问题)。

e. 零部件供应商有充足的货物满足订单需求,安吉公司有充足的运力满足运输需求。

f. 每个需求点只能由一辆车服务一次,所有的需求点均必须被服务。

② 根据实际问题建立的数学模型。

在该问题下,首先,设 m 辆车完成上述 n 项任务,每个区域内(即一个主机厂和其周边的零部件供应商)完成该任务所需的车辆数目可以由下述公式得到:

$$m = \left[\frac{\sum_{i=1}^{n} g_i}{\alpha q} \right] + 1 \tag{8-1}$$

式中,[ ]为不大于括号内的最大整数;α 为车辆的载重量利用率,当 $\alpha < 1$ 时,它是装车(卸车)复杂程度及约束多少的估计,也与零部件的特点有关。

其次,定义相关的变量约束如下:

$$x_{ijk} = \begin{cases} 1, & \text{车辆 } k \text{ 出任务点(或车场)} i \text{ 驶向任务点(或车场)} j \\ 0, & \text{否则} \end{cases}$$

$$y_{ik} = \begin{cases} 1, & \text{任务点 } i \text{ 的货运任务由 } k \text{ 来完成} \\ 0, & \text{否则} \end{cases}$$

最后,得到车辆优化调度模型如下:

$$\min Z = \sum_{i=0}^{n} \sum_{j=0}^{n} \sum_{k=1}^{m} c_{ij} x_{ijk} + \sum p(t_i) \tag{8-2}$$

$$\sum_{i=1}^{n} g_i y_{ik} \leqslant q, \, k = 1, 2, \cdots, m \tag{8-3}$$

$$\sum_{i=1}^{L} \sum_{j=0}^{L} c_{ij} x_{ijk} \leqslant L, \, k = 1, 2, \cdots, m \tag{8-4}$$

$$\sum_{k=0}^{m} y_ik = 1, \, i = 1, 2, \cdots, n \tag{8-5}$$

$$\sum_{k=0}^{m} y_0 k = m \tag{8-6}$$

$$\sum_{i=0}^{n} x_{ijk} = y_{jk}, \, j = 1, 2, \cdots, n; k = 1, 2, \cdots, m \tag{8-7}$$

$$\sum_{i=0}^{n} x_{ijk} = y_{ik}, \, i = 1, 2, \cdots, n; k = 1, 2, \cdots, m \tag{8-8}$$

$$x_{ijk}(x_{ijk} - 1) = 0 \tag{8-9}$$

$$y_{ijk}(y_{ik} - 1) = 0 \tag{8-10}$$

$$X = (x_{ijk}) \in S \tag{8-11}$$

对于上述模型,考虑用两个分段函数表示。时间窗根据其属性不同,可以分为硬时间窗和软时间窗,在模型的设计中,引入几个特殊变量:M 作为超出时间窗范围的一个无穷大的惩罚成本,a、b 分别表示等待成本和缺失成本对于时间的比例系数,根据软、硬时间窗的各自特点,分段函数图像如图 8-8 和图 8-9 所示,并设置分段函数如下:

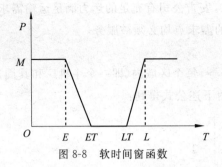

图 8-8　软时间窗函数

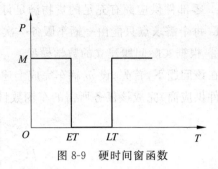

图 8-9　硬时间窗函数

$$p(t) = \begin{cases} M, & t < E \\ (ET - t)a, & E \leqslant t < ET \\ 0, & ET \leqslant t \leqslant LT \\ (t - LT)b, & LT < t \leqslant L \\ M, & t > L \end{cases} \quad (8\text{-}12)$$

$$p(t) = \begin{cases} M, & t < ET \\ 0, & ET \leqslant t \leqslant LT \\ M, & t > LT \end{cases} \quad (8\text{-}13)$$

在整个模型中，C_{ij} 为任务点 i 到任务点 j 的成本，也可以表示距离、费用、时间等，根据实际情况确定；Z 为总成本。

式(8-2)表示总成本最少。

式(8-3)表示车辆 k 所承担的任务量不大于车辆本身的载重量，即非满载约束。

式(8-4)是一个最大行驶距离约束。

式(8-5)表示任务 i 仅由一辆车来完成。

式(8-6)表示车场 O 派出 m 辆车。

式(8-7)与式(8-8)表示相关的变量关系。

式(8-9)与式(8-10)表示对于之前的变量约束。

式(8-11)表示支路取消约束。

式(8-12)表示软时间窗的时间约束限制。

式(8-13)表示硬时间窗的时间约束限制。

为了便于计算上的方便，尽量把上述所建立的数学模型中的约束条件变换到目标函数中，对于超出约束条件的加惩罚系数 $M(M \rightarrow \infty)$，其模型的目标函数变换如下：

$$\min Z = \sum_{i=0}^{n} \sum_{j=0}^{n} \sum_{k=1}^{m} c_{ij} x_{ijk} + M \sum_{k=1}^{m} \max\left(\sum_{i=1}^{n} g_i y_{ik} - q, 0\right)$$
$$+ a \sum_{j=1}^{n} (ET_j - T_j, 0) + b \sum_{j=1}^{n} (T_j - LT_j, 0) \quad (8\text{-}14)$$

$$\min Z = \sum_{i=0}^{n} \sum_{j=0}^{n} \sum_{k=1}^{m} c_{ij} x_{ijk} + M \sum_{k=1}^{m} \max\left(\sum_{i=1}^{n} g_i y_{ik} - q, 0\right)$$
$$+ M \sum_{j=1}^{n} (ET_j - T_j, 0) + M \sum_{j=1}^{n} (T_j - LT_j, 0) \quad (8\text{-}15)$$

上述式子中,式(8-14)表示软时间窗的进行惩罚处理后的遗传算法目标函数,式(8-15)表示硬时间窗的进行惩罚处理后的遗传算法目标函数,其中 a、b 分别表示等待成本和缺失成本对于时间的比例系数。若车辆在 ET_i 之前到达任务点,则产生等待成本 $a(ET_i-T_i)$;若车辆在 LT_i 之后到达任务点,则产生缺失成本 $b(T_i-LT_i)$。

(3) 求解方法及实例应用。

① 求解方法。

对于 VRP 问题,最常用的求解方法为遗传算法。该数学模型利用遗传算法计算零部件取货路径,并对其进行优化。同时,为了增加计算的方便性,编辑了一个软件系统,能通过软件计算具体的运输线路。

② 实例应用。

应用上述数学模型,再次进行实际案例的线路规划探究。根据实际问题所建立的数学模型,把实际问题中的变量模拟成具体的数据,首先假设有 $n=10$ 项的货物运输任务,将其编号为 $1,2,\cdots,10$;任务点(零部件供应商)数据如表 8-3 所示。由于供应商所提供的零部件不一样,为了将复杂的问题简化,可以将运量标准化,使每个任务点 i 的货运量为 g_i 的需求量在 $[0,5]$ 个单位内随机产生,每个企业允许进行资源调度的时间范围为 $[ET_i,LT_i]$,ET_i 在 $[0,100]$ 内随机产生,LT_i 赋值为 $LT_i=ET_i+50$,目标函数中的 a 和 b 分别表示等待成本和缺失成本对于时间的比例系数,a、b 分别取 0.2 和 0.3;惩罚系数 M 取得数值 10^5,车辆的载质量 $q=8t$;设车辆行驶速度恒为 $v=45km/h$,相关具体数据见表 8-3。

表 8-3　零部件供应商相关数据

任务点编号	任务点位置 (随机筛选)	任务点需求(t) (随机产生)	开始时间/ min	结束时间/ min	备注
0	(110,111)	0	0	$+M$	
1	(117,82)	3.4	30	80	
2	(64,188)	1.6	110	160	
3	(115,24)	2.8	330	380	
4	(119,169)	2.3	275	325	
5	(71,142)	1.2	185	235	
6	(28,132)	2.2	110	160	
7	(68, 49)	1.4	125	175	
8	(134,79)	1.3	235	285	
9	(150,178)	2.4	320	320	
10	(38, 91)	4.2	165	215	

在坐标系中,两点之间的坐标距离作为实际距离,并把时间的损失转化为距离的损失,

之前的数学模型中,给出了调度车辆数目的公式 $m = \left[\dfrac{\sum\limits_{i=1}^{n} g_i}{\alpha q}\right] + 1$,求得 $m = 3$,这里取

$\alpha = 0.96$。

将各个供应商的位置、运货量、时间窗信息输入软件内,截图如图 8-10 所示。

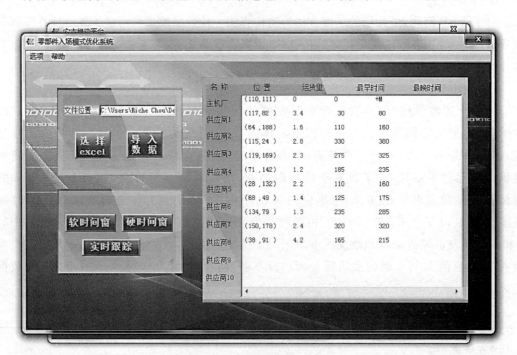

图 8-10　导入数据软件截图

③ 问题的解。

a. 软时间窗。

根据上述数据,利用之前的数学模型建立的约束处理后的软时间窗的目标函数为

$$\min Z = \sum_{i=0}^{n} \sum_{j=0}^{n} \sum_{k=1}^{m} c_{ij} x_{ijk} + M \sum_{k=1}^{m} \max\left(\sum_{i=1}^{n} g_i y_{ik} - q, 0\right)$$
$$+ \alpha \sum_{j=1}^{n} (ET_j - T_j, 0) + b \sum_{j=1}^{n} (T_j - LT_j, 0)$$

根据遗传算法过程,可以得到最优解 $S = 745.71\mathrm{km}$,所走的路线共有 3 条,情况如下。

线路 1:0→1→8→3→0,线路 1 的行驶距离为 191.35km。

线路 2:0→5→2→9→4→0,线路 2 的行驶距离为 274.11km。

线路 3:0→6→10→7→0,线路 3 的行驶距离为 280.25km。

上述带有软时间窗的问题根据计算结果,利用软件计算出的运输线路,截图如图 8-11 所示。

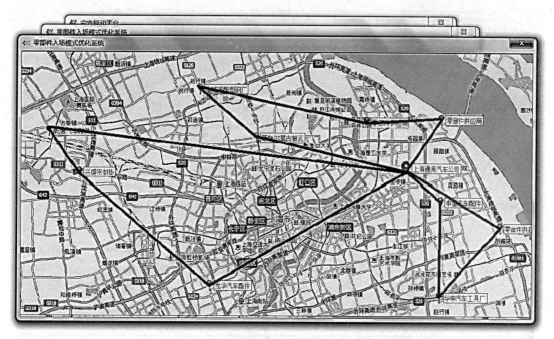

图 8-11　软时间窗线路规划软件截图

b. 硬时间窗。

根据上述数据,利用前一章进行约束处理后的硬时间窗的目标函数为

$$\min Z = \sum_{i=0}^{n}\sum_{j=0}^{n}\sum_{k=1}^{m} c_{ij}x_{ijk} + M\sum_{k=1}^{m}\max\left(\sum_{i=1}^{n} g_{i}y_{ik} - q,0\right)$$
$$+ M\sum_{j=1}^{n}(ET_{j} - T_{j},0) + M\sum_{j=1}^{n}(T_{j} - LT_{j},0)$$

根据之前的遗传算法实现上述约束后的目标函数可以得到最优解 $S=820.11\mathrm{km}$。所走的路线共有 3 条,情况如下。

线路 1:0→1→7→8→0,线路 1 的行驶距离为 200.99km。

线路 2:0→2→5→4→9→0,线路 2 的行驶距离为 302.11km。

线路 3:0→6→10→3→0,线路 3 的行驶距离为 317.01km。

上述带有硬时间窗的问题根据计算结果利用软件计算出运输线路,截图如图 8-12 所示。

(4) 传统的取货模式与循环期货模式的数据对比。

为了突显循环取货的优势,在此采取传统的取货方式,以及单一零部件供应商对口主机厂的运输方式计算该种运输模式下的路线和。利用两点距离公式:

$$|AB| = \sqrt{(x_1 - x_2)^2 + (y_1 - y_2)^2}$$

由于传统模式下的运输车在运输过程中要在主机厂和零部件供应商之间运货,所以运输距离是两倍的两点间的实际距离,见表 8-4。

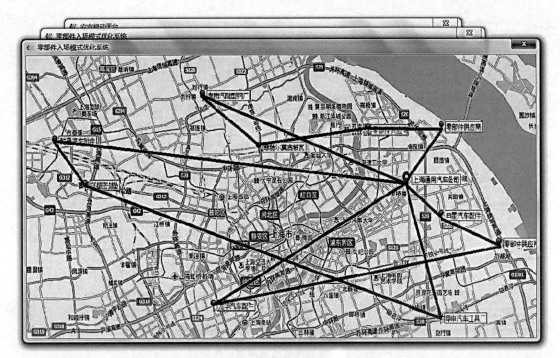

图 8-12   硬时间窗线路规划软件截图

表 8-4   各家供应商与主机厂的距离   单位:km

供应商	供应商 1	供应商 2	供应商 3	供应商 4	供应商 5
与主机厂的距离	59.66	179.38	174.28	117.38	99.64
供应商	供应商 6	供应商 7	供应商 8	供应商 9	供应商 10
与主机厂的距离	169.3	149.78	80	156.06	149.46

$$S_{总} = 1\ 334.94\text{km}$$

由传统算法求出的运输距离是 1 334.94km,当然这个数据是在软、硬时间窗且都没有时间提前和延误的情况下计算的,但凡有时间上的延误和提前,折换成路程后会比 1 334.94km 多。

下面对比循环取货和传统取货两种情况下的路程和成本(表 8-5),设定单位距离内的运输成本为 C,C 是一个变量,C 的大小和当时的油价息息相关。

表 8-5   循环取货与传统取货模式数据对比   单位:km

类 型	行驶路线	行驶距离	总行驶距离	运输成本	成本合计
循环取货软时间窗约束调度路线	0→1→3→8→0	191.35		191.35C	
	0→5→2→9→4→0	274.11	745.71	274.11C	745.71C
	0→6→10→7→0	280.25		280.25C	
循环取货硬时间窗约束调度路线	0→1→7→8→0	200.99		200.99C	
	0→2→5→4→9→0	302.11	820.11	302.11C	820.11C
	0→6→10→3→0	317.01		317.01C	

续表

类　型	行驶路线	行驶距离	总行驶距离	运输成本	成本合计
传统调度方式路线	0→1→0	59.66		59.66C	
	0→2→0	179.38		179.38C	
	0→3→0	174.28		174.28C	
	0→4→0	117.38		117.38C	
	0→5→0	99.64	1 334.94	99.64C	1 334.94C
	0→6→0	169.3		169.3C	
	0→7→0	149.78		149.78C	
	0→8→0	80		80C	
	0→9→0	156.06		156.06C	
	0→10→0	149.46		149.46C	

　　根据上面的汇总表格(表8-5),不难看出循环取货的优势非常明显,循环取货的软时间约束调度模式节约的成本达44.14%。循环取货的硬时间约束调度模式节约成本达38.57%。由此可见,通过对循环取货进行线路的优化,能够大大降低运输里程,做到了节约能源,降低排放,降低了运输成本,实现了企业绿色物流的宗旨,从而有利于达成"绿"动未来的目标。

　　2)与主机厂距离较远的零部件的入场模式

　　循环取货方式的一个重要的约束条件是各个零部件供应商之间的地理位置不是太过遥远,最好在一个围绕主机厂相对较近的区位。但是安吉公司实际的客户及汽车生产厂家非常多,并且汽车所需要的零部件也很多,有的零部件要靠全国各省市的厂家提供。目前其供应商的范围仍在扩大,随着供应商的规模不断扩大,运输车辆的路径设计就变成了一个棘手的问题。所以,在实际的应用中,循环取货存在一定的不便之处,甚至由于距离过远,成本要比传统取货高。

　　所以,在此将循环取货与多式联运进行综合考虑,先将零部件供应商按区域分类,将临近的零部件供应商分为一个区域,在各区域内用循环取货方式将所有的零部件运到一个零部件中心,再由该零部件中心以多式联运方式运送零部件直达主机厂,这样就解决了零部件供应商分布广的问题。比如以西安为中心的西北区域,以沈阳为中心的东北区域,以广州为中心的东南区域,在各区域内采取循环取货方式,再分别由西安、沈阳、广州以多式联运的方式运送零部件直达上海的主机厂。

　　3)主机厂周围零部件的入场模式

　　(1)轨道运输的应用。

　　一些应用量比较大的,或者相对核心的汽车零部件,零部件的供应商可以在主机厂周边进行设厂(图8-13),这样就大大缩短了运输路程,对于这样的零部件,采取的入场模式为铺设轨道,实现轨道运输。

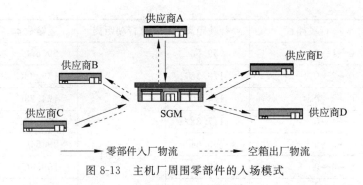

图 8-13　主机厂周围零部件的入场模式

为了减少库存和缩短采购周期,部分零部件供应商会在主机厂周边设厂,即形成供应商园区(supplier park)。零部件供应商的零部件一般会按照一定的顺序进行配送,即按照生产线的顺序进行零部件的供应。为了能快速反映主机厂的需求,直接把零部件从供应商运送到生产线,在零部件供应商和主机厂之间建立直接的连接。例如,修建轨道,通过轨道运输,不经过公共交通设施,直接配送零部件。而进行直接配送的零部件常常是非常复杂的专业化的模块,或可以最后快速配置的,或组装完整的运输成本很高的零部件。这些供应商可能提供通用化模块、座椅、内部设备等方面的零部件。

这种模式下,零部件供应商与主机厂距离非常近,在一个工业区内,采用轨道运输是极为方便的方式。

基于轨道的运输方式是将各个零部件供应商连接起来通过既定的顺序进行取货,并将这些零部件运达主机厂,其特点有:即时配送,即根据主机厂生产顺序进行取货,通过轨道运输方式提取的零部件按照生产顺序进行提取,从而做到 JIT,在必要时间内把必要的零部件送到必要的地方。

因为要采取轨道运输,所以需要特殊的运输工具及专业的装卸平台。这种运输方式可能需要事先进行大量的资金投入,但是从长远发展角度来看,轨道运输能够准确保证主机厂的及时生产,采用先进的技术也能节约运输的成本,是长远发展之计。

(2) 轨道运输的好处。

① 物流运输成本低。由于使用轨道运输,主机厂和供应商之间几乎是直线连接,行驶里程缩短。另外,轨道物流卡车可以使用牵引车,运输成本比货运卡车低。

② 环境污染少。轨道运输方式可以降低卡车对环境的影响,减少二氧化碳等废气的排放。

③ 不会发生因堵车导致不能运达的情况。由于有专门的运输轨道,不需要占用公共交通,所以不会发生堵车的情况。

④ 符合柔性生产需求。轨道物流取货方式有利于主机厂柔性生产的展开,降低工厂的库存,有效实施 JIT。

4) 海外供应商零部件的入场模式

在快速增长的中国汽车零部件进出口贸易中,物流的重要性日益突显。要把正确的零部件、正确的数量、在正确的时间和所规定的费用范围内送到海外目的地工厂,一个高端的物流策划和流程是不可缺少的。

如果每个供应商单独给每个海外工厂供货,这样将会给协调管理工作带来极大的困难。

而且这种各管各的混乱局面在实际操作上会引起较高的成本。因此,并货中心是解决以上问题不可缺少的中心环节。并货中心在此起到了将零部件统一收集在一个地点、统一包装、统一发货的作用。完成这些工作的前提是所有参与者都有信息的交流,并且并货中心起着对整个物流链的管理作用。

根据安吉公司的特点,总部设在上海,上海的地理位置十分优越,上海港口基础设施健全,又是长江的入海口,所以在上海港建立并货中心是不二选择。将海外的零部件通过海运运达上海港的并货中心,再由并货中心运达主机厂,是解决海外零部件运输问题的有效途径。从上海的并货中心运送至各地的主机厂的过程中,有的订单运输距离较远,运输量大,可以采取多式联运的方式进行零部件的运输,增加水路、铁路的运输比例,从而降低运输成本,实现安吉公司的可持续发展。

通过这种运输方式,在各地区循环取货阶段主要采取公路运输,由并货中心送达各个地区的阶段,由于运输里程长,故采用多式联运的方式。

与此同时,还可以将零部件的运输与整车的运输结合起来。例如,现有一批整车需要从上海运抵沈阳,在运达后该运输车可以将由沈阳零部件供应商供应的零部件运到上海的主机厂,这样就降低了运输车的空驶率,节约了零部件运输的成本。

3. 取货车辆实时监控,保障运输时效性

随着物流业的快速发展,客户对于物流的要求越来越严格,他们想随时知道运输车辆的位置、速度及行驶状态等信息,还想知道预计的到达目的地时间,质损发生状况,同时还关心如果运输车辆遇到问题能否自动或手动向监控中心发送求助信息,从而保证驾驶员、轿运车以及商品车的安全。最关键的一点是,运输车辆需要及时接受来自监控中心的调度命令。

为了解决上述问题,我们再次将移动互联技术与 GPS、RFID 技术及卫星定位技术相结合,采用最新的实时监控系统来满足客户的需求,并实现以下目标。

(1) 控制中心时刻掌握任何一辆运输车在任何时间是"空载"还是"满载",或是"停车"还是"以什么样的速度向什么方向、什么路段行驶",也可以实时了解驾驶员什么时间开车、什么时间停车、开多久、停多久,开车地点、停车地点、行驶路线全部自动记录。

(2) 当驾驶员超速度行驶,什么时间送货到达目的地、什么时间离开目的地,不按公司规定超时间进入或离开预定区域时,控制中心都会接到报警。

(3) 控制中心有效掌握驾驶员的用车频率、载货、卸货的实际情况,提高车辆使用周转率,详细记录车辆每天行驶的线路和里程、油耗,并自动形成报表。

(4) 货物所有者可用手机或计算机随时查询送货车辆的位置,可以了解货物的运行状态信息及货物运达目的地的整个过程,增强物流企业和货物所有者之间的相互信任。

(5) 物流企业可以充分了解驾驶员送货路线、送货情况、货物配送情况,以及任何车辆运送的货品。

(6) 杜绝驾驶员拉私货和不良驾驶行为,减少各种燃油费、路桥费、违章罚款、车辆损耗(如轮胎损耗)等不必要的费用支出。

(7) 强大的防盗、防抢、求助功能,预防外人或驾驶员偷窃车辆,避免连车带货品一起损失。

(8) 每天及每月的工作报表为考核和惩罚驾驶员与内部工作人员的工作能力和态度提供依据,有效地提高经济效益和管理水平。

（9）当车载 GPS 方案系统的任何一部分（连接电线、电源、接收机）遭到破坏时，系统将向控制中心报警并锁车。

我们能够通过简单的软件进行汽车零部件运输车辆的实时跟踪定位，首先选择所需监控的运输车辆的编号，如图 8-14 所示。

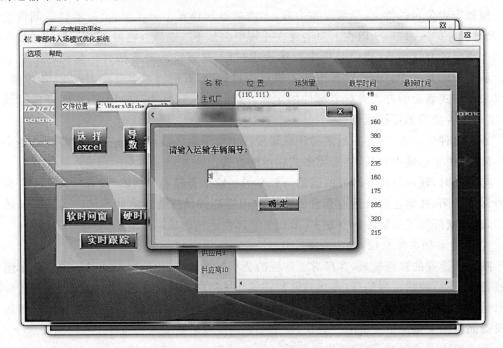

图 8-14　选择监控车辆

单击"确定"按钮后，就能对运输车辆进行实时监控，如图 8-15 所示。

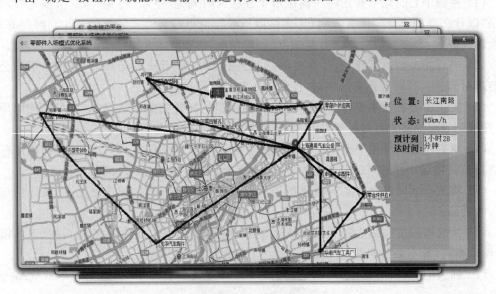

图 8-15　监控结果

通过软件的接口，能够对零部件运输车进行实时的监控，了解目前运输车的实时信息。

例如,目前具体位置、行驶时速、预计到达时间等,还可以根据天气异常、汽车故障等突发情况,及时调动其他零部件运输车前去救援运输,及时进行调度,从而保证零部件安全准时运抵主机厂,既保证零部件的时效性,也提高了客户的体验,增加了客户的满意度。

本节主要对安吉公司的汽车零部件的入场模式进行优化,分析了安吉公司零部件的入场模式的现状、所遇到的四大问题,并根据问题进行了优化。首先将零部件分为来自海外的零部件供应商和来自国内的零部件供应商,对于国内的供应商,通过 ABC 分类法进行了分类,并根据零部件供应商的分类和地理位置,设计出了循环取货、直接配送、循环取货＋多式联运相结合这三种不同入场模式。通过对零部件入场模式的优化,根据不同的零部件供应商进行了不同的线路设计,做到了节约能源,降低排放,保障了运输的时效性,降低了运输成本。与此同时,还引入了 GPS、移动互联的先进技术,实现了对零部件运输车辆的实时监控,保证了车辆的安全以及准时地送达主机厂,增加了零部件运输的时效性。

综上所述,通过一系列的措施,做到了节约能源、降低排放,保证了运输的时效性,降低了运输成本,实现了企业绿色物流的宗旨,从而达到了“绿”动未来的目标。

8.3　安吉整车物流网络再构建与干线调拨方案优化

本节首先对整车物流运输现状进行了分析,说明安吉物流建立全新整车物流网络的必要性,接下来针对安吉物流整车物流网络的特点建立了相应的模型,并针对现有的业务对安吉物流的整车物流网络进行了规划和构建,提出了构建轴-辐式网络的方法,最终确定了一级 VSC 与二级 VSC。在此基础上,针对干线线路设计了调拨配比方案,使安吉对整车物流板块的流量做到全局掌控,利于公司把控管理重点,如图 8-16 所示。

图 8-16　整车物流网络与干线调拨优化思路

8.3.1　安吉整车物流现状分析

目前,国内整车物流行业普遍遵循"两级分拨发运"体系:各生产基地的成品整车由整车分拨中心(vehicle distribution center,VDC)运至各整车仓储中心(vehicle storage center,VSC),然后交付于授权经销商或直销客户;如因业务需要,也会考虑由 VDC 直接发运至经销商或直销客户(图 8-17)。其中,VDC 的主要功能是负责商品车下线后的检查并按计划发运至全国各 VSC,或直接向周边区域的经销商进行车辆配送。VSC 的主要功能是接收从各VDC 运至的商品车,并按照计划将商品车发运至经销商。

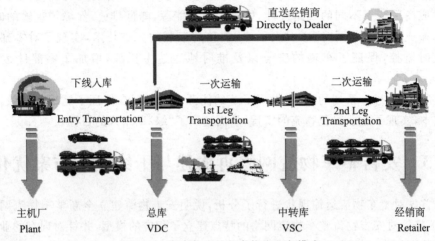

图 8-17　安吉物流的整车物流业务模式

在图 8-17 中,一次运输是指商品车从 VDC 运输到 VSC,二次运输是指商品车从 VSC运送到经销商。商品车在同城的 VDC 和 VSC 之间发生的移库,以及在仓库和铁路站场、码头之间的转移等短距离运输,统称为短驳。

安吉物流的整车物流业务应用了公路、铁路和水路 3 种运输方式,各运输方式的使用现状如图 8-18 所示。

- 主机厂→VDC(下线入库):以公路运输为主,在大多数情况下主机厂与 VDC 是一一对应的关系,且地理位置相邻。
- VDC→VSC(一次运输):存在着公路、水路、铁路 3 种运输方式,因此"多式联运"以及各种运输方式的比例成为必须考虑的因素之一。
- VSC→经销商(二次运输):全部通过公路运输配送到门。
- VDC→经销商(直发):基本为公路运输配送到门。
- 短驳:全部为公路运输。

1. 安吉整车物流优势分析

整车物流板块以安吉物流整车物流事业部为依托,下属子公司拥有自有公路运力 3 000 余辆,加盟公路运力 12 000 余辆,自有铁路车皮 348 节,自有滚装轮 13 艘(其中海轮 10 艘、江轮 3 艘),在全国管控总面积 440 万平方米的仓储资源,建立了"十大运作基地",形成了全国性的整车物流网络。

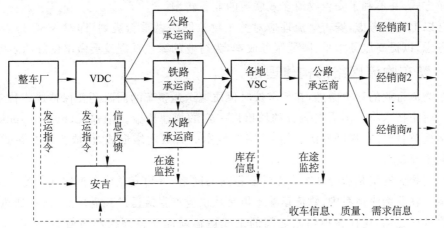

图 8-18　整车物流运输方式

在整车物流运作模式上，公司创出了一套适合于中国汽车物流发展的运营管理模式——VLSP 整车物流服务供应商管理模式（业界称为 3.5PL 模式），既有 4PL 轻资产、资源集成管控的功能，又有核心物流资源自行投资运营的 3PL 特色，将系统管理和实际运作有机结合，从而保障了公司的持续、快速、良性发展，为公司业务平稳发展及壮大打下了坚实的基础。在汽车物流服务关键技术领域，通过集成创新与应用形成了安吉物流的独特竞争力和成套创新技术体系，在汽车物流乃至一般物流行业具有引领和示范意义。

2. 安吉整车物流网络问题分析

（1）线路规划面临的网络复杂程度提高。

随着汽车市场日趋繁荣，客户的数量不断增长，目前仅业内大型整车厂就有 5 家，每家客户有 3～5 个发运地和多个目的地，有的客户还有不同的车型。如果采用二次运输，则又会产生 10 多个中转地。现在，VDC 的数量已经增长到 14 个，线路规划时的网络复杂度大大提高。

（2）原有网络线路的优势逐渐消磨。

随着我国现代化进程的不断加快，一些城市的区位优势得到显著增强，不少汽车生产厂商在这些地方新增添了整车厂，一来便于成品车下线后的发运，二来能带来产量的提升，为公司带来更高的营业额。例如，2012 年 6 月 6 日，上海通用汽车武汉分公司正式奠基，武汉工厂投产后令上海通用总产能达到 200 万辆；而上海大众于 2011 年年底敲定最终落户浙江宁波的上海大众第六工厂实现了年产量 30 万辆左右。

通过上述材料分析可知，上海通用、上海大众两大汽车生产商的这一举动不仅相当于增加了 VDC 的数量，而且打乱了原有的运输枢纽编排，使得原有的网络线路的优势难以发挥到最佳。

（3）现有网络难以服务于公司的精细化管理战略。

从 2011 年开始，公司开始实行精细化管理，对资源计划的工作的精度提出了新的要求。原来发运地和目的地只是规定到省一级，现在已经要求到地级市一级，未来还要细化到经销商这一级，而经销商总数现在已有 21 000 个。

（4）现有网络不利于公司多式联运的业务转型。

出于企业自身物流成本的节约及低碳环保的社会责任考虑，安吉物流正大力推行公路、铁路、水路的多式联运。而现有的区域中心库或中转库的选址，基本上都是依托过去单一的公路运输方式,并不利于安吉物流多式联运的业务转型。

综合以上几点考虑,安吉物流理应对整车物流网络做重新规划,即对 VSC 地点选取进行重新考虑,以提高服务水平,降低服务成本,为行业的绿色低碳发展做出良好的表率。

8.3.2　整车物流网络的构建理论

整车物流行业的竞争激烈,在要求按时保质地送达整车的同时还要保持成本优势,这就需要采用网络技术将全国需要服务的城市以一定的规律覆盖。轴辐式(hub-to-spoke)整车物流网络是整合资源、提高资源利用率、降低成本的有效网络模式,已成为现在各式物流业务发展的主流趋势。

轴辐式物流网络是依托几个大型综合枢纽的网络,货物流在综合枢纽间产生、终止和被分程转运。在此物流体系中,物流运输不再是从供应点直接运送到需求点,而是通过枢纽站集中后再进行运输,这样在枢纽站之间的干线运输就能获得规模经济效益,从而降低物流成本。

轴辐模型已被广泛应用于物流产业、信息产业等领域。依托轴辐式网络模型的城市群物流网络体系,体现了便捷性、准时性、灵活性以及网络化、集成化等特点,可以充分利用网络内部资源,协调各种运输方式,进而形成规模效应,极大地满足物流运输的时效性、经济性,实现地方经济发展的快速性,达到实现多方面共赢的局面。

1. 轴辐式物流网络的构成

物流网络结构是指由执行物流运动使命的线路和执行物流停顿使命的节点两种基本元素所组成的网络结构。轴辐物流模式是指以主要物流节点——轴(物流枢纽城市、枢纽港口、车站、空港等)为轴心,以次要物流节点——辐为附属,形成具有密切联系的空间网络系统。如图 8-19 所示,轴辐系统的空间形态是一个节点——路径系统。其中 H 为轴心,是主枢纽节点城市,S 为次级枢纽节点,S 与 H 之间的运输线路构成辐。轴心的主要功能是进行网络流合并,然后在干线中利用经济的运输手段进行转运,其主要目的是集中网络流量,实现规模经济效益。

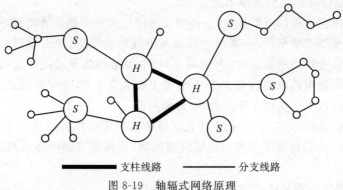

图 8-19　轴辐式网络原理

在轴辐式网络系统中,链路(link)分为 3 类(图 8-20):①从辐(spoke)到枢纽或轴(hub)的链路($S_1 \rightarrow H_1$ 或 $S_2 \rightarrow H_2$);②枢纽之间的链路($H_1 \rightarrow H_2$);③从枢纽到辐的链路($H_1 \rightarrow S_1$ 或 $H_2 \rightarrow S_2$)。其中,①和③为分支网络(tributary network),②为支柱网络(backbone network)。实践证明,轴辐式网络系统最大的特征是交通流量在支柱链路上高度集聚,导致交通流单位距离的运输成本降低。依托这一特点,即使运输链路稍长,还是有利于整个网络成本的降低。在轴—辐分支网络中,链路空间结构有星状网络(star network)、环状网络(ring network)、路径网络(path network)、树状网络(tree network)以及由它们组合而成的混合网络等。轴辐式网络的结构被广泛应用于旅客或货物的公路与航空运输以及通信业中。轴辐式网络模式已成为不同区域经济发展战略的重要组成部分,任何一个区域或城市一旦在全球性或区域性物流网络体系中赢得枢纽中心(轴)地位,就意味着其在区域经济网络中处于优势支配地位。

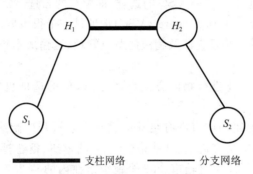

图 8-20　轴辐网络的链路等级

轴辐式网络可以根据枢纽的个数进行分类,如图 8-21 所示。

图 8-21　轴辐式网络分类

(1) 单一配置枢纽模型[图 8-22(a)],每个节点只能与一个枢纽连接,即每个节点的全部要素流必须配置到一个枢纽,然后由枢纽进行转运到各个目的地,所以在每个节点上不需要对要素流进行拣选。

(2) 多重配置枢纽模型[图 8-22(b)],每个节点可与一个以上的枢纽连接,因为连接超过一个的枢纽,所以有必要在每个节点对要素流进行拣选。

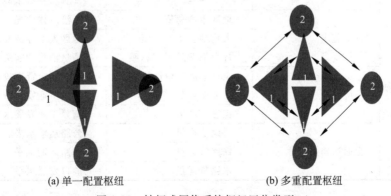

(a) 单一配置枢纽　　　　　　　　(b) 多重配置枢纽

图 8-22　轴辐式网络系统枢纽区位类型

多重配置模型避免了线路流量过度集中可能产生的拥挤,在线路密度经济效益较高的情况下,无须将所有的点对都集中于少量的几条线路。但是,对于运营商而言,由于网络中线路的增加,导致运营成本上升。而且在多重配置网络中,多选路径的存在导致线路上需求的不确定性增加。因此为减少管理的难度,降低运营成本,减少线路需求的不确定性,在此规划的整车物流网络选用单一配置枢纽的模式,如图 8-22(a)所示。

2. 轴辐式物流网络的建立

轴辐式物流网络的建立也就是 VSC 的选址,即枢纽的甄选。

整车仓储中心(vehicle storage center,VSC)选址是一个很重要的决策问题,因为它可以充分发挥 3PL 的网络优势,并且它涉及物流的节点管理、运输成本控制以及顾客购车的订货周期等方面的问题。

因此,在对汽车制造企业进行物流方案设计时,VSC 的选址也应作为重要的决策部分进行研究分析。

能够作为整车物流枢纽的城市需有足够的整车需求量和广阔腹地作为支撑,并为非枢纽节点提供服务,因此通常是交通枢纽(铁路枢纽、公路枢纽、枢纽港口),以节约运费。根据以上思路,首先对全国包括 4 个直辖市、283 个地级市在内的共 287 个主要城市进行整车需求与物流服务能力分析,再结合 3 个定性原则,从而确定整车物流枢纽节点。

1) 指派关系的确定

在此整车物流网络的规划中,将选用单一配置枢纽的模式,即单指派网络,而枢纽和各个非枢纽之间需要有明确的指派关系。假设整车物流网络中的枢纽数量和位置已经确定,现需要合理设计需求点与枢纽之间的连接关系。设计方法主要有以下几种。

(1) 最短距离法。需求点与距离它最近的一个枢纽直接连接。

(2) 最大需求量法。需求点与其交换量最大的枢纽直接连接。

(3) 重力模型法。首先求出需求点与枢纽间需求量与距离的比值,利用这一比值在每一需求点与各枢纽间比较,将需求点并入比值最大的枢纽。

为了方便计算,在接下来的计算中首先运用最短距离法确定需求点和枢纽间的指派关系,然后运用最大需求量法对已确定的指派关系进行优化,从而确定合理的指派关系。

2) 指标体系设计

参照前人研究成果,建立整车需求与物流服务能力评价指标体系,如表 8-6 所示。

表 8-6　整车需求与物流服务能力评价指标体系

目　标	一 级 指 标	二 级 指 标	评价指标的具体含义
整车需求与物流服务能力	整车需求	地区生产总值	经济总体状况
		人均地区生产总值	地区人均经济发展水平
		社会消费品零售总额	衡量消费者购买能力指标
	环境因素	全社会固定资产投资	反映固定资产投资规模
		工业企业数	衡量工业发展水平
		工业总产值	衡量工业发展水平
	交通运输发展水平	公路货运量	公路运输水平
		铁路货运量	铁路运输水平
		水路货运量	港口发展水平

本节提出的影响整车需求与物流服务能力的变量含义如表 8-7 所示。

表 8-7 影响整车需求与物流服务能力的变量含义

变量	具体含义	变量	具体含义	变量	具体含义
X_1	地区生产总值	X_4	全社会固定资产投资	X_7	公路货运量
X_2	人均地区生产总值	X_5	工业企业数	X_8	铁路货运量
X_3	社会消费品零售总额	X_6	工业总产值	X_9	水路货运量

3) 数据分析

通过对 2011 年中国城市统计年鉴等相关资料进行分离、整理,得到全国 287 个主要城市评价指标原始数据。表 8-8 所示为评价指标原始数据部分节选。

表 8-8 评价指标原始数据部分节选

城　市	地区生产总值/万元	人均地区生产总值/元	社会消费品零售总额/万元	全社会固定资产投资/万元	工业企业个数/个	工业总产值/万元	公路货运量/万吨	铁路货运量/万吨	水路货运量/万吨
	X_1	X_2	X_3	X_4	X_5	X_6	X_7	X_8	X_9
北京市	121 530 000	70 452	53 098 869	48 584 051	6 891	110 391 291	18 753	1 635	0
天津市	75 218 500	62 574	24 308 297	50 063 247	8 326	130 836 313	19 800	11 284	11 656
河北省			57 648 571	124 435 749	13 101	240 627 578	106 530	17 187	1 836
石家庄市	30 012 797	30 428	11 905 536	24 363 602	2 469	44 635 387	13 749	1 400	0
唐山市	38 127 192	51 179	9 585 621	21 799 760	1 684	58 191 638	22 008	2 584	595
秦皇岛市	8 045 421	27 110	2 832 525	4 210 405	615	9 105 599	3 608	1 555	844
邯郸市	20 152 800	22 779	6 060 469	14 669 012	897	31 644 189	16 666	2 469	0
邢台市	10 562 913	15 174	3 896 296	8 404 665	1 005	14 201 544	7 809	735	0
保定市	17 300 023	15 770	7 302 912	11 304 295	1 642	20 764 668	11 203	508	0
张家口市	8 003 407	18 948	2 743 957	6 574 816	435	6 842 059	3 716	1 483	0
承德市	7 601 136	22 198	2 181 967	5 672 020	573	9 878 449	4 279	517	0
沧州市	18 012 287	25 719	4 906 937	11 028 152	1 754	21 905 956	12 993	5 055	397
廊坊市	11 474 791	27 904	3 545 452	12 796 878	1 134	16 456 822	7 751	200	0
衡水市	6 521 058	15 192	2 686 899	3 612 144	893	7 001 267	2 748	681	0

根据原始数据,利用主成分分析法(主成分分析法是把原来多个变量化为少数几个综合指标的统计分析方法,是一种降维处理技术,通常应用于实证问题研究),利用 SPSS 20.0 统计软件先对原始数据进行标准化处理,求协方差矩阵的特征值,并求出各特征值贡献率及累计贡献率,得到表 8-9 所示的主成分列表。

表 8-9 主成分列表

主成分	初始特征值			提取方差和		
	个体特征值	贡献率/%	累计贡献率/%	特征值	贡献率/%	累计贡献率/%
1	3.887	43.194	43.194	3.887	43.194	43.194
2	1.103	12.259	55.454	1.103	12.259	55.454
3	0.987	10.972	66.426	0.987	10.972	66.426
4	0.871	9.681	76.107	0.871	9.681	76.107
5	0.661	7.344	83.451	0.661	7.344	83.451
6	0.594	6.597	90.047			
7	0.383	4.255	94.302			
8	0.333	3.704	98.006			
9	0.179	1.994	100			

提取方法：主成分分析。

通过 SPSS 的处理，从表 8-9 中可以看出前 5 个主成分的方差之和占总方差的 83.451%，已经基本上保留了原来指标的信息，所以选取前 5 个主成分进行问题的分析。

提取方法：主成分。

已提取了 5 个成分。

表 8-10 为因子载荷矩阵，可以看出 f_1、f_2、f_3、f_4、f_5 对不同变量的解释力度。

表 8-10 因子载荷矩阵

变量	成分				
	f_1	f_2	f_3	f_4	f_5
地区生产总值/万元	0.875	−0.161	−0.019	−0.004	0.108
人均地区生产总值/元	0.712	−0.035	−0.099	−0.194	0.462
社会消费品零售总额/万元	0.521	0.409	−0.104	0.571	−0.269
全社会固定资产投资/万元	0.032	0.698	0.666	−0.081	0.228
工业企业个数/个	0.827	0.133	−0.178	0.033	0.120
工业总产值/万元	0.819	0.024	−0.188	0.114	0.113
公路货运量/万吨	0.755	−0.061	0.274	0.041	−0.372
铁路货运量/万吨	0.311	−0.628	0.616	0.223	0.046
水路货运量/万吨	0.566	0.074	0.041	−0.660	−0.379

用表 8-10 中数据除以各主成分相对应的特征值开平方便得到每个主成分中每个指标所对应的系数。

相对于第一个特征值 3.887 的特征向量为

$$\left[\frac{0.875}{\sqrt{3.887}}, \frac{0.712}{\sqrt{3.887}}, \frac{0.521}{\sqrt{3.887}}, \frac{0.032}{\sqrt{3.887}}, \frac{0.827}{\sqrt{3.887}}, \frac{0.819}{\sqrt{3.887}}, \frac{0.755}{\sqrt{3.887}}, \frac{0.311}{\sqrt{3.887}}, \frac{0.566}{\sqrt{3.887}}\right]$$

$$= [0.444, 0.361, 0.264, 0.016, 0.419, 0.416, 0.383, 0.158, 0.287]$$

相对于第二个特征值 1.103 的特征向量为

$$\left[\frac{-0.161}{\sqrt{1.103}}, \frac{-0.035}{\sqrt{1.103}}, \frac{0.409}{\sqrt{1.103}}, \frac{0.698}{\sqrt{1.103}}, \frac{0.133}{\sqrt{1.103}}, \frac{0.024}{\sqrt{1.103}}, \frac{-0.061}{\sqrt{1.103}}, \frac{-0.628}{\sqrt{1.103}}, \frac{0.074}{\sqrt{1.103}}\right]$$

$$= [-0.153, -0.034, 0.389, 0.664, 0.127, 0.023, -0.058, -0.598, 0.071]$$

相对于第三个特征值 0.987 的特征向量为

$$\left[\frac{-0.019}{\sqrt{0.987}}, \frac{-0.099}{\sqrt{0.987}}, \frac{-0.104}{\sqrt{0.987}}, \frac{0.666}{\sqrt{0.987}}, \frac{-0.178}{\sqrt{0.987}}, \frac{-0.188}{\sqrt{0.987}}, \frac{0.274}{\sqrt{0.987}}, \frac{0.616}{\sqrt{0.987}}, \frac{0.041}{\sqrt{0.987}}\right]$$

$$= [-0.019, -0.100, -0.104, 0.670, -0.180, -0.190, 0.276, 0.620, 0.041]$$

相对于第四个特征值 0.871 的特征向量为

$$\left[\frac{-0.004}{\sqrt{0.871}}, \frac{-0.194}{\sqrt{0.871}}, \frac{0.571}{\sqrt{0.871}}, \frac{-0.081}{\sqrt{0.871}}, \frac{0.033}{\sqrt{0.871}}, \frac{0.114}{\sqrt{0.871}}, \frac{0.041}{\sqrt{0.871}}, \frac{0.223}{\sqrt{0.871}}, \frac{-0.660}{\sqrt{0.871}}\right]$$

$$= [-0.004, -0.208, 0.612, -0.087, 0.035, 0.122, 0.044, 0.239, -0.707]$$

相对于第五个特征值 0.661 的特征向量为

$$\left[\frac{0.108}{\sqrt{0.661}}, \frac{0.462}{\sqrt{0.661}}, \frac{-0.269}{\sqrt{0.661}}, \frac{0.228}{\sqrt{0.661}}, \frac{0.120}{\sqrt{0.661}}, \frac{0.113}{\sqrt{0.661}}, \frac{-0.372}{\sqrt{0.661}}, \frac{0.046}{\sqrt{0.661}}, \frac{-0.379}{\sqrt{0.661}}\right]$$

$$= [0.132, 0.568, -0.331, 0.281, 0.147, 0.139, -0.458, 0.056, -0.467]$$

因此,5 个主成分的表达式可以写为

$$\begin{aligned} Y_1 = {}& 0.444 X_1 + 0.361 X_2 + 0.264 X_3 + 0.016 X_4 + 0.419 X_5 \\ & + 0.416 X_6 + 0.383 X_7 + 0.158 X_8 + 0.287 X_9 \end{aligned} \tag{8-16}$$

$$\begin{aligned} Y_2 = {}& -0.153 X_1 - 0.034 X_2 + 0.389 X_3 + 0.664 X_4 + 0.127 X_5 \\ & + 0.023 X_6 - 0.058 X_7 - 0.598 X_8 + 0.071 X_9 \end{aligned} \tag{8-17}$$

$$\begin{aligned} Y_3 = {}& -0.019 X_1 - 0.100 X_2 - 0.104 X_3 + 0.670 X_4 - 0.180 X_5 \\ & - 0.190 X_6 + 0.276 X_7 + 0.620 X_8 + 0.041 X_9 \end{aligned} \tag{8-18}$$

$$\begin{aligned} Y_4 = {}& -0.004 X_1 - 0.208 X_2 + 0.612 X_3 - 0.087 X_4 + 0.035 X_5 \\ & + 0.122 X_6 + 0.044 X_7 + 0.239 X_8 - 0.707 X_9 \end{aligned} \tag{8-19}$$

$$\begin{aligned} Y_5 = {}& 0.132 X_1 + 0.568 X_2 - 0.331 X_3 + 0.281 X_4 + 0.147 X_5 \\ & + 0.139 X_6 - 0.458 X_7 + 0.056 X_8 - 0.467 X_9 \end{aligned} \tag{8-20}$$

最后,计算每个城市的综合得分 F,以每个主成分的特征值占 5 个主成分总的特征值之和的比例作为权重,计算主成分综合模型:

$$\begin{aligned} Y = {}& \frac{\lambda_1}{\lambda_1 + \lambda_2 + \lambda_3 + \lambda_4 + \lambda_5} Y_1 + \frac{\lambda_2}{\lambda_1 + \lambda_2 + \lambda_3 + \lambda_4 + \lambda_5} Y_2 + \frac{\lambda_3}{\lambda_1 + \lambda_2 + \lambda_3 + \lambda_4 + \lambda_5} Y_3 \\ & + \frac{\lambda_4}{\lambda_1 + \lambda_2 + \lambda_3 + \lambda_4 + \lambda_5} Y_4 + \frac{\lambda_5}{\lambda_1 + \lambda_2 + \lambda_3 + \lambda_4 + \lambda_5} Y_5 \end{aligned} \tag{8-21}$$

即

$$Y = 0.518 Y_1 + 0.147 Y_2 + 0.131 Y_3 + 0.116 Y_4 + 0.088 Y_5 \tag{8-22}$$

根据式(8-22),运用 SPSS 20.0 统计软件计算得到全国 287 个主要城市的整车需求与物流服务能力得分及排名,并作降序排列,数值越大,表示整车需求与物流服务能力越强。根据本方案实际需要,在此仅选取整车需求与物流服务能力得分排在前 100 名的城市,如表 8-11 所示。

表 8-11　整车需求与物流服务能力得分及排名前 100

排名	城市	得分	排名	城市	得分	排名	城市	得分
1	杭州市	32 585 515.13	35	嘉兴市	14 471 617.28	69	岳阳市	9 408 509.28
2	青岛市	32 072 111.95	36	台州市	14 299 729.69	70	珠海市	9 313 671.88
3	重庆市	30 716 642.96	37	福州市	14 288 737.78	71	呼和浩特市	9 272 563.47
4	烟台市	28 751 646.75	38	济宁市	14 058 652.16	72	焦作市	9 146 163.27
5	宁波市	28 339 598.49	39	无锡市	14 025 126.62	73	南阳市	9 064 398.32
6	沈阳市	27 199 404.65	40	佛山市	13 656 389.67	74	清远市	8 755 116.57
7	南京市	25 127 420.17	41	德州市	13 477 245.2	75	宜昌市	8 740 161.53
8	大连市	24 329 091.93	42	泰州市	13 186 247.15	76	安阳市	8 710 882.31
9	武汉市	23 888 270.68	43	厦门市	13 063 894.71	77	吉林市	8 588 513.28
10	唐山市	23 663 645.08	44	邯郸市	12 989 649.72	78	菏泽市	8 566 407.19
11	广州市	23 644 978.64	45	金华市	12 798 420.69	79	柳州市	8 483 233.35
12	东莞市	23 587 590.57	46	大庆市	12 750 725.99	80	许昌市	8 476 368.49
13	苏州市	22 274 697.24	47	合肥市	12 728 400.77	81	襄樊市	8 269 109.03
14	深圳市	22 075 601.9	48	盐城市	12 705 727.7	82	榆林市	8 081 737.04
15	潍坊市	21 796 843.62	49	聊城市	12 508 461.18	83	邢台市	8 033 939.34
16	成都市	21 738 573.07	50	惠州市	12 360 717.33	84	芜湖市	7 911 141.24
17	常州市	20 984 276.95	51	洛阳市	12 343 071.95	85	日照市	7 893 893.6
18	淄博市	20 760 781.41	52	西安市	12 167 615.84	86	平顶山市	7 840 676.83
19	天津市	20 745 148.13	53	滨州市	12 113 517.1	87	漳州市	7 812 906.78
20	南通市	20 267 818.08	54	泰安市	12 060 896.25	88	汕头市	7 696 839.74
21	泉州市	19 675 258.14	55	镇江市	12 036 299.44	89	营口市	7 506 251.9
22	绍兴市	19 125 255.62	56	哈尔滨市	11 988 225.65	90	南宁市	7 365 612.97
23	郑州市	18 433 361.16	57	江门市	11 466 929.64	91	北京市	7 270 450.73
24	石家庄市	17 104 950.13	58	包头市	11 290 319.42	92	衡阳市	7 224 899.48
25	长春市	16 787 076.46	59	鞍山市	11 060 417.51	93	廊坊市	7 168 378.49
26	济南市	16 663 341.11	60	上海市	10 833 802.63	94	淮安市	7 110 584.16
27	长沙市	16 389 965.31	61	南昌市	10 335 993.34	95	乌鲁木齐市	7 095 379.36
28	威海市	16 148 776.5	62	昆明市	10 228 237.12	96	兰州市	7 026 128.02
29	温州市	15 539 361.83	63	鄂尔多斯市	10 197 055.37	97	株洲市	6 919 745.02
30	扬州市	15 432 794.66	64	枣庄市	10 196 069.36	98	湛江市	6 835 084.18
31	徐州市	15 231 422.56	65	保定市	10 179 041.9	99	茂名市	6 774 300.36
32	临沂市	15 147 241.92	66	沧州市	10 049 239.08	100	贵阳市	6 719 686.21
33	东营市	14 927 477.55	67	太原市	10 036 229.94			
34	中山市	14 700 956.92	68	湖州市	9 549 163			

4) 影响整车物流枢纽节点选择的 3 个定性因素

为使轴辐式整车物流网络的构建更加科学合理, 在确定整车物流枢纽节点时, 需要考虑以下 3 个定性因素。

(1) 数量最少。节点太密集会增加物流成本。

(2) 枢纽节点间距合理。根据运输成本理论, 确定东中部地区枢纽节点最大服务半径为 500km, 即节点间距不超过 1 000km; 西部地广人稀, 整车需求量远小于中东部, 节点间距不受限制。

(3) 满足安吉物流增加水运、铁运比重以降低物流成本的需要。港口枢纽城市优先于铁路枢纽城市, 铁路枢纽城市优先于公路枢纽城市。

5) 实证结果分析与整车物流枢纽节点的确定

在安吉物流所服务的几大客户中, 上海大众、上海通用占据了较大的业务比例。纵观全国的整车市场, 这两家厂商无论在产量还是销量、上牌量均名列前茅。因此, 本方案中的数据以这两大厂商举例, 且采用的 VDC 全部为此两大厂商包括这两大汽车生产商分别计划于武汉、宁波新建的生产基地 (VDC), 最新生产基地 (VDC) 分布如表 8-12 所示。而配送至各区域所对应整车发运量也由这两大厂商代表。

表 8-12　最新生产基地分布

厂　　商	生产基地 (VDC)	产能/万辆
上海通用	上海金桥	32
	山东烟台	48
	沈阳北盛	20
	湖北武汉 (新建)	30 (预计)
上海大众	上海安亭	80
	江苏南京	30
	江苏仪征	30
	浙江宁波 (新建)	30 (预计)

在安吉物流整车配送中, 根据汽车制造企业提供的销售情况, 能够大体确定其 VSC 的区域范围。中国大陆区域可划分为东北、华北、华东、华中、华南、西南、西北七大区域。在这种情况下, 安吉物流的 VSC 选址应建立在一定量的候选区域范围内。

而上海通用、上海大众在这七大区域主要城市的销量排名如表 8-13 所示。

表 8-13　上海通用、上海大众各城市销量排名

地理区域	省、自治区、直辖市	上 海 通 用	上 海 大 众
东北地区	辽宁省	17—沈阳, 18—大连	24—沈阳, 25—大连
	吉林省	31—长春	33—长春
	黑龙江省	32—哈尔滨	30—哈尔滨

地理区域	省、自治区、直辖市	上海通用	上海大众
华北地区	北京市	2—北京	4—北京
	天津市	13—天津	7—天津
	河北省	23—石家庄	14—石家庄
	山西省	25—太原	18—太原
	内蒙古自治区	27—呼和浩特	28—呼和浩特
华东地区	上海市	1—上海	1—上海
	江苏省	3—苏州,6—南京	2—苏州,12—南京
	山东省	7—青岛,14—济南	16—济南,17—青岛
	浙江省	5—杭州,15—宁波	5—杭州,6—宁波
	安徽省	20—合肥	19—合肥
	江西省	26—南昌	22—南昌
	福建省	19—福州	32—福州
华中地区	河南省	12—郑州	8—郑州
	湖北省	16—武汉	23—武汉
	湖南省	21—长沙	21—长沙
华南地区	海南省	34—海口	34—海口
	广东省	8—深圳,9—广州	15—深圳,20—广州
	广西壮族自治区	24—南宁	27—南宁
西南地区	重庆市	11—重庆	9—重庆
	四川省	4—成都	3—成都
	云南省	22—昆明	11—昆明
	贵州省	29—贵阳	29—贵阳
	西藏自治区	36—拉萨	36—拉萨
西北地区	陕西省	10—西安	10—西安
	甘肃省	33—兰州	26—兰州
	青海省	35—西宁	35—西宁
	宁夏回族自治区	30—银川	31—银川
	新疆维吾尔自治区	28—乌鲁木齐	13—乌鲁木齐

整合表 8-11 和表 8-13 的信息,可以初步确定整车物流枢纽节点。

北京、深圳等城市的整车需求与物流服务能力得分排名及销量排名虽不低,但分别距天津、广州等港口城市较近,故都不作为枢纽节点。

银川、拉萨虽然整车需求与物流能力得分排名不高(分别为 170 名和 283 名),但作为西北部为数不多的大城市等诸多因素考虑,特此将二者设置为枢纽节点。

综合考虑,初步确定哈尔滨、沈阳、大连、天津、太原、呼和浩特、上海、南京、青岛、南昌、福州、郑州、武汉、长沙、广州、南宁、重庆、成都、昆明、贵阳、拉萨、西安、兰州、银川、乌鲁木齐这 25 个城市为安吉物流整车物流备选枢纽节点。

8.3.3　整车物流网络的构建操作

鉴于以上 25 个节点的地位及整车需求、物流服务能力依然有差别,有必要对其进行空间层次划分,最终划分为一级枢纽和二级枢纽两种枢纽节点。

建立此模型的基本思路:在枢纽节点已经确定的情况下,主要考虑产品经过配送中心的总运输费用和总配送费用、因保管而产生的可变费用、平均固定管理费用、因送达延迟而支付的损失费以及建设配送中心的基建投资费用等。在分析影响这些费用主要因素的基础上,得出各项费用的表达式,并使各项费用综合达到最小或接近最小,选择出一级 VSC。

1. 假设条件

(1) 为减少管理的难度,降低运营成本,减少线路需求的不确定性,在此规划的整车物流网络选用单一配置枢纽的模式。

(2) 理论上,各一级枢纽节点之间有多种运输方式可供选择,每种运输方式产生的运输成本不同。由于选址问题比多式联运问题考虑的因素还要多,因此为降低选址难度,选址时暂不考虑多式联运。

(3) 能够预测某一区域或范围内对某种商品的需求量,并且有能力满足这种需求。

(4) 能够大致确定配送中心的候选区域及数目。

(5) 能够确定配送中心的管理费用函数。

(6) 运费与商品车的品种有关。

(7) 节点之间的连接线路没有容量限制。

(8) 一次运输中转次数最多为两次。

2. 符号定义说明

R_j——第 j 个 VSC 是否被选中为一级 VSC 的决策变量(选中取值为 1,否则取值为 0);

X_{hjk}——经第 j 个一级 VSC 向第 k 个二级 VSC 配送第 h 种车型的数量;

H——商品车种类集合 $(1,2,\cdots,q)$;

J——一级 VSC 集合 $(1,2,\cdots,m)$;

K——二级 VSC 集合 $(1,2,\cdots,p)$;

A_{hj}——从 VDC 向第 j 个一级 VSC 配送第 h 种商品车的单位运费;

$B_{hj_1j_2}$——从第 j_1 个一级 VSC 向第 j_2 个一级 VSC 配送第 h 种商品车时的单位配送费用;

C_{hjk}——从第 j 个一级 VSC 向第 k 个二级 VSC 配送第 h 种商品车时的单位配送费用;

V_{hj}——第 j 个一级 VSC 为保管第 h 种商品车而产生的单位可变费用;

$D_{hk}(T_{hk})$——从主机厂至第 j 个二级 VSC 的配送全程,第 h 种商品车是因为延误时间 (T) 而支付的损失费;

Q_{hk}——第 k 个二级 VSC 需要第 h 种商品车的数量;

W_j——第 j 个一级 VSC 的货物储存能力;

Y_h——主机厂生产第 h 种商品车的生产能力;

$I_j \sum\limits_{hjk} X_{hjk}$——经由第 j 个一级 VSC 向所有二级 VSC 配送整车的最大库存定额;

Z_j——通过第 j 个一级 VSC 的第 h 种商品车的数量,$Z_j = \sum\limits_j X_{hj}$。

3. 数学模型

使总费用为 $F(x)$,对 VSC 选址,为了使其在投入营运时能够尽可能降低总费用,即运输配送费用、因保管产生的可变费用、平均固定管理费用、因延迟而支付的损失费以及基建投资费等费用值和最小,因此,建立以下目标函数:

$$\min F(X) = \sum_{hjk} (A_{hj} + B_{hj_1j_2} + C_{hjk}) X_{hjk} + \sum_{hj} V_{hj} (Z_j)^\theta + \sum_{j=1}^{m} F_j R_j + \sum_{hk} D_{hk}(T_{hk})$$

(8-23)

$$\text{s. t.} \begin{cases} \sum\limits_j X_{hjk} = Q_{hk} & \text{(8-24)} \\ \sum\limits_j R_j = m & \text{(8-25)} \\ \sum\limits_{jk} X_{hjk} \leqslant Y_h \text{(对 } h \text{ 车的配送数量不超过其总的生产量)} & \text{(8-26)} \\ I_j \sum\limits_{hjk} X_{hjk} \leqslant W_j \text{(经由第 } j \text{ 个一级 VSC 的商品车最大库存定额不超过该} & \text{(8-27)} \\ \text{VSC 的储存能力)} & \text{(8-28)} \\ X_{hjk}, R_j \geqslant 0 \end{cases}$$

$$h \in H, k \in K \tag{8-29}$$

由于目标函数中的第三、四项与变量 X_{hjk} 无直接关系,所以在计算时可以暂时不予考虑,θ 可以根据实际数据确定,根据经验,一般取(0,1)。

4. 模型的求解

O'Kelly 曾经采用枚举法求解模型,但同时对枢纽选址和指派关系确定采用枚举法的计算时间较长。为了提高模型的计算速度,在此将采用遗传算法进行求解。但在枢纽选址和指派关系同时应用遗传算法求解,为了保证可行解的存在,需要对指派关系进行最小支撑树搜索处理,在任意两个节点之间均存在连线的情况下,整个搜索过程比较复杂,因此本节仅在枢纽选址阶段采用遗传算法;当枢纽位置确定后,路径数量会明显减少,需求点与枢纽点之间的指派关系再采用路径枚举法求解。

1) 模型求解过程中的路径问题

此模型规定整车必须经过枢纽中转,因此整车从一个地点到另一个地点的路径主要有两种,即通过一次枢纽和通过两次枢纽,如图 8-23 所示。

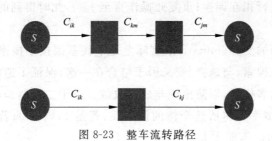

图 8-23　整车流转路径

经过两次枢纽:非枢纽点经过所在的枢纽中转,到达目的地所在的枢纽后再进行中转,此种方式应用在分属于不同的两个枢纽的非枢纽点之间的运输。

经过一次枢纽:非枢纽点经过所在的枢纽后运到目的地,此种方式应用在属于同一个枢纽的非枢纽点之间的运输。

2)模型求解中的网络配流

网络配流采用最短距离法,即需求点与距离它最近的一个枢纽直接连接的方法,在求解后会根据业务量进行相应的优化。

3)依托遗传算法的枢纽选址

依托遗传算法的枢纽选址过程分为以下 3 个步骤。

(1)确定编码方案和染色体数量。

模型需要确定变量 Z_k,Z_k 是 0-1 变量。例如,当备选枢纽数量为 10 个,需要确定 4 个枢纽时,编码(0,0,1,1,0,0,1,0,1,0)表示 3、4、7、9 为枢纽点。

(2)确定适应度函数并进行复制操作。

选择评价函数对种群中的染色体适应度进行计算,作为遗传操作的依据。下面将网络设计的目标函数作为适应度评价函数,针对与染色体群 P 相对应的选择向量 U_0,适应度函数用下式表示:

$$h(u_p) = f(u_p, W)$$

根据种群规模 pop-size,随机选择具有固定枢纽数量的初始群体,只有随机选取,才能达到所有状态的遍历,因而最优解在遗传算法的进化中最终得以生存。

(3)交叉与变异。

交叉(crossover)是结合来自父代交配种群信息产生的新的个体。首先确定交叉概率,为确定交叉操作的父代从 i 到 pop-size,重复以下过程:从 $[0,1]$ 中产生随机数 r,如果 $r < P_c$,则选择 V_i 作为一个父代。对两个父代进行凸组合交叉运算并产生后代,此时必须检验每一后代的可行性,如果两个后代均可行,则用它们代替其父代,否则保留其中可行的,然后重新进行凸组合运算,直到产生两个可行的后代或者循环截止。

即使父代均是可行的,由于交叉的影响也会产生不可行的子代,例如,父代中包含 P 个枢纽节点,但子代包含的枢纽数量有可能完全与之不同。为了保证交叉得到的后代可行,采用多点交叉方法。对于一个特定的染色体,从右至左寻找第一次出现父代 1 编码为"1"而父代 2 编码为"0"的编码位置 i,并将从 j 点开始两个父代中的编码进行相互调换;与此同时,从左至右寻找第一次出现父代 1 编码为"0"而父代 2 编码为"1"的编码位置 j,并将从 j 点开始两个父代中的编码进行相互调换；重复此操作直至 $j \geqslant i$，此时得到的子代中枢纽数量与父代相同。

交叉之后子代经历的变异（mutation）实际上是子代基因按小概率扰动产生的变化。变异本身是一种局部随机搜索，与选择/交叉因子结合在一起，保证了遗传算法的有效性，同时使遗传算法保持种群的多样性，以防出现非成熟收敛。对于二进制编码的个体而言，变异意味着翻转，是以一定的概率只将所选个体的位取反：若是 1，则取 0；若是 0，则取 1。通常在变异操作中，变异概率 P_m 不能太大。

依据上述路径选择、枢纽选址以及网络配流方法，依托遗传算法和枚举法的无容量限制枢纽网络设计模型求解步骤如图 8-24 所示。

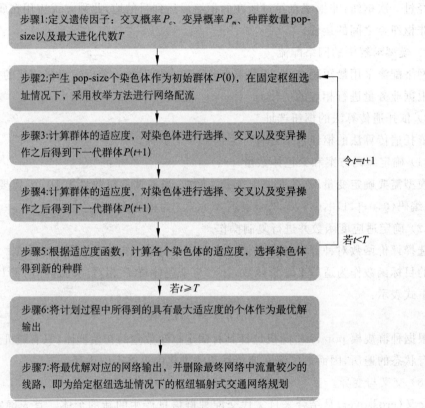

图 8-24   遗传算法计算步骤

5. 安吉物流整车物流网络的构建

下面对为安吉物流选取的 25 个备选枢纽城市——哈尔滨、沈阳、大连、天津、太原、呼和浩特、上海、南京、青岛、南昌、福州、郑州、武汉、长沙、广州、南宁、重庆、成都、昆明、贵阳、拉萨、西安、兰州、银川、乌鲁木齐进行分析。

各城市之间的距离如表 8-14 所示，各总装厂各品牌商品车虚拟年度计划运量如表 8-15 所示。

表 8-14　各城市之间的距离

单位：km

城市	天津	太原	呼和浩特	沈阳	大连	哈尔滨	上海	南京	福州	南昌	青岛	郑州	武汉	长沙	广州	南宁	重庆	成都	贵阳	昆明	拉萨	西安	兰州	银川	乌鲁木齐
天津	0																								
太原	536	0																							
呼和浩特	658	478	0																						
沈阳	608	1 194	1 289	0																					
大连	892	1 428	1 478	415	0																				
哈尔滨	1 215	1 751	1 796	557	973	0																			
上海	1 318	1 454	1 934	1 995	2 229	2 552	0																		
南京	1 043	1 159	1 639	1 700	1 934	2 257	295	0																	
福州	2 127	2 029	2 723	2 784	3 018	3 341	1 071	1 084	0																
南昌	1 518	1 389	1 927	2 175	2 409	2 732	816	649	640	0															
青岛	610	930	1 204	1 268	1 502	1 825	865	608	1 692	1 319	0														
郑州	704	455	993	1 362	1 596	1 919	999	704	1 574	934	808	0													
武汉	1 253	1 004	1 542	1 911	2 145	2 468	925	638	1 025	385	1 269	549	0												
长沙	1 633	1 384	1 922	2 291	2 525	2 848	1 231	1 018	1 065	456	1 649	929	380	0											
广州	2 378	2 167	2 705	3 035	3 269	3 592	1 613	1 543	1 016	860	2 179	1 712	1 163	783	0										
南宁	2 599	2 350	2 886	3 257	3 491	3 814	2 130	1 984	1 754	1 362	2 615	1 895	1 346	966	738	0									
重庆	2 067	1 585	2 034	2 725	2 950	3 282	2 155	1 868	2 255	1 760	2 346	1 464	1 230	1 350	1 870	1 160	0								
成都	2 077	1 595	2 044	2 735	2 969	3 292	2 415	2 128	2 515	1 920	2 356	1 474	1 490	1 700	2 200	1 490	340	0							
贵阳	2 438	2 075	2 524	3 096	3 330	3 653	2 170	1 949	2 004	1 300	2 654	1 734	1 380	1 005	1 360	650	490	830	0						
昆明	3 088	2 725	3 174	3 746	3 980	4 303	2 820	2 599	2 574	1 970	3 304	2 384	2 045	1 655	1 530	820	1 090	990	650	0					
拉萨	3 961	3 425	3 382	4 619	4 853	5 176	4 280	4 020	4 685	4 090	4 306	3 424	3 660	3 870	3 850	3 140	2 550	2 170	2 961	2 311	0				
西安	1 157	675	1 124	1 815	2 049	2 372	1 410	1 150	1 930	1 290	1 362	554	856	1 135	2 030	2 070	910	920	1 420	1 910	2 870	0			
兰州	1 791	1 255	1 212	2 449	2 683	3 006	2 110	1 850	2 630	1 990	2 136	1 254	1 560	1 890	2 720	2 440	1 280	990	1 790	1 980	2 170	700	0		
银川	1 291	755	712	1 949	2 183	2 506	2 050	1 790	2 570	1 930	1 685	1 194	1 496	1 775	2 670	2 710	1 550	1 490	2 060	2 480	2 670	640	500	0	
乌鲁木齐	3 771	3 235	3 192	4 429	4 663	4 986	4 090	3 830	4 610	3 970	4 116	3 234	3 540	3 870	4 700	4 420	3 260	2 970	3 770	3 960	3 157	2 680	1 980	2 480	0

表 8-15　各总装厂各品牌商品车虚拟年度计划运量

单位:万辆

目的地	城市 VSC	总装厂								
		上海金桥 品牌1 线路总量	山东烟台 品牌2 线路总量	沈阳北盛 品牌3 线路总量	湖北武汉(新建) 品牌4 线路总量	上海安亭 品牌5 线路总量	江苏南京 品牌6 线路总量	江苏仪征 品牌7 线路总量	浙江宁波(新建) 品牌8 线路总量	浙江宁波(新建) 品牌9 线路总量
陕西	西安	10 340	22 005	8 451	10 133	29 579	13 863	10 081	10 625	2 637
甘肃	兰州	3 672	0	2 057	3 599	7 200	0	3 580	0	642
青海		12	0	1 413	11	4 946	0	11	0	441
宁夏	银川	1 712	0	1 174	1 678	4 109	0	1 669	0	366
新疆	乌鲁木齐	5 366	0	3 462	5 258	12 117	0	5 231	0	1 080
北京		11 670	0	9 422	11 436	32 977	30 348	11 378	23 260	2 940
天津	天津	4 768	48 171	4 240	4 673	14 840	0	4 649	0	1 323
河北		15 408	822	8 854	15 100	30 989	518	15 023	397	2 762
内蒙古	呼和浩特	5 832	0	6 023	5 715	21 081	0	5 686	0	1 879
山西	太原	8 081	0	4 648	7 919	16 268	0	7 878	0	1 450
黑龙江	哈尔滨	49	0	4 694	48	16 429	0	47	0	1 465
吉林	大连	6	0	766	5	2 681	0	5	0	239
辽宁	沈阳	11 207	19 284	4 846	10 982	16 961	12 149	10 926	9 312	1 512
云南	昆明	8 112	7 706	5 359	7 949	18 757	4 855	7 909	3 721	1 672
贵州	贵阳	3 029	0	1 981	2 968	6 934	0	2 953	0	618
四川	成都	12 439	20 250	10 747	12 190	37 615	12 757	12 128	9 778	3 353
重庆	重庆	5 559	7 176	3 739	5 447	13 087	4 521	5 420	3 465	1 167
西藏	拉萨	2 858	0	0	2 801	0	0	2 787	0	0

续表

城市		总　装　厂								
目的地	VSC	上海金桥 品牌 1 线路总量	山东烟台 品牌 2 线路总量	沈阳北盛 品牌 3 线路总量	湖北武汉（新建）品牌 4 线路总量	上海安亭 品牌 5 线路总量	江苏南京 品牌 6 线路总量	江苏仪征 品牌 7 线路总量	浙江宁波（新建）品牌 8 线路总量	浙江宁波（新建）品牌 9 线路总量
湖北	武汉	10 333	19 538	6 780	10 126	23 730	12 309	10 074	9 434	2 115
湖南	长沙	11 263	20 371	5 515	11 038	19 303	12 834	10 981	9 836	1 721
河南	郑州	17 911	20 276	7 293	17 552	25 526	12 774	17 463	9 790	2 275
山东	青岛	31 053	38 525	17 591	30 431	61 569	24 270	30 276	18 602	5 488
上海	上海	14 926	48 854	17 010	14 627	59 535	30 778	14 553	23 590	5 307
浙江		29 364	49 211	28 679	28 776	100 377	31 003	28 629	23 762	8 948
江苏	南京	30 452	53 925	30 446	29 843	106 561	33 972	29 691	26 038	9 499
安徽		13 786	20 714	3 466	13 510	12 131	13 050	13 441	10 002	1 081
江西	南昌	5 970	14 148	4 047	5 851	14 165	8 913	5 821	6 831	1 263
福建	福州	6 797	18 064	6 936	6 661	24 276	11 380	6 627	8 722	2 164
广东	广州	16 132	39 992	11 332	15 809	39 662	25 195	15 729	19 310	3 536
海南		722	0	534	707	1 869	0	703	0	167
广西	南宁	4 188	0	3 079	4 104	10 777	0	4 083	0	961
总　计		303 017	469 031	224 584	296 949	786 051	295 489	295 434	226 475	70 070

根据以上数据，运用本节提出的数学模型进行计算。

取 $\theta = \dfrac{1}{2}$，运费单位为元/辆。

根据现实数据统计分析，枢纽点个数的建议值 $P = \sqrt{n}$。

接下来将以选择 5 个枢纽为例说明遗传算法的计算过程。

首先定义种群数量 pop-size＝30，交叉概率 $P_c = 0.9$，变异概率 $P_m = 0.01$，适应度函数 $f(u_p) = 100 - C_T$，最大进化代数 $T = 1\,000$。

由于有 25 个地点作为备选枢纽，因此要用 $\sqrt{25}$（即 5）个二进制数来表示每个染色体，又因为要选择 5 个枢纽，所以用一个 25 位的二进制数来表示结果，如 00100｜00010｜00101｜01001｜00001，由此定义每一个染色体为一个 25 位的二进制数。

根据以上定义，用 JAVA 编写程序，在假设枢纽数量分别为 1、2、3、4 和 5 的情况下确定枢纽选址和网络设计方案。

对枢纽不同的网络方案的运输成本汇总，得到枢纽方案的基本指标，如表 8-16、图 8-25 所示。

表 8-16　计算结果

枢纽个数	一 级 枢 纽	运输总成本/亿元
$P = 1$	广州	112.5
$P = 2$	广州、天津	112.3（－0.15%）
$P = 3$	广州、天津、上海	110.1（－2.05%）
$P = 4$	广州、天津、上海、重庆	102.7（－6.61%）
$P = 5$	广州、天津、上海、重庆、哈尔滨	101.3（－1.41%）

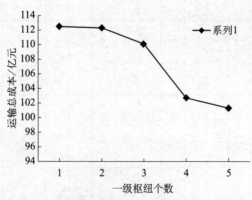

图 8-25　运输总成本随一级枢纽个数的变动情况

从表 8-16 和图 8-26 可以看出以下两个问题。

（1）在不考虑枢纽建设与使用成本的情况下，当枢纽数量为 1 时，网络总的运输成本较大。随着枢纽数量的不断增加，网络运输成本不断减小，但减小幅度越来越小。

（2）与实际情况不符的是，当枢纽选址数量为 1 时，杭州成为枢纽节点，这主要是由于当枢纽点数量过小，为了使分布较离散的节点之间的运输成本最小，枢纽应该处于所有需求发生的中心。

同时，由表 8-16 可知，当枢纽个数为 5 时，运输总成本的节约值最大，可抵消枢纽建设成本的可能性也较大，说明 25 个节点的网络设计中，枢纽数量为 5 时，既可以大幅降低运输成本，又可以满足全国范围的需求，因此，枢纽数量为 5 个比较合适。

经过上述分析，最终选择建设 5 个枢纽，即广州、天津、上海、重庆、哈尔滨，作为整车物流网络的一级 VSC，其余的 20 个备选枢纽城市作为整车物流网络的二级 VSC。通过距离比较，利用最小距离法确定各个点的指派关系。

1）安吉整车物流干线网络

轴辐式整车物流网络是指以主要物流节点——轴（物流枢纽城市、枢纽港口、车站等）为轴心，以次要物流节点——辐为附属，形成具有密切联系的空间网络系统。它与传统轴辐式网络的主要区别在于：传统轴辐式网络的"流"为双向，且同等空间层次的枢纽节点有"流"存在；而轴辐式整车物流网络的"流"为单向——只由高一级节点流向下一级节点，且同等空间层次的枢纽节点间没有"流"存在。从网络的形态看，此处构建的轴辐式整车物流网络是单点辐射式。该网络布局表现为地区内仅有一个最高层物流中心，其对外的业务联系沿交通干线向多个方向进行。

作为整个物流网络的核心部分，干线是枢纽节点间所设置的运输线路，主要运量就发生在此。干线分为以下两个层次。

（1）主干线。一级枢纽节点之间所形成的线路，其特点是运输需求量大。

（2）一般干线。二级枢纽节点同一级枢纽节点间形成的线路，这类干线的运输量有所下降。安吉物流整车物流干线网络见表 8-17。

表 8-17　安吉物流整车物流干线网络

干线类型	起 讫 城 市
主干线	天津—哈尔滨；天津—重庆；天津—广州；天津—上海；重庆—广州；重庆—上海；广州—上海
一般干线	哈尔滨—沈阳；天津—大连；天津—青岛；天津—呼和浩特；天津—太原；天津—郑州；重庆—西安；重庆—银川；重庆—兰州；重庆—成都；重庆—乌鲁木齐；重庆—拉萨；上海—南京；上海—武汉；上海—南昌；上海—福州；广州—长沙；广州—贵阳；广州—昆明；广州—南宁

2）软件系统开发

由于安吉物流的业务量处于不断增长的状态，当业务量变动时，枢纽的位置也会发生相应的变动，因此，为了满足动态的需求，利用 Visual C++ 制作了相关的程序，如图 8-26 所示。

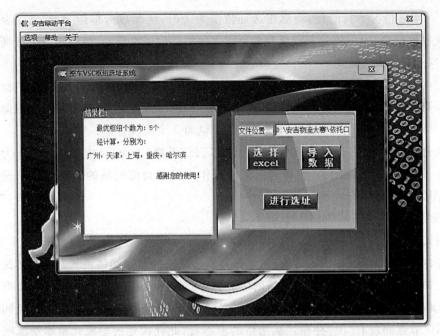

图 8-26 枢纽选取程序

8.3.4 整车物流干线调拨方案(以上海通用、上海大众为例)

根据两大厂商的 VDC 在全国范围内的分布,大致可将其分为三大区域:以沈阳北盛为代表的东北区;以山东烟台为代表的华北区;以上海金桥、上海安亭、湖北武汉、江苏南京、江苏仪征、浙江宁波为代表的东南地区。从三大整车生产区域下线的车辆,分别运至各自区域的一级 VSC。其中,东北、华北、东南 VDC 三大分布区域的一级 VSC 枢纽城市分别为哈尔滨、天津、上海,其一级 VSC 调拨流向均为双向,即既接受其他一级 VSC 发运来的整车,同时也向其他一级 VSC 发去整车;而重庆、广州两地的一级调拨流向仅为单向,即仅接收其他一级 VSC 发运来的整车,而不向外发运整车。因此可以猜测,上海、天津、哈尔滨等地的干线调拨压力较大。根据各总装厂的年生产能力与各品牌商品车虚拟年度计划运量,得到各干线线路上的调拨配比,如表 8-18 所示。

表 8-18 上海通用、上海大众全国干线调拨配比

调拨用一级 VSC	管辖总装厂	年生产能力/万辆	干线调拨目的地	干线调拨配比(干线流量占一级 VSC 集成总量的百分比)/%	
上海	上海金桥	32	天津(含哈尔滨)	24.11	41.99
	上海安亭	80			
	湖北武汉	30(预计)	重庆	10.02	
	江苏南京	30			
	江苏仪征	30	广州	7.86	
	浙江宁波	30(预计)			

续表

调拨用一级 VSC	管辖总装厂	年生产能力/万辆	干线调拨目的地	干线调拨配比(干线流量占一级 VSC 集成总量的百分比)/%	
天津	山东烟台	48	上海	52.20	77.01
			哈尔滨	4.11	
			广州	10.17	
			重庆	10.53	
哈尔滨	沈阳北盛	20	天津(含上海、重庆、广州)	95.75	95.75

从表 8-18 中可以看出,上海、天津、哈尔滨的干线调拨配比均超过 40%,而重庆、广州两地的干线接收量也较大,基本符合一级 VSC 所应承担的业务量分配。本调拨分配方案中的调拨用一级 VSC 和干线调拨目的地中,由于存在较多港口城市,因此配合多式联运将明显增大水运比重,成本得到大幅度降低,能源消耗也将大幅度减小,能够起到提高运作效率、降低服务成本、为行业的绿色低碳发展做出良好的表率的作用,并最终实现"绿"动未来的发展战略。

本节首先对安吉整车物流网络现状进行了分析,即分析了安吉整车物流网络的优势和存在的问题,然后针对安吉物流整车网络存在的问题提出了构建轴辐式网络的解决方法,并建立了相应的模型,对现有网络进行规划。

本节从全国 337 个行政区域(4 个直辖市、283 个地级市、50 个地区)中甄选出 25 个城市作为安吉物流整车物流枢纽节点,其次将其分为中心枢纽节点、混合枢纽节点、区域枢纽节点三个空间层次,最后构建了主干线、一般干线两个空间层次的网络。确定的整车物流枢纽节点,形成的干线网络,构成了安吉整车物流网络。在此基础上,确定了干线调拨配比方案,使安吉对整车物流板块的流量做到全局掌控,利于公司把控管理重点。通过对整车物流网络做重新规划、确定干线调拨配比方案,并配合安吉物流现今的多式联运思想,能够达到让安吉提高运作效率,降低服务成本,为行业的绿色低碳发展做出良好的表率的目的,并最终实现"绿"动未来的规划目标。

参 考 文 献

[1] 张相斌,林萍,张冲. 供应链管理[M]. 北京:人民邮电出版社,2015.

[2] 周跃进,陈国华. 物流网络规划[M]. 2版. 北京:清华大学出版社,2015.

[3] 肖勇波. 运筹学:原理、工具及应用[M]. 北京:机械工业出版社,2021.

[4] 熊伟. 运筹学[M]. 3版. 北京:机械工业出版社,2014.

[5] 白世贞,张鹤冰,张玉斌. 物流运筹学[M]. 2版. 北京:中国财富出版社,2017.

[6] 陈立,黄立君. 物流运筹学[M]. 2版. 北京:北京理工大学出版社,2015.

[7] 胡运权,郭耀煌. 运筹学教程[M]. 5版. 北京:清华大学出版社,2018.

[8] 谢金星,薛毅. 优化建模与 LINDO/LINGO[M]. 北京:清华大学出版社,2005.

附录　LINGO11 从入门到精通

　　LINGO 是用来求解线性和非线性优化问题的简易工具。LINGO 内置了一种建立最优化模型的语言，可以简便地表达大规模问题，利用 LINGO 高效的求解器可快速求解并分析结果。

　　一般来说，LINGO 多用于解决大规模数学规划。

　　用时要注意以下几点。

　　（1）每条语句后必须使用分号"；"结束。问题模型必须由 MODEL 命令开始，END 结束。

　　（2）用 MODEL 命令作为输入问题模型的开始，格式为 MODEL：statement（语句）。

　　（3）目标函数必须由"min＝"或"max＝"开头。

附录 1　LINGO 快速入门

　　用户在 Windows 下开始运行 LINGO 系统时，会得到类似附图 1-1 所示的一个窗口。

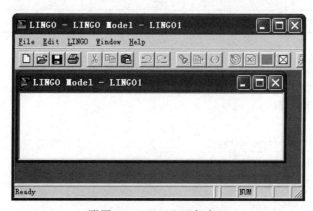

附图 1-1　LINGO 运行窗口

　　外层是主框架窗口，包含了所有菜单命令和工具条，其他窗口将被包含在主窗口之下。在主窗口内的标题为 LINGO Model-LINGO1 的窗口是 LINGO 的默认模型窗口，建立的模型都要在该窗口内编码实现。下面举两个例子。

　　附例 1-1　如何在 LINGO 中求解如下的 LP 问题。

$$\min Z = 2x_1 + 3x_2$$

$$\text{s.t.} \begin{cases} x_1 + x_2 \geqslant 350 \\ x_1 \geqslant 100 \\ 2x_1 + x_2 \leqslant 600 \\ x_1, x_2 \geqslant 0 \end{cases}$$

在模型窗口中输入如下代码。

```
min = 2 * x1 + 3 * x2;
x1 + x2>= 350;
x1>= 100;
2 * x1 + x2<= 600;
```

然后单击工具条上的 ◎ 按钮即可。

附例 1-2 使用 LINGO 计算 6 个发点、8 个收点的最小费用运输问题。产销单位运价如附表 1-1 所示。

附表 1-1 运价表

单位运价 / 销地 / 产地	B_1	B_2	B_3	B_4	B_5	B_6	B_7	B_8	产量
A_1	6	2	6	7	4	2	5	9	60
A_2	4	9	5	3	8	5	8	2	55
A_3	5	2	1	9	7	4	3	3	51
A_4	7	6	7	3	9	2	7	1	43
A_5	2	3	9	5	7	2	6	5	41
A_6	5	5	2	2	8	1	4	3	52
销量	35	37	22	32	41	32	43	38	

使用 LINGO 编制程序如下：

```
model:
!6 发点 8 收点运输问题;
sets:
    warehouses/wh1..wh6/:capacity;
    vendors/v1..v8/:demand;
    links(warehouses,vendors):cost,volume;
endsets
!目标函数;
    min = @sum(links:cost * volume);
!需求约束;
    @for(vendors(J):
    @sum(warehouses(I):volume(I,J)) = demand(J));
!产量约束;
    @for(warehouses(I):
    @sum(vendors(J):volume(I,J))<= capacity(I));

!这里是数据;
data:
```

```
    capacity = 60 55 51 43 41 52;
    demand = 35 37 22 32 41 32 43 38;
    cost = 6 2 6 7 4 2 5 9
           4 9 5 3 8 5 8 2
           5 2 1 9 7 4 3 3
           7 6 7 3 9 2 7 1
           2 3 9 5 7 2 6 5
           5 5 2 2 8 1 4 3;
  enddata
  end
```

然后单击工具条上的 ◎ 按钮即可。

为了能够使用 LINGO 的强大功能,先来了解 LINGO 中的集。

附录 2　LINGO 中的集

对实际问题建模的时候,总会遇到一群或多群相联系的对象,如工厂、消费者群体、交通工具和雇工等。LINGO 允许把这些相联系的对象聚合成集(sets)。一旦把对象聚合成集,就可以利用集来最大限度地发挥 LINGO 建模语言的优势。

现在我们将深入介绍如何创建集,并用数据初始化集的属性。学完本节后,用户对基于建模技术的集如何引入模型会有一个基本的理解。

附录 2.1　为什么使用集

集是 LINGO 建模语言的基础,是程序设计最强有力的基本构件。借助于集,能够用一个单一的、长的、简明的复合公式表示一系列相似的约束,从而可以快速方便地表达规模较大的模型。

附录 2.2　什么是集

集是一群相联系的对象,这些对象也称为集的成员。一个集可能是一系列产品、卡车或雇员。每个集成员可能有一个或多个与之有关联的特征,这些特征称为属性。属性值可以预先给定,也可以是未知的,有待于 LINGO 求解。例如,产品集中的每个产品可以有一个价格属性;卡车集中的每辆卡车可以有一个牵引力属性;雇员集中的每位雇员可以有一个薪水属性,也可以有一个生日属性等。

LINGO 有两种类型的集:原始集(primitive set)和派生集(derived set)。

一个原始集是由一些基本的对象组成的。

一个派生集是用一个或多个其他集来定义的,也就是说,它的成员来自其他已存在的集。

附录 2.3　模型的集部分

集部分是 LINGO 模型的一个可选部分。在 LINGO 模型中使用集之前,必须在集部分事先定义。集部分以关键字"sets:"开始,以"endsets"结束。一个模型可以没有集部分,或有一个简单的集部分,或有多个集部分。一个集部分可以放置于模型的任何地方,但是一个集及其属性在模型约束中被引用之前必须已经定义。

1. 定义原始集

为了定义一个原始集,必须详细声明:

• 集的名字。

• 集的成员,可选。

• 集成员的属性,可选。

用下面的语法定义一个原始集:

```
setname[/member_list/][:attribute_list];
```

注意:用"[]"表示该部分内容可选。下同,不再赘述。

setname 是用户选择的用来标记集的名字,最好具有较强的可读性。集的名字必须严格符合标准命名规则:以拉丁字母或下划线(_)为首字符,其后是由拉丁字母(A~Z)、下划线、阿拉伯数字(0,1,…,9)组成的总长度不超过 32 个字符的字符串,且不区分大小写。

注意:该命名规则同样适用于集成员名和属性名等的命名。

member_list 是集成员列表。如果集成员放在集定义中,那么对它们可采取显式罗列或隐式罗列。如果集成员不放在集定义中,那么可以在随后的数据部分定义它们。

(1) 当显式罗列成员时,必须为每个成员输入一个不同的名字,中间用空格或逗号隔开,允许混合使用。

附例 2-1 可以定义一个名为 students 的原始集,它具有成员 John、Jill、Rose 和 Mike,属性有 sex 和 age。

```
sets:
students/John   Jill,Rose   Mike/:sex,age;
endsets
```

(2) 当隐式罗列成员时,不必罗列出每个集成员,可采用如下语法。

```
setname/member1..memberN/[:attribute_list];
```

这里的 member1 是集的第一个成员名,memberN 是集的最末一个成员名。LINGO 将自动产生中间的所有成员名。LINGO 也接受一些特定的首成员名和末成员名,用于创建一些特殊的集,见附表 2-1。

附表 2-1 特殊集

隐式成员列表格式	示　例	所产生集成员
1..n	1..5	1,2,3,4,5
StringM..StringN	Car2..car14	Car2,Car3,Car4,…,Car14
DayM..DayN	Mon..Fri	Mon,Tue,Wed,Thu,Fri
MonthM..MonthN	Oct..Jan	Oct,Nov,Dec,Jan
MonthYearM..MonthYearN	Oct2001..Jan2002	Oct2001,Nov2001,Dec2001,Jan2002

(3) 集成员不放在集定义中,而在随后的数据部分来定义。

```
!集部分;
sets:
```

```
   students:sex,age;
endsets
!数据部分;
data:
   students,sex,age = John 1 16
                      Jill 0 14
                      Rose 0 17
                      Mike 1 13;

enddata
```

注意：开头用感叹号（!）、末尾用分号（;）表示注释，可跨多行。

在集部分只定义了一个集 students，并未指定成员。在数据部分罗列了集成员 John、Jill、Rose 和 Mike，并针对属性 sex 和 age 分别给出了值。

集成员无论用何种字符标记，它的索引都是从 1 开始连续计数。在 attribute_ list 可以指定一个或多个集成员的属性，属性之间必须用逗号隔开。

可以把集、集成员和集属性同 C 语言中的结构体做类比：

集　　　⟷　　结构体

集成员　⟷　　结构体的域

集属性　⟷　　结构体实例

LINGO 内置的建模语言是一种描述性语言，用它可以描述现实世界中的一些问题，然后借助于 LINGO 求解器求解。因此，集属性的值一旦在模型中被确定，就不可能再更改。在 LINGO 中，只有在初始部分中给出的集属性值在以后的求解中可更改。这与前面并不矛盾，初始部分是 LINGO 求解器的需要，并不是描述问题所必需的。

2. 定义派生集

为了定义一个派生集，必须详细声明：

• 集的名字。

• 父集的名字。

• 集成员，可选。

• 集成员的属性，可选。

可用下面的语法定义一个派生集：

```
setname(parent_set_list)[/member_list/][:attribute_list];
```

setname 是集的名字。parent_set_list 是已定义的集的列表，多个时必须用逗号隔开。如果没有指定成员列表，那么 LINGO 会自动创建父集成员的所有组合作为派生集的成员。派生集的父集既可以是原始集，也可以是其他的派生集。

附例 2-2　派生集示例 1。

```
sets:
   product/A B/;
   machine/M N/;
   week/1..2/;
   allowed(product,machine,week):x;
```

endsets

LINGO 生成了 3 个父集的所有组合共 8 组作为 allowed 集的成员：

编号	成员
1	(A,M,1)
2	(A,M,2)
3	(A,N,1)
4	(A,N,2)
5	(B,M,1)
6	(B,M,2)
7	(B,N,1)
8	(B,N,2)

成员列表被忽略时，派生集成员由父集成员所有的组合构成，这样的派生集成为稠密集。如果限制派生集的成员，使它成为父集成员所有组合构成的集合的一个子集，这样的派生集称为稀疏集。同原始集一样，派生集成员的声明也可以放在数据部分。一个派生集的成员列表有两种生成方式：①显式罗列；②设置成员资格过滤器。当采用方式①时，必须显式罗列出所有要包含在派生集中的成员，并且罗列的每个成员必须属于稠密集。使用前面的例子，显式罗列派生集的成员：

```
allowed(product,machine,week)/A M 1,A N 2,B N 1/;
```

如果需要生成一个大的、稀疏的集，那么显式罗列就很麻烦。幸运的是许多稀疏集的成员都满足一些条件以和非成员相区分。我们可以把这些逻辑条件看作过滤器，在 LINGO 生成派生集的成员时把使逻辑条件为假的成员从稠密集中过滤掉。

附例 2-3 派生集示例 2。

```
sets:
    !学生集:性别属性 sex,1 表示男性,0 表示女性;年龄属性 age;
    students/John,Jill,Rose,Mike/:sex,age;
    !男学生和女学生的联系集:友好程度属性 friend,[0,1]之间的数;
    linkmf(students,students)|sex(&1)#eq# 1 #and# sex(&2)#eq# 0:friend;
    !男学生和女学生的友好程度大于 0.5 的集;
    linkmf2(linkmf)| friend(&1,&2)#ge# 0.5: x;
endsets
data:
    sex,age = 1 16
              0 14
              0 17
              0 13;
    friend = 0.3 0.5 0.6;
enddata
```

用竖线(|)标记一个成员资格过滤器的开始。#eq# 是逻辑运算符，用来判断是否"相等"，可参考附例 2-2。&1 可看作派生集的第 1 个原始父集的索引，它取遍该原始父集的所有

成员；&2可看作派生集的第2个原始父集的索引,它取遍该原始父集的所有成员；&3,&4,…,以此类推。注意,如果派生集B的父集是另外的派生集A,那么上面所说的原始父集是集A向前回溯到最终的原始集,其顺序保持不变,并且派生集A的过滤器对派生集B仍然有效。因此,派生集的索引个数是最终原始父集的个数,索引的取值是从原始父集到当前派生集所做限制的总和。

总的来说,LINGO可识别的集只有两种类型:原始集和派生集。

在一个模型中,原始集是基本的对象,不能再被拆分成更小的组分。原始集可以由显式罗列和隐式罗列两种方式来定义。当用显式罗列方式时,需在集成员列表中逐个输入每个成员。当用隐式罗列方式时,只需在集成员列表中输入首成员和末成员,而中间的成员由LINGO产生。

派生集是由其他的集来创建的,这些集被称为该派生集的父集(原始集或其他的派生集)。一个派生集既可以是稀疏的,也可以是稠密的。稠密集包含了父集成员的所有组合(有时也称为父集的笛卡儿乘积)。稀疏集仅包含父集的笛卡儿乘积的一个子集,可通过显式罗列和成员资格过滤器这两种方式定义。显式罗列方法就是逐个罗列稀疏集的成员。成员资格过滤器方法通过使用稀疏集成员必须满足的逻辑条件从稠密集成员中过滤出稀疏集的成员。不同集类型的关系见附图2-1。

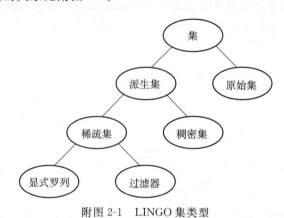

附图2-1　LINGO集类型

附录3　模型的数据部分和初始部分

在处理模型的数据时,需要为集指派一些成员并在LINGO求解模型之前为集的某些属性指定值。为此,LINGO为用户提供了两个可选部分:输入集成员和数据的数据部分(data section)以及为决策变量设置初始值的初始部分(init section)。

附录3.1　模型的数据部分

1. 数据部分入门

数据部分提供了模型相对静止部分和数据分离的可能性。显然,这对于模型的维护和维数的缩放非常方便。

数据部分以关键字"data:"开始,以关键字"enddata"结束。在这里,可以指定集成员、集的属性。其语法如下:

```
object_list = value_list;
```

对象列(object_list)包含要指定值的属性名、要设置集成员的集名,用逗号或空格隔开。一个对象列中至多有一个集名,而属性名可以有任意多。如果对象列中有多个属性名,那么它们的类型必须一致。如果对象列中有一个集名,那么对象列中所有的属性的类型就是这个集。

数值列(value_list)包含要分配给对象列中对象的值,用逗号或空格隔开。注意属性值的个数必须等于集成员的个数。请看下面的例子。

附例 3-1 定义数据示例。

```
sets:
  set1/A,B,C/:X,Y;
endsets
data:
  X = 1,2,3;
  Y = 4,5,6;
enddata
```

在集 set1 中定义了两个属性 X 和 Y。X 的 3 个值是 1、2 和 3,Y 的三个值是 4、5 和 6。也可采用附例 3-2 中的复合数据声明(data statement)实现同样的功能。

附例 3-2 复合数据声明示例。

```
sets:
  set1/A,B,C/:X,Y;
endsets
data:
  X,Y = 1 4
        2 5
        3 6;
enddata
```

看到这个例子,可能会认为 X 被指定了 1、4 和 2 3 个值,因为它们是数值列中的前 3 个,而正确的答案是 1、2 和 3。假设对象列有 n 个对象,LINGO 在为对象指定值时,首先在 n 个对象的第 1 个索引处依次分配数值列中的前 n 个对象,然后在 n 个对象的第 2 个索引处依次分配数值列中紧接着的 n 个对象,以此类推。

模型的所有数据——属性值和集成员被单独放在数据部分,这可能是最规范的数据输入方式。

2. 参数

在数据部分也可以指定一些标量变量(scalar variables)。当一个标量变量在数据部分确定时,称为参数。假设模型中用利率 8.5% 作为一个参数,就可以像附例 3-3 这样输入一个利率作为参数。

附例 3-3 定义参数示例。

```
data:
  interest_rate = .085;
```

```
enddata
```

也可以同时指定多个参数。

附例 3-4　多个参数示例。

```
data:
   interest_rate,inflation_rate =.085.03;
enddata
```

3. 实时数据处理

在某些情况下，对于模型中的某些数据并不是定值。例如，模型中有一个通货膨胀率的参数，想在2‰～6‰的范围内对不同的值求解模型，以此来观察模型的结果对通货膨胀的依赖有多么敏感。把这种情况称为实时数据处理（what if analysis）。LINGO 有一个特征可方便地做到这件事。

在本该放数的地方输入一个问号(?)。

附例 3-5　实时数据示例。

```
data:
   interest_rate,inflation_rate =.085  ?;
enddata
```

每一次求解模型时，LINGO 都会提示为参数 inflation_rate 输入一个值。在 Windows 操作系统下，将会接收到一个类似附图 3-1 所示的对话框。

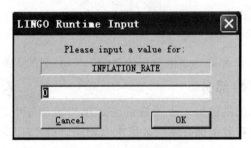

附图 3-1　输入参数值对话框

直接输入一个值，再单击 OK 按钮，LINGO 就会把输入的值指定给 inflation_rate，然后继续求解模型。

除参数之外，也可以实时输入集的属性值，但不允许实时输入集成员名。

4. 指定属性为一个值

还可以在数据声明的右边输入一个值来把所有的成员的该属性指定为一个值，如附例 3-6 所示。

附例 3-6　指定属性示例。

```
sets:
   days/MO,TU,WE,TH,FR,SA,SU/:needs;
endsets
data:
   needs = 20;
```

```
enddata
```

LINGO 将用 20 指定 days 集的所有成员的 needs 属性。

对于多个属性的情形如附例 3-7 所示。

附例 3-7　指定多个属性示例。

```
sets:
  days/MO,TU,WE,TH,FR,SA,SU/:needs,cost;
endsets
data:
  needs cost = 20 100;
enddata
```

5. 数据部分的未知数值

有时只想为一个集的部分成员的某个属性指定值,而让其余成员的该属性保持未知,以便让 LINGO 去求出它们的最优值。在数据声明中输入两个相连的逗号表示该位置对应的集成员的属性值未知。两个逗号间可以有空格。

附例 3-8　位置数值示例。

```
sets:
  years/1..5/:capacity;
endsets
data:
  capacity = ,34,20,,;
enddata
```

属性 capacity 的第 2 个和第 3 个值分别为 34 和 20,其余的未知。

附录 3.2　模型的初始部分

初始部分是 LINGO 提供的另一个可选部分。在初始部分中,可以输入初始声明(initialization statement),它和数据部分中的数据声明相同。对实际问题建模时,初始部分并不起到描述模型的作用,在初始部分输入的值仅被 LINGO 求解器当作初始点来用,并且仅对非线性模型有用。和数据部分指定变量的值不同,LINGO 求解器可以自由改变初始部分初始化的变量的值。

一个初始部分以"init:"开始,以"endinit"结束。初始部分的初始声明规则和数据部分的数据声明规则相同。也就是说,我们可以在声明的左边同时初始化多个集属性,可以把集属性初始化为一个值,可以用问号实现实时数据处理,还可以用逗号指定未知数值。

附例 3-9　初始部分示例。

```
init:
  X,Y = 0,.1;
endinit
Y = @log(X);
X^2 + Y^2 <= 1;
```

好的初始点会减少模型的求解时间。

在这一节中介绍了一些基本的数据输入和初始化概念,用户可以轻松地为自己的模型加入原始数据和初始部分。

附录 4　LINGO 函数

有了前几节的基础知识,再加上本节的内容,用户能够借助 LINGO 建立并求解复杂的优化模型。

LINGO 有 9 种类型的函数。

(1) 基本运算符。包括算术运算符、逻辑运算符和关系运算符。

(2) 数学函数。包括三角函数和常规的数学函数。

(3) 金融函数。LINGO 提供了两种金融函数。

(4) 概率函数。LINGO 提供了大量概率相关的函数。

(5) 变量界定函数。这类函数用来定义变量的取值范围。

(6) 集操作函数。这类函数对集的操作提供帮助。

(7) 集循环函数。遍历集的元素,执行一定的操作的函数。

(8) 数据输入和输出函数。这类函数允许模型和外部数据源相联系,进行数据的输入和输出。

(9) 辅助函数。包括各种杂类函数。

附录 4.1　基本运算符

这些运算符是非常基本的,甚至可以不认为它们是一类函数。事实上,在 LINGO 中,它们是非常重要的。

1. 算术运算符

算术运算符是针对数值进行操作的。LINGO 提供了 5 种二元运算符。

∧　乘方

*　乘

/　除

＋　加

－　减

LINGO 唯一的一元算术运算符是取反函数“－”。

这些运算符的优先级由高到低排列如下。

－(取反)　高

∧　　　　｜

* /　　　 ｜

＋ －　　　 低

运算符的运算次序为从左到右按优先级高低来执行。运算的次序可以用圆括号“()”改变。

附例 4-1　算术运算符示例。

2－5/3、(2＋4)/5 等。

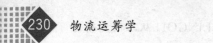

2. 逻辑运算符

在 LINGO 中,逻辑运算符主要用于集循环函数的条件表达式中,用来控制在函数中哪些集成员被包含、哪些被排斥。在创建稀疏集时用在成员资格过滤器中。

LINGO 具有 9 种逻辑运算符。

#not#　　否定该操作数的逻辑值,#not#是一个一元运算符

#eq#　　若两个运算数相等,则为 true;否则为 false

#ne#　　若两个运算符不相等,则为 true;否则为 false

#gt#　　若左边的运算符严格大于右边的运算符,则为 true;否则为 false

#ge#　　若左边的运算符大于或等于右边的运算符,则为 true;否则为 false

#lt#　　若左边的运算符严格小于右边的运算符,则为 true;否则为 false

#le#　　若左边的运算符小于或等于右边的运算符,则为 true;否则为 false

#and#　　仅当两个参数都为 true 时,结果为 true;否则为 false

#or#　　仅当两个参数都为 false 时,结果为 false;否则为 true

这些运算符的优先级由高到低排列如下:

#not#　　　　　　　　　　　　　　　　　　　　　高

#eq#　#ne#　#gt#　#ge#　#lt#　#le#　↓

#and#　#or#　　　　　　　　　　　　　　　　　低

附例 4-2　逻辑运算符示例。

2 #gt# 3 #and# 4 #gt# 2,其结果为假(0)。

3. 关系运算符

在 LINGO 中,关系运算符主要是被用在模型中,用来指定一个表达式的左边是否等于、小于或等于、大于或等于右边,形成模型的一个约束条件。关系运算符与逻辑运算符#eq#、#le#、#ge#截然不同,前者是模型中该关系运算符所指定关系的为真描述,而后者仅判断一个该关系是否被满足:满足为真,不满足为假。

LINGO 有三种关系运算符:"=""<="和">="。LINGO 中还能用"<"表示小于或等于关系,">"表示大于或等于关系。LINGO 并不支持严格小于和严格大于关系运算符。然而,如果需要严格小于和严格大于关系,如让 A 严格小于 B:

$$A < B$$

那么可以把它变成如下的小于或等于表达式:

$$A + \varepsilon <= B$$

这里 ε 是一个小的正数,它的值依赖于模型中 A 小于 B 多少才算不等。

下面给出以上三类操作符的优先级。

#not#　　-(取反)　　　　　　　　　　　　　　高

^

*　/

+　-

#eq#　#ne#　#gt#　#ge#　#lt#　#le#

#and#　#or#

<=　=　>=　　　　　　　　　　　　　　　　低

附录 4.2 数学函数

LINGO 提供了大量的标准数学函数。

@abs(x)	返回 x 的绝对值
@sin(x)	返回 x 的正弦值，x 采用弧度制
@cos(x)	返回 x 的余弦值
@tan(x)	返回 x 的正切值
@exp(x)	返回常数 e 的 x 次方
@log(x)	返回 x 的自然对数
@lgm(x)	返回 x 的 gamma 函数的自然对数
@sign(x)	如果 x<0 返回 −1；否则，返回 1
@floor(x)	返回 x 的整数部分。当 x>=0 时，返回不超过 x 的最大整数；当 x<0 时，返回不低于 x 的最大整数
@smax(x1,x2,…,xn)	返回 x1,x2,…,xn 中的最大值
@smin(x1,x2,…,xn)	返回 x1,x2,…,xn 中的最小值

附例 4-3 给定一个直角三角形，求包含该三角形的最小正方形。

解 包含该三角形的最小正方形如附图 4-1 所示。

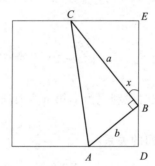

附图 4-1 包含该三角形的最小正方形

$$CE = a\sin x,\ AD = b\cos x,\ DE = a\cos x + b\sin x$$

求最小的正方形相当于求如下的最优化问题。

$$\min_{0\leqslant x\leqslant\frac{\pi}{2}} \max\{CE, AD, DE\}$$

LINGO 代码如下：

```
model:
sets:
  object/1..3/:f;
endsets
data:
  a,b = 3,4;  !两个直角边长,修改很方便;
enddata
  f(1) = a * @sin(x);
  f(2) = b * @cos(x);
```

```
f(3) = a * @cos(x) + b * @sin(x);
min = @smax(f(1),f(2),f(3));
@bnd(0,x,1.57);
end
```

在上面的代码中用到了函数@bnd,详情请见附录4.5。

附录4.3　金融函数

目前 LINGO 提供了两个金融函数。

1. @fpa(I,n)

返回如下情形的净现值:单位时段利率为 I,连续 n 个时段支付,每个时段支付单位费用。若每个时段支付 x 单位的费用,则净现值可用 x 乘以@fpa(I,n)求出。@fpa 的计算公式为

$$\sum_{k=1}^{n} \frac{1}{(1+I)^k} = \frac{1-(1+I)^{-n}}{I}$$

净现值就是在一定时期内为了获得一定收益在该时期初所支付的实际费用。

　　附例4-4　贷款买房问题。贷款金额 50 000 元,贷款年利率 5.31%,采取分期付款方式(每年年末还固定金额,直至还清)。问拟贷款 10 年,每年需偿还多少元?

LINGO 代码如下:

```
50 000 = x * @fpa(0.0531,10);
```

答案是 x=6573.069 元。

2. @fpl(I,n)

返回如下情形的净现值:单位时段利率为 I,第 n 个时段支付单位费用。@fpl(I,n)的计算公式为$(1+I)^{-n}$。

从中可以发现这两个函数之间的关系:

$$@fpa(I,n) = \sum_{k=1}^{n} @fpl(I,k)$$

附录4.4　概率函数

1. @pbn(p,n,x)

二项分布的累积分布函数。当 n 和(或)x 不是整数时,用线性插值法进行计算。

2. @pcx(n,x)

自由度为 n 的χ^2分布的累积分布函数。

3. @peb(a,x)

当到达负荷为 a,服务系统有 x 个服务器且允许无穷排队时的 Erlang 繁忙概率。

4. @pel(a,x)

当到达负荷为 a,服务系统有 x 个服务器且不允许排队时的 Erlang 繁忙概率。

5. @pfd(n,d,x)

自由度为 n 和 d 的 F 分布的累积分布函数。

6. @pfs(a,x,c)

当负荷上限为 a,顾客数为 c,平行服务器数量为 x 时,有限源的 Poisson 服务系统的等

待或返修顾客数的期望值。a 是顾客数乘以平均服务时间,再除以平均返修时间。当 c 和(或)x 不是整数时,采用线性插值进行计算。

7. @phg(pop,g,n,x)

超几何(Hypergeometric)分布的累积分布函数。pop 表示产品总数,g 是正品数。从所有产品中任意取出 n(n≤pop)件。pop、g、n 和 x 都可以是非整数,这时采用线性插值进行计算。

8. @ppl(a,x)

Poisson 分布的线性损失函数,即返回 max(0,z-x)的期望值,其中随机变量 z 服从均值为 a 的 Poisson 分布。

9. @pps(a,x)

均值为 a 的 Poisson 分布的累积分布函数。当 x 不是整数时,采用线性插值进行计算。

10. @psl(x)

单位正态线性损失函数,即返回 max(0,z-x)的期望值,其中随机变量 z 服从标准正态分布。

11. @psn(x)

标准正态分布的累积分布函数。

12. @ptd(n,x)

自由度为 n 的 t 分布的累积分布函数。

13. @qrand(seed)

产生服从(0,1)区间的拟随机数。@qrand 只允许在模型的数据部分使用,它将用拟随机数填满集属性。通常,声明一个 m×n 的二维表,m 表示运行实验的次数,n 表示每次实验所需的随机数的个数。在行内,随机数是独立分布的;在行间,随机数是非常均匀的。这些随机数是用"分层取样"的方法产生的。

附例 4-5　产生服从(0,1)区间的拟随机数。

```
model:
data:
  M = 4;N = 2;seed = 1234567;
enddata
sets:
  rows/1..M/;
  cols/1..N/;
  table(rows,cols):x;
endsets
data:
  X = @qrand(seed);
enddata
end
```

如果没有为函数指定种子,那么 LINGO 将用系统时间构造种子。

14. @rand(seed)

返回 0 和 1 间的伪随机数,依赖于指定的种子。典型用法是 U(I+1)=@rand(U(I))。

注意，如果 seed 不变，那么产生的随机数也不变。

附例 4-6　利用@rand 产生 15 个标准正态分布的随机数和自由度为 2 的 t 分布的随机数。

```
model:
!产生一列正态分布和 t 分布的随机数;
sets:
  series/1..15/:u,znorm,zt;
endsets

  !第一个均匀分布随机数是任意的;
  u(1) = @rand(.1234);

  !产生其余的均匀分布的随机数;
  @for(series(I)| I #GT# 1:
    u(I) = @rand(u(I- 1))
  );

  @for(series(I):
    !正态分布随机数;
    @psn(znorm(I)) = u(I);
    !和自由度为 2 的 t 分布随机数;
    @ptd(2,zt(I)) = u(I);
    !ZNORM 和 ZT 可以是负数;
    @free(znorm(I));@free(zt(I));
  );
end
```

附录 4.5　变量界定函数

变量界定函数实现对变量取值范围的附加限制，共有以下 4 种。

@bin(x)　　　　　　限制 x 为 0 或 1

@bnd(L,x,U)　　　　限制 L≤x≤U

@free(x)　　　　　 取消对变量 x 的默认下界为 0 的限制，即 x 可以取任意实数

@gin(x)　　　　　　限制 x 为整数

在默认情况下，LINGO 规定变量是非负的，也就是说下界为 0，上界为 $+\infty$。@free 取消了默认的下界为 0 的限制，使变量也可以取负值。@bnd 用于设定一个变量的上下界，它也可以取消默认下界为 0 的约束。

附录 4.6　集操作函数

LINGO 提供了几个函数帮助处理集。

1. @in(set_name,primitive_index_1,primitive_index_2,…)

如果元素在指定集中,返回 1;否则返回 0。

附例 4-7 全集为 I,B 是 I 的一个子集,C 是 B 的补集。

```
sets:
    I/x1..x4/;
    B(I)/x2/;
    C(I)|#not#@in(B,&1):;
endsets
```

2. @index(set_name,primitive_set_element)

该函数返回在集 set_name 中原始集成员 primitive_set_element 的索引。如果 set_name 被忽略,那么 LINGO 将返回与 primitive_set_element 匹配的第一个原始集成员的索引。如果找不到,则产生一个错误。

附例 4-8 如何确定集成员(B,Y)属于派生集 S3。

```
sets:
    S1/A B C/;
    S2/X Y Z/;
    S3(S1,S2)/A X,A Z,B Y,C X/;
endsets
X = @in(S3,@index(S1,B),@index(S2,Y));
```

看下面的例子,表明有时为@index 指定集是必要的。

附例 4-9 集成员(sue)的索引。

```
sets:
    girls/debble,sue,alice/;
    boys/bob,joe,sue,fred/;
endsets
I1 = @index(sue);
I2 = @index(boys,sue);
```

I1 的值是 2,I2 的值是 3。建议在使用@index 函数时最好指定集。

3. @wrap(index,limit)

该函数返回 j=index-k * limit,其中 k 是一个整数,取适当值保证 j 落在区间[1,limit]内。该函数相当于 index 模 limit 再加 1。该函数在循环、多阶段计划编制中特别有用。

4. @size(set_name)

该函数返回集 set_name 的成员个数。在模型中明确给出集大小时最好使用该函数。它的使用使模型数据更加中立,集大小改变时也更易维护。

附录 4.7 集循环函数

集循环函数遍历整个集进行操作。其语法如下:

```
@function(setname(set_index_list)|(conditional_qualifier):expression_list);
```

@function 相应于下面罗列的四个集循环函数之一；setname 是要遍历的集；set_index_list 是集索引列表；conditional_qualifier 是用来限制集循环函数的范围，当集循环函数遍历集的每个成员时，LINGO 都要对 conditional_qualifier 进行评价，若结果为真，则对该成员执行@function 操作，否则跳过，继续执行下一次循环。expression_list 是被应用到每个集成员的表达式列表，当用@for 函数时，expression_list 可以包含多个表达式，其间用逗号隔开。这些表达式将被作为约束加到模型中。当使用其余的 3 个集循环函数时，expression_list 只能有一个表达式。如果省略 set_index_list，那么在 expression_list 中引用的所有属性的类型都是 setname 集。

1. @for

该函数用来产生对集成员的约束。基于建模语言的标量需要显式输入每个约束，不过 @for 函数允许只输入一个约束，然后 LINGO 自动产生每个集成员的约束。

附例 4-10　产生序列{1,4,9,16,25}。

```
model:
sets:
  number/1..5/:x;
endsets
  @for(number(I):x(I) = I^2);
end
```

2. @sum

该函数返回遍历指定的集成员的一个表达式的和。

附例 4-11　求向量[5,1,3,4,6,10]前 5 个数的和。

```
model:
data:
  N = 6;
enddata
sets:
  number/1..N/:x;
endsets
data:
  x = 5 1 3 4 6 10;
enddata
s = @sum(number(I)| I #le# 5:x);
end
```

3. @min 和@max

返回指定的集成员的一个表达式的最小值或最大值。

附例 4-12　求向量[5,1,3,4,6,10]前 5 个数的最小值，后 3 个数的最大值。

```
model:
data:
  N = 6;
```

```
enddata
sets:
  number/1..N/:x;
endsets
data:
  x = 5 1 3 4 6 10;
enddata
  minv = @min(number(I)| I #le# 5:x);
  maxv = @max(number(I)| I #ge# N-2:x);
end
```

下面看一个稍微复杂的例子。

附例4-13　职员时序安排模型。一项工作一周7天都需要有人(如护士工作),每天(周一至周日)所需的最少职员数为20、16、13、16、19、14和12,并要求每个职员一周连续工作5天,试求每周所需最少职员数,并给出安排。注意这里需考虑稳定后的情况。

```
model:
sets:
  days/mon..sun/:required,start;
endsets
data:
  !每天所需的最少职员数;
  required = 20 16 13 16 19 14 12;
enddata
!最小化每周所需职员数;
  min = @sum(days:start);
  @for(days(J):
    @sum(days(I)| I #le# 5:
      start(@wrap(J+I+2,7)))>= required(J));
end
```

计算的部分结果。

```
Global optimal solution found at iteration:        0
  Objective value:                             22.00000
```

Variable	Value	Reduced Cost
REQUIRED(MON)	20.00000	0.000000
REQUIRED(TUE)	16.00000	0.000000
REQUIRED(WED)	13.00000	0.000000
REQUIRED(THU)	16.00000	0.000000
REQUIRED(FRI)	19.00000	0.000000
REQUIRED(SAT)	14.00000	0.000000
REQUIRED(SUN)	12.00000	0.000000
START(MON)	8.000000	0.000000

START(TUE)	2.000000	0.000000
START(WED)	0.000000	0.3333333
START(THU)	6.000000	0.000000
START(FRI)	3.000000	0.000000
START(SAT)	3.000000	0.000000
START(SUN)	0.000000	0.000000

解决方案:每周最少需要 22 个职员,周一安排 8 人,周二安排 2 人,周三无须安排人,周四安排 6 人,周五和周六都安排 3 人,周日无须安排人。

附录 4.8　数据输入和输出函数

数据输入和输出函数可以把模型和外部数据如文本文件、数据库和电子表格等连接起来。

1. @file 函数

该函数从外部文件中输入数据,可以放在模型中任何地方。该函数的语法格式为@file('filename')。这里 filename 是文件名,可以采用相对路径和绝对路径两种表示方式。@file 函数对同一文件的两种表示方式的处理和对两个不同的文件处理是一样的,这一点必须注意。

附例 4-14　以附例 1-2 为例来讲解@file 函数的用法。

注意:在附例 1-2 的编码中有两处涉及的数据。第一处是集部分的 6 个 warehouses 集成员和 8 个 vendors 集成员;第二处是数据部分的 capacity、demand 和 cost 数据。

为了使数据和模型完全分开,把它们移到外部的文本文件中。修改模型代码以便使用@file函数把数据从文本文件中拖到模型中。修改后的模型代码如下:

```
model:
!6 发点 8 收点运输问题;
sets:
    warehouses/@file('1_2.txt')/:capacity;
    vendors/@file('1_2.txt')/:demand;
    links(warehouses,vendors):cost,volume;
endsets
!目标函数;
    min = @sum(links:cost * volume);
!需求约束;
    @for(vendors(J):
        @sum(warehouses(I):volume(I,J)) = demand(J));
!产量约束;
    @for(warehouses(I):
        @sum(vendors(J):volume(I,J))<= capacity(I));

!这里是数据;
data:
    capacity = @file('1_2.txt');
```

```
        demand = @file('1_2.txt');
        cost = @file('1_2.txt');
    enddata
    end
```

模型的所有数据来自 1_2.txt 文件,其内容如下。

```
!warehouses 成员;
WH1 WH2 WH3 WH4 WH5 WH6~

!vendors 成员;
V1 V2 V3 V4 V5 V6 V7 V8~

!产量;
60 55 51 43 41 52~

!销量;
35 37 22 32 41 32 43 38~

!单位运输费用矩阵;
6 2 6 7 4 2 5 9
4 9 5 3 8 5 8 2
5 2 1 9 7 4 3 3
7 6 7 3 9 2 7 1
2 3 9 5 7 2 6 5
5 5 2 2 8 1 4 3
```

把记录结束标记(~)之间的数据文件部分称为记录。如果数据文件中没有记录结束标记,那么整个文件被看作单个记录。注意,除记录结束标记外,模型的文本和数据同它们直接放在模型里是一样的。

下面看一下在数据文件中的记录结束标记连同模型中 @file 函数调用是如何工作的。当在模型中第一次调用 @file 函数时,LINGO 打开数据文件,然后读取第一个记录;第二次调用 @file 函数时,LINGO 读取第二个记录等。文件的最后一条记录可以没有记录结束标记,当遇到文件结束标记时,LINGO 会读取最后一条记录,然后关闭文件。如果最后一条记录也有记录结束标记,那么直到 LINGO 求解完当前模型后才关闭该文件。如果多个文件保持打开状态,可能就会导致一些问题,因为这会使同时打开的文件总数超过允许同时打开文件的上限 16。

当使用 @file 函数时,可把记录的内容(除一些记录结束标记外)看作替代模型中 @file('filename')位置的文本。也就是说,一条记录可以是声明的一部分、整个声明或一系列声明。在数据文件中注释被忽略。注意,在 LINGO 中不允许嵌套调用 @file 函数。

2. @text 函数

该函数被用在数据部分,用来把解输出至文本文件中。它可以输出集成员和集属性值。其语法如下:

```
@text(['filename'])
```

这里 filename 是文件名,可以采用相对路径和绝对路径两种表示方式。如果忽略 filename,那么数据就被输出到标准输出设备(大多数情形都是屏幕)。@text 函数仅能出现在模型数据部分的一条语句的左边,右边是集名(用来输出该集的所有成员名)或集属性名(用来输出该集属性的值)。

这里把用接口函数产生输出的数据声明称为输出操作。输出操作仅当求解器求解完模型后才执行,执行次序取决于其在模型中出现的先后。

附例 4-15　说明 @text 的用法。

```
model:
sets:
days/mon..sun/:required,start;
endsets
data:
!每天所需的最少职员数;
required = 20 16 13 16 19 14 12;
@text('d:\out.txt') = days '至少需要的职员数为' start;
enddata
!最小化每周所需职员数;
min = @sum(days:start);
@for(days(J):
@sum(days(I)| I #le# 5:
start(@wrap(J+I+2,7)))>= required(J));
end
```

3. @ole 函数

@ole 是从 Excel 中引入或输出数据的接口函数,它是基于传输的 OLE 技术。OLE 传输直接在内存中传输数据,并不借助中间文件。当使用 @ole 时,LINGO 先装载 Excel,再通知 Excel 装载指定的电子数据表,最后从电子数据表中获得 Ranges。为了使用 OLE 函数,必须有 Excel 5 及以上版本。OLE 函数可在数据部分和初始部分引入数据。

@ole 可以同时读集成员和集属性,集成员最好用文本格式,集属性最好用数值格式。原始集每个集成员需要一个单元(cell),而对于 n 元的派生集,每个集成员需要 n 个单元,这里第一行的 n 个单元对应派生集的第一个集成员,第二行的 n 个单元对应派生集的第二个集成员,以此类推。

@ole 只能读一维或二维的 Ranges[在单个的 Excel 工作表(sheet)中],不能读间断的或三维的 Ranges。Ranges 是自左向右、自上向下来读。

附例 4-16　@ole 函数示例。

```
sets:
    PRODUCT;  !产品;
    MACHINE;  !机器;
    WEEK;     !周;
```

```
    ALLOWED(PRODUCT,MACHINE,WEEK):x,y;    !允许组合及属性;
  endsets
  data:
    rate = 0.01;
    PRODUCT,MACHINE,WEEK,ALLOWED,x,y = @ole('D:\IMPORT.XLS');
    @ole('D:\IMPORT.XLS') = rate;
  enddata
```

为代替在代码文本的数据部分显式输入形式，把相关数据全部放在如下电子数据表中输入（附图 4-2，即上述程序中 D:\IMPORT.XLS 的图表）。

除输入数据之外，必须定义 Ranges 名：PRODUCT、MACHINE、WEEK、ALLOWED、X、Y。

```
Name           Range
PRODUCT        B3:B4
MACHINE        C3:C4
WEEK           D3:D5
ALLOWED        B8:D10
X              F8:F10
Y              G8:G10
rate           C13
```

下面在 Excel 中定义 Ranges 名（附图 4-2）。

（1）按鼠标左键拖曳选择 Range。

（2）释放鼠标指针。

（3）选择"插入"→"名称"→"定义"命令。

（4）输入希望的名字。

（5）单击"确定"按钮。

	A	B	C	D	E	F	G	H
1								
2		产品	机器	周				
3		A	M	1				
4		B	N	2				
5				3				
6						集ALLOWED的属性x和y的值		
7		允许的组合（ALLOWED集成员）				x	y	
8		A	M	1		1	22	
9		A	N	2		2	10	
10		B	N	1		0	14	
11								
12	输出结果							
13		RATE	0.01					

附图 4-2　相关数据表格

在模型的数据部分用如下代码从 Excel 中引入数据。

```
PRODUCT,MACHINE,WEEK,ALLOWED,x,y = @ole('D:\IMPORT.XLS');
```

@ole('D:\IMPORT. XLS') = rate;

等价的描述：

PRODUCT, MACHINE, WEEK, ALLOWED, x, y

= @ole('D:\IMPORT. XLS', PRODUCT, MACHINE, WEEK, ALLOWED, x, y);

@ole('D:\IMPORT. XLS', rate) = rate;

这一等价描述使变量名和 Ranges 不同。

4. @ranged(variable_or_row_name)

为了保持最优基不变，变量的费用系数或约束行的右端项允许减少的量。

5. @rangeu(variable_or_row_name)

为了保持最优基不变，变量的费用系数或约束行的右端项允许增加的量。

6. @status()

返回 LINGO 求解模型结束后的状态。

0 Global Optimum(全局最优)

1 Infeasible(不可行)

2 Unbounded(无界)

3 Undetermined(不确定)

4 Feasible(可行)

5 Infeasible or Unbounded(通常需要关闭"预处理"选项后重新求解模型，以确定模型究竟是不可行还是无界)

6 Local Optimum(局部最优)

7 Locally Infeasible(局部不可行，尽管可行解可能存在，但是 LINGO 并没有找到一个)

8 Cutoff(目标函数的截断值被达到)

9 Numeric Error(求解器因在某约束中遇到无定义的算术运算而停止)

通常，如果返回值不是 0、4 或 6 时，那么解将不可信，也几乎不能用。该函数仅被用在模型的数据部分来输出数据。

附例 4-17 @status 函数示例。

```
model:
min = @sin(x);
data:
  @text() = @status();
enddata
end
```

部分计算结果。

```
Local optimal solution found at iteration:        33
  Objective value:                          - 1.000000
      6
```

| Variable | Value | Reduced Cost |

X	4.712388	0.000000

结果中的 6 就是@status()返回的结果,表明最终解是局部最优的。

7. @dual

@dual(variable_or_row_name)返回变量的判别数(检验数)或约束行的对偶(影子)价格(dual prices)。

附录 4.9　辅助函数

1. @if(logical_condition,true_result,false_result)

@if 函数将评价一个逻辑表达式 logical_condition,如果为真,返回 true_result,否则返回 false_result。

附例 4-18　求解最优化问题。

$$\min f(x) + g(y)$$

$$s.t. \begin{cases} f(x) = \begin{cases} 100 + 2x, x > 0 \\ 2x, \qquad x \leqslant 0 \end{cases} \\ g(y) = \begin{cases} 60 + 3y, y > 0 \\ 2y, \qquad y \leqslant 0 \end{cases} \\ x + y \geqslant 30 \\ x, y \geqslant 0 \end{cases}$$

其 LINGO 代码如下:

```
model:
  min = fx + fy;
  fx = @if(x #gt# 0,100,0) + 2 * x;
  fy = @if(y #gt# 0,60, - y) + 3 * y;
  x + y> = 30;
end
```

2. @warn('text',logical_condition)

如果逻辑条件 logical_condition 为真,则产生一个内容为'text'的信息框。

附例 4-19　@warn 函数示例。

```
model:
  x = 1;
  @warn('x 是正数',x #gt# 0);
end
```

附录 5　LINGO WINDOWS 命令

附录 5.1　"文件"菜单(File Menu)

1. 新建(New)

从"文件"菜单中选择"新建"命令,单击"新建"按钮,或直接按 F2 键,可以创建一个新的 Model 窗口。在这个新的 Model 窗口中能够输入所要求解的模型。

2. 打开(Open)

从"文件"菜单中选择"打开"命令,单击"打开"按钮,或直接按 F3 键,可以打开一个已经存在的文本文件。这个文件可能是一个 Model 文件。

3. 保存(Save)

从"文件"菜单中选择"保存"命令,单击"保存"按钮,或直接按 F4 键可以将当前活动窗口(最前台的窗口)中的模型结果、命令序列等保存为文件。

4. 另存为……(Save As...)

从"文件"菜单中选择"另存为……"命令,或按 F5 键,可以将当前活动窗口中的内容保存为文本文件,其文件名为用户在"另存为……"对话框中输入的文件名。利用这种方法可以将任何窗口的内容如模型、求解结果或命令保存为文件。

5. 关闭(Close)

在"文件"菜单中选择"关闭"(Close)命令,或按 F6 键,将关闭当前活动窗口。如果这个窗口是新建窗口或已经改变了当前文件的内容,LINGO 系统将会提示是否想要保存改变后的内容。

6. 打印(Print)

在"文件"菜单中选择"打印"(Print)命令,单击"打印"按钮,或直接按 F7 键,可以将当前活动窗口中的内容发送到打印机。

7. 打印设置(Print Setup...)

在"文件"菜单中选择"打印设置 ..."命令,或直接按 F8 键,可以将文件输出到指定的打印机。

8. 打印预览(Print Preview)

在"文件"菜单中选择"打印预览……"命令,或直接按 Shift+F8 组合键,可以进行打印预览。

9. 输出到日志文件(Log Output...)

从"文件"菜单中选择 Log Output... 命令,或按 F9 键,打开一个对话框,用于生成一个日志文件,它存储接下来在"命令窗口"中输入的所有命令。

10. 提交 LINGO 命令脚本文件(Take Commands...)

从"文件"菜单中选择 Take Commands... 命令,或直接按 F11 键,就可以将 LINGO 命令脚本(command script)文件提交给系统进程来运行。

11. 引入 LINGO 文件(Import Lingo File...)

从"文件"菜单中选择 Import Lingo File... 命令,或直接按 F12 键,可以打开一个 LIN-GO 格式模型的文件,然后 LINGO 系统会尽可能把模型转化为 LINGO 语法允许的程序。

12. 退出(Exit)

从"文件"菜单中选择 Exit 命令,或直接按 F10 键,可以退出 LINGO 系统。

附录 5.2 "编辑"菜单(Edit Menu)

1. 恢复(Undo)

从"编辑"菜单中选择"恢复"(Undo)命令,或按 Ctrl+Z 组合键,将撤销上次操作、恢复至其前的状态。

2. 剪切(Cut)

从"编辑"菜单中选择"剪切"(Cut)命令,或按 Ctrl＋X 组合键,可以将当前选中的内容剪切至剪贴板中。

3. 复制(Copy)

从"编辑"菜单中选择"复制"(Copy)命令,单击"复制"按钮,或按 Ctrl＋C 组合键,可以将当前选中的内容复制到剪贴板中。

4. 粘贴(Paste)

从"编辑"菜单中选择"粘贴"(Paste)命令,单击"粘贴"按钮,或按 Ctrl＋V 组合键,可以将剪贴板中的当前内容复制到当前插入点的位置。

5. 粘贴特定……(Paste Special…)

与上面的命令不同,它可以用于剪贴板中的内容不是文本的情形。

6. 全选(Select All)

从"编辑"菜单中选择 Select All 命令,或按 Ctrl＋A 组合键,可选定当前窗口中的所有内容。

7. 匹配小括号(Match Parenthesis)

从"编辑"菜单中选择 Match Parenthesis 命令,单击 Match Parenthesis 按钮,或按 Ctrl＋P 组合键,可以为当前选中的开括号查找匹配的闭括号。

8. 粘贴函数(Paste Function)

从"编辑"菜单中选择 Paste Function 命令,可以将 LINGO 的内部函数粘贴到当前插入点。

附录5.3　LINGO 菜单

1. 求解模型(Slove)

从 LINGO 菜单中选择"求解"命令,单击 Slove 按钮,或按 Ctrl＋S 组合键,可以将当前模型送入内存求解。

2. 求解结果……(Solution…)

从 LINGO 菜单中选择 Solution… 命令,单击 Solution… 按钮,或直接按 Ctrl＋O 组合键,可以打开求解结果的对话框。这里可以指定查看当前内存中求解结果的相关内容。

3. 查看……(Look…)

从 LINGO 菜单中选择 Look… 命令,或直接按 Ctrl＋L 组合键,可以查看全部的或选中的模型文本内容。

4. 灵敏性分析(Range,Ctrl＋R)

用该命令产生当前模型的灵敏性分析报告:研究当目标函数的费用系数和约束右端项在什么范围(此时假定其他系数不变)时,最优基保持不变。灵敏性分析是在求解模型时做出的,因此,在求解模型时,灵敏性分析是激活状态,但是默认是不激活的。为了激活灵敏性分析,运行 LINGO→Options… 命令,选择 General Solver Tab 选项,在 Dual Computations 列表框中,选择 Prices and Ranges 选项。灵敏性分析会耗费很多的求解时间,因此,当对求解速度要求比较高时,就没有必要激活它。

下面看一个简单的例子。

附例 5-1 某家具公司制造书桌、餐桌和椅子,所用的资源有:木料、木工和漆工 3 种。生产数据如附表 5-1 所示。

附表 5-1 生产数据

资 源	产 品			
	每个书桌	每个餐桌	每个椅子	现有资源总数
木料	8 单位	6 单位	1 单位	48 单位
漆工	4 单位	2 单位	1.5 单位	20 单位
木工	2 单位	1.5 单位	0.5 单位	8 单位
成品单价	60 单位	30 单位	20 单位	

若要求桌子的生产量不超过 5 件,如何安排这 3 种产品的生产可使利润最大?

用 DESKS、TABLES 和 CHAIRS 分别表示这 3 种产品的生产量,建立 LP 模型。

max = 60 * desks + 30 * tables + 20 * chairs;

8 * desks + 6 * tables + chairs< = 48;

4 * desks + 2 * tables + 1.5 * chairs< = 20;

2 * desks + 1.5 * tables + 0.5 * chairs< = 8;

tables< = 5;

求解这个模型,并激活灵敏性分析。这时,查看报告窗口(Reports Window),可以看到如下结果。

```
Global optimal solution found at iteration:            3
    Objective value:                             280.0000


            Variable           Value         Reduced Cost
             DESKS            2.000000          0.000000
            TABLES           0.000000          5.000000
            CHAIRS           8.000000          0.000000


            Row       Slack or Surplus      Dual Price
             1           280.0000           1.000000
             2           24.00000           0.000000
             3           0.000000           10.00000
             4           0.000000           10.00000
             5           5.000000           0.000000
```

"Global optimal solution found at iteration:3"表示 3 次迭代后得到全局最优解。"Objective value:280.0000"表示最优目标值为 280。"Value"给出最优解中各变量的值:造 2 个书桌(desks),0 个餐桌(tables),8 个椅子(chairs)。所以 desks、chairs 是基变量(非 0),tables 是非基变量(0)。

"Slack or Surplus"给出松弛变量的值:

第1行松弛变量＝280（模型第一行表示目标函数，所以第二行对应第一个约束）

第2行松弛变量＝24

第3行松弛变量＝0

第4行松弛变量＝0

第5行松弛变量＝5

"Reduced Cost"列出最优单纯形表中判别数所在行的变量的系数，表示当变量有微小变动时，目标函数的变化率。其中基变量的 reduced cost 值应为0，对于非基变量 X_j，相应的 reduced cost 值表示当某个变量 X_j 增加一个单位时目标函数减少的量（max 型问题）。本例中：变量 tables 对应的 reduced cost 值为5，表示当非基变量 tables 的值从0变为1时（此时假定其他非基变量保持不变，但为了满足约束条件，基变量显然会发生变化），最优的目标函数值＝280－5＝275。

"Dual Price"（对偶价格）表示当对应约束有微小变动时，目标函数的变化率。输出结果中对应于每一个约束有一个对偶价格。若其数值为 p，表示对应约束中不等式右端项若增加1个单位，目标函数将增加 p 个单位（max 型问题）。显然，如果在最优解处约束正好取等号（也就是"紧约束"，也称为有效约束或起作用约束），对偶价格值才可能不是0。本例中，第3、4行是紧约束，对应的对偶价格值为10，表示当紧约束 3）4 DESKS＋2 TABLES＋1.5 CHAIRS<=20 变为 3）4 DESKS＋2 TABLES＋1.5 CHAIRS <= 21 时，目标函数值＝280＋10＝290。对第4行也类似。

对于非紧约束（如本例中第2、5行是非紧约束），DUAL PRICE 的值为0，表示对应约束中不等式右端项的微小扰动不影响目标函数。有时，通过分析 DUAL PRICE，也可对产生不可行问题的原因有所了解。

灵敏度分析的结果如下。

Ranges in which the basis is unchanged:

Objective Coefficient Ranges

Variable	Current Coefficient	Allowable Increase	Allowable Decrease
DESKS	60.00000	0.0	0.0
TABLES	30.00000	0.0	0.0
CHAIRS	20.00000	0.0	0.0

Righthand Side Ranges

Row	Current RHS	Allowable Increase	Allowable Decrease
2	48.00000	0.0	0.0
3	20.00000	0.0	0.0
4	8.000000	0.0	0.0
5	5.000000	0.0	0.0

目标函数中 DESKS 变量原来的费用系数为60，允许增加（allowable increase）＝4、允许

减少(allowable decrease)＝2,说明当它在[60−4,60＋20]＝[56,80]范围变化时,最优基保持不变。对 TABLES、CHAIRS 变量,可以类似解释。由于此时约束没有变化(只是目标函数中某个费用系数发生变化),所以最优基保持不变的意思也就是最优解不变(当然,由于目标函数中费用系数发生了变化,所以最优值会变化)。

第 2 行约束中右端项(right hand side,RHS)原来为 48,当它在[48−24,48＋∞]＝[24,∞]范围变化时,最优基保持不变。第 3～5 行可以类似解释。不过由于此时约束发生变化,最优基即使不变,最优解、最优值也会发生变化。

灵敏性分析结果表示的是最优基保持不变的系数范围。由此,也可以进一步确定当目标函数的费用系数和约束右端项发生小的变化时,最优基和最优解、最优值如何变化。下面通过求解一个实际问题进行说明。

附例 5-2 一奶制品加工厂用牛奶生产 A_1、A_2 两种奶制品,1 桶牛奶可以在甲车间用 12h 加工成 3kg A_1,或者在乙车间用 8h 加工成 4kg A_2。根据市场需求,生产的 A_1、A_2 全部能售出,且每公斤 A_1 获利 24 元,每公斤 A_2 获利 16 元。现在加工厂每天能得到 50 桶牛奶的供应,每天正式工人总的劳动时间 480h,并且甲车间每天至多能加工 100kg A_1,乙车间的加工能力没有限制。试为该厂制订一个生产计划,使每天获利最大,并进一步讨论以下 3 个附加问题。

(1) 若用 35 元可以买到 1 桶牛奶,是否做这项投资?若投资,每天最多购买多少桶牛奶?

(2) 若可以聘用临时工人以增加劳动时间,付给临时工人的工资最多是每小时几元?

(3) 由于市场需求变化,每公斤 A_1 的获利增加到 30 元,是否改变生产计划?

模型代码如下:

```
max = 72 * x1 + 64 * x2;
x1 + x2 <= 50;
12 * x1 + 8 * x2 <= 480;
3 * x1 <= 100;
```

求解这个模型并做灵敏性分析的结果如下。

```
Global optimal solution found at iteration:              0
    Objective value:                            3360.000
```

Variable	Value	Reduced Cost
X1	20.00000	0.000000
X2	30.00000	0.000000
Row	Slack or Surplus	Dual Price
1	3360.000	1.000000
2	0.000000	48.00000
3	0.000000	2.000000
4	40.00000	0.000000

Ranges in which the basis is unchanged:

Objective Coefficient Ranges

Variable	Current Coefficient	Allowable Increase	Allowable Decrease
X1	72.00000	24.00000	8.000000
X2	64.00000	8.000000	16.00000

Righthand Side Ranges

Row	Current RHS	Allowable Increase	Allowable Decrease
2	50.00000	10.00000	6.666667
3	480.0000	53.33333	80.00000
4	100.0000	INFINITY	40.00000

结果表明:这个线性规划的最优解为 $x_1=20, x_2=30$,最优值为 $z=3\ 360$,即用20桶牛奶生产 A_1,30桶牛奶生产 A_2,可获最大利润 3 360 元。输出中除说明问题的最优解和最优值以外,还有许多对分析结果有用的信息,下面结合题目中提出的 3 个附加问题给予说明。3 个约束条件的右端可以看作 3 种"资源":原料、劳动时间、车间甲的加工能力。输出中 Slack or Surplus 给出这 3 种资源在最优解下是否有剩余:原料、劳动时间的剩余均为零,车间甲尚余 40kg 加工能力。

目标函数可以看作"效益",成为紧约束的"资源"一旦增加,"效益"必然跟着增长。输出中 DUAL PRICES 给出这 3 种资源在最优解下"资源"增加 1 个单位时"效益"的增量:原料增加 1 个单位(1桶牛奶)时利润增长 48 元,劳动时间增加 1 个单位(1h)时利润增长 2 元,而增加非紧约束车间甲的能力显然不会使利润增长。这里,"效益"的增量可以看作"资源"的潜在价值,经济学上称为影子价格,即 1 桶牛奶的影子价格为 48 元,1h 劳动的影子价格为 2 元,甲车间的影子价格为 0。因此可以用直接求解的办法验证上面的结论,即将输入文件中原料约束(milk)右端的 50 改为 51,看看得到的最优值(利润)是否恰好增长 48 元。用影子价格的概念很容易回答附加问题(1):用 35 元可以买到 1 桶牛奶,低于 1 桶牛奶的影子价格为 48 元,当然应该做这项投资。回答附加问题(2):聘用临时工人以增加劳动时间,付给的工资低于劳动时间的影子价格才可以增加利润,所以工资最多是每小时 2 元。

目标函数的系数发生变化时(假定约束条件不变),最优解和最优值会改变吗? 这个问题不能简单地回答。上面的输出给出了最优基不变条件下目标函数系数的允许变化范围: x_1 的系数为 $(72-8, 72+24)=(64, 96)$; x_2 的系数为 $(64-16, 64+8)=(48, 72)$。注意,x_1 系数的允许范围需要 x_2 系数 64 不变,反之亦然。由于目标函数的费用系数变化并不影响约束条件,因此,此时最优基不变,可以保证最优解也不变,但最优值变化。用这个结果很容易回答附加问题(3):若每公斤 A_1 的获利增加到 30 元,则 x_1 系数变为 $30\times3=90$,这在允许的范围内,所以不应改变生产计划,但最优值变为 $90\times20+64\times30=3\ 720$(元)。

下面对"资源"的影子价格做进一步的分析。影子价格的作用(即在最优解下"资源"增加 1 个单位时"效益"的增量)是有限制的。每增加 1 桶牛奶,利润增长 48 元(影子价格),但是,上面输出的 CURRENT RHS 的 ALLOWABLE INCREASE 和 ALLOWABLE DECREASE 给出了影子价格有意义条件下约束右端的限制范围:(milk)原料最多增加

10 桶牛奶,(time)劳动时间最多增加 53h。现在可以回答附加问题(1)的第 2 问:虽然应该批准用 35 元买 1 桶牛奶的投资,但每天最多只能购买 10 桶牛奶。也可以用低于每小时 2 元的工资聘用临时工人以增加劳动时间,但最多只能增加 53.3333h。

需要注意的是:灵敏性分析给出的只是最优基保持不变的充分条件,而不一定是必要条件。例如,对于上面的问题,"原料最多增加 10(桶牛奶)"的含义只能是"原料增加 10(桶牛奶)"时最优基保持不变,所以影子价格有意义,即利润的增加大于牛奶的投资。反过来,原料增加超过 10(桶牛奶),影子价格是否一定没有意义?最优基是否一定改变?一般来说,这是不能从灵敏性分析中直接得到的。此时,应该重新用新数据求解规划模型才能做出判断。所以,从正常理解的角度来看,上面回答"原料最多增加 10(桶牛奶)"并不是完全科学的。

5. 模型通常形式······(Generate...)

从 LINGO 菜单中选择 Generate... 命令,或直接按 Ctrl+G 组合键,可以创建当前模型的代数形式、LINGO 模型或 MPS 格式文本。

6. 选项······(Options...)

从 LINGO 菜单中选择 Options... 命令,单击 Options... 按钮,或直接按 Ctrl+I 组合键,可以改变一些影响 LINGO 模型求解时的参数。该命令将打开一个含有 7 个选项卡的窗口,可以通过它修改 LINGO 系统的各种参数和选项,如附图 5-1 所示。

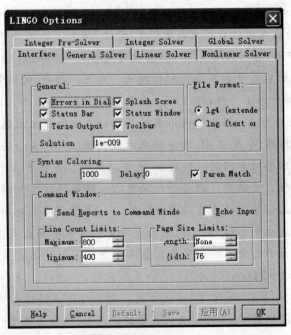

附图 5-1   General 命令界面

修改完以后,如果单击 Apply(应用)按钮,则新的设置马上生效;如果单击 OK(确定)按钮,则新的设置马上生效,并且同时关闭该窗口。如果单击 Save(保存)按钮,则将当前设置变为默认设置,下次启动 LINGO 时这些设置仍然有效。单击 Default(默认值)按钮,则恢复 LINGO 系统定义的原始默认设置(默认设置)。

（1）Interface(界面)选项卡(附表 5-2)。

附表 5-2　Interface(界面)选项卡

选项组	选　项	含　义
General(一般选项)	Errors In Dialogs(错误对话框)	如果选择该选项,求解程序遇到错误时将打开一个显示错误的对话框,关闭该对话框后,程序才会继续执行;否则,错误信息将在报告窗口显示,程序仍会继续执行
	Splash Screen(弹出屏幕)	如果选择该选项,则 LINGO 每次启动时会在屏幕上弹出一个对话框,显示 LINGO 的版本和版权信息;否则不弹出
	Status Bar(状态栏)	如果选择该选项,则 LINGO 系统在主窗口最下面一行显示状态栏;否则不显示
	Status Window(状态窗口)	如果选择该选项,则 LINGO 系统每次运行 LINGO→Solve 命令时会在屏幕上弹出状态窗口;否则不弹出
	Terse Output(简洁输出)	如果选择该选项,则 LINGO 系统对求解结果报告等将以简洁形式输出;否则以详细形式输出
	Toolbar(工具栏)	如果选择该选项,则显示工具栏;否则不显示
	Solution Cut off(解的截断)	小于或等于这个值的解将报告为“0”(默认值是 10^{-9})
File Format(文件格式)	lg4(extended)(lg4,扩展格式)	模型文件的默认保存格式是 lg4 格式(这是一种二进制文件,只有 LINGO 能读出)
	lng(text only)(lng,纯文本格式)	模型文件的默认保存格式是 lng 格式(纯文本)
Syntax Coloring(语法配色)	Line(行数)	语法配色的行数(默认为 1 000)。LINGO 模型窗口中将 LINGO 关键词显示为蓝色,注释为绿色,其他为黑色,超过该行数限制后则不再区分颜色。特别地,设置行数为 0 时,整个文件不再区分颜色
	Delay(延迟)	设置语法配色的延迟时间(秒,默认为 0,从最后一次击键算起)
	Paren Match(括号匹配)	如果选择该选项,则模型中当前光标所在处的括号及其相匹配的括号将以红色显示;否则不使用该功能
Command Window(命令窗口)	Send Reports to Command Window(报告发送到命令窗口)	如果选择该选项,则输出信息会发送到命令窗口;否则不使用该功能
	Echo Input(输入信息反馈)	如果选择该选项,则用 File→Take Command 命令执行命令脚本文件时,处理信息会发送到命令窗口;否则不使用该功能
	Line Count Limits(行数限制)	命令窗口能显示的行数的最大值为 Maximum(默认为 800);如果要显示的内容超过这个值,每次从命令窗口滚动删除的最小行数为 Minimum(默认为 400)
	Page Size Limit(页面大小限制)	命令窗口每次显示的行数的最大值为 Length(默认为没有限制),显示这么多行后会暂停,等待用户响应;每行最大字符数为 Width(默认为 74,可以设定为 64~200),多余的字符将被截断

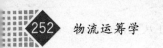

（2）General Solver(通用求解器)选项卡(附表 5-3)。

附表 5-3　General Solver(通用求解器)选项卡

选项组	选项	含义
Generator Memory Limit（MB）(矩阵生成器的内存限制(兆))		默认值为 32M,矩阵生成器使用的内存超过该限制,LINGO 将报告 The model generator ran out of memory
Runtime Limits（运行限制）	Iterations（迭代次数）	求解一个模型时,允许的最大迭代次数(默认值为无限)
	Time(sec)（运行时间(秒)）	求解一个模型时,允许的最大运行时间(默认值为无限)
Dual Computations(对偶计算)		求解时控制对偶计算的级别,有以下 3 种可能的设置。 • None:不计算任何对偶信息; • Prices:计算对偶价格(默认设置); • Prices and Ranges:计算对偶价格并分析敏感性
Model Regeneration(模型的重新生成)		控制重新生成模型的频率,有以下 3 种可能的设置。 • Only when text changes:只有当模型的文本修改后才再生成模型; • When text changes or with external references:当模型的文本修改或模型含有外部引用时(默认设置); • Always:每当有需要时
Linearization（线性化）	Degree（线性化程度）	决定求解模型时线性化的程度,有以下 4 种可能的设置。 • Solver Decides:若变量数小于或等于 12 个,则尽可能全部线性化;否则不做任何线性化(默认设置) • None:不做任何线性化; • Low:对函数@ABS()、@MAX()、@MIN()、@SMAX()、@SMIN()及二进制变量与连续变量的乘积项做线性化; • High:对函数@ABS()、@MAX()、@MIN()、@SMAX()、@SMIN()及二进制变量与连续变量的乘积项做线性化,此外对逻辑运算符 #LE#、#EQ#、#GE#、#NE# 做线性化
	Big M（线性化的大 M 系数）	设置线性化的大 M 系数(默认值为 10^6)
	Delta（线性化的误差限）	设置线性化的误差限(默认值为 10^{-6})
Allow Unrestricted Use of Primitive Set Member Names（允许无限制地使用基本集合的成员名）		选择该选项可以保持与 LINGO 4.0 以前的版本兼容,即允许使用基本集合的成员名称直接作为该成员在该集合的索引值(LINGO 4.0 以后的版本要求使用@INDEX 函数)
Check for Duplicate Names in Data and Model(检查数据和模型中的名称是否重复使用)		选择该选项,LINGO 将检查数据和模型中的名称是否重复使用,如基本集合的成员名是否与决策变量名重复
Use R/C format names for MPS I/O(在 MPS 文件格式的输入或输出中使用 R/C 格式的名称)		在 MPS 文件格式的输入或输出中,将变量和行名转换为 R/C 格式

（3）Linear Solver（线性求解器）选项卡（附表 5-4）。

附表 5-4　**Linear Solver（线性求解器）选项卡**

选项组	选　项	含　义
Method（求解方法）		求解时的算法，有以下 4 种可能的设置。 • Solver Decides：LINGO 自动选择算法（默认设置）； • Primal Simplex：原始单纯形法； • Dual Simplex：对偶单纯形法； • Barrier：障碍法（即内点法）
Initial Linear Feasibility Tol（初始线性可行性误差限）		控制线性模型中约束满足的初始误差限（默认值为 3×10^{-6}）
Final Linear Feasibility Tol（最后线性可行性误差限）		控制线性模型中约束满足的最后误差限（默认值为 10^{-7}）
Model Reduction（模型降维）		控制是否检查模型中的无关变量，从而降低模型的规模。 • Off：不检查； • On：检查； • Solver Decides：LINGO 自动决定（默认设置）
Pricing Strategies（价格策略（决定出基变量的策略））	Primal Solver（原始单纯形法）	有以下 3 种可能的设置。 • Solver Decides：LINGO 自动决定（默认设置）； • Partial：LINGO 对一部分可能的出基变量进行尝试； • Devex：用 Steepest-Edge（最陡边）近似算法对所有可能的变量进行尝试，找到使目标值下降最多的出基变量
	Dual Solver（对偶单纯形法）	有以下 3 种可能的设置。 • Solver Decides：LINGO 自动决定（默认设置）； • Dantzig：按最大下降比例法确定出基变量； • Steepest-Edge：最陡边策略，对所有可能的变量进行尝试，找到使目标值下降最多的出基变量
Matrix Decomposition（矩阵分解）		选择该选项，LINGO 将尝试把一个大模型分解为几个小模型求解；否则不尝试
Scale Model（模型尺度的改变）		选择该选项，LINGO 检查模型中的数据是否平衡（数量级是否相差太大）并尝试改变尺度使模型平衡；否则不尝试

（4）Nonlinear Solver（非线性求解器）选项卡（附表 5-5）。

附表 5-5　**Nonlinear Solver（非线性求解器）选项卡**

选项组	选　项	含　义
Initial Nonlinear Feasibility Tol（初始非线性可行性误差限）		控制模型中约束满足的初始误差限（默认值为 10^{-3}）
Final Nonlinear Feasibility Tol（最后非线性可行性误差限）		控制模型中约束满足的最后误差限（默认值为 10^{-6}）

选项组	选 项	含 义
	Nonlinear Optimality Tol(非线性规划的最优性误差限)	当目标函数在当前解的梯度小于或等于这个值以后,停止迭代(默认值为 2×10^{-7})
	Slow Progress Iteration Limit(缓慢改进的迭代次数的上限)	当目标函数在连续这么多次迭代没有显著改进以后,停止迭代(默认值为 5)
Derivatives(导数)	Numerical(数值法)	用有限差分法计算数值导数(默认值)
	Analytical(解析法)	用解析法计算导数(仅对只含有算术运算符的函数使用)
Strategies(策略)	Crash Initial Solution(生成初始解)	选择该选项,LINGO 将用启发式方法生成初始解;否则不生成(默认值)
	Quadratic Recognition(识别二次规划)	选择该选项,LINGO 将判别模型是否为二次规划,若是则采用二次规划算法(包含在线性规划的内点法中);否则不判别(默认值)
	Selective Constraint Eval(有选择地检查约束)	选择该选项,LINGO 在每次迭代时只检查必须检查的约束(如果有些约束函数在某些区域没有定义,这样做会出现错误);否则,检查所有约束(默认值)
	SLP Directions(SLP 方向)	选择该选项,LINGO 在每次迭代时用 SLP(Successive LP,逐次线性规划)方法寻找搜索方向(默认值)
	Steepest Edge(最陡边策略)	选择该选项,LINGO 在每次迭代时将对所有可能的变量进行尝试,找到使目标值下降最多的变量进行迭代;默认值为不使用最陡边策略

(5) Integer Pre-Solver(整数预处理求解器)选项卡(附表 5-6)。

附表 5-6　Integer Pre-Solver(整数预处理求解器)选项卡

选项组	选 项	含 义
Heuristics(启发式方法)	Level(搜索次数)	控制采用启发式搜索的次数(默认值为 3,可能的值为 0~100)。启发式方法的目的是从分支节点的连续解出发,搜索一个好的整数解
	Min Seconds(最小时间)	每个分支节点使用启发式搜索的最小时间(秒)
Probing Level(探测水平(级别))		控制采用探测(Probing)技术的级别(探测能够用于混合整数线性规划模型,收紧变量的上、下界和约束的右端项的值)。可能的取值如下。 • Solver Decides:LINGO 自动决定(默认设置); • 1~7:探测级别逐步升高

选项组	选 项	含 义
Constraint Cuts（约束的割（平面））	Application（应用节点）	控制在分支定界树中，哪些节点需要增加割（平面），可能的取值如下。 • Root Only：仅根节点增加割（平面）； • All Nodes：所有节点均增加割（平面）； • Solver Decides：LINGO 自动决定（默认设置）
	Relative Limit（相对上限）	控制生成的割（平面）的个数相对于原问题的约束个数的上限（比值），默认值为 0.75
	Max Passes（最大迭代检查的次数）	为了寻找合适的割（平面），最大迭代检查的次数。有以下两个参数。 • Root：对根节点的次数（默认值为 200） • Tree：对其他节点的次数（默认值为 2）
	Types（类型）	控制生成的割（平面）的策略，共有 12 种策略可供选择（如想了解细节，请参阅整数规划方面的专著）

（6）Integer Solver（整数求解器）选项卡（附表 5-7）。

整数预处理程序只用于整数线性规划模型（ILP 模型），对连续规划和非线性模型无效。

附表 5-7　Integer Solver（整数求解器）选项卡

选项组	选 项	含 义
Branching（分支）	Direction（取整方向）	控制分支策略中优先对变量取整的方向，有以下 3 种选择。 • Both：LINGO 自动决定（默认设置）； • Up：向上取整优先； • Down：向下取整优先
	Priority（优先分支）	控制分支策略中优先对哪些变量进行分支，有以下两种选择。 • LINGO Decides：LINGO 自动决定（默认设置）； • Binary：二进制（0-1）变量优先
Integrality（整性）	Absolute（绝对误差限）	当变量与整数的绝对误差小于这个值时，该变量被认为是整数。默认值为 10^{-6}
	Relative（相对误差限）	当变量与整数的相对误差小于这个值时，该变量被认为是整数。默认值为 8×10^{-6}
LP Solver（LP 求解程序）	Warm Start（热启动）	当以前面的求解结果为基础，热启动求解程序时采用的算法，有以下 4 种可能的设置。 • LINGO Decides：LINGO 自动选择算法（默认设置）； • Primal Simplex：原始单纯形法； • Dual Simplex：对偶单纯形法； • Barrier：障碍法（即内点法）
	Cold Start（冷启动）	当不以前面的求解结果为基础，冷启动求解程序时采用的算法，有以下 4 种可能的设置。 • LINGO Decides：LINGO 自动选择算法（默认设置）； • Primal Simplex：原始单纯形法； • Dual Simplex：对偶单纯形法； • Barrier：障碍法（即内点法）

选项组	选 项	含 义
Optimality（最优性）	Absolute（目标函数的绝对误差限）	当当前目标函数值与最优值的绝对误差小于这个值时，当前解被认为是最优解（也就是说，只需要搜索比当前解至少改进这么多个单位的解）。默认值为 8×10^{-8}
	Relative（目标函数的相对误差限）	当当前目标函数值与最优值的相对误差小于这个值时，当前解被认为是最优解（也就是说，只需要搜索比当前解至少改进这么多百分比的解）。默认值为 5×10^{-8}
	Time To Relative 开始采用相对误差限的时间（秒）	在程序开始运行后这么多秒内，不采用相对误差限策略；此后才使用相对误差限策略。默认值为 100s
Tolerances（误差限）	Hurdle（篱笆值）	整数规划的篱笆值，即只寻找比这个值更优的最优解（如当知道当前模型的某个整数可行解时，就可以设置这个值）。可设定为任意实数值，默认值为 none
	Node Selection（节点选择）	控制如何选择节点的分支求解，有以下选项。 • LINGO Decides：LINGO 自动选择（默认设置）； • Depth First：按深度优先； • Worst Bound：选择具有最坏界的节点； • Best Bound：选择具有最好的界的节点
	Strong Branch（强分支的层数）	控制采用强分支的层数。也就是说，对前这么多层的分支，采用强分支策略。所谓强分支，就是在一个节点对多个变量分别尝试进行预分支，找出其中最好的解（变量）进行实际分支

（7）Global Solver（全局最优求解器）选项卡（附表 5-8）。

附表 5-8　Global Solver（全局最优求解器）选项卡

选项组	选 项	含 义
Global Solver（全局最优求解程序）	Use Global Solver（使用全局最优求解程序）	选择该选项，LINGO 将用全局最优求解程序求解模型，尽可能得到全局最优解（求解花费的时间可能很长）；否则不使用全局最优求解程序，通常只得到局部最优解
	Variable Upper Bound（变量上界）	有以下两个域可以控制变量上界（按绝对值）。 ① Value：设定变量的上界，默认值为 10^{10}； ② Application 列表框设置这个界的 3 种应用范围如下。 • None：所有变量都不使用这个上界； • All：所有变量都使用这个上界； • Selected：先找到第 1 个局部最优解，然后对满足这个上界的变量使用这个上界（缺省设置）
	Tolerances（误差限）	有以下两个域可以控制变量上界（按绝对值）。 ① Optimality：只搜索比当前解至少改进这么多个单位的解（默认值为 10^{-6}）； ② Delta：全局最优求解程序在凸化过程中增加的约束的误差限（默认值为 10^{-7}）

续表

选项组	选　项	含　义
Global Solver（全局最优求解程序）	Strategies（策略）	可以控制全局最优求解程序的三类策略如下。 ① Branching：第 1 次对变量分支时使用的分支策略如下。 • Absolute Width（绝对宽度）； • Local Width（局部宽度）； • Global Width（全局宽度）； • Global Distance（全局距离）； • Abs(Absolute)Violation（绝对冲突）； • Rel(Relative)Violation（相对冲突，默认设置）。 ② Box Selection：选择活跃分支节点的方法如下。 • Depth First（深度优先）； • Worst Bound（具有最坏界的分支优先，默认设置）。 ③ Reformulation：模型重整的级别。 • None（不进行重整）； • Low（低）； • Medium（中）； • High（高，默认设置）
Multistart Solver（多初始点求解程序）	Attempts（尝试次数）	尝试多少个初始点求解，有以下几种可能的设置。 • Solver Decides：由 LINGO 决定（默认设置，对小规模 NLP 问题为 5 次，对大规模 NLP 问题不使用多点求解）； • Off：不使用多点求解； • N(>1 的正整数)：N 点求解； • Barrier：障碍法（即内点法）

附录 5.4　"窗口"菜单(Windows Menu)

1. 命令行窗口（Open Command Window）

从"窗口"菜单中选择 Open Command Window 命令，或直接按 Ctrl＋1 组合键，可以打开 LINGO 的命令行窗口。在命令行窗口中可以获得命令行界面，在"："提示符后可以输入 LINGO 的命令行命令。

2. 状态窗口（Status Window）

从"窗口"菜单中选择 Status Window 命令，或直接按 Ctrl＋2 组合键，可以打开 LINGO 的求解状态窗口。

如果在编译期间没有表达错误，那么 LINGO 将调用适当的求解器来求解模型。当求解器开始运行时，它就会显示如附图 5-2 所示的求解器状态窗口（LINGO Solver Status）。

求解器状态窗口对于监视求解器的进展和模型大小是有用的。求解器状态窗口提供了一个中断求解器按钮（Interrupt Solver），单击它会导致 LINGO 在下一次迭代时停止求解。在绝大多数情况，LINGO 能够交还和报告到目前为止的最好解。一个例外是线性规划模型，返回的解是无意义的，应该被忽略。但这并不是一个问题，因为线性规划通常求解速度很快，很少需要中断。注意，在中断求解器后，必须小心解释当前解，因为这些解可能根本就不是最优解，可能也不是可行解，或者对线性规划模型来说，就是无价值的。

在中断求解器按钮的右边的是关闭按钮（Close）。单击它可以关闭求解器状态窗口，不过可在任何时间通过选择 Windows→Status Window 命令再重新打开。

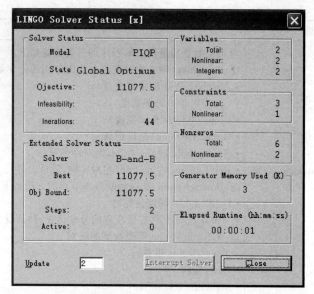

附图 5-2 求解器状态窗口

在中断求解器按钮的左边的是标记为更新时间间隔(Update Interval)的域。LINGO 将根据该域指示的时间(以秒为单位)为周期更新求解器状态窗口。可以随意设置该域,不过若设置为 0,将导致更长的求解时间——LINGO 花费在更新的时间会超过求解模型的时间。

3. 变量框(Variables)

Total 显示当前模型的全部变量数,Nonlinear 显示其中的非线性变量数,Integers 显示其中的整数变量数。非线性变量是指它至少处于某一个约束中的非线性关系中。例如:

对约束 X+Y=100;

X 和 Y 都是线性变量。

对约束 X*Y=100;

X 和 Y 的关系是二次的,所以 X 和 Y 都是非线性变量。

对约束 X*X+Y=100;

X 是二次方是非线性的,Y 虽与 X 构成二次关系,但与 X*X 这个整体是一次的,因此 Y 是线性变量。

被计数变量不包括 LINGO 确定为定值的变量。例如:

X=1;

X+Y=3;

这里 X 是 1,由此可得 Y 是 2,所以 X 和 Y 都是定值,模型中的 X 和 Y 都用 1 和 2 代换掉。

4. 约束(Constraints)框

Total 显示当前模型扩展后的全部约束数,Nonlinear 显示其中的非线性约束数。非线性约束是该约束中至少有一个非线性变量。如果一个约束中的所有变量都是定值,那么该约束就被剔除出模型(该约束为真),不计入约束总数中。

5. 非零(Nonzeroes)框

Total 显示当前模型中全部非零系数的数目,Nonlinear 显示其中的非线性变量系数的数目。

6. 内存使用（Generator Memory Used，单位：K）框

显示当前模型在内存中使用的内存量。可以通过使用 LINGO→Options 命令修改模型的最大内存使用量。

7. 已运行时间（Elapsed Runtime）框

显示求解模型到目前所用的时间，它可能受到系统中别的应用程序的影响。

8. 求解器状态（Solver Status）框

显示当前模型求解器的运行状态。域的含义见附表 5-9。

附表 5-9　域的含义（1）

域　名	含　义	可能的显示
Model Class	当前模型的类型	LP、QP、ILP、IQP、PILP、PIQP、NLP、INLP、PINLP（以 I 开头表示 IP，以 PI 开头表示 PIP）
State	当前解的状态	Global Optimum、Local Optimum、Feasible、Infeasible（不可行）、Unbounded（无界）、Interrupted（中断）、Undetermined（未确定）
Objective	当前解的目标函数值	实数
Infeasibility	当前约束不满足的总量（不是不满足的约束的个数）	实数（即使该值＝0，当前解也可能不可行，因为这个量中没有考虑用上下界形式给出约束）
Iterations	目前为止的迭代次数	非负整数

9. 扩展求解器状态（Extended Solver Status）框

显示 LINGO 中几个特殊求解器的运行状态。主要包括分支定界求解器（Branch-and-Bound Solver）、全局求解器（Global Solver）和多初始点求解器（Multistart Solver）。该框中的域仅当这些求解器运行时才会更新。域的含义附表 5-10。

附表 5-10　域的含义（2）

域　名	含　义	可能的显示
Solver Type	使用的特殊求解程序	B-and-B（分支定界法） Global（全局最优求解） Multistart（用多个初始点求解）
Best Obj	目前为止找到的可行解的最佳目标函数值	实数
Obj Bound	目标函数值的界	实数
Steps	特殊求解程序当前运行步数： 分支数（对 B-and-B 程序）； 子问题数（对 Global 程序）； 初始点数（对 Multistart 程序）	非负整数
Active	有效步数	非负整数

其余几个命令都是对窗口的排列,这里不做介绍。

附录 5.5　"帮助"菜单(Help Menu)

从"帮助"菜单中选择 Help Menu 命令,可以打开 LINGO 的帮助文件。

关于 LINGO(About Lingo),关于当前 LINGO 的版本信息等。

附录 6　LINGO 的命令行命令

以下将按类型列出在 LINGO 命令行窗口中使用的命令,每条命令后都附有简要的描述说明。

从 LINGO 的窗口菜单中选择 Command Window 命令,或直接按 Ctrl+1 组合键,可以打开 LINGO 的命令行窗口,便可以在命令提示符":"后输入以下命令。

如果需要以下命令的详细描述说明,可以查阅 LINGO 的帮助。

1. LINGO 信息

Cat	显示所有命令类型
Com	按类型显示所用 LINGO 命令
Help	显示所需命令的简要帮助信息
Mem	显示内存变量的信息

2. 输入(Input)

model	以命令行方式输入一个模型
take	执行一个文件的命令正本或从磁盘中读取某个模型文件

3. 显示(Display)

look	显示当前模型的内容
genl	产生 LINGO 兼容的模型
gen	生成并显示整个模型
hide	为模型设置密码保护
pause	暂停屏幕输出直至再次使用此命令

4. 文件输出(File Output)

div	将模型结果输出到文件
svrt	将模型结果输出到屏幕
save	将当前模型保存到文件
smps	将当前模型保存为 MPS 文件

5. 求解模型(Solution)

go	求解当前模型
solu	显示当前模型的求解结果

6. 编辑模型(Problem Editing)

del	从当前模型中删除指定的某一行或某两行之间(包括这两行)的所有行
ext	在当前模型中添加几行
alt	用新字符串替换掉某一行中或某两行之间的所有行中的旧字符串

7. 退出系统(Quit)

quit　　　退出 LINGO 系统

8. 系统参数(System Parameters)

page　　　以"行"为单位设置每页长度

ter　　　以简略方式输出结果

ver　　　以详细方式输出结果

wid　　　以"字符"为单位设置显示和输出宽度

set　　　重新设置默认参数

freeze　　保存当前参数设置,以备下一次重新启动 LINGO 系统时还是这样的设置

time　　　显示本次系统的运行时间

这里详细说明 SET 指令。凡是用户能够控制的 LINGO 系统参数,SET 命令都能够对它进行设置。SET 命令的使用格式如下:

SET parameter_name | parameter_index [parameter_value];

其中,parameter_name 是参数名;parameter_index 是参数索引(编号,见附表 6-1);parameter_value是参数值。当不写出参数值时,则 SET 命令的功能是显示该参数当前的值。此外,setdefault 命令用于将所有参数恢复为系统的默认值(缺省值)。这些设置如果不用 freeze 命令保存到配置文件 lingo.cnf 中,则退出 LINGO 系统后这些设置就会无效。

附表 6-1　参数系统的默认值

索引	参数名	默认值	简 要 说 明
1	ILFTOL	0.3e−5	初始线性可行误差限
2	FLFTOL	0.1e−6	最终线性可行误差限
3	INFTOL	0.1e−2	初始非线性可行误差限
4	FNFTOL	0.1e−5	最终非线性可行误差限
5	RELINT	0.8e−5	相对整性误差限
6	NOPTOL	0.2e−6	非线性规划(NLP)的最优性误差限
7	ITRSLW	5	缓慢改进的迭代次数的上限
8	DERCMP	0	导数(0:数值导数;1:解析导数)
9	ITRLTM	0	迭代次数上限(0:无限制)
10	TIMLIM	0	求解时间的上限(秒)(0:无限制)
11	OBJCTS	1	是否采用目标割平面法(1:是;0:否)
12	MXMEMB	32	模型生成器的内存上限(兆字节)(对某些机器,可能无意义)
13	CUTAPP	2	割平面法的应用范围(0:根节点;1:所有节点;2:LINGO 自动决定)
14	ABSINT	0.000001	整性绝对误差限
15	HEURIS	3	整数规划(IP)启发式求解次数(0:无,可设定为0~100)
16	HURDLE	none	整数规划(IP)的"篱笆"值(none:无,可设定为任意实数值)

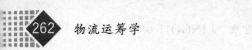
索引	参数名	默认值	简 要 说 明
17	IPTOLA	0.8e−7	整数规划(IP)的绝对最优性误差限
18	IPTOLR	0.5e−7	整数规划(IP)的相对最优性误差限
19	TIM2RL	100	采用 IPTOLR 作为判断标准之前,程序必须求解的时间(秒)
20	NODESL	0	分支节点的选择策略(0:LINGO 自动选择;1:深度优先;2:最坏界的节点优先;3:最好界的节点优先)
21	LENPAG	0	终端的页长限制(0:没有限制;可设定任意非负整数)
22	LINLEN	76	终端的行宽限制(0:没有限制;可设定为 64~200)
23	TERSEO	0	输出级别(0:详细型;1:简洁型)
24	STAWIN	1	是否显示状态窗口(1:是;0:否。Windows 系统才能使用)
25	SPLASH	1	弹出版本和版权信息(1:是;0:否。Windows 系统才能使用)
26	OROUTE	0	将输出定向到命令窗口(1:是;0:否。Windows 系统才能使用)
27	WNLINE	800	命令窗口的最大显示行数(Windows 系统才能使用)
28	WNTRIM	400	每次从命令窗口滚动删除的最小行数(Windows 系统才能使用)
29	STABAR	1	显示状态栏(1:是;0:否。Windows 系统才能使用)
30	FILFMT	1	文件格式(0:lng 格式;1:lg4 格式。Windows 系统才能使用)
31	TOOLBR	1	显示工具栏(1:是;0:否。Windows 系统才能使用)
32	CHKDUP	0	检查数据与模型中变量是否重名(1:是;0:否)
33	ECHOIN	0	脚本命令反馈到命令窗口(1:是;0:否)
34	ERRDLG	1	错误信息以对话框显示(1:是;0:否。Windows 系统才能使用)
35	USEPNM	0	允许无限制地使用基本集合的成员名(1:是;0:否)
36	NSTEEP	0	在非线性求解程序中使用最陡边策略选择变量(1:是;0:否)
37	NCRASH	0	在非线性求解程序中使用启发式方法生成初始解(1:是;0:否)
38	NSLPDR	1	在非线性求解程序中用 SLP 法寻找搜索方向(1:是;0:否)
39	SELCON	0	在非线性求解程序中有选择地检查约束(1:是;0:否)
40	PRBLVL	0	对混合整数线性规划(MILP)模型,采用探测(Probing)技术的级别(0:LINGO 自动决定;1:无;2~7:探测级别逐步升高)
41	SOLVEL	0	线性求解程序[0:LINGO 自动选择;1:原始单纯形法;2:对偶单纯形法;3:障碍法(即内点法)]
42	REDUCE	2	模型降维(2:LINGO 决定;1:是;0:否)
43	SCALEM	1	变换模型中的数据的尺度(1:是;0:否)
44	PRIMPR	0	原始单纯形法决定出基变量的策略(0:LINGO 自动决定;1:对部分出基变量尝试;2:用最陡边法对所有变量进行尝试)
45	DUALPR	0	对偶单纯形法决定出基变量的策略(0:LINGO 自动决定;1:按最大下降比例法确定;2:用最陡边法对所有变量进行尝试)

续表

索引	参数名	默认值	简要说明
46	DUALCO	1	指定对偶计算的级别(0:不计算任何对偶信息;1:计算对偶价格;2:计算对偶价格并分析敏感性)
47	RCMPSN	0	Use RC format names for MPS I/O(1:yes;0:no)
48	MREGEN	1	重新生成模型的频率(0:当模型的文本修改后;1:当模型的文本修改或模型含有外部引用时;3:每当有需要时)
49	BRANDR	0	分支时对变量取整的优先方向(0:LINGO 自动决定;1:向上取整优先;2:向下取整优先)
50	BRANPR	0	分支时变量的优先级(0:LINGO 自动决定;1:二进制(0-1)变量)
51	CUTOFF	0.1e−8	解的截断误差限
52	STRONG	10	指定强分支的层次级别
53	REOPTB	0	IP 热启动时的 LP 算法[0:LINGO 自动选择;1:障碍法(即内点法);2:原始单纯形法;3:对偶单纯形法]
54	REOPTX	0	IP 冷启动时的 LP 算法[0:LINGO 自动选择;1:障碍法(即内点法);2:原始单纯形法;3:对偶单纯形法]
55	MAXCTP	200	分支中根节点增加割平面时,最大迭代检查的次数
56	RCTLIM	0.75	割(平面)的个数相对于原问题的约束个数的上限(比值)
57	GUBCTS	1	是否使用广义上界(GUB)割(1:是;0:否)
58	FLWCTS	1	是否使用流(Flow)割(1:是;0:否)
59	LFTCTS	1	是否使用 Lift 割(1:是;0:否)
60	PLOCTS	1	是否使用选址问题的割(1:是;0:否)
61	DISCTS	1	是否使用分解割(1:是;0:否)
62	KNPCTS	1	是否使用背包覆盖割(1:是;0:否)
63	LATCTS	1	是否使用格(Lattice)割(1:是;0:否)
64	GOMCTS	1	是否使用(Gomory)割(1:是;0:否)
65	COFCTS	1	是否使用系数归约割(1:是;0:否)
66	GCDCTS	1	是否使用最大公因子割(1:是;0:否)
67	SCLRLM	1000	语法配色的最大行数(仅 Windows 系统使用)
68	SCLRDL	0	语法配色的延时(秒)(仅 Windows 系统使用)
69	PRNCLR	1	括号匹配配色(1:是;0:否。仅 Windows 系统使用)
70	MULTIS	0	NLP 多点求解的次数(0:无,可设为任意非负整数)
71	USEQPR	0	是否识别二次规划(1:是;0:否)
72	GLOBAL	0	是否对 NLP 采用全局最优求解程序(1:是;0:否)
73	LNRISE	0	线性化级别(0:LINGO 自动决定;1:无;2:低;3:高)
74	LNBIGM	100000	线性化的大 M 系数

索引	参数名	默认值	简 要 说 明
75	LNDLTA	0.1e−5	线性化的 Delta 误差系数
76	BASCTS	0	是否使用基本(Basis)割(1:是;0:否)
77	MAXCTR	2	分支中非根节点增加割平面时,最大迭代检查的次数
78	HUMNTM	0	分支中每个节点使用启发式搜索的最小时间(秒)
79	DECOMP	0	是否使用矩阵分解技术(1:是,0:否)
80	GLBOPT	0.1e−5	全局最优求解程序的最优性误差限
81	GLBDLT	0.1e−6	全局最优求解程序在凸化过程中增加的约束的误差限
82	GLBVBD	0.1e+11	全局最优求解程序中变量的上界
83	GLBUBD	2	全局最优求解程序中变量的上界的应用范围(0:所有变量都不使用上界;1:所有变量都使用上界;2:部分使用)
84	GLBBRN	5	全局最优求解程序中第 1 次对变量分支时使用的分支策略(0:绝对宽度;1:局部宽度;2:全局宽度;3:全局距离;4:绝对冲突;5:相对冲突)
85	GLBBXS	1	全局最优求解程序选择活跃分支节点的方法(0:深度优先;1:具有最坏界的分支优先)
86	GLBREF	3	全局最优求解程序中模型重整的级别(0:不进行重整;1:低;2:中;3:高)

附录7 综合举例

附例 7-1 求解非线性方程组。

$$\begin{cases} x^2 + y^2 = 2 \\ 2x^2 + x + y^2 = 4 \end{cases}$$

其 LINGO 代码如下:

```
model:
  x^2 + y^2 = 2;
  2 * x^2 + x + y^2 = 4;
end
```

计算的部分结果。

```
Feasible solution found at iteration:          0

                      Variable        Value
                             X     0.4543360
                             Y     1.339247
```

附例 7-2 装配线平衡模型。一条装配线含有一系列的工作站,在最终产品的加工过程中，每个工作站执行一种或几种特定的任务。装配线周期是指所有工作站完成分配给它们各自的任务所花费时间中的最大值。平衡装配线的目标是为每个工作站分配加工任务，尽可能使每个工作站执行相同数量的任务，其最终标准是装配线周期最短。不适当的平衡装配线将会产生瓶颈——有较少任务的工作站将被迫等待其前面分配了较多任务的工作站。

问题会因为众多任务间存在优先关系而变得更复杂，任务的分配必须服从这种优先关系。

这个模型的目标是最小化装配线周期。主要有以下两类约束。

（1）要保证每件任务只能也必须分配至一个工作站来加工。

（2）要保证满足任务间的所有优先关系。

附例 7-3 有 11 件任务（A～K）分配到 4 个工作站（1～4），任务的优先次序如附图 7-1 所示。每件任务所花费的时间如附表 7-1 所示。

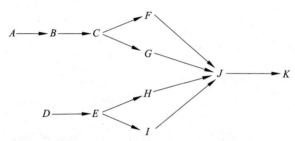

附图 7-1 任务的优先次序

附表 7-1 任务所花费的时间

任务	A	B	C	D	E	F	G	H	I	J	K
时间	45	11	9	50	15	12	12	12	12	8	9

```
model:
  !装配线平衡模型;
sets:
  !任务集合,有一个完成时间属性t;
  task/ a b c d e f g h i j k/:t;
  !任务之间的优先关系集合(a 必须完成才能开始 b,等等);
  pred(task,task)/ a,b  b,c  c,f  c,g  f,j  g,j
    j,k  d,e  e,h  e,i  h,j  i,j/;
  ! 工作站集合;
  station/1..4/;
  txs(task,station):x;
  ! x是派生集合 txs 的一个属性.如果 x(i,k)=1,则表示第 i 个任务指派给第 k 个工作站完成;
endsets
data:
  !任务a  b  c d  e  f  g  h  i  j k 的完成时间估计如下;
  t =   45 11 9 50 15 12 12 12  12 8 9;
enddata
```

!当任务超过 15 个时,模型的求解将变得很慢;

!每一个作业必须指派到一个工作站,即满足约束(1);

@for(task(i):@sum(station(k):x(i,k)) = 1);

!对于每一个存在优先关系的作业对来说,前者对应的工作站 i 必须小于后者对应的工作站 j,即满足约束(2);

@for(pred(i,j):@sum(station(k):k * x(j,k) - k * x(i,k))>= 0);

!对于每一个工作站来说,其花费时间必须不大于装配线周期;

@for(station(k):

@sum(txs(i,k):t(i) * x(i,k))<= cyctime);

!目标函数是最小化转配线周期;

min = cyctime;

!指定 x(i,j)为 0/1 变量;

@for(txs:@bin(x));

end

计算的部分结果。

Global optimal solution found at iteration: 1255
Objective value: 50. 00000

Variable	Value	Reduced Cost
CYCTIME	50. 00000	0. 000000
X(A,1)	1. 000000	0. 000000
X(A,2)	0. 000000	0. 000000
X(A,3)	0. 000000	45. 00000
X(A,4)	0. 000000	0. 000000
X(B,1)	0. 000000	0. 000000
X(B,2)	0. 000000	0. 000000
X(B,3)	1. 000000	11. 00000
X(B,4)	0. 000000	0. 000000
X(C,1)	0. 000000	0. 000000
X(C,2)	0. 000000	0. 000000
X(C,3)	0. 000000	9. 000000
X(C,4)	1. 000000	0. 000000
X(D,1)	0. 000000	0. 000000
X(D,2)	1. 000000	0. 000000
X(D,3)	0. 000000	50. 00000
X(D,4)	0. 000000	0. 000000
X(E,1)	0. 000000	0. 000000
X(E,2)	0. 000000	0. 000000
X(E,3)	1. 000000	15. 00000
X(E,4)	0. 000000	0. 000000
X(F,1)	0. 000000	0. 000000
X(F,2)	0. 000000	0. 000000

X(F,3)	0.000000	12.00000
X(F,4)	1.000000	0.000000
X(G,1)	0.000000	0.000000
X(G,2)	0.000000	0.000000
X(G,3)	0.000000	12.00000
X(G,4)	1.000000	0.000000
X(H,1)	0.000000	0.000000
X(H,2)	0.000000	0.000000
X(H,3)	1.000000	12.00000
X(H,4)	0.000000	0.000000
X(I,1)	0.000000	0.000000
X(I,2)	0.000000	0.000000
X(I,3)	1.000000	12.00000
X(I,4)	0.000000	0.000000
X(J,1)	0.000000	0.000000
X(J,2)	0.000000	0.000000
X(J,3)	0.000000	8.000000
X(J,4)	1.000000	0.000000
X(K,1)	0.000000	0.000000
X(K,2)	0.000000	0.000000
X(K,3)	0.000000	9.000000
X(K,4)	1.000000	0.000000

附例 7-4 旅行售货员问题(又称货郎担问题,traveling salesman problem)。

有一个推销员,从城市 1 出发,要遍访城市 $2,3,\cdots,n$ 各一次,最后返回城市 1。已知从城市 i 到 j 的旅费为 c_{ij},问他应按怎样的次序访问这些城市使总旅费最少?

可以用多种方法把 TSP 表示成整数规划模型。这里介绍的一种建立模型的方法,是把该问题的每个解(不一定是最优的)看作一次"巡回"。

在下述意义下,引入一些 0-1 整数变量:

$$x_{ij} = \begin{cases} 1, \text{巡回路线是从 } i \text{ 到 } j,\text{且 } i \neq j \\ 0, \text{其他情况} \end{cases}$$

其目标只是使 $\sum\limits_{i,j=1}^{n} c_{ij}x_{ij}$ 为最小。

这里有两个明显的必须满足的条件。

访问城市 i 后必须要有一个即将访问的确切城市;访问城市 j 前必须要有一个刚刚访问过的确切城市。用下面的两组约束分别实现上面的两个条件。

$$\sum_{j=1}^{n} x_{ij} = 1, \ i = 1,2,\cdots,n$$

$$\sum_{i=1}^{n} x_{ij} = 1, \ j = 1,2,\cdots,n$$

到此得到了一个模型,它是一个指派问题的整数规划模型。但以上两个条件对于 TSP 来说并不充分,仅是必要条件。例如附图 7-2 所示子巡回图。

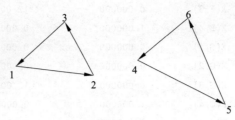

附图 7-2　子巡回

以上两个条件都满足,但它显然不是 TSP 的解,它存在两个子巡回。

这里,将叙述一种在原模型上附加充分的约束条件以避免产生子巡回的方法。把额外变量 $u_i(i=2,3,\cdots,n)$ 附加到问题中。可把这些变量看作是连续的(虽然这些变量在最优解中取普通的整数值)。现在附加下面形式的约束条件:

$$u_i - u_j + nx_{ij} \leqslant n-1, 2 \leqslant i \neq j \leqslant n$$

为了证明该约束条件有预期的效果,必须证明:①任何含子巡回的路线都不满足该约束条件;②全部巡回都满足该约束条件。

首先证明①,用反证法。假设还存在子巡回,也就是说,至少有两个子巡回,那么至少存在一个子巡回中不含城市 1。把该子巡回记为 $i_1 i_2 \cdots i_k$,则必有

$$u_{i_1} - u_{i_2} + n \leqslant n-1$$
$$u_{i_2} - u_{i_3} + n \leqslant n-1$$
$$\vdots$$
$$u_{i_k} - u_{i_1} + n \leqslant n-1$$

把这 k 个式子相加,有 $n \leqslant n-1$,矛盾!

故假设不正确,结论①得证。

下面证明②,采用构造法。对于任意的总巡回 $i_1 \cdots i_{n-1}$,可取 $u_i =$ 访问城市 i 的顺序数,取值范围为 $\{0,1,\cdots,n-2\}$。

因此,$u_i - u_j \leqslant n-2, 2 \leqslant i \neq j \leqslant n$。下面来证明总巡回满足该约束条件。

(1) 总巡回上的边

$$\begin{cases} u_{i_1} - u_{i_2} + n = n-1 \leqslant n-1 \\ u_{i_2} - u_{i_3} + n = n-1 \leqslant n-1 \\ \vdots \\ u_{i_{n-2}} - u_{i_{n-1}} + n = n-1 \leqslant n-1 \end{cases}$$

(2) 非总巡回上的边

$$\begin{cases} u_{i_r} - u_j \leqslant n-2 \leqslant n-1, r=1,2,\cdots,n-2, j \in \{2,3,\cdots,n\}-\{i_r,i_{r+1}\} \\ u_{i_{n-1}} - u_j \leqslant n-2 \leqslant n-1, j \in \{2,3,\cdots,n\}-\{i_r\} \end{cases}$$

从而结论②得证。

这样把 TSP 转化成了一个混合整数线性规划问题。

$$\min Z = \sum_{i,j=1}^{n} c_{ij} x_{ij}$$

$$\text{s. t.} \begin{cases} \sum_{i=1}^{n} x_{ij} = 1, j = 1,2,\cdots,n \\ \sum_{j=1}^{n} x_{ij} = 1, i = 1,2,\cdots,n \\ u_i - u_j + n x_{ij} \leqslant n-1, 2 \leqslant i \neq j \leqslant n \\ x_{ij} = 0,1, i,j = 1,2,\cdots,n \\ u_i \geqslant 0, i = 1,2,\cdots,n \end{cases}$$

显然,当城市个数较大(大于 30)时,该混合整数线性规划问题的规模会很大,从而给求解带来很大问题。TSP 已被证明是 NP 难问题,目前还没有发现多项式时间的算法。对于小规模问题,求解这个混合整数线性规划问题的方式还是有效的。

TSP 是一个重要的组合优化问题,除有直观的应用外,许多其他看似无联系的优化问题也可转化为 TSP。

例如,现需在一台机器上加工 n 个零件(如烧瓷器),这些零件可按任意先后顺序在机器上加工。希望加工完成所有零件的总时间尽可能少。由于加工工艺的要求,加工零件 j 时,机器必须处于相应状态 s_j(如炉温)。设起始未加工任何零件时机器处于状态 s_0,且当所有零件加工完成后需恢复到 s_0 状态。已知从状态 s_i 调整到状态 $s_j (j \neq i)$ 需要时间 c_{ij}。零件 j 本身加工时间为 p_j。为方便起见,引入一个虚零件 0,其加工时间为 0,要求状态为 s_0,则 $\{0,1,2,\cdots,n\}$ 的一个圈置换 π 就表示对所有零件的一个加工顺序,在此置换下,完成所有加工所需要的总时间为

$$\sum_{i=0}^{n} \left[c_{i\pi(i)} + p_{\pi(i)} \right] = \sum_{i=0}^{n} c_{i\pi(i)} + \sum_{j=0}^{n} p_j$$

由于 $\sum_{j=0}^{n} p_j$ 是一个常数,故该零件的加工顺序问题变成 TSP。

```
!旅行售货员问题;
model:
sets:
  city / 1..5/:u;
  link(city,city):
      dist,! 距离矩阵;
          x;
endsets
  n = @size(city);
data: !距离矩阵,它并不需要是对称的;
  dist = @qrand(1);!随机产生,这里可改为你要解决的问题的数据;
enddata
  !目标函数;
  min = @sum(link:dist * x);

  @FOR(city(K):
```

```
   !进入城市 K;
   @sum(city(I)| I #ne# K:x(I,K)) = 1;


   !离开城市 K;
   @sum(city(J)| J #ne# K:x(K,J)) = 1;
);


!保证不出现子圈;
@for(city(I)|I #gt# 1:
  @for(city(J)| J#gt#1 #and# I #ne# J:
    u(I) - u(J) + n * x(I,J)<= n - 1;
);


!限制 u 的范围以加速模型的求解,保证所加限制并不排除掉 TSP 问题的最优解;
@for(city(I)| I #gt# 1:u(I)<= n - 2);
!定义 X 为 0\1 变量;
@for(link:@bin(x));
end
```

计算的部分结果。

```
Global optimal solution found at iteration:          77
  Objective value:                              1.692489
```

Variable	Value	Reduced Cost
N	5.000000	0.000000
U(1)	0.000000	0.000000
U(2)	1.000000	0.000000
U(3)	3.000000	0.000000
U(4)	2.000000	0.000000
U(5)	0.000000	0.000000
DIST(1,1)	0.4491774	0.000000
DIST(1,2)	0.2724506	0.000000
DIST(1,3)	0.1240430	0.000000
DIST(1,4)	0.9246848	0.000000
DIST(1,5)	0.4021706	0.000000
DIST(2,1)	0.7091469	0.000000
DIST(2,2)	0.1685199	0.000000
DIST(2,3)	0.8989646	0.000000
DIST(2,4)	0.2502747	0.000000
DIST(2,5)	0.8947571	0.000000
DIST(3,1)	0.8648940E - 01	0.000000
DIST(3,2)	0.6020591	0.000000
DIST(3,3)	0.3380884	0.000000
DIST(3,4)	0.6813164	0.000000

DIST(3,5)	0.2236271	0.000000
DIST(4,1)	0.9762987	0.000000
DIST(4,2)	0.8866343	0.000000
DIST(4,3)	0.7139008	0.000000
DIST(4,4)	0.2288770	0.000000
DIST(4,5)	0.7134250	0.000000
DIST(5,1)	0.8524679	0.000000
DIST(5,2)	0.2396538	0.000000
DIST(5,3)	0.5735525	0.000000
DIST(5,4)	0.1403314	0.000000
DIST(5,5)	0.6919708	0.000000
X(1,1)	0.000000	0.4491774
X(1,2)	0.000000	0.2724506
X(1,3)	0.000000	0.1240430
X(1,4)	0.000000	0.9246848
X(1,5)	1.000000	0.4021706
X(2,1)	0.000000	0.7091469
X(2,2)	0.000000	0.1685199
X(2,3)	0.000000	0.8989646
X(2,4)	1.000000	0.2502747
X(2,5)	0.000000	0.8947571
X(3,1)	1.000000	0.8648940E-01
X(3,2)	0.000000	0.6020591
X(3,3)	0.000000	0.3380884
X(3,4)	0.000000	0.6813164
X(3,5)	0.000000	0.2236271
X(4,1)	0.000000	0.9762987
X(4,2)	0.000000	0.8866343
X(4,3)	1.000000	0.7139008
X(4,4)	0.000000	0.2288770
X(4,5)	0.000000	0.7134250
X(5,1)	0.000000	0.8524679
X(5,2)	1.000000	0.2396538
X(5,3)	0.000000	0.5735525
X(5,4)	0.000000	0.1403314
X(5,5)	0.000000	0.6919708

　　附例 7-5　最短路问题。给定 N 个点 $p_i(i=1,2,\cdots,N)$ 组成集合 $\{p_i\}$，由集合中任一点 p_i 到另一点 p_j 的距离用 c_{ij} 表示，如果 p_i 到 p_j 没有弧连接，则规定 $c_{ij}=+\infty$，又规定 $c_{ij}=0(1\leqslant i\leqslant N)$，指定一个终点 p_N，要求从 p_i 点出发到 p_N 的最短路线。这里用动态规划方法：用所在的点 p_i 表示状态，决策集合就是除 p_i 以外的点，选定一个点 p_j 以后，得到效益 c_{ij} 并转入新状态 p_j，当状态是 p_N 时，过程停止。显然这是一个不定期多阶段决策过程。

　　定义 $f(i)$ 是由 p_i 点出发至终点 p_N 的最短路程，由最优化原理可得

$$\begin{cases} f(i) = \min_{j}\{c_{ij} + f(j)\}, \ i = 1,2,\cdots,N-1 \\ f(N) = 0 \end{cases}$$

这是一个函数方程,用 LINGO 可以方便地解决。

```
!最短路问题;
model:
data:
  n = 10;
enddata
sets:
  cities/1..n/:F;!10 个城市;
  roads(cities,cities)/
    1,2  1,3
    2,4  2,5  2,6
    3,4  3,5  3,6
    4,7  4,8
    5,7  5,8  5,9
    6,8  6,9
    7,10
    8,10
    9,10
  /:D,P;
endsets
data:
  D =
    6  5
    3  6  9
    7  5  11
    9  1
    8  7  5
    4  10
    5
    7
    9;
enddata
  F(n) = 0;
  @for(cities(i)| i #lt# n:
    F(i) = @min(roads(i,j):D(i,j) + F(j));
  );
!显然,如果 P(i,j) = 1,则点 i 到点 n 的最短路径的第一步是 i——>j,否则就不是。由此,我们就
可方便地确定出最短路径;
  @for(roads(i,j):
    P(i,j) = @if(F(i) #eq# D(i,j) + F(j),1,0)
  );
```

end

计算的部分结果。

Feasible solution found at iteration:　　　　　　　0

Variable	Value
N	10.00000
F(1)	17.00000
F(2)	11.00000
F(3)	15.00000
F(4)	8.000000
F(5)	13.00000
F(6)	11.00000
F(7)	5.000000
F(8)	7.000000
F(9)	9.000000
F(10)	0.000000
P(1,2)	1.000000
P(1,3)	0.000000
P(2,4)	1.000000
P(2,5)	0.000000
P(2,6)	0.000000
P(3,4)	1.000000
P(3,5)	0.000000
P(3,6)	0.000000
P(4,7)	0.000000
P(4,8)	1.000000
P(5,7)	1.000000
P(5,8)	0.000000
P(5,9)	0.000000
P(6,8)	1.000000
P(6,9)	0.000000
P(7,10)	1.000000
P(8,10)	1.000000
P(9,10)	1.000000

附例 7-6　露天矿生产的车辆安排(CMCM2003B)。钢铁工业是国家工业的基础之一，铁矿是钢铁工业的主要原料基地。许多现代化铁矿是露天开采的，它的生产主要是由电动铲车(以下简称电铲)装车、电动轮自卸卡车(以下简称卡车)运输完成。提高这些大型设备的利用率是增加露天矿经济效益的首要任务。

露天矿里有若干个爆破生成的石料堆，每个堆称为一个铲位，每个铲位已预先根据铁含量将石料分成矿石和岩石。一般来说，平均铁含量不低于 25％的为矿石，否则为岩石。每个铲位的矿石、岩石数量及矿石的平均铁含量(称为品位)都是已知的。每个铲位至多能安置一台电铲，电铲的平均装车时间为 5min。

卸货地点(以下简称卸点)有卸矿石的矿石漏、2 个铁路倒装场(以下简称倒装场)和卸岩石的岩石漏、岩场等,每个卸点都有各自的产量要求。从保护国家资源的角度及矿山的经济效益考虑,应该尽量把矿石按矿石卸点需要的铁含量(假设要求都为 29.5%±1%,称为品位限制)搭配起来送到卸点,搭配的量在一个班次(8h)内满足品位限制即可。从长远看,卸点可以移动,但在一个班次内是不变的。卡车的平均卸车时间为 3min。

所用卡车载重量为 154t,平均时速 28km/h。卡车的耗油量很大,每个班次每台卡车消耗近 1t 柴油。发动机点火时需要消耗相当多的电瓶能量,故一个班次中只在开始工作时点火一次。卡车在等待时所耗费的能量也是相当可观的,原则上在安排时不应发生卡车等待的情况。电铲和卸点都不能同时为两辆及两辆以上的卡车服务。卡车每次都是满载运输。

每个铲位到每个卸点的道路都是专用的宽 60m 的双向车道,不会出现堵车现象,每段道路的里程都是已知的。

一个班次的生产计划应该包含以下内容:出动几台电铲,分别在哪些铲位上;出动几辆卡车,分别在哪些路线上各运输多少次(因为随机因素影响,装卸时间与运输时间都不精确,所以排时计划无效,只求出各条路线上的卡车数及安排即可)。一个合格的计划要在卡车不等待条件下满足产量和质量(品位)要求,而一个好的计划还应该考虑下面两条原则之一。

(1) 总运量(t·km)最小,同时出动最少的卡车,从而运输成本最小。

(2) 利用现有车辆运输,获得最大的产量(岩石产量优先;在产量相同的情况下,取总运量最小的解)。

请你就两条原则分别建立数学模型,并给出一个班次生产计划的快速算法。针对下面的实例,给出具体的生产计划、相应的总运量及岩石和矿石产量。

某露天矿有铲位 10 个,卸点 5 个,现有铲车 7 台,卡车 20 辆。各卸点一个班次的产量要求:矿石漏 1.2 万吨、倒装场Ⅰ 1.3 万吨、倒装场Ⅱ 1.3 万吨、岩石漏 1.9 万吨、岩场 1.3 万吨。

铲位和卸点位置的示意图如附图 7-3 所示,各铲位和各卸点之间的距离(km)如附表 7-2 所示。

附表 7-2　距离表　　　　　　　　　　　　　　　　单位:km

卸　点	铲　位									
	1	2	3	4	5	6	7	8	9	10
矿石漏	5.26	5.19	4.21	4.00	2.95	2.74	2.46	1.90	0.64	1.27
倒装场Ⅰ	1.90	0.99	1.90	1.13	1.27	2.25	1.48	2.04	3.09	3.51
岩场	5.89	5.61	5.61	4.56	3.51	3.65	2.46	2.46	1.06	0.57
岩石漏	0.64	1.76	1.27	1.83	2.74	2.60	4.21	3.72	5.05	6.10
倒装场Ⅱ	4.42	3.86	3.72	3.16	2.25	2.81	0.78	1.62	1.27	0.50

各铲位矿石、岩石数量(万吨)和矿石的平均铁含量如附表 7-3 所示。

附表 7-3　铁含量表　　　　　　　　　　　　　　　单位:万吨

含　量	铲　位									
	1	2	3	4	5	6	7	8	9	10
矿石数量	0.95	1.05	1.00	1.05	1.10	1.25	1.05	1.30	1.35	1.25
岩石数量	1.25	1.10	1.35	1.05	1.15	1.35	1.05	1.15	1.35	1.25
平均铁含量	30%	28%	29%	32%	31%	33%	32%	31%	33%	31%

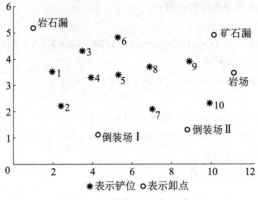

附图 7-3　铲位和卸点示意图

```
model:
title CUMCM - 2003B - 01;
sets:
cai / 1.. 10 /:crate, cnum, cy, ck, flag;
xie / 1.. 5 /:xsubject, xnum;
link(xie, cai):distance, lsubject, number, che, b;
endsets
data:
crate = 30 28 29 32 31 33 32 31 33 31;
xsubject = 1. 2 1. 3 1. 3 1. 9 1. 3;
distance = 5. 26 5. 19 4. 21 4. 00 2. 95 2. 74 2. 46 1. 90 0. 64 1. 27
           1. 90 0. 99 1. 90 1. 13 1. 27 2. 25 1. 48 2. 04 3. 09 3. 51
           5. 89 5. 61 5. 61 4. 56 3. 51 3. 65 2. 46 2. 46 1. 06 0. 57
           0. 64 1. 76 1. 27 1. 83 2. 74 2. 60 4. 21 3. 72 5. 05 6. 10
           4. 42 3. 86 3. 72 3. 16 2. 25 2. 81 0. 78 1. 62 1. 27 0. 50;
cy = 1. 25 1. 10 1. 35 1. 05 1. 15 1. 35 1. 05 1. 15 1. 35 1. 25;
ck = 0. 95 1. 05 1. 00 1. 05 1. 10 1. 25 1. 05 1. 30 1. 35 1. 25;
enddata
!目标函数;
min = @sum(cai(i):
        @sum( xie(j):
            number(j, i) * 154 * distance(j, i)));

!max = @sum(link(i, j):number(i, j));
!max = xnum(3) + xnum(4) + xnum(1) + xnum(2) + xnum(5);
!min = @sum(cai(i):
!          @sum(xie(j):
!              number(j, i) * 154 * distance(j, i)));
!xnum(1) + xnum(2) + xnum(5) = 340;
!xnum(1) + xnum(2) + xnum(5) = 341;
!xnum(3) = 160;
!xnum(4) = 160;
```

```
!卡车每一条路线上最多可以运行的次数;
@for(link(i,j):
b(i,j) = @floor(8 * 60 - ((@floor(distance(i,j)/28 * 60 * 2 + 3 + 5)/5) - 1) * 5)/(distance(i,
        j)/28 * 60 * 2 + 3 + 5)));
!b(i,j) = @floor(8 * 60/(distance(i,j)/28 * 60 * 2 + 3 + 5)));


!t(i,j) = @floor(distance(i,j)/28 * 60 * 2 + 3 + 5)/5);
!b(i,j) = @floor(8 * 60 - ((@floor(distance(i,j)/28 * 60 * 2 + 3 + 5)/5)) * 5)/(distance(i,j)/
        28 * 60 * 2 + 3 + 5)));
!每一条路线上的最大总车次的计算;
@for(link(i,j):
lsubject(i,j) = ((@floor(distance(i,j)/28 * 60 * 2 + 3 + 5)/5)) * b(i,j));
!计算各个铲位的总产量;
@for(cai(j):
        cnum(j) = @sum(xie(i):number(i,j)));
!计算各个卸点的总产量;
@for(xie(i):
        xnum(i) = @sum(cai(j):number(i,j)));
!道路能力约束;
@for(link(i,j):
        number(i,j)<= lsubject(i,j));
!电铲能力约束;
@for(cai(j):
        cnum(j)<= flag(j) * 8 * 60/5);
!电铲数量约束 - - - -added by Xie Jinxing,2003 - 09 - 07;
@sum(cai(j):flag(j))<= 7;
!卸点能力约束;
@for(xie(i):
        xnum(i)<= 8 * 20);
!铲位产量约束;
@for(cai(i):  number(1,i) + number(2,i) + number(5,i)<= ck(i) * 10000/154);
@for(cai(i):    number(3,i) + number(4,i)<= cy(i) * 10000/154);
!产量任务约束;
@for(xie(i):
        xnum(i)>= xsubject(i) * 10000/154);
!铁含量约束;
@sum(cai(j):
        number(1,j) * (crate(j) - 30.5))<= 0;
@sum(cai(j):
        number(2,j) * (crate(j) - 30.5))<= 0;
@sum(cai(j):
        number(5,j) * (crate(j) - 30.5))<= 0;
@sum(cai(j):
        number(1,j) * (crate(j) - 28.5))>= 0;
```

```
@sum(cai(j):
    number(2,j) * (crate(j) - 28.5))>= 0;
@sum(cai(j):
    number(5,j) * (crate(j) - 28.5))>= 0;
!关于车辆的具体分配;
@for(link(i,j):
        che(i,j) = number(i,j)/b(i,j));
!各个路线所需卡车数简单加和;
hehe = @sum(link(i,j):che(i,j));
!整数约束;
@for(link(i,j):@gin(number(i,j)));
@for(cai(j):@bin(flag(j)));
!车辆能力约束;
hehe<= 20;
ccnum = @sum(cai(j):cnum(j));
end
```

附例 7-7　最小生成树(minimal spanning tree,MST)问题。

求解最小生成树的方法虽然很多,但是利用 LINGO 建立相应的整数规划模型是一种新的尝试。这对于处理非标准的 MST 问题非常方便。

在图论中,称无圈的连通图为树。在一个连通图 G 中,称包含图 G 全部顶点的树为图 G 的生成树。生成树上各边的权之和称为该生成树的权。连通图 G 的权最小的生成树称为图 G 的最小生成树。

许多实际问题都可以归结为最小生成树。例如,如何修筑一些公路把若干个城镇连接起来;如何架设通信网络将若干个地区连接起来;如何修筑水渠将水源和若干块待灌溉的土地连接起来等。为了说明问题,以下面的问题作为范例。

范例:假设某电话公司计划在 6 个村庄架设电话线,各村庄之间的距离附图 7-4 所示。试求出使电话线总长度最小的架线方案。

为了便于计算机求解,特做出如下规定:①节点 V_1 表示树根;②当两个节点之间没有线路时,规定两个节点之间的距离为 M(较大的值)。

MST 的整数规划模型如附图 7-4。

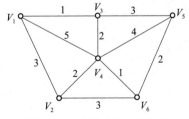

附图 7-4　各村庄之间的距离

附例 7-8　分配问题(指派问题,assignment problem)。

这是一个给 n 个人分配 n 项工作以获得某个最高总效果的问题。第 i 个人完成第 j 项工作需要平均时间 c_{ij}。要求给每个人分配一项工作,并要求分配完这些工作,以使完成全部任务的总时间为最小。该问题可表示如下:

$$\min Z = \sum_{i=1}^{n} \sum_{j=1}^{n} c_{ij} x_{ij}$$

$$\text{s. t.} \begin{cases} \sum_{i=1}^{n} x_{ij} = 1, \ j = 1, 2, \cdots, n \\ \sum_{j=1}^{n} x_{ij} = 1, \ i = 1, 2, \cdots, n \\ x_{ij} = 0, 1 \end{cases}$$

显然,此问题可看作运输问题的特殊情况。可将此问题看作具有 n 个源和 n 个汇的问题,每个源有 1 单位的可获量,而每个汇有 1 单位的需要量。从表面上看,这个问题要求用整数规划以保证 x_{ij} 能取 0 或 1。然而,幸运的是,此问题是运输问题的特例,因此,即使不限制 x_{ij} 取 0 或 1,最优解也将取 0 或 1。分配问题中一个比较现实有趣的问题是婚姻问题,如果把婚姻看作分配问题,整数性质证明一夫一妻会带来最美满幸福的生活。显然,分配问题可以作为线性规划问题来求解,尽管模型可能很大。例如,给 100 人分配 100 项工作将使所得的模型具有 10 000 个变量。这时,如采用专门算法效果会更好。时间复杂度为 $O(n^3)$ 的匈牙利算法便是一个不错的选择,此算法是由 Kuhu(1955 年)提出的。

```
model:
  !7个工人,7个工作的分配问题;
sets:
  workers/w1..w7/;
  jobs/j1..j7/;
  links(workers,jobs):cost,volume;
endsets
  !目标函数;
  min = @sum(links:cost * volume);
  !每个工人只能有一份工作;
  @for(workers(I):
    @sum(jobs(J):volume(I,J)) = 1;
  );
  !每份工作只能有一个工人;
  @for(jobs(J):
    @sum(workers(I):volume(I,J)) = 1;
  );
data:
  cost = 6  2  6  7  4  2  5
         4  9  5  3  8  5  8
         5  2  1  9  7  4  3
         7  6  7  3  9  2  7
         2  3  9  5  7  2  6
         5  5  2  2  8  11 4
         9  2  3  12 4  5  10;
```

enddata

end

计算的部分结果。

Global optimal solution found at iteration:　　　　　　　14
　Objective value:　　　　　　　　　　　　18. 00000

Variable	Value	Reduced Cost
VOLUME(W1,J1)	0.000000	4.000000
VOLUME(W1,J2)	0.000000	0.000000
VOLUME(W1,J3)	0.000000	3.000000
VOLUME(W1,J4)	0.000000	4.000000
VOLUME(W1,J5)	1.000000	0.000000
VOLUME(W1,J6)	0.000000	0.000000
VOLUME(W1,J7)	0.000000	0.000000
VOLUME(W2,J1)	0.000000	2.000000
VOLUME(W2,J2)	0.000000	7.000000
VOLUME(W2,J3)	0.000000	2.000000
VOLUME(W2,J4)	1.000000	0.000000
VOLUME(W2,J5)	0.000000	4.000000
VOLUME(W2,J6)	0.000000	3.000000
VOLUME(W2,J7)	0.000000	3.000000
VOLUME(W3,J1)	0.000000	5.000000
VOLUME(W3,J2)	0.000000	2.000000
VOLUME(W3,J3)	0.000000	0.000000
VOLUME(W3,J4)	0.000000	8.000000
VOLUME(W3,J5)	0.000000	5.000000
VOLUME(W3,J6)	0.000000	4.000000
VOLUME(W3,J7)	1.000000	0.000000
VOLUME(W4,J1)	0.000000	5.000000
VOLUME(W4,J2)	0.000000	4.000000
VOLUME(W4,J3)	0.000000	4.000000
VOLUME(W4,J4)	0.000000	0.000000
VOLUME(W4,J5)	0.000000	5.000000
VOLUME(W4,J6)	1.000000	0.000000
VOLUME(W4,J7)	0.000000	2.000000
VOLUME(W5,J1)	1.000000	0.000000
VOLUME(W5,J2)	0.000000	1.000000
VOLUME(W5,J3)	0.000000	6.000000
VOLUME(W5,J4)	0.000000	2.000000
VOLUME(W5,J5)	0.000000	3.000000
VOLUME(W5,J6)	0.000000	0.000000
VOLUME(W5,J7)	0.000000	1.000000

VOLUME(W6,J1)	0.000000	4.000000
VOLUME(W6,J2)	0.000000	4.000000
VOLUME(W6,J3)	1.000000	0.000000
VOLUME(W6,J4)	0.000000	0.000000
VOLUME(W6,J5)	0.000000	5.000000
VOLUME(W6,J6)	0.000000	10.00000
VOLUME(W6,J7)	0.000000	0.000000
VOLUME(W7,J1)	0.000000	7.000000
VOLUME(W7,J2)	1.000000	0.000000
VOLUME(W7,J3)	0.000000	0.000000
VOLUME(W7,J4)	0.000000	9.000000
VOLUME(W7,J5)	0.000000	0.000000
VOLUME(W7,J6)	0.000000	3.000000
VOLUME(W7,J7)	0.000000	5.000000

附例 7-9　二次分配问题（quadratic assignment problem）。

这个问题是指派问题的一种推广。可以把指派问题看作线性规划问题，故较易求解，而二次分配问题是纯整数规划问题，往往很难求解。

与分配问题一样，二次分配问题也与两个目标集合 S、T 有关。S 和 T 含有相同数目的元素，以便达到某一目标。这里必须满足两个条件：必须把 S 的每个元素确切地分配给 T 的一个元素；T 的每个元素只能接受 S 的一个元素。可引入 0-1 变量：

$$\begin{cases} 1, \text{把 } i(S \text{ 的一个元素}) \text{ 分配给 } j(T \text{ 的一个元素}) \\ 0, \text{其他} \end{cases}$$

用和分配问题相同的约束条件给出以上两个条件。

$$\sum_{j=1}^{n} x_{ij} = 1, \ i = 1, 2, \cdots, n$$

$$\sum_{i=1}^{n} x_{ij} = 1, \ j = 1, 2, \cdots, n$$

但是本问题的目标比分配问题的更加复杂。得到的价格系数 c_{ijkl} 的解释是：在 $i(S$ 的一个元素）分配给 $j(T$ 的一个元素）的同时把 $k(S$ 的一个元素）分配给 $l(T$ 的一个元素）所应承担的费用。显然，只有当 $x_{ij}=1$ 且 $x_{kl}=1$，即其乘积 $x_{ij}x_{kl}=1$ 时，才承担这种费用。于是本目标变成一个 0-1 变量的二次表达式：

$$\sum_{i=1}^{n} \sum_{j=1}^{n} \sum_{k=1}^{n} \sum_{l=1}^{n} c_{ijkl} x_{ij} x_{kl}$$

最常见的是系数 c_{ijkl} 从其他系数 t_{ik} 和 d_{jl} 的乘积推出来的情况：$c_{ijkl} = t_{ik}d_{jl}$。为了弄清这个复杂的模型，研究下面两个应用。

首先认为 S 是一个 n 个工厂的集合，T 是一个 n 个城市的集合。本问题就是要在每一城市中设置一个工厂，并要使工厂之间总的通信费用最小。通信费用取决于：①每对工厂之间通信的次数；②每对工厂所在两个城市之间的距离。

显然，有些工厂很少与别的工厂通信，虽相距甚远，但费用不大。有些工厂可能需要大量通信。通信费用取决于距离的远近。在这个应用中，t_{ik} 表示工厂 i 和工厂 k 之间的通信次数(以适当的单位计量);d_{jl}为城市 j 和城市 l 之间每单位的通信费用(显然这与 j 和 l 之间的距离有关)。如果工厂 i 和工厂 k 分别设在城市 j 和城市 l,显然这两个工厂之间的通信费用由 $c_{ijkl}=t_{ik}d_{jl}$ 确定。因而总费用可用上述目标函数来表示。

附例 7-10 4 名同学到一家公司参加 3 个阶段的面试:公司要求每个同学都必须首先找公司秘书初试,然后到部门主管处复试,最后到经理处参加面试,并且不允许插队(即在任何一个阶段 4 名同学的顺序是一样的)。由于 4 名同学的专业背景不同,所以每人在 3 个阶段的面试时间也不同,如附表 7-4 所示。

附表 7-4　面试时间表　　　　　　　　　　　　单位:min

同学	面　　试		
	秘书初试	主管复试	经理面试
甲	13	15	20
乙	10	20	18
丙	20	16	10
丁	8	10	15

这 4 名同学约定他们全部面试完以后一起离开公司。假定现在的时间是早晨 8:00,问他们最早何时能离开公司? (建立规划模型求解)

本问题是一个排列排序问题。对于阶段数不小于 3 的问题,没有有效算法,也就是说,对于学生数稍多一点儿(如 20)的情况是无法精确求解的。为此,人们找到了很多近似算法。这里建立的规划模型可以实现该问题的精确求解,但你会看到,它的变量和约束是学生数的平方。因此,当学生数稍多一点儿,且规划模型的规模很大时,求解会花费很长时间。

```
!3 个阶段面试模型;
model:
sets:
  students;   !学生集 3 个阶段面试模型;
  phases;     !阶段集;
  sp(students,phases):t,x;
  ss(students,students)| &1 #LT# &2:y;
endsets
data:
  students = s1..s4;
  phases = p1..p3;
  t =
    13  15  20
    10  20  18
    20  16  10
    8   10  15;
enddata
  ns = @size(students);   !学生数;
  np = @size(phases);     !阶段数;

  !单个学生面试时间先后次序的约束;
  @for(sp(I,J)| J #LT# np:
```

```
      x(I,J) + t(I,J) <= x(I,J + 1)
    );
    !学生间的面试先后次序保持不变的约束;
    @for(ss(I,K):
      @for(phases(J):
        x(I,J) + t(I,J) - x(K,J) <= 200 * y(I,K);
        x(K,J) + t(K,J) - x(I,J) <= 200 * (1 - y(I,K));
      )
    );
    !目标函数;
    min = TMAX;
    @for(students(I):
      x(I,3) + t(I,3) <= TMAX
    );
    !把 Y 定义 0-1 变量;
    @for(ss:@bin(y));
end
```

计算的部分结果。

Global optimal solution found at iteration: 898
  Objective value: 84.00000

Variable	Value	Reduced Cost
NS	4.000000	0.000000
NP	3.000000	0.000000
TMAX	84.00000	0.000000
X(S1,P1)	8.000000	0.000000
X(S1,P2)	21.00000	0.000000
X(S1,P3)	36.00000	0.000000
X(S2,P1)	21.00000	0.000000
X(S2,P2)	36.00000	0.000000
X(S2,P3)	56.00000	0.000000
X(S3,P1)	31.00000	0.000000
X(S3,P2)	56.00000	0.000000
X(S3,P3)	74.00000	0.000000
X(S4,P1)	0.000000	1.000000
X(S4,P2)	8.000000	0.000000
X(S4,P3)	18.00000	0.000000
Y(S1,S2)	0.000000	-200.0000
Y(S1,S3)	0.000000	0.000000
Y(S1,S4)	1.000000	200.0000
Y(S2,S3)	0.000000	-200.0000
Y(S2,S4)	1.000000	0.000000
Y(S3,S4)	1.000000	0.000000